D1704707

Rassenrecht und Rassenstaat

Berenkamp

Besuchen Sie uns im Internet
www.berenkamp-verlag.at

Roland Staudinger

Rassenrecht und Rassenstaat

Die nationalsozialistische Vision eines „biologischen totalen Staates"

Berenkamp

Die Deutsche Bibliothek – CIP-Einheitsaufnahme

Staudinger, Roland: Rassenrecht und Rassenstaat : die national-
sozialistische Vision eines „biologischen totalen Staates" / Roland
Staudinger. - Hall in Tirol : Berenkamp, 1999
ISBN 3-85093-098-X

Ein fundierter Beitrag zur Staatslehre des 20. Jahrhunderts

aus der Kulturstadt Hall in Tirol

© Berenkamp
ISBN 3-85093-098-X

Umschlaggestaltung: EA artbüro, Hall in Tirol
Umschlagbild: Michael C. Staudinger

Urheberrechtlich geschützt
Nachdruck und Vervielfältigung (auch auszugsweise) verboten

Inhaltsverzeichnis

9	1. Kapitel: Einleitung	
17	2. Kapitel: Einführung in die Thematik eines biologischen totalen Staates	
19	2.1.	Typologie und die Betrachtungsfelder eines biologi-Staates
24	2.2.	Die Thesen über den biologischen totalen Staat
33	3. Kapitel: Teil 1: Der totale Staat	
35	3.1.	Der nationalsozialistische Staatsbegriff
37		3.1.1. Grundsätzliches zum Staat versus Individuum
41		3.1.2. Die Position der nationalsozialistischen Staatslehre
46		3.1.3. Staatsangehörigkeit und Reichsbürgerschaft
49	3.2.	Staatsziel und Evolution von Staat und Gesellschaft
55	3.3.	Die Diskontinuität nach dem Ersten Weltkrieg
58	3.4.	Der biologische Kollektivismus
62	3.5.	Der Dualismus von Staat und Partei
66	3.6.	Der Führer und das Führerprinzip
66		3.6.1. Der Versuch einer staatsrechtlichen Deutung
69		3.6.2. Der Versuch einer biologischen Deutung des Führerprinzips
70		3.6.3. Das Führerprinzip als Legitimationsgrundlage
71	3.7.	Die Gesetzgeber des Dritten Reiches
74	3.8.	Der nationalsozialistische Rechtsstaatsbegriff
74		3.8.1. Grundlagen des Rechtsstaatsbegriffs
76		3.8.2. Die politische Definition des Rechtsstaatsbegriffs im Dritten Reich
80		3.8.3. Die Definition der nationalen Rechtslehrer
83	3.9.	Die systemtheoretische Funktionalität des biologischen totalen Staates
83		3.9.1. Die Gewaltenteilung als Folge des liberalen Verfassungsstaates
86		3.9.2. Kriterien der Disfunktionalität des Prinzips der Gewaltenteilung für die nationalsozialistische Staatslehre

87	3.10.	Die prozessuale Funktionalität
88		3.10.1. Machtübernahme durch „legale Revolution"
94		3.10.2. Teilweise Auflösung der Gewaltenteilung durch die Verordnungen des Reichspräsidenten und das Ermächtigungsgesetz
99		3.10.3. Die Unterwanderung der Judikative durch die Sondergerichtsbarkeit
108		3.10.4. Politisierung des Strafrechts und Kompetenzverschiebungen zur Verwaltung
117		3.10.5. Ein „sich ständig wandelndes" Strafrecht als politisches Instrument des totalen Staates
126	3.11.	Der volkswirtschaftliche Wertschöpfungsprozeß im totalen Staat
126		3.11.1. Ausgangslage und Grundzüge der nationalsozialistischen Wirtschaft
131		3.11.2. Die Funktion und Bedeutung der menschlichen Arbeit in einem biologischen Staat
134		3.11.3. Arbeit als Wertschöpfungsfunktion für das deutsche Volk
135		3.11.3.1. Die Hinausdrängung der „Nichtdeutschen" aus dem Arbeitsmarkt
136		3.11.3.2. Die Positionierung der „Arier" am Arbeitsmarkt
137		3.11.3.3. Das Arbeitsbuch als Steuerungsmittel völkischer Arbeit
139		3.11.4. Arbeit als Integrations- und Erziehungsmittel für Volksgenossen und Fremde
139		3.11.4.1. Die Arbeitserziehungslager
142		3.11.4.2. Die Arbeitserziehung fremdvölkischer Häftlinge
144		3.11.4.3. EXKURS: Arbeitserziehung in der Praxis am Beispiel des Arbeitserziehungslagers Reichenau
148		3.11.5. Arbeit als Mittel der Bewirtschaftung von „unterlegenen Rassen"
151		3.11.6. Arbeit als Mittel der Bestrafung „unterlegener Rassen"
152		3.11.7. Arbeit als Mittel der physischen Vernichtung
153	3.12.	Die agrarische Wertschöpfung

157	4. Kapitel: Teil 2: Der biologische Staat	
159	4.1.	Die wissenschaftliche Diskussion in Deutschland von 1904 bis 1933 und die Träger des Eugenik-Gedankens
166	4.2.	Die rassenhygienische Diskussion und die Grundlagen des Rassismus im 19. Jahrhundert
166		4.2.1. Theorien über die Ungleichheit der Menschen
169		4.2.2. Von der Gleichheit der Menschen bis zur biologischen Wertung
172	4.3.	Die biologische, philosophische und politische Diskussion
172		4.3.1. Von Lamarck bis Darwin
175		4.3.2. Die philosophische und politische Diskussion
177	4.4.	Auslese und Gegenauslese als Staatsaufgabe
177		4.4.1. Das Wesen von Auslese und Gegenauslese
181		4.4.2. Die Wirkung von Auslese und Gegenauslese
185	4.5.	Die Rassenlehre im Dritten Reich als Basis der Staatslehre
185		4.5.1. Die Abgrenzung von Volk und Rasse
190		4.5.2. Die „Aufnordung des deutschen Volkes"
191		4.5.3. Über das Schicksal der slawischen Rassen
195		4.5.4. Die Vernichtung der jüdischen Rasse
203		4.5.5. Das Problem der Mischlinge in der Rassenlehre und für den Staat
211		4.5.6. Die Zigeuner als vernichtungswürdige Rasse
213	4.6.	Umsetzung des biologischen Kollektivismus durch eugenische Gesetzgebung
223	4.7.	Euthanasie und Rassenhygiene
227	4.8.	Der biologische Wertschöpfungsprozeß
227		4.8.1. Eugenik als Aufgabe des Staates
230		4.8.2. Aspekte zur Einführung des Gesetzes zur Verhütung erbkranken Nachwuchses
233		4.8.3. Die vom Gesetz erfaßten Erbkrankheiten
243		4.8.4. Sterilisierung wegen Schwachsinns
254		4.8.5. Die Behandlung Jugendlicher
255		4.8.6. Die Erbgesundheitsgerichte

265		4.8.7. Die internationale Diskussion über die Sterilisierung
271		4.8.8. Die medizinischen Abgrenzungsprobleme
282		4.8.9. Die Einführung des Gesetzes in Österreich
286		4.8.10. Die Arten der Operation
289		4.8.11. Zwei Verfahrensbeispiele
289		4.8.11.1. Sterilisierung und Abtreibung wegen angeborenen Schwachsinns
292		4.8.11.2. Ein Verfahren auf Unfruchtbarmachung wegen Schizophrenie
298	4.9.	Resümee der biologischen Wertschöpfung
301	**5. Kapitel: Das System eines biologischen Staates**	
303	5.1.	Der Totalisierungsprozeß im biologischen Staat
314	5.2.	Schlußbemerkungen
319	**6. Kapitel: Anhang**	
321	6.1.	Erklärung der UNESCO-Konferenz „gegen Rassismus, Gewalt und Diskriminierung" zur Rassenfrage (8. und 9. Juni 1995 in Stadtschlaining, Österreich)
323	6.2.	Verwendete und weiterführende Literatur
352	6.3.	Register
367	6.4.	Der Autor

1. Kapitel

Einleitung

1. Einleitung

Die Befassung mit dem Nationalsozialismus und mit den Lehren, Systemen und Ideen der Politiker, Wissenschaftler und Funktionsträger jener Epoche kann verschiedenste Ursachen haben. Während sich einer aus einem allgemeinen Interesse heraus dieser Thematik nähert, kann die Ursache in einem anderen Fall ein besonderes Ereignis, persönliche Betroffenheit oder der Wunsch nach Aufarbeitung sein. Im Verlauf der Recherchen zu dieser Arbeit war diese Frage die häufigste, die an mich gestellt wurde.

Während man in anderen Untersuchungsgebieten der Rechts-, Staats- und politischen Wissenschaften in den seltensten Fällen Rechenschaft über wissenschaftliches Interesse abzugeben hat, ist die Konfrontation mit der „Ursachenfrage" im Arbeitsgebiet der Faschismusforschung offenbar unausweichlich.

Der Stimulus, der dieser Arbeit zugrunde liegt, besteht in der Tatsache, daß es in Europa und in den USA ein unübersehbares politisches Potential gibt, das auf rassistisch gerichtete Ideologien abzielt, aber auch in der Tatsache, daß politische Strömungen, die Gedankengut und staatsrechtliche Vorstellungen aus dem Dritten Reich wiederum zur Diskussion stellen, stärker als in den letzten vierzig Jahren nach Kriegsende nachzuweisen sind.

Ein demokratisches System und ein liberaler Verfassungs- und sozialer Wohlfahrtsstaat haben – systemimmanent – keine radikalen Möglichkeiten, um ihre Identität und ihren Bestand zu schützen. Abgesehen von extremsten Angriffen auf den Staat und seine Bürger müssen es moderne Demokratien zulassen, daß auch ein Gedankengut, das auf einen Totalumbau des Staates mit demokratischen Mitteln gerichtet ist, offen diskutiert werden kann.

Die einzige „Waffe" einer Demokratie ist daher das Verständnis der Bürger für das Wesen des demokratischen Staates und für die besonderen Werte, die die modernen Demokratien vertreten können. Dieses Verständnis kann aber nicht von vornherein vorausgesetzt werden, denn es entspringt einer allgemeinen Bildung, der Aufklärung und der Information.

Information und Wissen scheinen somit der beste Schutz der Demokratie vor Angriffen zu sein. Dieser Ansicht entspringt die Motivation der vorliegenden Arbeit. Eine Vielzahl von Diskussionsbeiträgen in den letzten Jahren in der österreichischen Tagespolitik lassen den Schluß zu, daß eine breitere und tiefere Aufarbeitung des Themas gerechtfertigt erscheint.

Im Rahmen dieser Anlaßfälle, insbesondere in der nachfolgenden Diskussion, kam verschiedentlich die Frage auf, ob Teile der österreichischen Bevölkerung ein irrationales Bild vom Dritten Reich verinnerlicht hatten – etwa die Trennung zwischen den politischen Zielen, der Funktionalität und dem System des NS-Staates und den Auswirkungen dieser Politik, dem Holocaust, den Angriffskriegen und dem Terror gegen die eigene Bevölkerung.

Ein derartiges irrationales Bild würde es zulassen, die Geschichte und das Vermächtnis des Dritten Reiches in Einzelteile zu zerlegen und nach „Gut-Schlecht-Kriterien", die zueinander in keiner Beziehung und Abhängigkeit stehen, einzuteilen. Durch diese undifferenzierte Verneinung der Zusammengehörigkeit oder zumindest Bedingtheit der „Einzelteile" des Systems wäre es plötzlich zulässig, das Dritte Reich zwar grundsätzlich in seiner konkreten Ausformung und geschichtlichen Dimension abzulehnen – zumindest, was den Holocaust und sonstige Terrormaßnahmen betrifft –, das grundsätzliche System und Staatsverständnis sowie den ideologischen Unterbau jedoch grundsätzlich anzunehmen.

Daß es diese Tendenzen in der Vorgangsweise und Bewertung tatsächlich gibt, hat sich in den letzten Jahren immer wieder gezeigt. So gab es monatelang anhaltende Diskussionen um die Seriosität einer Wehrmachtsausstellung, die verwendeten Argumente wiesen deutlich darauf hin, daß die oben dargelegten Überlegungen eine wesentliche Rolle spielten.[1]

Die vorliegende Arbeit widmet sich daher vorwiegend der Beantwortung der Systemfrage, nämlich sowohl, was die theoretische Konstruktion des nationalsozialistischen Staates, als auch, was die Funktionalität dieses Staatsgebildes betrifft. Vereinfacht gesagt, soll untersucht werden, wie sich dieses Staatsmodell theoretisch wissenschaftlich darstellt und ob es sich dabei um ein Modell handelt, das im Sinn

---

[1] Es soll hier nicht einer Kollektivschuld das Wort geredet werden, weil Schuld – egal, welche Position man in einem Staat oder in einer Institution einnimmt – immer höchstpersönlich ist. Umgekehrt kann es keine staatliche oder institutionelle „Entschuldigung" geben.

einer modellhaften Betrachtung funktionsfähig sein kann. Dazu erscheint es notwendig, sich mit konkreten Wirkungen auseinanderzusetzen, die dieses Staatsmodell zeitigte. Unter der Fülle von Folgen und Wirkungen wurden sehr bewußt zwei Rechts- und Politikbereiche ausgesucht, die „im Schatten" der großen und in der Literatur vielfach diskutierten Ereignisse wie Holocaust oder Kriegsgeschehnisse standen. Da der Versuch einer systemtheoretischen Betrachtung gewagt werden soll, wird bis auf wenige Ausnahmefälle auf den Bezug auf einzelne Personen verzichtet. Nur dort, wo es aufgrund des Zusammenhanges als sinnvoll erscheint, sind konkrete Geschehnisse, Fälle oder Personen dargestellt.

Die Faschismusforschung und die Forschung über den Totalitarismus hat in den letzten Jahren im deutschsprachigen Raum deutliche Fortschritte gemacht. Insbesondere ist erfreulich, daß die verschiedensten wissenschaftlichen Disziplinen ihre Aufarbeitung des Themas mehr oder weniger vorangetrieben haben, und es bleibt zu hoffen, daß dieser Prozeß so bald sein Ende nicht findet.

Soweit umfassende Arbeiten vorliegen, wurden diese wohl berücksichtigt, es wurde aber darauf verzichtet, diese Themen in der vorliegenden Arbeit breit aufzuarbeiten. Vielmehr wird im Zug der Arbeit auf diese Werke besonders hingewiesen, sodaß überall dort, wo breite Aufarbeitungen vorliegen, lediglich kurze Zusammenhänge, Darstellungen und spezielle Problemstellungen im Rahmen der Staatslehre dargestellt werden.

Besonders weit im Rahmen der Aufarbeitung sind zweifellos die Zeithistoriker, die sowohl über Einzelthemen als auch über umfassende Bearbeitungen des Themas verfügen.[2] Wesentliche Vorarbeiten im Bereich der Politikwissenschaften hat etwa die aus Deutschland emigrierte Wissenschaftlerin Hannah Arendt[3] geleistet; insbesondere in der Definition des historisch beschreibenden Totalitarismus. Eine breite Aufarbeitung hat auch der Holocaust erfahren, allerdings sind die meisten Darstellungen weniger systemischer Natur als vielmehr

---

[2] Z. B.: BRACHER Dietrich-Karl, Die deutsche Diktatur, Entstehung, Struktur, Folgen des Nationalsozialismus, 7. Auflage, Köln 1993; oder HÖHNE Heinz, Der Orden über dem Totenkopf, Die Geschichte der SS, München 1967.
[3] ARENDT Hannah, Elemente und Ursprünge totaler Herrschaft, 3. Auflage, München 1986.

Beschreibungen. Dennoch sind diese Arbeiten unverzichtbar für die Bewältigung des Themas.[4]

Mit systemischen Arbeiten über das Dritte Reich beschäftigen sich verschiedentlich einige Soziologen, die damit bereits klare Erklärungsansätze geschaffen haben, insbesondere was das „Zusammenwirken" zwischen Tätern und Opfern angeht.[5]

Was insbesondere die Eugenik betrifft, sind in den letzten Jahren sehr umfangreiche Arbeiten publiziert worden, die vor allem die Grundlagen umfassend darstellen konnten.[6]

Soweit es die Rechtswissenschaften betrifft, liegen bereits einige Standardwerke[7] vor, allerdings klaffen auch noch grundlegende Lücken. Insbesondere im Strafrechtsbereich im Zusammenhang mit dem Volksgerichtshof und im Bereich der Staatslehre sind zukünftig mehr Arbeiten wünschenswert und notwendig.[8]

So ist die vorliegende Arbeit der Versuch, wenigstens eine kleine Lücke im Bereich der Staatslehre zu schließen – zumindest, wenn es um die Frage der Systematik und Prozessualität des nationalsozialistischen Staates geht.

Methodisch wurde vorwiegend versucht, eine systemtheoretische Darstellung zu geben. Dort, wo es notwendig erschien, wurden diese Darstellungen um historische Beschreibungen ergänzt.

Auf empirische Beweisführungen mußte dennoch völlig verzichtet werden, weil zwar einerseits die Verarbeitung des Datenmaterials des Dritten Reiches durch gedruckte Quellen in der Zwischenzeit hervorragend ist, für eine schlüssige Beweisführung im Rahmen einer empirischen Betrachtung jedoch nur kleinere Bearbeitungsfelder in

---

[4] Z. B.: BENZ Wolfgang, Die Juden in Deutschland 1933-1945; Leben unter nationalsozialistischer Herrschaft, 3. Auflage, München 1993.

[5] So etwa SOFSKY Wolfgang, Die Ordnung des Terrors; Das Konzentrationslager, Frankfurt/Main 1993.

[6] Etwa SEIDLER Horst/RETT Andreas, Rassenhygiene, Ein Weg in den Nationalsozialismus, Wien-München 1988; oder WEINGART Peter/KROLL Jürgen/BAYERTZ Kurt, Rasse, Blut und Gene; Geschichte der Eugenik und Rassenhygiene in Deutschland, Frankfurt/Main 1988.

[7] Etwa MAJER Diemut, „Fremdvölkische" im Dritten Reich, Boppard 1981.

[8] Diese Lücken haben möglicherweise ihre Ursache auch darin, daß sowohl in der Staatslehre als auch in der Strafrechtslehre eine personelle Kontinuität der Lehrenden von 1933 bis fast Anfang der siebziger Jahre bestand, was eine Aufarbeitung der Thematik nicht gerade erleichterte bzw. mit hoher Priorität versah.

Frage[9] kommen, weshalb im Rahmen dieser eher grundsätzlichen Darstellung auf sozialwissenschaftliche Aspekte weitgehend verzichtet werden mußte.

Für die Unterstützung in dieser Arbeit von Anbeginn an möchte ich mich (in alphabetischer Reihenfolge) bei meinen akademischen Lehrern, Univ.-Prof. Dr. Rudolf Palme vom Innsbrucker Institut für Österreichische und Deutsche Rechtsgeschichte sowie Univ.-Prof. Dr. Karl Weber, Professor am Innsbrucker Institut für Öffentliches Recht und Politikwissenschaften, bedanken. Hätten mir nicht beide ein Höchstmaß an Unterstützung gewährt, wäre diese Arbeit nicht fertiggestellt worden.

Jede Arbeit, die einen interdisziplinären Zusammenhang hat, bedarf der Mithilfe von Spezialisten, die bereit sind, ihr Wissen so aufzubereiten und zu diskutieren, daß eine Vernetzung der Betrachtungsweise möglich wird.

Vielen Dank daher auch an den Ordinarius des Institutes für Humangenetik an der Universität Wien, Univ.-Prof. Dr. Horst Seidler. Er war jederzeit bereit, meine Fragestellungen im Bereich der Biologie und Rassenhygiene mit großer Geduld zu beantworten. Zudem stellte er mir den Originalaktenbestand des Wiener Erbgesundheitsgerichtes zur ausschließlichen Bearbeitung zur Verfügung sowie seine Sammlung an zeitgenössischer Literatur.

Für seine hervorragende Unterstützung möchte ich mich auch beim Ordinarius der Innsbrucker Klinik für Psychiatrie, Univ.-Prof. Dr. Hartmann Hinterhuber, bedanken. Er führte mich in die Problemstellungen der Geisteskrankheiten im Zusammenhang mit dem Nationalsozialismus ein, und er ließ es geschehen, daß ich mehrfach seine Institutsbibliothek „plünderte".

Herzlich bedanken darf ich mich bei meiner „treuesten" Kritikerin, Frau Prof. Diemut Majer aus Karlsruhe. Als international ausgewiesene Kennerin der Materie hat sie mir durch ihre konstruktiven Vorschläge und kritischen Denkansätze wertvolle Hinweise gegeben, auch wenn unsere Positionen in manchen Bereichen selbst durch lange Diskussionen nicht deckungsgleich wurden. Manche Kritik mußte

---

[9] Vgl. etwa STAUDINGER Roland, Politische Justiz, Die Tiroler Sondergerichtsbarkeit im Dritten Reich am Beispiel des Gesetzes gegen heimtückische Angriffe auf Partei und Staat, Schwaz 1994.

ich daher „stehenlassen". Frau Dr. Majer war mir dennoch eine unverzichtbare Gesprächspartnerin und Helferin.

Schließlich möchte ich meiner Frau Bettina danken, die nicht nur die Geduld aufbrachte, Monologe über das Thema über sich ergehen zu lassen, sondern auch eine unschätzbare Hilfe bei allen technischen Fragen im Zusammenhang mit der EDV war.

Im September 1999   *Roland Staudinger*

2. Kapitel

Einführung

2. Einführung in die Thematik eines biologischen totalen Staates

2.1. Typologie und die Betrachtungsfelder eines biologischen Staates

Der Begriff eines biologischen Staates ist in der Staatslehre nicht geläufig und bedarf daher bezüglich seiner Definition und seiner Wesenseigenschaften einer vorangehenden Erläuterung und Klärung.[10]

Unbestritten ist, daß das Dritte Reich ein rassistisch motivierter Staat war, und daß Rassenideologien und rassistisch motivierte Gesetze und staatliche Terroraktionen wesentlich den Alltag des Dritten Reiches bestimmten, insbesondere für jene Personen, die im Rahmen des genetischen staatlichen Ausleseprozesses als negativ bewertet wurden und daher zum Opfer dieser Rassenideologien wurden.[11]

Kann man aber aus diesen Tatsachen, die verschiedentlich heute noch als negative Auswüchse eines an sich „brauchbaren Staatssystems"[12] betrachtet werden, im Rahmen einer staatsrechtlichen und systemtheoretischen Betrachtung einen „biologischen totalen Staat"

---

[10] Üblicherweise wird der nationalsozialistische Staat in der Lehre richtigerweise in die Gruppe der „totalitären Staaten" eingereiht, ohne daß eine weitere Differenzierung vorgenommen wird. Vgl. beispielsweise PERNTHALER Peter, Allgemeine Staatslehre und Verfassungslehre, Wien 1986, S. 9; ebenso ZIPPELIUS Reinhold, Allgemeine Staatslehre, Politikwissenschaft, 11. Auflage, München 1991, S. 271ff. Der Begriff des totalitären Staates wurde von Hannah Arendt mitgeprägt; vgl. ARENDT Hannah, Elemente und Ursprünge totaler Herrschaft, a. a. O. Arendt beschrieb den Weg des Nationalsozialismus vom totalen Staat zum totalitären Staat. Die Bezeichnung des biologischen Staates wird üblicherweise nicht verwendet, auch wenn auf die rassistischen Tendenzen des Nationalsozialismus allgemein verwiesen wird.

[11] Der „Opferbegriff" ist hier sehr weit zu ziehen. Auch jene Menschen, die Vergütungen des Staates aufgrund ihrer genetischen Beschaffenheit nicht erhielten – beispielsweise Ehestandsdarlehen –, zählen im weitesten Sinn zu Opfern der Rassenhygiene.

[12] Der totalitäre Staat, insbesondere der nationalsozialistische, wird in der heutigen Wissenschaft nirgends als „brauchbares Staatssystem" beschrieben. Die Wiederaufgreifung der Staatsideen durch die sogenannten „Neonazis" birgt implizit in sich, daß Teile der Bevölkerung das nationalsozialistische Staatssystem als brauchbar ansehen könnten.

nachweisen, somit einen Staat, der tatsächliche oder angenommene biologische Gesetzmäßigkeiten zur Grundlage seiner Staatsorganisation, seines Selbstverständnisses und – vor allem – seiner Wertorientierung legte?

Die eigentliche Problematik in der Beantwortung dieser Frage liegt darin, daß umfassende brauchbare und wissenschaftlich auswertbare theoretische Modellbeschreibungen des Dritten Reiches praktisch nicht existieren. Wohl haben bedeutende Staatslehrer wie Carl Schmitt oder Ernst Forsthoff und andere insbesondere während der ersten Jahre des Dritten Reiches umfangreiche Publikationen verfaßt, diese sind sehr oft jedoch nur Reflexionen auf tatsächliche Ereignisse, die im nachhinein wissenschaftlich zu erklären waren.[13] Dazu kommt, daß die deutschen Staatslehrer jener Zeit in ihrem Denken nach wie vor von der Existenz der Weimarer Republik und damit von der Rechtsstaatlichkeit eines liberalen Verfassungsstaates ausgehen mußten und auch andere Rechtsinstitutionen, wie etwa die Notwendigkeit einer minimalen Verfassung, nicht völlig in Frage stellten, wenngleich die völkische und gesinnungsmäßige Basis und die Auflösung der Gewaltenteilung sowie des liberalen Rechtsstaates im Zentrum der Bemühungen der Staatslehre standen.

Erschwerend kam hinzu, daß ein biologisches Staatsgebilde auf biologische Erkenntnisse aufbauen mußte. Man konnte nicht davon ausgehen, daß Juristen und Staatslehrer über jenes naturwissenschaftliche Rüstzeug verfügten, um Naturgesetzmäßigkeiten und Regeln auf ein theoretisches Staatskonstrukt überleiten zu können.[14]

Andererseits durfte auch nicht davon ausgegangen werden, daß die führenden Biologen des Dritten Reiches über jenes Rüstzeug ver-

---

[13] Insbesondere Carl Schmitt möchte seine wissenschaftliche Arbeit am Ende der Weimarer Republik vor diesem Hintergrund sehen. SCHMITT Carl, Verfassungsrechtliche Aufsätze, Berlin 1958, S. 8: „Ein Teil der abgedruckten Aufsätze ist in der Nähe entscheidender Vorgänge entstanden und mit vollem Bewußtsein in die Waagschale der Zeit geworfen; alle aber gehen in ihren Thesen und Begriffen auf konkrete Situationen und Beobachtungen zurück ...".

[14] Dennoch wurde die deutsche Staatslehre auf die allgemeinen Erkenntnisse von „Volk und Rasse" gestellt, ohne daß die Begriffe selbst in der Rechts- und Staatswissenschaft hinterfragt wurden. Selbst die Auseinandersetzung der Vertreter des liberalen Rechtsstaates mit den nationalen und völkischen Staatslehrern erfolgte vor 1933 auf der Basis der funktionalen bzw. formellen Betrachtung eines Staates. Vgl. dazu etwa die Schriften von Hans Kelsen und anderen.

fügten, das es ihnen ermöglicht hätte, aus ihrem naturwissenschaftlichen Denken heraus ein Staatsmodell zu entwerfen, das in die Praxis umsetzbar gewesen wäre.[15]

Zweifellos gab es im Bereich der Staatslehre und der Biologie einige bemerkenswerte Projekte der interdisziplinären Zusammenarbeit. Diese blieb jedoch zumeist auf Teilbereiche beschränkt und befaßte sich lediglich mit Einzelfragen der Biologie oder der Staatslehre, ohne auf einen umfassenden Überblick zurückzugreifen. Hierzu zählen etwa die Arbeiten von Binding und Hoche[16], die als wissenschaftliche Wegbereiter der Euthanasieprogramme gelten können. Auch das Archiv für Rassenbiologie und andere Zeitschriften versuchten durch Jahre, einen interdisziplinären Ansatz zu finden, ohne daß dies jemals überzeugend gelungen wäre.

Lediglich im philosophischen bzw. im politisch-soziologischen Bereich wurden umfassendere Arbeiten verfaßt, die biologische und rassentheoretische Mechanismen als theoretische Grundlagen für die Bildung eines Staates annahmen. Zu den bekanntesten Werken dieser Art zählt Alfred Rosenbergs „Der Mythus des 20. Jahrhunderts"[17]. Der Schwerpunkt dieser ideologischen Arbeit lag weniger in der Staatsorganisation, sondern mehr im Führungsanspruch der sogenannten germanischen Rasse. Erwähnenswert sind außerdem die Arbeiten von Houston Steward Chamberlain[18], die im Zusammenhang mit Staatstheorien durchaus Rassentheorien bearbeiteten, ohne allerdings einen idealtypischen Staat umfassend und in seiner Gesamtheit zu entwerfen. Letztlich ist hier auch das Standardwerk von Adolf Hitler „Mein Kampf"[19] zu erwähnen. Hitler versuchte in dieser Arbeit, ei-

---

[15] Dennoch war es für die Biologen selbstverständlich, daß der nationalsozialistische Staat eine biologische Grundlage haben mußte. Vgl. etwa WEHEFRITZ Emil, in: POLIAKOV Léon / WULF Joseph, Das Dritte Reich und seine Denker, Dokumente und Berichte, Wiesbaden 1989, S. 112: „Wohl kein Staat ist in solchem Maße auf tiefste biologische Einsicht aufgebaut wie gerade der Nationalsozialistische."

[16] BINDING Karl / HOCHE Alfred, Die Freigabe der Vernichtung lebensunwerten Lebens, ihr Maß und ihre Form; 2. Auflage, Leipzig 1922. Die beiden Autoren führten die Begriffe der „Ballastexistenzen" und der „Untoten" für geistig schwerbehinderte Menschen ein und forderten deren Tötung.

[17] ROSENBERG Alfred, Der Mythus des 20. Jahrhunderts, München 1933.

[18] CHAMBERLAIN Houston Steward, Die Grundlagen des 19. Jahrhunderts, 25. Auflage, München 1940.

[19] HITLER Adolf, Mein Kampf, 113. Auflage, München 1934.

nen idealen, rassisch und biologisch determinierten Staat zu konstruieren, verfing sich in weiten Strecken allerdings in Gegenwarts- und Geschichtsbetrachtungen und versuchte, eigene Erlebnisse und bruchstückhafte Auszüge aus Gelesenem empirisch hochzurechnen. Schon deshalb mußte er methodisch scheitern, wenngleich anzumerken ist, daß die Verbindung von Staatslehre und Politik mit biologischen Erkenntnissen nachweisbar ist, weil Hitler ganze Passagen vom damals anerkannten Standardwerk über Rassenhygiene von Baur-Fischer-Lenz[20] in „Mein Kampf" übernommen hat.[21]

Während im Rahmen einer staatsrechtlichen Diskussion grundsätzliche systemtheoretische Betrachtungen also fehlen oder nur bruchstückhaft vorhanden und – um ein Gesamtbild zu erhalten – methodisch zusammenzusetzen sind, ist man im Bereich der realen Betrachtung und Untersuchung des Staates vor das Problem gestellt, daß das Dritte Reich lediglich zwölf Jahre existierte und dabei mehrfach seine äußere Erscheinung und seine innere Organisation wechselte.

Das Dritte Reich entstand nicht durch eine Revolution, sondern infolge politischer Ereignisse, die in der Phase der Machtübernahme durch die Nationalsozialisten durchaus auf dem Boden der Weimarer Verfassung standen. Rechtslage und faktische Gegebenheiten klafften hier jedoch weit auseinander. De iure stand die Machtergreifung nach der damals herrschenden Doktrin durchaus auf dem Boden der Weimarer Verfassung, sodaß sich außer der Gesetzgebungskompetenz für die Reichsregierung nichts geändert zu haben schien; die Prinzi-

---

[20] BAUR Erwin/FISCHER Eugen/LENZ Fritz, Menschliche Erblichkeitslehre und Rassenhygiene, 2. Auflage, München 1923. Dieses Standardwerk wurde während des Dritten Reiches vielfach weiter aufgelegt und ausgebaut. Insbesondere die Beschreibung der Wirkung von Auslesevorgängen haben für Hitlers „Mein Kampf" Bedeutung gehabt. Interessant ist aber die Tatsache, daß Hitler mehrfach den Begriff der „arischen Rasse" verwendet, obwohl in der Rassenbeschreibung dieser Begriff nicht vorkommt.

[21] Rassenhygienische „Allgemeinplätze" waren allerdings nicht nur in wissenschaftlichen Werken zu finden, sondern, wie Schwab 1937 nachzuweisen versuchte, auch in den deutschen Sprichwörtern gegenwärtig. So publizierte er in seiner Volksausgabe zu allen rassenhygienischen Themen die „passenden" Sprichwörter, wie etwa: „Wo viele Juden sind, da sind viele Diebe", „Getaufter Jude – beschnittener Christ", „Mit dem getauften Juden gleich wieder unters Wasser", „Mein Blut, mein höchstes Gut", „Der Dreck muß den Misthaufen mehren", „Adler zeugen Adler" usw.; SCHWAB Julius, Rassenpflege im Sprichwort, Leipzig 1937.

pien der Gewaltenteilung und des Mehrparteiensystems schienen unverändert, und auch die außenpolitische Kontinuität blieb augenscheinlich gewahrt. Tatsächlich war jedoch eine tiefgreifende innenpolitische Umgestaltung im Gang, während man nach außen hin versuchte, Kontinuität vorzuspiegeln. Und obwohl sich das Regime als ein revolutionäres verstand, war es durch die Mechanismen der Gewaltenteilung, der Demokratie und durch außenpolitische sowie wirtschaftspolitische Gegebenheiten (vorerst) tatsächlich eingeengt.

Auch wenn sich das Regime und mit ihm das Dritte Reich sehr rasch von einer demokratisch gewählten Regierung zu einer polizeistaatlichen Diktatur, von einem totalen Staat zu einem totalitären Regime wandelte, bleibt die Tatsache bestehen, daß die Nationalsozialisten niemals jenem idealen staatlichen Konstrukt gerecht werden konnten, das sie selbst – wenngleich bruchstückhaft – formuliert hatten (und welches hier als „biologischer totaler Staat" bezeichnet wird).

Der Aufgabe, den biologischen totalen Staat zu typisieren, stehen somit die relativ dünne und bruchstückhafte theoretische Aufarbeitung und die Tatsache entgegen, daß das sich ständig verändernde Dritte Reich – insgesamt – in keiner Phase seinem eigenen Idealtypus entsprach und daher nur einzelne Ereignisse und Systemimplementationen den eigenen Ansprüchen genügten.

Dennoch sind es gerade einzelne Ereignisse, die auf einen „roten Faden" im Staatsdenken des Regimes schließen lassen. Dazu zählt zum Beispiel das Gesetz zur Verhütung erbkranken Nachwuchses, das – unmittelbar nach der Machtübernahme erlassen – den Willen des Regimes manifestierte, das Staatsvolk einem genetischen „Screening" zu unterziehen, um die Reproduktion von Staatsbürgern steuern zu können.

Auch die Nürnberger Rassengesetze, das Ermächtigungsgesetz, die Einschränkung der Gewaltenteilung durch die Sondergerichtsbarkeit, die Einführung von Konzentrationslagern und viele andere staatliche Handlungsweisen können nicht isoliert betrachtet werden, sondern sind als durchaus planmäßige Aktionen im Sinn der Umsetzung eines biologischen Staates zu sehen, wenngleich nicht davon ausgegangen werden kann, daß ein dezidierter Ablaufplan zur Errichtung des neuen Staates vorgelegen hat. Vielmehr darf angenommen werden, daß die Grundzüge des Staatskonstruktes in den Köpfen des Regimes und der Eliten des Staates vorhanden waren und daß je nach Möglichkeit bzw. nach Notwendigkeit im Rahmen der politischen

Möglichkeiten die entsprechende Aktion veranlaßt und durchgeführt wurde.

Deutliche Hinweise auf eine derartige Vorgehensweise ergeben sich etwa aus den Dokumenten zur Reichskristallnacht oder zur Einführung der Sondergesetzgebung im Bereich des Strafrechtes bei Kriegsbeginn.

2.2. Die Thesen über den biologischen totalen Staat

Welche sind nun die Grundsätze eines biologischen Staates, die Grundsätze, die diese Art Staat typisch machen und die gleichzeitig die Untersuchungsfelder im Rahmen der nachfolgenden Betrachtungen bilden?

Wesentlich erscheint zuallererst der Kollektivismus, der im Dritten Reich von einer besonderen Bedeutung und Ausprägung war. Der biologische Staat ist ein organisiertes Kollektiv von Individuen, die über ein (vermutetes) ähnliches genetisches Baumuster verfügen und als Volk zusammengefaßt werden können.

Das genetische Grundmuster der Staatsbürger bzw. Volksgenossen war das wesentliche Zugehörigkeitsprinzip zu einer Rasse[22] und damit zum Staatsvolk. Bei der Betrachtung dieses Prinzips ist daher besonders auf den damaligen Stand der wissenschaftlichen Diskussion Rücksicht zu nehmen, zumal die Frage der Zugehörigkeit zum Staatsvolk bzw. zur Rasse in vielen Fällen von Biologen und Ärzten festzustellen war. Der Frage der Genauigkeit derartiger Untersuchungsmethoden in der Staatspraxis, aber auch in der theoretischen Betrachtung kam daher besondere Bedeutung zu. Ebenso ist der Frage nachzugehen, ob die Kollektivierung von Menschen mit einem (vermuteten) ähnlichen Phäno- und Genotypus eine taugliche Form der Staatenbildung darstellt. Diese Frage ist deshalb von Bedeutung, weil bekanntlich nicht nur Menschen fähig sind, Staaten zu bilden, sondern auch Tiere aller Entwicklungsstufen. Es kann daher davon ausgegangen werden, daß die Staatenbildung durch Individuen weni-

---

[22] Die Begriffe „Rasse" und „Volk" waren nicht ident, weil die Zugehörigkeit zu einer Rasse ausschließlich genetisch bedingt war, ein Volk aber aus mehreren verwandten bzw. zusammengehörigen Rassen bestand.

ger einem Bedürfnis entspringt, das aus einer inneren und subjektiven logischen Schlußfolgerung abgeleitet werden kann, sondern vielmehr aus der Tatasche, daß Kollektive zur Bewältigung bestimmter Aufgaben besser geeignet sind als Individuen. Dieser objektiv zweckorientierte Ansatz bringt aber mit sich, daß ein objektiver Zweck bzw. ein nachweisbarer Nutzen vorhanden sein muß, um für die Individuen im Rahmen der Teilnahme an einem Staat sinnvoll ein Ordnungskriterium darstellen zu können. Andernfalls wäre der Ausschluß bestimmter Individuen aus einem Staat kontraproduktiv zur Erreichung des Staatszweckes.

Die Staatsgemeinschaft sollte eine Rassen- und Volksgemeinschaft sein. Ihre innere Organisation und Legitimation erhält sie aus den genetischen Kriterien und Ergebnissen, die zur Bildung der Rasse führten. Die Frage der Entwicklung und Weiterentwicklung der Rassen ist für die Frage der inneren Organisation eines biologisch motivierten und organisierten Staates von wesentlicher Bedeutung.[23] Dies deshalb, weil es einen wesentlichen Unterschied macht, ob sich Rassen verändern können oder nicht. Ist die Rasse ein feststehendes biologisches Phänomen, können theoretisch bestimmte feststehende Verhaltensweisen und Eigenschaften abgeleitet werden. Diese wiederum können die Grundlage für Organisationsrichtlinien bilden und Gesinnungsnormen begründen. Anders verhält es sich, wenn die Rasse „verbessert" werden kann, denn in diesem Fall ist der Rassenbegriff ein hypothetischer, weil er nur eine momentane „Durchgangsbefindlichkeit" einer bestimmten Menschengruppe beschreibt.[24] Verhaltensweisen und Eigenschaften können dann nicht grundsätzlich und feststehend beschrieben werden, und diese können daher auch nicht die Legitimation für Organisationsrichtlinien bilden.

---

[23] Vgl. HITLER Adolf, Mein Kampf, a. a. O., S. 113f.: „Die Blutsvermischung und das dadurch bedingte Senken des Rassenniveaus ist die alleinige Ursache des Absterbens alter Kulturen; denn die Menschen gehen nicht an verlorenen Kriegen zugrunde, sondern am Verlust jener Widerstandskraft, die nur dem reinen Blute zu eigen ist."

[24] Natürlich handelt es sich hier um Fragestellungen im Rahmen von „reinen Rassen". Viel schwieriger war in der Praxis für die Nationalsozialisten die Frage, wie mit der Annahme umzugehen ist, daß sich auch artverwandte Rassen im Lauf der Zeit vermischt haben und Reinrassigkeit im engeren Sinn daher nicht der Ausgangspunkt der Veränderung von Rassen sein konnte.

Eine dritte Möglichkeit wäre, daß die Rasse zwar eine feststehende biologische Größe ist, daß diese durch äußere und innere „schädliche" Einflüsse aber an Qualität verlieren kann.[25] In diesem Fall gelten die nachweisbaren Verhaltensweisen und Ausprägungen jener Menschen, die dem Rassenideal am ähnlichsten kommen, als Grundlage für die staatlichen Organisationsrichtlinien. In diesem Fall muß der Staat danach trachten, nach Möglichkeit alle Staatsbürger dem Rassenideal im Lauf der Zeit anzupassen, um sichergehen zu können, daß die Staatsbürger aus einem genetischen Bewußtsein heraus gleichartige Verhaltensweisen üben und demzufolge staatliche Normen nicht mehr notwendig sind. Es ist daher der Frage nachzugehen, ob der nationalsozialistische Staat eine dieser Thesen zur Grundlage staatlichen Handelns und staatlicher Organisation gemacht hat.

Der Bestandsschutz des biologischen Staates ist eines der obersten Ziele, wobei dieses nicht darauf gerichtet ist, den Staat in seiner formellen Organisation zu erhalten, sondern vielmehr in seiner Begrifflichkeit als Volksgemeinschaft. Damit wird die „genetische Qualität" seiner Staatsbürger zum wertvollsten Kapital des biologischen Staates.[26] Aus diesem Grund kontrolliert der Staat die Reproduktion der Individuen und betrachtet diesen Vorgang als eine Art „völkischen Wertschöpfungsprozeß". Während in anderen Staatstypen materielle und auch ideelle Wertschöpfungsprozesse beschrieben werden, kennt der biologische Staat auch den genetischen, biologischen Wertschöpfungsprozeß. Dies erklärt sich aus der Tatsache, daß die Ordnungsprinzipien im biologischen Staat ausschließlich aus der Natur begründbar sein müssen, um Akzeptanz zu erhalten. Dies erklärt auch, weshalb die Fortpflanzung von Staatsbürgern entindividualisiert und zu einem staatlichen Anliegen gemacht wird. Ist die Fortpflanzung aber ein staatliches Anliegen, gibt ausschließlich der Staat die Regeln der Fortpflanzung vor, private Bedürfnisse oder subjektive Wünsche bleiben unberücksichtigt.[27]

---

[25] Dies wäre etwa durch Erbkrankheiten oder durch Vermischung mit anderen Rassen möglich.

[26] Vgl. DARRÉ Walther, Achtzig Merksätze und Leitsprüche über Zucht und Sitte aus Schriften und Reden von Walther Darré, in: POLIAKOV Léon/WULF Joseph, Das Dritte Reich und seine Denker, Wiesbaden 1989, S. 22: „Das einzige wirkliche Vermögen unseres Volkes ist sein gutes Blut."

[27] Hier trifft sich der biologische Anspruch mit der totalen Staatslehre. Im totalen Herrschaftsapparat gibt es keinerlei Privatsphäre.

Mit dieser Thematik haben sich Rassenhygieniker massiv und schon Jahre vor der Gründung des Dritten Reiches beschäftigt. Ausgehend vom Postulat der Existenz verschiedener Rassen und von der Hypothese, daß die „Rassenreinheit" für das Überleben eines Staates und Volkes maßgeblich sei, entwickelten Rassentheoretiker und Eugeniker verschiedene Instrumentarien, die insbesondere bei der Reproduktion von Individuen ansetzten, um die Rasse „rein" zu erhalten.

Diese Instrumentarien waren theoretische bevölkerungspolitische Werkzeuge und Maßnahmen, die in sogenannte positive und negative eugenische Instrumentarien eingeteilt werden konnten.

Für die systemtheoretische Betrachtung eines biologischen Staates stellt sich die Frage, wer unter welchen Voraussetzungen derartige Instrumentarien entworfen hat, wie das grundlegende Gedankengebäude der Eugenik beschaffen ist und – als wesentlichste Frage – in welchem Ausmaß rassenhygienische Überlegungen in der theoretischen Konstruktion und im staatlichen Leben des Dritten Reiches eine Rolle gespielt haben.

Gerade in diesem Bereich erscheint es zweckmäßig, die Gesetzgebung des Dritten Reiches daraufhin zu untersuchen, welchen konkreten Vorschlägen der biologischen Rassentheoretiker der Gesetzgeber tatsächlich gefolgt ist und welche Auswirkungen daraus ableitbar sind.

Es erscheint denknotwendig, daß in einem biologischen, nach rassischen genetischen Kriterien organisierten Staat alle Individuen die gleichen Rechte und Pflichten haben. Dies würde allerdings nur dann zutreffen, wenn die „genetische Qualität" aller Volks- und Staatsgenossen von gleicher Beschaffenheit wäre. Da dies nicht der Fall ist, wurden die Rassengenossen nach ihrem Wert für die Gemeinschaft segmentiert. Innerhalb der Segmente hatten die Individuen tatsächlich die gleichen Rechte und Pflichten gegenüber dem Staat und der Gemeinschaft.

Die einzelnen Segmente standen zueinander in einer Über-, Unter- oder Gleichordnung, wobei die höheren Segmente die „Volkselite" bildete und als Führerschicht die Staatsgewalt wahrnahm.

Ein biologisch organisierter Staat ist damit kein Klassenstaat im herkömmlichen Sinn, vielmehr wird davon ausgegangen, daß die individuelle Leistungsfähigkeit für die Gemeinschaft trotz universeller Rassenzugehörigkeit auch individuell verschieden ausgeprägt sein kann. Diese Annahme ist für die Bildung von Hierarchien innerhalb des Staates von besonderer Wichtigkeit. Insbesondere die Implementierung der Führungsschicht, des Führers und als Instrumentarium des Führerprinzips hingen im Zusammenhang mit der Legalisierung der Staatsgewalt eng mit dieser Frage zusammen.

Es ist daher zu prüfen, welche Rolle das Führerprinzip im Dritten Reich spielte und welche Bedeutung das Führertum im Staatskonstrukt hatte. Insbesondere ist die Frage zu beantworten, ob es sich beim Führerprinzip um eine meßbare und faßbare systematische Einflußgröße handelte oder ob das Führerprinzip in seiner konkreten und theoretischen Ausformung lediglich einen nicht in das System passenden Tatbestand lieferte.

Eng mit dieser Frage verknüpft ist die Problemstellung rund um die Gewaltenteilung, die ein elementares Erkennungsmerkmal moderner liberaler Staaten ist und primär den demokratischen Bedürfnissen und der Sicherung der Rechtsstellung des einzelnen Staatsbürgers dient.

Der biologische Staat kennt keine Gewaltenteilung. Die Wahrnehmung der Staatsgewalt ergibt sich aus der Stellung des Gewaltinhabers innerhalb der Volksgemeinschaft und ist umfassend im Sinn von „total".

In jeder Staatslehre ist eine der zentralen Fragen, wer über die Produktionsmittel verfügt und wer in welcher Form am volkswirtschaftlichen Wertschöpfungsprozeß teilnehmen kann oder teilnehmen muß. Die volkswirtschaftliche Wertschöpfung ist der Motor jedes Staates, sie ermöglicht den Bestand und die Weiterentwicklung der Gemeinschaft und sichert außerdem das Überleben. In praktisch allen Staaten stehen die Stellung und die Bedeutung des einzelnen im Rahmen der Wertschöpfung in einem engen Bezug mit seiner sozialen Stellung innerhalb der Gesellschaft.

Üblicherweise ergibt sich diese Stellung aus der Tatsache, daß ein bestimmter Mensch über die Produktionsmittel verfügt, oder aus einer bestimmten Ausbildung bzw. aus einem bestimmten Wissensstand, der durch andere Menschen nicht oder nur ungenügend substituiert werden kann bzw. aus sonstigen subjektiven Tatsachen.

Entscheidend ist, daß die Positionen variabel und veränderbar sind, was bedeutet, daß es in den meisten Staatsmodellen im Rahmen der Wertschöpfungsprozesse keine fest zugewiesenen Plätze für die Teilnehmer gibt, sondern daß sich die Position verändern kann.

Dies ergibt sich sowohl aus dem Umgang mit dem Eigentumsbegriff als auch aus grundsätzlichen Annahmen, wie etwa die Liberalisierung im Bildungsbereich.[28] Für die Betrachtung eines biologischen Staates erscheint von Interesse, ob auch die zentralen Bereiche der Produktionsmittel und der Stellung innerhalb der Wertschöpfung von rassischen und biologischen Kriterien abhängig gemacht werden konnten oder ob individuelle Kriterien wie Leistungsvermögen, Bildungsfähigkeit und Leistungswille im Zentrum der Überlegungen des Regimes standen.

Eng mit der Frage des Wertschöpfungsprozesses verbunden ist die Thematik der Umverteilung. Die sozialen Wohlfahrtsstaaten folgen einem überwiegend humanistischen Ansatz, der die (leistungsfähige) Gemeinschaft verpflichtet, jenen Mitgliedern der Gesellschaft[29], die nicht fähig sind, am Wertschöpfungsprozeß nach marktwirtschaftlichen Kriterien teilzunehmen, Teile des Überschusses aus dem Wertschöpfungsprozeß zukommen zu lassen, unabhängig von dem Beitrag, das das einzelne, nicht leistungsfähige Mitglied der Gesellschaft für den Staat erbringt.

In einem biologischen Staat können derartige Umverteilungsmechanismen nicht greifen, zumal der einzelne nach seinem genetischen Wert und in der Folge nach seinem produktiven Wert für die Volksgemeinschaft beurteilt wird. Würden Überschüsse aus dem Wertschöpfungsprozeß sozial bedürftigen Rassengenossen oder gar Fremdrassigen zugeteilt werden, würde dies einen Entzug von Mitteln für die weitere Stärkung der Rasse bedeuten. Daraus folgt, daß der Umverteilungsmechanismus der Wertschöpfung idealtypisch innerhalb eines biologischen Staates ausschließlich biologischen Regeln zu folgen hat und die genetische Verbesserung der Qualität der Rasse zum Ziel haben muß. Die Regelungen bezüglich des Umverteilungspro-

---

[28] Natürlich trifft dies hauptsächlich auf die modernen liberalen Verfassungsstaaten zu. Eine Einschränkung des Eigentumsrechtes wurde etwa von der Sowjetunion vorgenommen, eine politisch motivierte Zugangsbeschränkung zum Bildungswesen war im gesamten ehemaligen Ostblock nachweisbar. Zudem darf nicht übersehen werden, daß sich Zugangsbeschränkungen zum Bildungssystem und damit zum Wertschöpfungsprozeß auch aus sozialen und finanziellen Kriterien auch im Rahmen von modernen Staaten ergeben können.

[29] Die Problemstellung des Verhältnisses Staat zu Gesellschaft ist in allen Verfassungen zu lösen. Vgl. dazu PERNTHALER Peter, Trennung von Staat und Gesellschaft – ein überholtes Verfassungsmodell?, Wiener Juristische Gesellschaft (Sitzung vom 13. April 1988), in: ÖJZ 1988, S. 455 ff.

zesses, des Eigentumsbegriffes sowie des Zuganges zum Bildungssystem im Dritten Reich sind daher zu untersuchen.

Als die wesentlichen Elemente eines Staates werden heute das Staatsvolk, das Staatsgebiet und die Staatsgewalt genannt. Während das Staatsvolk und die Mechanismen der Staatsgewalt bereits als Untersuchungsbereiche aufgelistet wurden, ist das Element des Staatsgebietes bisher unberücksichtigt geblieben. Die Frage, ob ein bestimmter Staat ein bestimmtes, fest umrissenes Staatsgebiet für sich beansprucht, ansonsten aber die territoriale Autonomie anderer Staaten akzeptiert, hat für das gedeihliche und friedliche Zusammenleben von Staaten eine wesentliche Bedeutung.[30] Jene Staaten, die die Frage des Staatsgebietes offenlassen und sich in der Definition des eigenen Staatsbegriffes lediglich auf die Elemente des Staatsvolkes und der Staatsgewalt zurückziehen, werden zwangsläufig zu einer ständigen Bedrohung für ihre Nachbarn und zu einem ständigen Unruheherd innerhalb der Staatengemeinschaft, sofern sie militärisch und finanziell stark genug sind, die eigene Staatsidentität auch konkret auszuleben.

Ein biologisch organisierter Staat braucht nach der hier vertretenen Auffassung kein definiertes Staatsgebiet, zumal dieser Staat lediglich an den Bestand einer bestimmten Rasse gebunden ist und nicht denknotwendig eine Bindung zu einer bestimmten Region bestehen muß. Andererseits besteht die Notwendigkeit einer agrarischen Wertschöpfung, sodaß über ein bestimmtes Funktionssegment innerhalb der Volksgemeinschaft, nämlich über die Bauernschaft, eine zumindest mittelbare Bindung des Staates an Regionen gegeben sein könnte.

Diese Frage ist zu untersuchen, allerdings kann bereits jetzt festgestellt werden, daß durch eine eventuelle mittelbare Bindung des Staates über den Weg der besonderen Bindung an die Bauernschaft das Element Staatsgebiet im Sinn der Staatslehre nicht verwirklicht werden kann, weil durch die personelle Bindung sowohl die jederzeitige Aufgabe von Staatsgebieten aus agrarischen Notwendigkeiten wie auch die Neubesiedelung bzw. Eroberung von Staatsgebieten aus agra-

---

[30] Der Autonomiebegriff hat auch im heutigen Europa durchaus staatsrechtliche und praktische Bedeutung, vgl. hiezu zum Beispiel die Darstellung von WIMMER Norbert / MEDERER Wolfgang, Die staatsrechtliche und finanzielle Bedeutung der Autonomie am Beispiel Südtirols, JBl. 1985, S. 518 ff.

rischen, aber auch aus sonstigen staatspolitischen Gründen jederzeit möglich wäre.[31]

Die Befassung mit der Typologie eines Staates erscheint unvollständig, wenn nicht auch die Problemstellungen der Funktionalität eines Staates mit untersucht werden. Wenn auch der Zeitraum von zwölf Jahren als sehr gering erscheint und wenn (im Fall des Dritten Reiches) auch nicht explizit von einer Entwicklungskontinuität gesprochen werden kann, so ist die Frage, ob ein bestimmtes Staatsmodell auch funktionieren und das Zusammenleben der Staatsbürger ordnen kann, zu untersuchen.

---

[31] So etwa aus dem Grund, daß die eigene Bevölkerung wächst und neue Lebensräume erschlossen werden müssen oder daß aufgrund eines Mangels an Bodenschätzen neue Ressourcengebiete erobert werden müssen.

3. Kapitel

Teil 1
Der totale Staat

3. Kapitel

Teil 1:
Der totale Staat

3.1. Der nationalsozialistische Staatsbegriff

Das biologische Staatsmodell baut auf mehreren Thesen auf, die als Betrachtungsfelder der Untersuchung definiert wurden. Es stellt sich daher die Frage, ob diese Thesen vom Grundsatz her richtig sind, ob diese Thesen als Staatsgrundlagen des Dritten Reiches nachweisbar sind und ob der daraus formulierbare „biologische Staat" ein funktional brauchbares Staatsmodell sein kann. Folgende Thesen sind zu untersuchen:

1. Der biologische Staat ist ein organisiertes Kollektiv von Individuen mit einem vermuteten ähnlichen genetischen Baumuster, die als Volk bzw. als Rasse zusammengefaßt werden.

2. Die Staatsgemeinschaft ist eine Rassen- und Volksgemeinschaft, ihre innere Organisation und Legitimation erhält sie aus den genetischen Kriterien und Ergebnissen, die zur Bildung der Rasse führten.

3. Der Bestandsschutz des biologischen Staates ist sein oberstes Ziel. Da das Kapital des biologischen Staates die genetische Qualität der Staatsbürger ist, kontrolliert er die Reproduktion der Individuen und betrachtet diesen Vorgang als völkischen Wertschöpfungsprozeß.

4. Die Rassengenossen werden typisiert und verfügen gegenüber der Volksgemeinschaft über die gleichen Rechte und Pflichten innerhalb ihres Segmentes. Die Segmente stehen zueinander in Über-,

Unter- oder Gleichordnung. Die höheren Segmente – die „Volkselite" – bilden die Führerschicht und nehmen die Staatsgewalt war.

5. Die Stellung im Rahmen der Teilnahme oder Nichtteilnahme am volkswirtschaftlichen Wertschöpfungsprozeß ergibt sich aus der Stellung innerhalb der Volksgemeinschaft.

6. Die Umverteilungsmechanismen der Wertschöpfung innerhalb der Volksgemeinschaft folgen ausschließlich biologischen Regeln und haben die Verbesserung der genetischen Qualität der Rasse zum Ziel.

7. Der biologische Staat kennt keine Bindung an ein Staatsgebiet. Er ist lediglich an den Bestand einer bestimmten Rasse gebunden.

8. Der biologische Staat kennt keine Gewaltenteilung. Die Wahrnehmung der Staatsgewalt ergibt sich aus der Stellung in der Volksgemeinschaft und ist umfassend im Sinn von „total".

9. Die Individualität der Staatsbürger ist nur aus deren Rassenzugehörigkeit erklärbar, die Schranken des individuellen Handelns sind Rassenschranken.

Jede Staatslehre versucht die organisatorische Umformung und Möglichmachung eines politischen Willens, einer „Weltanschauung" oder eines politischen Wertebildes. Die wichtigsten politischen Standpunkte in einem Staat sind aber jene, die sich mit den Fragen der Produktionsmittel, der Organisation und Herrschaft über den Wertschöpfungsprozeß und mit dem Problem der Verteilung des Wertschöpfungsprozesses befassen. In sozialen Wohlfahrtsstaaten ist auch die Frage der Umverteilung des Ertrages aus dem Wertschöpfungsprozeß ein gewichtiges politisches Thema.

Viele Problemstellungen der politischen Ideengeschichte und der allgemeinen Staatslehre lassen sich von diesen drei Fragestellungen ableiten, sodaß neben der Darstellung des systemischen Aufbaus und der Funktionalität des Dritten Reiches auch die Grundzüge des Wertschöpfungsprozesses zu durchleuchten sind.

Daß in einem rassistisch orientierten Staat andere Wertschöpfungsprozesse eine Rolle spielen und auch die volkswirtschaftlichen Wertschöpfungsprozesse nach anderen als den sonst üblichen Kriterien ablaufen, soll anhand von Beispielen ebenfalls dargestellt werden.

Insgesamt wird mit dieser Arbeit versucht, den Beweis zu erbringen, daß das Dritte Reich organisatorisch disfunktional war, daß es auf keine objektiv nachvollziehbaren Wertkriterien aufgebaut war und daß die Theorie vom biologischen totalen Staat keine „Bauanleitung" für einen funktionsfähigen Staat sein konnte.

3.1.1. Grundsätzliches zum Staat versus Individuum

Jede wissenschaftliche Konstruktion, die das Wesen des organisierten menschlichen Zusammenlebens zum Inhalt hat – und daher jede Staatslehre als theoretisches Konstrukt oder empirisches Forschungsfeld und in weiterer Folge (ohne Einschränkung) jedes politische System sowie die darauf fußende Rechtsordnung –, hat sich, unabhängig davon, welcher Unterbau an Werten oder welche formalen Regeln als grundlegende Ordnungsprinzipien Gegenstand der Betrachtungen sind, vordringlich mit der Frage der wechselseitigen Positionierung und Stellung des Individuums und des Kollektivs im Rahmen jenes Spannungsfeldes zu beschäftigen, dessen Begrifflichkeit als „der Staat" allgemein verwendet wird.[32]

Dieses Postulat begründet sich aus der Tatsache, daß alle menschlichen Organisationseinheiten, gleich auf welcher Stufe einer Organisationshierarchie sie stehen mögen, das Individuum als „kleinsten" abgeschlossenen und in sich handlungsfähigen Baustein beinhalten. Das bedeutet, daß im Zusammenhang mit der Betrachtung des Staates vor einer etwaigen konkreten Ausgestaltung der einzelnen Staatsfunktionen und -elemente sowie vor der Konkretisierung der Rechtsord-

---

[32] Dieser Auftrag trifft sowohl auf jene Theorien zu, welche die Grundrechte und das Widerstandsrecht des Individuums ablehnen, als auch für jene Konstruktionen, die dem Staat nur ein Minimum an Existenz und Gewalt einräumen wollen. Wann immer sich Individuum und Staat gegenüberstehen, ist ein Minimum an wechselseitiger Positionierung festzulegen. Selbst in der Anarchie wird nicht verkannt, daß „es auch in der klassenlosen Gesellschaft noch administrativer Funktionen bedarf. Aber diese haben nicht den Charakter einer politischen Herrschaft über Menschen"; Zitat Friedrich Engels, in: ZIPPELIUS Reinhold, Allgemeine Staatslehre, Politikwissenschaft, a. a. O., S. 138.

nung und der Frage der Machtverteilung und Kompe-tenzzuordnung die Frage der objektiven und subjektiven Stellung des Individuums im Rahmen kollektiver Strukturen zu beantworten ist.[33]

Dennoch erfährt dieses theoretische Postulat aus der „normativen Kraft des Faktischen" bedeutende Einschränkungen, obwohl die methodische und vorerst wertfreie Betrachtung „bottom up" versus „top down" von der Grundannahme ausgeht, daß das Individuum als kleinster selbständig handlungsfähiger Baustein kollektiver und damit auch staatlicher Strukturen von einheitlicher subjektiver Beschaffenheit ist, und damit jedes Individuum vorerst auch mit den gleichen Rechten ausgestattet ist – zumindest was jene Rechte betrifft, die im Rahmen systemtheoretischer Staatsbetrachtungen relevant sind.

Daß diese Grundannahmen auch bei einer idealtypischen Staatskonstruktion unter Laborbedingungen nicht haltbar sind, versteht sich von selbst, wenn man berücksichtigt, daß kollektive abstrakte Rechtsnormen, wenn sie individuell angewendet werden, auch die individuelle subjektive Situation und Beschaffenheit des jeweiligen Normunterworfenen zu berücksichtigen haben, was für praktisch jede Staatskonstruktion zur Folge hat, daß die Gleichheit der Normunterworfenen nur in objektivierten Segmenten stattfinden kann, die bestimmte subjektive Eigenschaften der Staatsbürger bzw. der Normunterworfenen typisieren.[34]

---

[33] Dies ist im Rahmen dieser Darstellung eine methodische Vorgabe, was aber nicht bedeutet, daß sich eine reale Staatskonstruktion explizit mit Individualrechten auseinandersetzen muß. Diese Rechtsstellung kann durchaus auch implizit beschrieben werden. So hat etwa Hitler in „Mein Kampf" ein eigenes Kapitel unter dem Titel „Der Staat" verfaßt und bemerkt: „Was auf diesem Gebiet [der Rassenhygiene, Anm. d. V.] heute von allen Seiten verabsäumt wird, hat der völkische Staat nachzuholen. Er hat die Rasse [sic!] in den Mittelpunkt des allgemeinen Lebens zu setzen." Vgl. HITLER Adolf, Mein Kampf, 5. Auflage, München 1930, S. 446.

[34] Ausgenommen von dieser Einschränkung müssen jedoch Grundrechte und Menschenrechte sein, sofern eine Staatstheorie diese als Mindestrechte akzeptiert. Dies trifft etwa auf die liberalen Verfassungsstaaten zu, für John Locke u. a. bildeten die Grundrechte „den Kernbereich jener Reservatrechte, die durch den Verfassungsvertrag nicht auf den Staat übergegangen und daher nicht zum Gegenstand eines Regierungshandelns gemacht werden konnten." Vgl. BROCKER Manfred, Die Grundlegung des liberalen Verfassungsstaates, Von den Levellern zu John Locke, München 1995, S. 117. Eine andere Position nimmt SCHMITT Carl, Legalität und Legitimität, München und Leipzig 1932, S. 22, ein, er lehnt Grundrechte ab, weil diese in Gesetzesform wiederum vom Staat erlassen werden und daher der gesetzgeberischen Disposition unterliegen.

Würde dies nicht der Fall sein, könnte in einem staatlichen Normengefüge der Individualität praktisch kein Raum gegeben werden, was zur Folge hätte, daß der Staat mit seinem Normengefüge de facto nur in jenen Lebensbereichen präsent sein könnte, die auf die Funktion und die Stellung des Individuums im Rahmen seiner Eigenschaft als Mitglied eines gesamtstaatlichen Kollektivs abzielt. Dies wiederum hätte zwei mögliche Konsequenzen. Erstens könnte ein Staat, der wie dargestellt vorgeht, von der Grundannahme ausgehen, daß Individualität in welcher Form auch immer der völligen Dispositionsfreiheit des Normunterworfenen unterliegt, das heißt, daß der Staat im gesamten sozialen Gefüge im Hintergrund agiert und lediglich dort tätig wird, wo gesamtstaatliche kollektive Interessen als Rechtsfrage berührt sind. Ein derartiges Staatsmodell konnte in der Praxis bisher noch nicht nachgewiesen werden.

Die andere mögliche Positionierung des Staates könnte sein, individuelle Kriterien grundsätzlich kollektiven Interessen hintanzustellen und Individualrechte nur dort zuzulassen, wo diese explizit formuliert wurden. Auch diese theoretische Extremposition hat noch keine praktische Umsetzung erfahren, weil die biologische Unterschiedlichkeit, die Individualität und letztlich die Einzigartigkeit jedes Menschen Fakten sind, denen sich keine Staatstheorie entziehen kann. Damit hat jedes Staatskonstrukt die Möglichkeit, eine philosophische und politische Positionierung bzw. Gewichtung vorzunehmen. In der Staatsrealität haben in jedem Fall eine Segmentierung der Normunterworfenen nach Typisierungen und – darauf folgend – eine typisierte Rechtsstellung der einzelnen Menschen stattzufinden.[35]

Die wesentlichste Typisierung betrifft die Frage der Zugehörigkeit eines Normunterworfenen[36] zum „Staatsvolk". Das Staatsvolk im rechtlichen Sinn ist jenes Kollektiv, das durch besonders ausgestaltete Rechte und Pflichten eine Nahebeziehung und besondere Bindung zu einem bestimmten Staat als konkrete Organisation bzw. als Gemeinschaftsform hat. Im sozialen Sinn setzt dieser Staatsvolk-Begriff

---

[35] Aristoteles, ein Schüler und Kritiker Platons, folgerte, „daß der Staat zu den naturgemäßen Gebilden gehört, und daß der Mensch von Natur ein staatsbildendes Lebewesen (zoon politikon) ist". Zitiert aus: HUSTER Ernst-Ulrich, Ethik des Staates, Zur Begründung politischer Herrschaft in Deutschland, Frankfurt/Main 1989, S. 13.

[36] Synonym zum Begriff des Normunterworfenen kann auch der weiter gefaßte Begriff des Gewaltunterworfenen gelesen werden.

einen zumindest rudimentären Konsens der betroffenen Individuen über die Rechtstatsache der Existenz des Staates, den Willen zur Teilnahme am Staat als Organisation und über die grundlegenden Verhaltensregeln zumindest in kultureller Hinsicht voraus.[37]

Der weitere Begriff der Normunterworfenen wird durch diesen Staatsbürgerbegriff eingeschränkt, weil die Normunterworfenen üblicherweise entweder durch ihre Anwesenheit im betreffenden Staatsgebiet oder durch zivilrechtliche Bindungen am Rechts- und Sozialgefüge des Staates teilnehmen. Die besondere Bindung in inhaltlicher sowie formeller Hinsicht, die von einem Staatsbürger vorausgesetzt wird, trifft beim Normunterworfenen, der nicht gleichzeitig Staatsbürger ist, nicht zu.[38]

In der Frage der Individualität versus die staatlichen Kollektivrechte bzw. die allgemeine Staatsgewalt bzw. in der Frage der Rechtsstellung des einzelnen zu einem bestimmten Staat hat die Staatslehre und in weiterer Folge das politische System die Definition des Staatsvolkes vorerst anhand einer objektiven Typologie vorzunehmen und in weiterer Folge – je nach politischer und ideologischer Basis – entweder primär die Rechtsstellung des Staatsbürgers grundsätzlich zu definieren, um letztlich auf die Position der Staatsgewalten rückzuschließen, oder aber es ist die Rechtsstellung des Staates als politisches, soziales und organisatorisches Kollektiv insbesondere im Zusammenhang mit den Staatsgewalten zu normieren, um daraus die Rechtsstellung des Individuums abzuleiten (wobei auch in diesem Fall de facto nicht von einem „Einheitsstaatsbürger" ausgegangen werden kann, sondern ebenfalls typologische Segmente im Zusammenhang mit den Individualrechten zu schaffen sind). Daneben ist die Frage zu klären, welche Rechtsposition jene Normunterworfenen einnehmen, die nicht gleichzeitig Staatsbürger sind.

Während liberale Verfassungsstaaten in ihrer grundsätzlichen ideologischen Positionierung den ersten dargestellten Weg beschreiten[39] bzw. zulassen und dabei individuelle Grund- und Freiheitsrechte in-

---

[37] Diese Position der rudimentären Willensübereinstimmung entsprach etwa auch der Staatslehre Hellers; HELLER Hermann, Staatslehre, hrsg. von Hergart Niemeyer, Leiden 1970, S. 220.

[38] Sehr wohl trifft ihn aber die Pflicht zur Einhaltung der allgemein gültigen Regeln des Staates.

[39] Gerade der liberale Verfassungsstaat basiert auf dem Schutz der Individualrechte und der individuellen Rechtsposition.

haltlicher Natur im Normengefüge hochrangig ansiedeln, schlagen kollektivistisch orientierte bzw. totalitäre Staaten den zweiten Weg ein und betonen in erster Linie die Kollektivrechte und die daraus resultierenden Individualpflichten. Die Individualrechte dagegen werden zurückgedrängt, und während im liberalen Verfassungsstaat der Grundsatz gilt, daß dem Individuum erlaubt ist, was nicht explizit verboten ist, wird dieser Grundsatz im kollektiv orientierten Staat umgekehrt, sodaß dem Normunterworfenen verboten ist, was nicht grundsätzlich erlaubt ist.

3.1.2. Die Position der nationalsozialistischen Staatslehre

Diese Position, die – vorerst grundsätzlich betrachtet[40] – auch die Position des nationalsozialistischen Staates war, bringt in rechtstheoretischer Hinsicht eine Vielzahl von Problemen mit sich.

Insbesondere im Zusammenhang mit den Individualrechten erfordert eine derartige ideologische und rechtliche Grundposition ein kasuistisches Geflecht[41] sogenannter „Erlaubnisnormen", die in der nationalsozialistischen Rechtspraxis auch immer wieder nachweisbar sind – insbesondere im Zusammenhang mit der Fortpflanzung[42], der Ehe, dem Erbhofrecht oder der Teilnahme am nationalsozialistischen Staat und so weiter. Abschließende oder auch nur umfassende Erlaubnisnormen als positive Rechtsnormen sind schon aus rechtsprak-

---

[40]   Die Einschränkung der „Grundsätzlichkeit" wurde deshalb vorgenommen, weil diese Darstellung sehr stark von der Positionierung eines Staates zur Rechtsstaatlichkeit abhängt. Die Rechtsstaatlichkeit der Nationalsozialisten war aber eine andere als im liberalen Verfassungsstaat, sodaß der oben angeführte Umkehrschluß zwar grundsätzlich in seiner konkreten Staatswirklichkeit richtig, in seiner staatstheoretischen Untermauerung und Begründung aber deutlich differenzierter zu betrachten ist.

[41]   Hier ist keinesfalls ausschließlich eine herkömmliche Rechtsnorm gemeint, vielmehr kann eine kasuistische Norm eine ungeschriebene Verhaltensnorm sein oder ein konkreter Rechtszustand nach einem höchstgerichtlichen Urteil. Der Normenbegriff wird also hier anders zu verwenden sein als im rechtspositivistischen Sinn. Vgl. dazu etwa die Ausführungen von SCHMITT Carl, Legalität und Legitimität, a. a. O.

[42]   In der eugenischen Gesetzgebung.

tischen Gründen nicht durchführbar, was aus nationalsozialistischer Sicht ein Rechtsvakuum hinterlassen würde.

Geht man nämlich davon aus, daß individualrechtlich nur das erlaubt ist, was normativ erlaubt ist, muß man andererseits aber vor der Tatsache kapitulieren, daß in einem umfassenden sozialen Gefüge mit unterschiedlichen und einzigartigen Individuen eine derart große Anzahl an Sachverhalten vorkommt, daß eine kasuistische Rechtsbetrachtung von vornherein auszuschließen ist, läßt dies staatlicherseits mehrere Schlüsse und Handlungsvarianten offen.

Eine Möglichkeit, dieses Rechtsvakuum zu schließen, ist dadurch gegeben, daß der Staat die Möglichkeit hätte, in diesem Bereich von seiner bisherigen ideologischen Position abzurücken und zumindest in Grundzügen die rechtsphilosophischen Überlegungen des liberalen Verfassungsstaates zu übernehmen. Diese Möglichkeit greift aber schon deshalb nicht, weil im staatlichen Rechtsleben zwei Ideologien nachweisbar wären, wobei der nationalsozialistische Rechts- und Staatsbegriff durch die generalklauselartige Anwendung der liberalen Rechtsauffassung insgesamt unterwandert und konterkariert wäre, weil jede „Erlaubnisnorm" als Individualrecht lediglich die gesetzliche Ausformung eines Rechtes wäre, das durch die liberale Generalklausel ohnehin bereits gestattet wäre.[43]

Eine zweite Möglichkeit zur Beseitigung des Rechtsvakuums wäre, bedingungslos auf die formulierten Rechtsprinzipien zu bestehen. Diese Möglichkeit ist jedoch aus funktionalen Gründen auszuschließen, weil durch die Tatsache, daß es nicht möglich ist, das gesamte individuelle Handeln in kasuistischer Form zu normieren, es im Fall einer durchgängigen Anwendung der nationalsozialistischen Rechtsprinzipien zu einer Minderfunktionalität der Gesellschaft gekommen wäre. Dies deshalb, weil jede individuelle Handlung, die nicht erlaubt war, unabhängig von ihrer Wirkungsweise und Motivation, verboten gewesen wäre. Dies hätte bedeutet, daß auch alle jene Handlungen, die im Sinn der Machthaber und zum Wohl des Kollektivs keine rechtliche Deckung erfahren hätten, verboten gewesen wären.

---

[43] In diesem Fall wäre die nationalsozialistische Staatskonstruktion subsidiär zum liberalen Verfassungsstaat. In der Staatspraxis war dieses Subsidiaritätsprinzip nach der Machtübernahme im Bereich der Justiz aufgrund der teilweise noch vorhandenen und mit dem Nationalsozialismus in Widerspruch stehenden Gewaltenteilung tatsächlich nachweisbar.

Daß eine derartige disfunktionale Gesellschaft einer gedeihlichen Entwicklung des Staates im Weg gewesen wäre, sie vielmehr sogar unmöglich gemacht hätte, ist klar nachvollziehbar.

Die Nationalsozialisten hatten daher einen Weg zu wählen, der ihrem staatlichen Grundverständnis entsprach, die kollektiven Interessen und Rechte mußten vor die individuellen Ansprüche gestellt werden, den Normunterworfenen durfte nur gestattet werden, was explizit erlaubt war – und was im Rahmen individueller Handlungen dennoch einer gedeihlichen kollektiven Entwicklung des Staates diente.

Als Lösung für dieses Problem bot sich den Nationalsozialisten die Erweiterung des Staatsbürgerbegriffes an. Auch die Nationalsozialisten hatten die Normunterworfenen in Staatsbürger und Nichtstaatsbürger einzuteilen. Wie bereits dargestellt, beinhaltet der Staatsbürgerbegriff in praktisch allen Staatsmodellen eine engere Bindung an den Staat, als dies beim Normunterworfenen der Fall ist. Diese Bindung der eigenen Staatsbürger erweiterten die Nationalsozialisten um eine Art „kollektiven Gesinnungsgleichklang", eine Konstruktion, die zwei Voraussetzungen und zwei Folgen hatte.

Die erste Voraussetzung war, daß sich der einzelne Staatsbürger als Teil des Kollektivs und nicht als Individuum verstand oder durch autoritäre Zwangsmaßnahmen zu dieser Einsicht geführt wurde. War er im Bereich des Rechtsvakuums tätig, tat er dies daher als Glied des staatlichen Kollektivs und nicht im Rahmen von Individualrechten.

Die zweite Voraussetzung war, daß alle Teile des Kollektivs von den gleichen Organisationszielen und Werten ausgingen, was wiederum bedeutete, daß ein individuelles Hinterfragen dieser Organisationsziele, in diesem Fall der politischen Ziele des Staates, nicht möglich war, weil – wenn ein einzelner nicht als Individuum, sondern als Teil eines Kollektivs tätig wird – nicht die Sinnfrage zu stellen ist, sondern im Sinn der kollektiven Produktivität lediglich die Funktionalität des Individuums im Sinn der Organisationsziele von Bedeutung bzw. erwünscht ist.[44]

---

[44] Dieser Position folgte denknotwendig auch eine neue Definition der individuellen Freiheit, die damit in eine „kollektive" Freiheit umgewandelt wurde. Vgl. dazu GÖRING Hermann zur Begründung der Nürnberger Rassengesetze in: RÜHLE Gerd, Das Dritte Reich, Berlin 1935, S. 257: „... denn diese Freiheit kommt aus dem Blut, und nur durch die Reinheit der Rasse kann diese Freiheit auch für ewig behauptet werden. Gott hat die Rassen geschaffen. Er wollte nichts Gleiches, und wir weisen es deshalb weit von uns, wenn man ver-

Diese beiden Voraussetzungen bzw. Tatsachen zogen wiederum zwei Folgen nach sich. Erstens konnte staatlicherseits eine Bindung der Staatsbürger an das Gesetz nicht mehr durchgehalten werden, weil – wenn der einzelne als Teil des Kollektivs tätig wird und im Sinn der Organisationsziele funktional richtig agiert – die Handlung nicht nach individualrechtlichen Kriterien zu bemessen ist, sondern nach kollektivrechtlichen.[45]

Da aber das Kollektiv selbst der Gesetzgeber oder zumindest der Befehlsgeber ist, erübrigt sich eine formalrechtliche Betrachtung, weil jede Handlung im Sinn der Kollektivziele richtig und daher auch rechtens sein muß. Durch diese Betrachtung verlor das Recht als gesatztes Normengefüge im Dritten Reich wesentlich an Gestaltungs- und politischer Bedeutung.

Eine weitere Folge war die Aufgabe der Gesetzesbindungen von Individualhandlungen auch in jenen Bereichen, in denen gesatztes Recht vorhanden war und sich der einzelne an diese Gesetze hielt. Dies deshalb, weil die Nationalsozialisten kein gesamtes Normen- und Regelwerk schufen und ab Kriegseintritt auch nicht mehr schaffen wollten, sondern Normen sowohl aus der Kaiserzeit als auch aus der Weimarer Republik zu übernehmen hatten. Durch die Überbetonung der staatlichen, kollektiven Interessen und durch den Primat des „Handelns des einzelnen als Teil des Kollektives im Sinn der Organisationsziele" war vorerst immer die Frage zu stellen, ob eine bestimmte Handlung eines Individuums als individuell-gesetzmäßige Handlung oder aber unter kollektiven Gesichtspunkten vollzogen wurde. Da den kollektiven Zielen immer der Vorrang zu geben war, konnten auch individuelle gesetzeskonforme Handlungen staatlich verpönt werden.[46]

Durch diese Umdeutung des Rechts und der Handlungsmaximen überbrückten die Nationalsozialisten das beschriebene Rechtsvakuum, ohne den Grundsatz, daß nur das erlaubt sei, was auch rechtlich gestattet ist, auflösen zu müssen. Die Erweiterung dieses Grundsatzes

---

(44) sucht, diese Rassenreinheit umzufälschen in eine Gleichheit [...]. Denn diese Gleichheit gibt es nicht."

45 Mit dieser Folgerung ist denknotwendig verbunden, daß der Stellenwert von positivem Recht überall dort, wo es um individuelles Verhalten ging, äußerst niedrig sein mußte.

46 Die Verteidigung, ein bestimmtes Gesetz eingehalten zu haben, griff im Dritten Reich dort nicht, wo völkische oder kollektive Interessen durch individuelles Handeln verletzt wurden.

um den Satz, daß das erlaubt ist, was dem Kollektiv zur Umsetzung der gemeinsamen Ziele dient (auch wenn es gesetzlich nicht explizit erlaubt ist), führte letztlich zu einer vollkommen individuellen Rechtsunsicherheit, weil dem einzelnen Staatsbürger die Verantwortung aufgelastet wurde, wann er „positiv" als Teil des Kollektivs handle und wann nicht, oder anders ausgedrückt, wann er unabhängig von Normen rechtens im Sinn der politischen Machthaber handle und wann nicht.

Daß in diesem Konstrukt die Individualrechte keinen Platz mehr hatten, ist augenscheinlich, weil der einzelne Staatsbürger mit zwei Identitäten ausgestattet wurde. Einerseits mit einer individuellen biologischen Identität, die auch die Nationalsozialisten – wenn schon nicht als Rechtstatsache, so doch als biologische und soziologische Tatsache – akzeptieren mußten; im Rahmen dieser Rolle war der Staatsbürger streng an die Gesetze gebunden und durfte nur so handeln, wie das Gesetz den Handlungsspielraum definierte.[47] Die zweite Identität war der Staatsbürger als funktionales Glied eines staatlichen Kollektivs, hierbei waren die einigenden Elemente die Gesinnung und der grundsätzliche Konsens über die Staatsziele. Eine Bindung an Gesetze existierte in dieser staatsbürgerlichen Funktion nicht, sofern kollektive Interessen verfolgt wurden.[48]

Den Weg über die staatsbürgerliche kollektive Gesinnung konnten die nationalsozialistischen Machthaber im Fall der normunterworfenen Nichtstaatsbürger nicht anwenden. Sie konstruierten daher ein besonderes „Gastrecht", was bedeutete, daß „Nicht-Staatsbürger" le-

---

[47] Dies galt insbesondere im Umgang des Staatsbürgers mit der Partei und den Parteieliten, die vielfach durch Gesetze geschützt wurden, es galt für den Umgang mit staatlichen Einrichtungen und für die Gesetzgebung im Zusammenhang mit der Staatsgewalt insbesondere im Bereich des politischen Strafrechts, es galt aber auch für das Verhalten im Umgang mit Rassen- und Gemeinschaftsfremden.

[48] Diese Rechtssphäre betrat der Staatsbürger immer dann, wenn er „positiv" im Sinn des Staates – aber gegen ein Gesetz – handelte, etwa in der Reichskristallnacht, im rechtswidrigen Ausspionieren eines Regimegegners, wenn dabei Grundrechte verletzt wurden usw.

diglich Gastrecht[49] im Reich besaßen und sich daher so zu verhalten hatten, wie dies den deutschen Staatsbürgern dienlich war.[50]

Auch beim Gastrecht handelt es sich somit um kein Individualrecht im engeren Sinn, sondern um die Definition der Vorrechtsstellung kollektiver staatlicher Interessen. Insbesondere bei jenen Normunterworfenen, die als Minderheiten im Dritten Reich im Reichsgebiet leben mußten, wirkte sich diese Entindividualisierung in der Folge fatal aus, weil die Fragen der „Erlaubnisnormen" sehr rasch eine wesentliche Rolle zu spielen begannen – wie dies am Fall der Judengesetzgebung in Deutschland deutlich darstellbar ist, weil durch dieses Normengefüge sehr rasch eine Zurückdrängung der Juden aus dem öffentlichen Leben erreicht wurde.[51]

3.1.3. Staatsangehörigkeit und Reichsbürgerschaft

Die Umsetzung des nationalsozialistischen Staatsbürgerbegriffes erfolgte schrittweise und begann kurz nach der Machtübernahme mit dem „Gesetz über den Widerruf von Einbürgerungen und die Aberkennung der deutschen Staatsangehörigkeit" vom 14. Juli 1933.[52]

Dieses Gesetz hatte zwei Stoßrichtungen und Zielgruppen. In erster Linie sollte die Möglichkeit geschaffen werden, daß jenen ostjüdi-

---

[49] Der Begriff des Gastrechtes findet sich schon sehr früh in den Dokumenten der NSDAP, insbesondere im Parteiprogramm vom 24. Februar 1920 wurde im Punkt 5 deklariert, daß, wer nicht deutschen Blutes sei, auch nicht Staatsbürger sein konnte. Obwohl die Juden nicht explizit angesprochen wurden, war klar, daß insbesondere diese gemeint waren. Tatsächlich waren sie auch die Zielgruppe der ersten Verfolgungshandlungen „rund um den Staatsbürgerbegriff".

[50] Unabhängig von den nationalsozialistischen Staatsideen stellt sich für jeden Staat die juristische Frage, welche Rechtsstellung „Nicht-Staatsbürgern" einzuräumen ist. Vgl. etwa am konkreten Anlaßfall WEBER Karl, Rechtsfragen der Verlängerung der Aufenthaltsbewilligung nach § 6 Aufenthaltsgesetz, in: ÖJZ 1994, S. 378 ff.

[51] Die funktionale Ausschließung der Juden aus dem öffentlichen Leben erfolgte über Verbote. Individualhandlungen folgten vielfach einer bestimmten Erlaubnis.

[52] RGBl. 1933 I, S. 480.

schen Einwanderern, die nach dem Ersten Weltkrieg eingebürgert worden waren, die Staatsbürgerschaft aberkannt werden konnte.[53]

Die zweite Zielgruppe waren – nach § 2 des Gesetzes – die antifaschistischen Oppositionellen, die nach der Machtübernahme der Nationalsozialisten ins Ausland geflüchtet waren und dort politisch gegen das Dritte Reich agitierten.[54] Durch dieses Gesetz konnten sie für „staatenlos" erklärt werden, was für die Betroffenen deutlich negative Rechtsfolgen nach sich zog.[55]

Ziel war aber eine generelle Neuregelung des Staatsbürgerbegriffes auf Basis einer rassistischen und völkischen Weltanschauung. So folgte am 15. September 1935 das „Reichsbürgergesetz"[56], das neue Begrifflichkeiten einführte und einen differenzierten nationalsozialistischen Staatsbürgeransatz schaffte. So war nach § 1 leg. cit. ein „Staatsangehöriger", wer „dem Schutzverband des Deutschen Reiches angehört und ihm dafür besonders verpflichtet ist". Dieser Staatsangehörigenbegriff wurde nicht rassisch begründet.

Als „Reichsbürger" galt allerdings nur jener Staatsangehörige, der „deutschen oder artverwandten" Blutes war und der „durch sein Verhalten beweist, daß er gewillt und geeignet ist, in Treue dem Deutschen Volk und Reich zu dienen". Die Reichsbürgerschaft wurde durch einen besonderen Verleihungsakt erworben, nur der Reichsbürger besaß alle staatsbürgerlichen Rechte und Pflichten.

Dieser Staatsbürgerbegriff hatte somit neben einer rassistischen eine Verhaltenskomponente, was bedeutete, daß Menschen, die den rassi-

---

[53] Die Maßnahme gegen die ostjüdischen Einwanderer wurde mit der „Verordnung zur Durchführung des Gesetzes über den Widerruf von Einbürgerungen und die Aberkennung der deutschen Staatsangehörigkeit vom 26. Juli 1933" RGBl. 1933 I, S. 538, verwirklicht.

[54] Vgl. Recht, Verwaltung und Justiz im Nationalsozialismus, hrsg. von HIRSCH Martin/MAJER Diemut/MEINCK Jürgen, Köln 1984, S. 333 ff.

[55] Nicht unproblematisch war die entstandene Situation etwa für jene deutsche Kommunisten, die nach der Machtübernahme der Nationalsozialisten in die Sowjetunion geflüchtet waren und im Rahmen einer Säuberungswelle Stalins vor ein sowjetisches Gericht gestellt wurden. Vgl. ALBRECHT Karl I., Der verratene Sozialismus, 8. Auflage, Berlin-Leipzig 1939, S. 581. Allerdings hatten die deutschen Machthaber – abgesehen von den politischen Gründen – auch sonst wenig Interesse an einer Rückkehr der geflüchteten Kommunisten. Zur Beziehung der beiden Staaten vgl. FABRY Philipp W., Die Sowjetunion und das Dritte Reich, Eine dokumentierte Geschichte der deutsch-sowjetischen Beziehungen von 1933 bis 1941, Stuttgart 1971.

[56] RGBl. 1935 I, S. 1146.

schen Kriterien des Dritten Reiches nicht entsprachen, oder jene Menschen, die kein angepaßtes Verhalten im Sinn der Machthaber an den Tag legten, von der Staatsbürgerschaft praktisch ausgeschlossen wurden und zu „Staatsangehörigen" gemacht wurden, die zunehmend eine deutliche Verschlechterung der – vorerst rechtlichen Stellung – hinnehmen mußten und in der weiteren Entwicklung des Dritten Reiches in Richtung Totalitarismus auch lebensbedrohenden Verfolgungsmaßnahmen ausgesetzt wurden.[57]

Die konkrete Umsetzung des neuen Staatsbürgerbegriffes erfolgte somit durch eine Art Neuverleihung der Staatsbürgerschaft in Form der „Reichsbürgerschaft". Die Abgrenzungskriterien – insbesondere zu den Juden – wurden in einer Vielzahl von Verordnungen festgelegt, wobei Himmler besonderen Wert darauf legte, daß das Wort „Jude" in keiner Verordnung vorkommen sollte.[58]

Insgesamt 13 Verordnungen zum Reichsbürgergesetz legten die Rechtsstellung von Staatsangehörigen und Reichsbürgern fest, wobei der Ausschluß der Juden aus dem Staatsgeschehen an oberster Stelle stand.

Aus dem Staatsverständnis der deutschen Staatslehrer läßt sich ein derartiger zweigeteilter Staatsbürgerbegriff durchaus schlüssig ableiten, zumal der „Ausgangspunkt der nationalsozialistischen Lehre nicht im Staat, sondern im Volk" lag. Die reale Bindung war „das Blut". Die Blutsgemeinschaft schuf die völkisch politische Einheit der Willensrichtung in der Auseinandersetzung mit der Umwelt. Die völkisch-politische Volksgemeinschaft war der Angelpunkt des staatlichen und völkischen Lebens. „Demgemäß begreifen wir den Staat nicht, wie die individualistisch-liberale Staatsauffassung es tat, als eine neben oder über den Individuen stehende abstrakte Staatsperson mit Staatsapparat. Der Staat ist die völkisch-politische Organisation des Organismus Volk."[59]

---

[57] Auch die deutschen Juden, Zigeuner und Mischlinge, die Insassen der Arbeitslager und der Konzentrationslager auf deutschem Boden waren vielfach Staatsangehörige.

[58] Himmler: „Mit dieser törichten Festlegung binden wir uns nur selbst die Hände.", zitiert in ARENDT Hannah, Elemente ..., a. a. O., S. 576. Dieser Wunsch wurde Himmler nicht erfüllt, denn tatsächlich wurden in den Verordnungen der Begriff Jude und seine Definition angeführt.

[59] STUCKART Wilhelm/GLOBKE Hans, Kommentare zur deutschen Rassengesetzgebung, München-Berlin 1936, S. 22 ff.

Insbesondere die elfte Verordnung zum Reichsbürgergesetz[60] schloß die Klärung vermögensrechtlicher Angelegenheiten der Juden mit ein. Allen jenen jüdischen „Staatsangehörigen", die ihren Wohnsitz im Ausland hatten, wurde die Staatsangehörigkeit entzogen.[61]

Damit war die Voraussetzung gegeben, daß jüdische Vermögenswerte, die sich noch auf deutschem Reichsgebiet befanden oder die sonst der deutschen Zugriffsmöglichkeit unterlagen, zugunsten des Deutschen Reiches eingezogen werden konnten.[62]

Interessant ist die Tatsache, daß die „Nürnberger Gesetze" der vorläufige Höhepunkt der Gestaltung der Rechtsstellung der Staatsbürger nach rassistischen Kriterien in Form von Gesetzen waren, gleichzeitig aber auch das Ende der Behandlung dieser Frage durch Gesetze.

Die weiteren großen Schritte bei den Verfolgungshandlungen[63] wurden nicht mehr durch Gesetze angeordnet, sondern durch Verfügungen oder sonstige Befehle. Aus diesem Grund wurde diese Form der weiteren Totalisierung auch nicht mehr von deutschen Staatsrechtlern kommentiert und aufbereitet.[64]

Interessant ist auch die Tatsache, daß mit der Verbringung jüdischer Staatsbürger und Zigeuner sowie mit der Deportation von Mischlingen und mit der Vernichtung dieser Menschen die Nationalsozialisten ihre eigenen Staatsbürgergesetze brachen.

3.2. Staatsziel und Evolution von Staat und Gesellschaft

In einem lebenden Staatsgebilde sind die Ausgestaltung der einzelnen Staatsfunktionen und die Frage der wechselseitigen Positionie-

---

[60] 11. Verordnung zum Reichsbürgergesetz. Vom 25. November 1941. RGBl. 1941 I, S. 722 f.
[61] Die Tatsache, daß diese Menschen ihren Wohnsitz nicht freiwillig verlegten, sondern sich vielmehr auf der Flucht befanden, wurde nicht beachtet.
[62] § 3 leg. cit.
[63] Die Verschleppung und Tötung von Juden, Mischlingen und Zigeunern, die Euthanasieprogramme usw. hatten allesamt keine gesetzliche Deckung.
[64] Anders verhielt es sich im Bereich der Reichsbürger, soweit es sich um angepaßtes Verhalten handelte. Durch die Sondergesetzgebung wurde hier die Verfolgung drastisch gesteigert und vereinfacht. Dies war notwendig, weil nach wie vor eine Abart einer „unabhängigen" Justiz existierte. Dennoch kam es oft vor, daß nicht angepaßte Volksgenossen ohne Rechtsgrundlage in Haft

rung von Individuum versus Kollektiv ein ständiger, sich wiederholender Prozeß.

Vordringlich erscheint daher die Beleuchtung des Themenfeldes der prozessualen Entwicklung von Organisationen, zumal im Zusammenhang mit der sozialen und rechtlichen Wirklichkeit eines Staates die Stellung des Individuums versus das Kollektiv nicht von einer theoretischen Grundannahme oder einem methodischen Postulat determiniert wird, sondern vielmehr einer ständigen faktischen und real stattfindenden Neudefinition bzw. Umdeutung unterliegt. Und spätestens seit Niccolo Machiavellis „Il principe"[65] ist manifest, daß die Frage nach der Staatswirklichkeit isoliert von theologischen oder metaphysischen bzw. ethischen Fragen zu betrachten ist.[66]

Dieser Prozeß der ständigen Definition und Neugestaltung der wechselseitigen Rechte und Positionierung von Individuum und Kollektiv findet in einem lebenden Staatsgebilde deshalb kein Ende, weil gerade die ständige Infragestellung der Individualrechte gegenüber den Staatsrechten, die Rechtsposition des einzelnen Staatsbürgers gegenüber dem Staat und die daraus folgende staatliche Ordnung die eigentlichen evolutionären Kräfte in der Entwicklung der europäischen Staaten sind. Denn jedes Verweilen und jedes Anhalten dieses Prozesses würde einen Rückschritt in der Entwicklung der Staaten bedeuten, weil der evolutionäre Prozeß die qualitative und inhaltliche Seite des Staates ständig hinterfragt, der sozialen Entwicklung eines Staates entsprechend weiterführt und den formalen Staat daher an die Realitäten bzw. qualitativen Notwendigkeiten anpaßt. Dabei muß festgehalten werden, daß dieser Prozeß keine „Verbesserung" im qualitativen herkömmlichen Sinn bedeutet, sondern lediglich eine Verbesserung im Sinn der Reflexion der gegenwärtigen Bedürfnisse der Staatsbürger ist.[67]

Evolution bedeutet in diesem Sinn die nicht ausschließlich zentral gesteuerte Weiterentwicklung eines Staates, einer Region oder einer

---

[64] genommen wurden oder in Konzentrationslager verbracht und vielfach auch getötet wurden.

[65] MACHIAVELLI Niccolo, Il Principe, Nachdruck, Stuttgart 1993.

[66] Vgl. ZIPPELIUS Reinhold, Allgemeine Staatslehre, Politikwissenschaft, a. a. O., S. 2 ff.

[67] In der allgemeinen Staatslehre wird im Gegensatz zu Biologie und Soziologie der Begriff „Evolution" üblicherweise nicht verwendet, implizit muß er aber als begriffliches Gegenstück der „Revolution" definiert werden.

Kultur, wobei es den einzelnen Staatsbürgern oder Gruppen von Bürgern erlaubt ist, eine – aus gesamtstaatlicher Sicht betrachtet – suboptimale Haltung und Handlungsweise im Sinn eines individuellen Nutzens umzusetzen. Dies bedeutet, daß im Rahmen der evolutionären Staatsentwicklung in der modernen Geschichte der individuelle oder teilkollektive Freiraum, der zumindest in geringem Rahmen das Recht einräumt, einen individuellen oder gruppenbezogenen Vorteil auch zum Nachteil des Gesamtstaates zu realisieren, durchgängig zu beobachten ist.

Gerade diese Suboptimierung hat über die Jahrhunderte die gesamtstaatliche Entwicklung in jeder Hinsicht gefördert. Durch die theoretische Unterlegung von Einzel- oder Gruppenegoismen sind im Rahmen der politischen, juristischen und philosophischen Wissenschaften eine Vielzahl von Erklärungsansätzen und theoretischen Staatsmodellen formuliert worden, die ihrerseits wiederum das Gesamtinteresse des Staates einzubeziehen und eine weitere positive Entwicklung sicherzustellen hatten.

In der Verfolgung von Gruppeninteressen wurden die verschiedensten Organisationsansätze beschrieben, vom Klassenstaat bis zum Ständestaat, vom Territorialstaat bis zum Nationalstaat. Im Rahmen der Durchsetzung von Einzelinteressen reicht die theoretische Palette von anarchischen Überlegungen bis hin zu demokratischen Staatsmodellen.

In dieser, seit Jahrhunderten andauernden Entwicklung und Diskussion entstand – genährt durch theologische, philosophische und rechtsdogmatische Einflüsse – ein Sockel an Staats- und Rechtsgrundsätzen, die innerhalb einer Staatsverfassung unabhängig von formalen Ordnungs- und Entscheidungskriterien im materiellen Sinn Geltung haben sollten. Hierzu zählen vor allen anderen rechtstheoretischen Instrumenten die Menschenrechte als Grund- und Freiheitsrechte. Das Recht des Individuums, Träger von individuellen Rechten und Pflichten zu sein, seine besondere staatsrechtliche Bedeutung in seiner unangetasteten Existenz als Mensch im Zusammenhang mit den Freiheitsrechten und die Fragen von Schuld und Unschuld im strafrechtlichen Bereich waren der implizite Bestandteil praktisch aller staatstheoretischen Überlegungen.

Ein weiteres Merkmal ist den evolutionären Staatstheorien gemeinsam. Keine einzige Theorie enthält den Krieg zwischen Völkern als Staatsgrundprinzip im Zusammenhang mit der Entwicklung der Gesellschaft und Staatsgemeinschaft[68], vielmehr ist der „gerechte" Ausgleich zwischen konkurrierenden Gruppen oder Individuen innerhalb des Staates zu suchen. Dieser Ausgleich kann zwar innerstaatlich auch durch Revolution erreicht werden, die theoretische Legitimität des Widerstandes und der Revolution schließt jedoch keinesfalls die evolutionäre Staatsentwicklung aus. Alle Staatstheorien entstanden vielmehr aus der Fortsetzung eines konkreten Zustandes, der aus einer bestimmten Entwicklung resultierte. Dies bedeutete, daß alle Staatstheorien, die Antwort auf einen bestimmten, empirisch nachweisbaren konkreten Zustand waren, die theoretische Lösung eines erkannten Problems versuchten.

Dies hat aber auch zur Folge, daß das Staatsziel von evolutionären Staaten keine fiktiven Zustände beschreibt, sondern vielmehr auf den ständigen Ausgleich der Individual- und Gruppeninteressen gerichtet ist, daß Entwicklungen nicht von vornherein geplant sind und insbesondere moderne Verfassungen sogar Methoden kennen, wie auf verfassungsmäßigem Weg die Demokratie oder die Verfassung abgeschafft werden könnte.

Von völlig anderen Voraussetzungen gehen sogenannte revolutionäre Staaten aus. Auch das Dritte Reich verstand sich als revolutionärer Staat, allerdings mit einer Staatsführung, die durch demokratische Spielregeln an die Macht gekommen war und den revolutionären Staat erst möglich gemacht hatte. Ein revolutionärer Staat lehnt die evolutionäre Entwicklung einer Gesellschaft grundsätzlich ab. Ihm geht es um die Erreichung eines bestimmten, in der Zukunft liegenden Zustandes, wobei dieser Zustand – zumindest theoretisch – bereits genau beschrieben wurde und demnach als „Staatsziel" bereits vorliegt.

Die Zeit, die zwischen der Gegenwart und der völligen Umsetzung des zukünftigen Staatsmodells liegt, ist aus der Sicht der Machthaber deshalb besonders gefährlich, weil „Konterrevolutionäre" das Erreichte durch eine neuerliche Revolution in Frage stellen könnten.

Dies bedeutet, daß revolutionäre Staaten von einer relativen Konstanz und Kontinuität der Rahmenbedingungen ausgehen müssen, während evolutionäre Staaten eine Veränderung der Bedingungen an-

---

[68] Dieses Thema bleibt dem Völkerrecht bzw. den politischen Programmen überlassen, sieht man einmal davon ab, daß auch Staatsverfassungen Normen enthalten können, die Kompetenzen und Formen während eines Krieges regeln.

nehmen und der Staat sich anhand dieser geänderten Rahmenbedingungen anzupassen hat.

Im Fall der Nationalsozialisten war der völkische Staat durch Hitlers „Mein Kampf" und durch das Parteiprogramm der NSDAP in allen wesentlichen Zügen bereits vorgezeichnet, die Zeit von der Machtübernahme im Januar 1933 bis zur theoretischen Verwirklichung des völkischen, in unserer Diktion: des biologischen totalen Staates war daher auch kein evolutionärer Prozeß, der eine staatliche und gesellschaftliche Entwicklung zum Inhalt hatte. Dieser Zeitraum war vielmehr ein „Hindernis", das es so rasch wie möglich zu überwinden galt. Aus diesem Blickwinkel sind auch die staatlichen und politischen Handlungen zu sehen, die die Führung des Dritten Reiches auf dem Weg in den Totalitarismus setzte, und aus dieser Betrachtung wird auch die Risikobereitschaft verständlicher, die beispielsweise Hitler im Umgang mit anderen Staaten an den Tag legte.

Es ging den Machthabern des Dritten Reiches – wie anderen Lenkern revolutionärer Staaten auch – um die möglichst rasche Überbrückung des Zeitraumes zwischen Machtübernahme und Umsetzung des revolutionären Konzeptes. Daß unter diesen Voraussetzungen „der Zweck die Mittel" heiligte, oder – anders ausgedrückt – daß im Rahmen dieser politischen Grundannahme auf individuelle oder teilkollektive Entwicklungen keine Rücksicht genommen werden konnte, liegt in der Natur der Sache.[69]

Da ein revolutionärer Staat nicht auf Basis der Reflexion der Gegenwart und der Anpassung beruht, sondern auf einer theoretischen Grundlage „auf dem Reißbrett"[70] konstruiert wird, ist es selbstverständlich, daß dieses Konstrukt in allen Lebensbereichen und umfassend wirkt.

---

[69] Vgl. HITLER Adolf, Mein Kampf, a. a. O., S. 117f.: „Der Fortschritt der Menschheit gleicht dem Aufstiege auf einer endlosen Leiter; man kommt eben nicht höher, ohne erst die unteren Stufen genommen zu haben. So mußte der Arier den Weg schreiten, den ihm die Wirklichkeit wies, und nicht den, von dem die Phantasie eines modernen Pazifisten träumt."

[70] Interessant in diesem Zusammenhang ist jedoch die Tatsache, daß eine umfassende, staatsrechtliche Beschreibung als Konzept des Dritten Reiches nicht vorliegt. Die „theoretische Grundlage" des Rassismus und des völkischen Gedankens, sowie des totalen Staates, wurde zwar beschrieben, das umfassende Gedankengebäude wird aber nur aus einer Zusammenführung der verschiedenen Konzepte transparent.

Während der evolutionäre Staat wesentliche Teilbereiche kennt, in die er inhaltlich nicht oder kaum eingreift oder verschiedentlich für solche Bereiche sogar eine Schutzfunktion übernimmt, kennt der revolutionäre Staat kein Gestaltungstabu. Im Gegenteil, die idealtypische theoretische Gesellschaft muß umfassend entworfen werden, was heißt, daß nicht nur in die eigentlichen politischen Bereiche wie politische Willensbildung, Staatskonstrukt, Medien und Wirtschaftsform eingegriffen wird, vielmehr sah der nationalsozialistische Staat einen Gestaltungsauftrag auch in der Kunst und Literatur, in der Musik und in der Bildung, in der Frage der Lehrinhalte und in allen anderen Bereichen, die in evolutionären Staaten das eigentliche Entwicklungspotential der Gesellschaft darstellen und in denen vielfach der Grundstein für Veränderungen in der Gesellschaft und im Staat gelegt wird.

In einem Staat, in dem es einen offiziellen Kunst- und Musikgeschmack gibt, in dem intellektuelle Leistungen nicht benötigt werden, weil es auf alle Fragen bereits Antworten gibt und die Intellektuellen nur mehr die Aufgabe haben, ihr eigenes Fachgebiet in das vorgegebene Schema einzupassen, findet keine gesellschaftliche Entwicklung mehr statt, vielmehr wird die Nützlichkeit der Staatsbürger nur unter den Auspizien der möglichst raschen Erreichung des vorgegebenen staatlichen Endzieles gesehen. Umgekehrt ist jeder ein Staatsfeind, der diesem Ziel in irgendeiner Form im Weg oder auch nur im Verdacht steht, dieses Ziel zu behindern. Da der revolutionäre Staat schon aus seinem Selbstverständnis heraus keine Angemessenheit der Mittel kennt, weil die Kollektivinteressen stets stärker zählen als die Individualinteressen, kann ein als Staatsfeind deklarierter Norm- bzw. Machtunterworfener nicht damit rechnen, daß seine Argumentation in irgendeiner Form inhaltlich in Betracht gezogen wird.

Gerade in revolutionären Staaten lassen sich immer wieder Phasen extremer Verfolgung Andersdenkender nachweisen, während in evolutionären Staaten die Meinungsfreiheit und damit der Andersdenkende zur positiven Entwicklung der Gesellschaft unverzichtbar sind.

3.3. Die Diskontinuität nach dem Ersten Weltkrieg

Die Kontinuität der gesellschaftlichen Entwicklung ist besonders in den älteren Demokratien deutlich nachzuweisen, während die Ausgangssituation in Deutschland und Österreich nach dem Ersten Weltkrieg äußerst ungünstig war. Der verlorene Krieg bedeutete für die Staatsbürger mehr als nur den Verlust der monarchischen Staatsform, der materiellen Güter und der „nationalen Ehre".

Im Deutschland nach dem Ersten Weltkrieg war ein Phänomen von entscheidender Bedeutung, nämlich die Tatsache, daß sich alle liberalen und humanistischen Erklärungsansätze, alle theologischen und philosophischen Theorien, die gerade in Deutschland vor dem Jahr 1914 auf einem sehr hohen Entwicklungsstand waren, als völlig unbrauchbar erwiesen hatten. In den Schützengräben in Flandern und Südtirol konnte keine humanistische Bildung helfen, Millionen Tote relativierten den Wert des Menschen, das Individuum wurde de facto wertlos gestellt. Es waren vorwiegend die Geburtsjahrgänge von 1890 aufwärts, die nach dem verlorenen Krieg zu Hunderttausenden heimkehrten und, statt – wie es ohne Krieg ihrem Alter entsprochen hätte – tragende Rollen in der Weiterentwicklung der deutschen Gesellschaft zu übernehmen, nunmehr ratlos und hoffnungslos dem Zusammenbruch der bisherigen geistigen Welt, der bisherigen Ordnung und der Werte gegenüberstanden.

Die politischen Wissenschaften und die Staatswissenschaften nehmen im Rahmen historischer Betrachtungen und systemischer Aufarbeitungen zumeist in einem nur sehr geringen Rahmen Rücksicht auf den „Geist" einer Zeit. Diese Wissenschaften beschäftigen sich vielmehr mit erklärbaren, feststehenden Tatsachen oder Systemen. Da diese Systeme und – im Fall des Nationalsozialismus – politischen Weltanschauungen zumindest in ihrer Entstehung und erfolgreichen Umsetzung aus einem Zeitgeist heraus erklärbarer werden, erscheint es zweckmäßig, zumindest am Rand auf Kunst, Musik und deutsche Nachkriegsliteratur hinzuweisen, wobei letztere in eindringlicher Weise jenen gesellschaftlichen Rahmen und Boden beschreibt, auf dem der Keim des Nationalsozialismus gedeihen konnte. In politischer und weltanschaulicher Hinsicht sind etwa Ernst Jünger und Erich Maria Remarque Gegenpole, dennoch finden sich in beiden literarischen Darstellungen wesentliche Gemeinsamkeiten.

Beide waren Frontsoldaten des Ersten Weltkrieges, beide beschreiben die „Kraft" der Kameradschaft, somit die synergetische Wirkung eines Kollektivs. Dies ist umso mehr verständlich, als die moderne Kriegsführung den Kollektivismus in jeder Hinsicht fördert. Beide Schriftsteller stellen den einzelnen ohne seine Gruppe, ohne Kameradschaft und Gesinnungsgemeinschaft als hilflos dar und als zu schwach, um zu überleben.

Dieser Hang zu und diese Überbetonung von Gruppen und Kollektiven werden durch den verlorenen Krieg und durch die Heimkehr bzw. durch die sozialen und wirtschaftlichen Zustände in Deutschland und Österreich noch wesentlich gefördert. Die in der Blüte ihrer Schaffenskraft stehenden Jahrgänge finden sich in diesem Nachkriegsdeutschland nicht zurecht. Eindringlich stellt Remarque diese Situation dar: „Wir haben uns alles anders vorgestellt. Wir haben geglaubt, mit gewaltigem Akkord würde ein starkes, intensives Dasein einsetzen, eine volle Heiterkeit des wiedergewonnenen Lebens: so wollten wir beginnen. Aber die Tage und Wochen zerflatterten unter unseren Händen, wir verbringen sie mit belanglosen, oberflächlichen Dingen, und wenn wir uns umsehen, ist nichts getan. Wir waren gewohnt, kurzfristig zu denken und zu handeln – eine Minute später konnte immer alles aus sein."[71]

Millionen schaffenskräftiger, junger deutscher Menschen standen im Jahr 1918/19 den Erkenntnissen gegenüber, daß die „alte Welt" mit ihren Werten und ihrer Ordnung untergegangen war, daß alle Bildung und aller Humanismus bzw. Liberalismus versagt hatten, daß das Individuum keinen Wert hat und nur das Kollektiv das Überleben sichern kann und daß Deutschland vor dem Untergang steht.[72]

Alles was bisher Geltung hatte, war außer Kraft gesetzt und völlig neu zu definieren. Daß dabei ein evolutionärer Prozeß, wie er oben beschrieben wurde, keinesfalls die Lösung sein konnte, versteht sich von selbst. Es waren also Staats- und Ordnungstheorien zu entwickeln, die nicht mehr auf der Basis der bisherigen, geschichtlichen Evolution und wissenschaftlichen Diskussion standen, es war vielmehr eine eigene – neue – Basis zu suchen.

---

[71] Vgl. REMARQUE Erich Maria, Der Weg zurück, Neuauflage, Köln-Berlin 1975, S. 363.
[72] Am eindringlichsten beschreibt diese Veränderung der sozialen Grundlagen durch den Ersten Weltkrieg Stefan Zweig in seinem Roman „Die Welt von Gestern".

Diese Modelle konnten denknotwendig nur total (im Sinn von umfassend) und revolutionär (im Sinn von Bruch mit einer kontinuierlichen Staatsentwicklung) sein. Es wäre verfehlt und unvollständig, die Entwicklung der Staatsmodelle im Nachkriegsdeutschland lediglich mit sozialen und zeitgeistigen Phänomenen erklären zu wollen, andererseits dürfen diese Einflußgrößen auch nicht außer Betrachtung bleiben. Dies deshalb, weil außen- und innenpolitische Tatsachen für die Entwicklung der Weimarer Republik eine wesentliche Rolle spielten und schließlich zum Dritten Reich führten.

Andererseits ist der rasante Aufstieg des Nationalsozialismus aus monokausalen politischen und wirtschaftlichen Begründungen allein nicht erklärbar.

Eben weil die Menschen in der Weimarer Republik – wie dargestellt – der gesamten kulturellen Basis beraubt waren, weil die neue Staatsordnung nur revolutionär und total sein konnte, war es möglich, daß beispielsweise wissenschaftliche Theorien, die bisher kaum Beachtung gefunden hatten, zu „staatstragenden Ideen" wurden. Hierbei entsprachen insbesondere die Theorien über Erblehre, Rassen und Eugenik den „Bedürfnissen" der Zeit. Auf der Suche nach einer neuen Identität für Deutschland und die Deutschen kam der Biologie eine besondere Bedeutung zu. Es ist daher kein Zufall, daß Ordnungssysteme und Handlungslegitimationen auf biologischer Grundlage entwickelt wurden und in die Staatslehre einflossen.

Es wurde bereits dargestellt, daß das Staatsvolk im rechtlichen Sinn jenes Kollektiv ist, das durch besonders ausgestaltete Rechte und Pflichten eine Nahebeziehung und eine besondere Bindung zu einem bestimmten Staat als konkrete Organisation hat. Die Weimarer Republik in Deutschland und die Republik Österreich im damaligen Restösterreich waren neue Staaten, die für sich nicht in Anspruch nehmen konnten, aus der Sicht der Staatsbürger die Nachfolgestaaten für das Deutsche Reich und die k. u. k. Monarchie zu sein. Obwohl diese Staaten völkerrechtlich durchaus die Nachfolge der untergegangenen Monarchien anzutreten hatten und aus diesem Titel heraus auch mit gewaltigen Reparationsleistungen belegt wurden, kann man doch davon ausgehen, daß sich wesentliche Teile des Staatsvolkes nicht als solches fühlten, weil der Konsens über die Rechtstatsache, daß die beiden Republiken als verbindliche staatliche Organisationsformen existierten, fehlte. Schon vor diesem Hintergrund und im Zusammenhang mit der Diskontinuität der gesellschaftlichen Entwicklung sowie unter Beachtung der Tatsache, daß besondere Bindungen der führenden Schichten zu den neuen Republiken nicht bestanden, wird erklärlich, daß es insbesondere revolutionäre Staatsmodelle waren, die in den Notzeiten einen relativ breiten Zulauf fanden. Dies auch deshalb, weil diese Staatsmodelle eben einen umfassenden neuen Ansatz geben konnten und weil sich diese politischen Modelle nicht in kleinlichen Verbesserungen oder realpolitischen Notwendigkeiten verloren, sondern den einzelnen Staatsbürgern Visionen boten, die die Menschen nach dem verlorenen Krieg und nach den schweren Enttäuschungen, die die Friedensverhandlungen mit den Siegern mit sich brachten, dringend brauchten.

3.4. Der biologische Kollektivismus

Dies war der Hintergrund des Parteiprogrammes, das von Hitler und Drexler am 24. Februar 1920 für die Nationalsozialistische Partei Deutschlands verabschiedet wurde. Das Parteiprogramm war nur eines von vielen in einer Parteilandschaft, die Hunderte von Kleinst- und Splitterparteien entwickelte. Dennoch nimmt dieses 25-Punkte-Programm im Grundsatz bereits die gesamte Entwicklung des Dritten Reiches vorweg. Dabei darf allerdings nicht übersehen werden, daß einige der 25 Punkte so generalklauselartig formuliert waren, daß eine breite Palette an konkreten Handlungen unter diese Punkte hätte subsumiert werden können. Wenn Hitler sich später als vorausschauender Politiker feiern ließ, der bereits im Parteiprogramm und später in seinem Standardwerk „Mein Kampf" alle Entwicklungen vorausgesehen hatte, so stimmt das nur bedingt. Tatsache war, daß dieses Parteiprogramm populäre allgemeine Forderungen der politischen Rechten übernahm und daß es als politisches Programm nicht über jene Brillanz verfügte, wie dies später oft behauptet wurde. Insbesondere fällt auf, daß sich die Formulierungen der einzelnen Punkte auf verschiedenen Abstraktionsebenen bewegen, was den Schluß zuläßt, daß mehrere Konzepte ineinander verarbeitet wurden oder aber, daß die Verfasser dieses Programmes nicht in der Lage waren, bestimmte Abstraktionen methodisch durchzuhalten.

In staatstheoretischer und politischer Hinsicht beginnt das Programm in der Präambel bereits mit einem Kompromiß. Die Nationalsozialisten lehnten den Parteienstaat[73] ab, waren aber gezwungen, sich selbst als Partei zu organisieren, um am politischen Leben der Weimarer Republik teilnehmen zu können. Daher erklärten sie ihr Programm als „Zeitprogramm", das bedeutete, daß die Ziele der Partei feststanden und künftig keine weiteren Ziele mehr formuliert werden sollten. Das Parteiprogramm war ein politischer Idealzustand, den es zu erreichen galt. War das Ziel erreicht, sollte die Partei aufgelöst werden. Diese Vorgangsweise entspricht im wesentlichen auch dem revolutionären Staatsverständnis.

Neben sehr populären und tagespolitischen Forderungen enthielt das Parteiprogramm der NSDAP bereits deutliche „biologische" Ordnungskriterien. So schloß Artikel 4 des Programms die Juden – ohne Rücksicht auf die Konfession – von der Staatsbürgerschaft aus. Die Diktion des Artikels lautet „deutsches Blut". Von dieser Diktion wird in den Folgejahren aufgrund der biologischen Forschung abgegangen, vorerst auf den sprachwissenschaftlichen Begriff des „Ariers", später auf die verschiedenen Rassenbegriffe.

Trotz dieser Begriffsumwandlung blieb die Idee des „artgleichen Blutes" bis zum Zusammenbruch des Dritten Reiches staatstragend.

Der Staatsbürgerbegriff wurde in den Begriff „Volksgenosse" umgewandelt. Der Staat hatte die Pflicht, für die Volksgenossen in ihrer Gesamtheit zu sorgen[74], Individualrechte finden sich im 25-Punkte-Programm der NSDAP nicht. Der Staat wird als organisatorische Hülse des Volkes verstanden, er ist zentral organisiert und hat weitestgehende Eingriffsrechte; Demokratie und Parlamentarismus werden abgelehnt, das Volkskollektiv wird gegenüber dem Individuum zu einem gigantischen „ÜberIch" erklärt. In diesem Sinn ist es verständlich, daß sich das Parteiprogramm in der ursprünglichen Version von 1920 in Eigentumsfragen der kommunistischen Theorien bediente. Durch die Abhängigkeit von der Industrie mußte Hitler 1928 diese

---

[73] Tatsächlich sind Parteien in den Verfassungen selten verankert. Dies war sowohl in der Weimarer Republik der Fall, als auch beispielsweise in der österreichischen Bundesverfassung, in der es eine Verankerung der Parteien nur dort gibt, „wo es um die demokratische Willensbildung" geht. Vgl. PERNTHALER Peter, Die Zukunft der österreichischen Demokratie, Kärntner Juristische Gesellschaft (Sitzung vom 19. November 1985), ÖJZ 1986, S. 143 ff.

[74] Diese Sorge bedeutete nicht Obsorge im Sinn von sozialen Wohlfahrtsstaaten, sondern lediglich „Bereitstellung" von Lebensraum im Rahmen des Volkes.

Punkte allerdings in einer Erklärung relativieren, und die Partei bekannte sich zum Privateigentum.[75]

Durch die Tatsache, daß das Parteiprogramm die Staatsbürgerschaft und damit die Rechte und Pflichten der Normunterworfenen auf eine biologische Basis stellte, wurde erstmals in der Geschichte ein „biologischer Staat" entworfen.

Der Staat selbst war für Hitler jedoch nur ein Mittel zum Zweck. Die Staatsordnung fußte auf einer biologischen Ordnung, keinesfalls aber behindert durch die Menschenrechte, die lediglich als negative Entwicklung einer überholten humanistischen und liberalen Weltanschauung angesehen wurden. Schon die Fähigkeit, staatsbildend zu wirken, wurde rassisch und biologisch begründet. Hier wurde vorerst in schaffende und parasitäre Völker eingeteilt.[76] Als Beispiel wurde der menschliche Körper dargestellt, dieser ist ein „hochentwickelter Zellenstaat"[77], der allerdings parasitär durch Bakterien unterwandert wird, die selbst nicht in der Lage seien, einen Staat zu bilden. Diese Bakterien würden nun Gifte absondern, der menschliche Körper müsse die Bakterien überwinden oder an ihnen zugrunde gehen.

Aus diesem Vergleich konnte allerdings nicht abgeleitet werden, daß eine Rasse oder ein ganzes Volk sowohl funktional als auch prozessual mit dem menschlichen Körper verglichen werden konnte. Eine Wesensidentität besteht nur im Aufbau, also im funktionalen Bereich, was einerseits die Gleichartigkeit der Bausteine und andererseits die Arbeitsteiligkeit der Elemente betrifft.

---

[75] Vgl. Parteiprogramm der NSDAP in der Fassung vom 13. April 1928, abgedruckt in: Das große Lexikon des Dritten Reiches, hrsg. von Christian ZENTNER/Reinhard BEDÜRFTIG, München 1985, S. 438.

[76] Vgl. Das Dritte Reich und die Juden, Dokumente und Berichte, hrsg. von Léon POLIAKOV Léon/Joseph WULF, Wiesbaden 1989, S. 208 (zitiert wird ein Abdruck aus dem Buch „Deutschland ordnet Europa neu").

[77] Die Vergleiche mit den Zellen dürften sich im wesentlichen auf das Verständnis und auf die Arbeiten von Virchow beziehen, wobei die Vorlesungen Virchows keinen politischen, sondern ausschließlich einen medizinisch-pathologischen Inhalt hatten. Vgl. VIRCHOW Rudolf, Die Cellularpathologie und ihre Begründung auf physiologische und pathologische Gewebslehre, Zwanzig Vorlesungen, gehalten während der Monate Februar, März und April 1858 im pathologischen Institute zu Berlin; Erste Vorlesung, 10. Februar 1858, Berlin 1858, S. 1 ff.

Prozessual war ein derartiger Vergleich nicht zulässig, weil die Auslese und Gegenauslese innerhalb des menschlichen Körpers als Zellenverband nicht systemimmanent sind.[78]

Daß bei derartigen Auseinandersetzungen keinerlei humanitäre Grundsätze eine Rolle spielen dürfen, wurde mit der „Desinfektion eines verseuchten Raumes" begründet. Hitler selbst machte sich die Theorie von schaffenden und parasitären Völkern schon sehr früh zu eigen und formulierte bereits in „Mein Kampf": „Was wir heute an menschlicher Kultur, an Ergebnissen von Kunst, Wissenschaft und Technik vor uns sehen, ist nahezu ausschließlich schöpferisches Produkt des Ariers. [...] Würde man die Menschen in drei Arten einteilen: in Kulturbegründer, Kulturträger und Kulturzerstörer, dann käme als Vertreter der ersten wohl nur der Arier in Frage. Von ihm stammen die Fundamente und Mauern aller menschlichen Schöpfung, und nur die äußere Form und Farbe sind bedingt durch die jeweiligen Charakterzüge der einzelnen Völker."[79]

Es wurde postuliert, daß der Liberalismus den biologischen und metaphysischen Sinn für das deutsche Gemeinschaftsleben vernichtet hätte. Die Neudefinition des Staates ist daher keine „theoretische Idee, sondern eine biologische und geistige Grundlehre, eine Lebenstatsache und Lebensaufgabe von unmittelbarer, nicht weiter erklärbarer, sondern zu verwirklichender unerbittlicher Notwendigkeit."[80] Abgelehnt wurden das positivistische Recht, die Rationalität und die Gleichheit der Menschen.

---

[78] Vgl. BAUR Erwin/FISCHER Eugen/LENZ Fritz, a. a. O., S. 1: „Man hat oft in einer durchaus unbegründeten Vergleichung eines Volkes mit einem einzelnen Menschen geglaubt, daß jedes Kulturvolk gewissermaßen ein frisches Jugendstadium, ein Stadium der Reife und endlich ein Altern, d. h. eine Entartung und einen Niedergang aufweise. Das ist sicher nicht der Fall. Aber in jedem Volke können krankhafte Vorgänge, meistens sind es Auslese-Vorgänge, einsetzen, welche die Beschaffenheit des Volkes rasch verschlechtern, seinen Verfall bedingen." Anders: BUMKE Oswald, Kultur und Entartung, 2. Auflage, Berlin 1922, S. 102 f.: „Beweist nicht die politische Entwicklung, die dem Weltkrieg vorangegangen war, genau das, was als letztes Schicksal aller Völker immer wieder behauptet worden ist: das Altwerden, die Impotenz, den Verfall?"

[79] Vgl. HITLER Adolf, Mein Kampf, 112. bis 113. Auflage, München 1934, S. 317.

[80] Vgl. WAGNER Josef/BECK Alfred, Hochschule für Politik der NSDAP, Ein Leitfaden, München 1933, S. 33.

3.5. Der Dualismus von Staat und Partei

Nach der Machtübernahme und nach Erlaß des Ermächtigungsgesetzes konnte Hitler darangehen, seinen totalen und biologischen Staat in die Tat umzusetzen. Interessant in diesem Zusammenhang ist, daß Hitler die Weimarer Verfassung niemals außer Kraft setzte, sondern dieses Verfassungswerk einfach ignorierte. Diese Tatsache stellte die Rechtsgelehrten des Dritten Reiches vor nicht geringe dogmatische Probleme. Um die daraus resultierende Fragestellung lösen zu können, wurden die verschiedensten Rechtskonstruktionen gefunden, um die Weimarer Verfassung (de jure oder de facto) außer Kraft zu setzen. Hierbei gab es im Bereich der Staatslehre zwei wesentliche Ansätze. Nach Huber gehörte es zum Wesen der Revolution, daß das bisher geltende Verfassungsrecht automatisch vernichtet wird.[81] Carl Schmitt, der mit Ernst Forsthoff auch den Begriff des „totalen Staates" wissenschaftlich definiert hat, sieht im Ermächtigungsgesetz des Reichstages vom 5. März 1933 den „juristischen Vollzug des Volkswillens" und behauptet, daß das Ermächtigungsgesetz die Weimarer Verfassung ersetzte und vorläufig selbst die Verfassung des Dritten Reiches darstellte.[82]

Für Hitler waren Überlegungen dieser Art jedoch von sekundärer Bedeutung; er fühlte sich weder an eine Verfassung gebunden, noch waren staatstheoretische Erörterungen in einem totalen und biologischen Staat von besonderer Bedeutung. Da im Rahmen seiner Betrachtungen die Eliten der NSDAP „staatstragend" waren, war es für ihn ungleich wichtiger, Staat und Partei entsprechend zu koordinieren bzw. abzugrenzen.

Über neun Jahre versuchten die nationalsozialistischen Machthaber die Fiktion aufrechtzuerhalten, daß die Nationalsozialistische Arbeiterpartei und das Deutsche Reich als Staat eine Einheit bilden würden.

---

[81] Vgl. HUBER Rudolf, Verfassungsrecht des Großdeutschen Reiches, Hamburg 1939, S. 44 f.; Huber war Professor an der Universität Leipzig, von 1941 bis 1945 Ordinarius an der Universität Salzburg.

[82] Vgl. SCHMITT Carl, Staat, Bewegung, Volk. Die Dreigliedrigkeit der politischen Einheit, Hamburg 1933, S. 7 f. Der Begriff des „totalen Staates" wurde ursprünglich von den italienischen Antifaschisten verwendet.

Erst im Dezember 1942 wurde von dieser Praxis abgegangen und das „Gesetz zur Sicherung der Einheit von Partei und Staat vom 1. Dezember 1933" auch offiziell aufgehoben.[83] Mit dem „Erlaß des Führers über die Rechtsstellung der Nationalsozialistischen Deutschen Arbeiterpartei vom Dezember 1942 wurde die NSDAP formaljuristisch betrachtet über den Staat gestellt, weil sich die Rechte und Pflichten der NSDAP ausschließlich am Führerwillen zu orientieren hatten. Am „allgemeinen Rechtsverkehr" sollte die Partei nur dann (nach Maßgabe der für den Staat geltenden Rechtsvorschriften) teilnehmen, wenn keine Sonderregelung bestand. Wesentlich in der Diktion des Erlasses ist, daß nicht von „Rechtsvorschriften des Staates", sondern von „Rechtsvorschriften *für* den Staat" die Rede ist. Dies bedeutete nichts anderes, als daß Hitler dem Staat im Zusammenhang mit der NSDAP keine Rechtserzeugungskraft im engeren Sinn mehr zukommen ließ, vielmehr sollte sich die NSDAP der Staatsnormen (die auch für den Staat galten) dann bedienen, wenn keine eigenen Normen verfügbar waren. Damit wurde die Koexistenz zwischen Partei und Staat formuliert. Der Staat hatte in diesem Nebeneinander allerdings gegenüber der Partei keine gleichwertige Rolle mehr, sondern diente als Substitut für die NSDAP. Dies deshalb, weil durch den Führererlaß der Staat – funktional betrachtet – in keinem seiner Elemente mehr eine Bestandsgarantie aufwies, sondern – abhängig vom Führerwillen – jene Funktionen zu übernehmen hatte, die Hitler nicht der NSDAP zuwies. Diese (de jure) ungleiche Koexistenz war allerdings nur die logische Folge aus den (de facto) Zuständen. Tatsächlich waren im totalitären Staatssystem Hitlers sämtliche Partei- und Staatsinstanzen zumindest doppelt vorhanden. In der Realität des Dritten Reiches ging es nicht um eine Aufgabenverteilung zwischen Partei und Staat, sondern vielmehr um ein ständiges Verschieben von Macht und Kompetenzen zwischen den verschiedenen Organisationen und Institutionen. Diese Praxis schuf eine ständige Konkurrenzsituation sowohl zwischen den Gewalthabern von Staat und Partei als auch innerhalb der Partei- und Staatsstrukturen. Da die realen Machtverhältnisse ständig in Bewegung waren, da einander widersprechende Vollmachten gleichzeitig Geltung hatten, gab es immer wieder Versuche, der „Anarchie der Vollmachten" durch Kompetenzregelungen zu begegnen.[84]

---

[83] Vgl. RGBl. 1942 I, 733 f.
[84] Vgl. ARENDT Hannah, Elemente und Ursprünge totaler Herrschaft, a. a. O., S. 622 ff.

Diese Regelungsversuche mußten allerdings scheitern, weil eben die Trennung von Partei und Staat, die sich ständig ändernde Kompetenzlage und die Unsicherheit über Zuständigkeiten zum Prinzip des totalitären Staatssystems gehörten. Dieses Problem der Stellung von Partei und Staat stellte die deutschen Rechtsgelehrten schon lange vor der Umsetzung des totalitären Staates vor Argumentationsprobleme. Die Frage, mit welcher Berechtigung Partei und Staat funktional nebeneinander tätig werden können, führte zu den staatsrechtlich abenteuerlichsten Begründungen.

So formulierte Neesse im Jahr 1936: „Wollte man sagen, daß jeder mit der Wahrnehmung gemeinschaftlicher Aufgaben betraute Führer auch schon ein Führer in des Wortes eigentlichem und höherem Sinn sei, so könnte beispielsweise eine Verwaltungsgerichtsbarkeit gar nicht mehr erörtert werden, denn eine sich mit Taten echter Führung befassende Justiz ist für eine nationalsozialistische Anschauung eine Ungeheuerlichkeit. Es besteht die Tatsache, daß sich wohl der Führungsgrundsatz in dem bereits dargelegten Sinn durch Verfassungsnormen erzeugen läßt, aber niemals die Möglichkeit besteht, echtes Führerwesen institutionell einzuführen."[85]

Diese Darstellung hat eine logische Konsequenz in sich, nämlich die faktische Auflösung staatlicher Funktionen zu jenem Zeitpunkt, in dem durch die NSDAP das „echte Führertum" eingeführt wurde. Dies ist aber auch eine Frage des Blutes und der Rasse, es ist daher zulässig anzunehmen, daß der Staat als Hilfskonstrukt auf dem Weg zu einem idealen biologischen totalitären Staat bestehen bleibt. Sobald dieses Rassen- und Volksziel aber erreicht ist, hat der Staat in seiner konkreten Form „ausgedient".

In diesem Sinn sind auch die theoretischen Ausführungen über den totalitären Staat zu verstehen, der verschiedentlich von zeitgenössischen Autoren definiert wurde.[86]

Wenn der Staat als berechtigt dargestellt wird, in alle Bereiche der Normunterworfenen einzudringen und diese zu reglementieren, wenn

---

[85] NEESSE Gottfried, Partei und Staat, Hamburg 1936, S. 57f.
[86] Vgl. SCHMITT Carl, Weiterentwicklung des totalen Staates in Deutschland, 1933, S. 185 ff.; Totaler Feind, totaler Krieg, totaler Staat, 1937, S. 235; beide Aufsätze wiederveröffentlicht in: Positionen und Begriffe, Hamburg 1940; ebenso FORSTHOFF Ernst, Der totale Staat, 2. Auflage, Hamburg 1933; vgl. auch STAPEL Wilhelm, Grundsätze, in: POLIAKOV Léon/WULF Joseph, Das Dritte Reich und seine Denker, Wiesbaden 1989, S. 65 f.

er mit einer Allgewalt ausgestattet ist, die sich auf biologische Legitimationen stützt, die Normunterworfenen bis zur staatsnotwendigen physischen Vernichtung zu beherrschen, so kann mit dieser Staatsdefinition kein Staat im herkömmlichen Sinn gemeint sein. Definitionen dieser Art vermischen vielmehr die Positionen von Partei und Staat in unzulässiger Weise.

Der totalitäre Staat hat keine Bestandsgarantie, er hat im Nebeneinander von Partei und Staat nicht einmal eine eigenständige Aufgabe, er dient lediglich der Unterstützung der Partei und ist als machtpolitisches Instrument für den Führer und Reichskanzler von Belang. Bis zum Kriegsbeginn hatte der Staat auch eine Legitimationsfunktion nach außen. Einen eigenständigen Gewaltanspruch besitzt der Staat im Dritten Reich nicht. Vielmehr kommt der totale Machtanspruch der Partei zu, diese hat die „Staatsziele" zu verfolgen, auf ihren Schultern liegt die „Last" der Reinhaltung und Erhaltung des deutschen Volkes, sie ist der Garant für den Überlebenskampf.

So unlösbar im rechtstheoretischen Sinn diese Problemstellung für den seriösen Teil der deutschen Staatsrechtler war, so leicht taten sich andere Wissenschaften, die auf einen völlig anderen – zumeist auf einen biologischen – Unterbau zurückgreifen konnten. Während in der Rechtsdogmatik ein „selbstauflösender Staat", der zugunsten einer Partei die Staatsgewalten aufgibt, der das Staatsgebiet als variable Größe versteht und das Staatsvolk nach pseudowissenschaftlichen unbeweisbaren Kriterien einteilen muß, undenkbar ist, war der Doyen der deutschen Rassenforscher, der Berliner Professor für Anthropologie Eugen Fischer, in seinen Ausführungen durch derartige pragmatische und dogmatische Barrieren nicht behindert.

Er stellt fest, daß ein nationaler Staat aufgerichtet wurde und daß dieser Staat aus Blut und Boden[87] besteht. Als Kriterien für diesen Staat nennt Fischer die deutsche Volksverbundenheit, die wiederum aus Volkstum, Rasse und deutscher Seele aufgebaut ist.[88]

---

[87] „So dürfen wir geradezu sagen, daß alles, was sich beim Menschen als individuelles und soziales Leben abspielt, auf einem Zusammenwirken von Vererbung und Umwelt beruht, daß also auch das Leben eines Volkes aus Blut und Boden wächst." Vgl. JUST Günther, Die Vererbung, Breslau 1943, S. 173 f.
[88] Vgl. FISCHER Eugen, Bekenntnis der Professoren an den deutschen Universitäten und Hochschulen zu Adolf Hitler und dem nationalsozialistischen Staat, Dresden 1934, S. 9 f.

Daß diese Darstellung für eine juristische, staatsrechtliche Betrachtung völlig wertlos ist, versteht sich von selbst. Bis zum Zusammenbruch des Dritten Reiches gelang es den deutschen Staatsrechtlern nicht, ein theoretisches Gedankenmodell zu schaffen, das die Rechtsrealität der Trennung zwischen Partei und Staat und die nachfolgende Unterordnung des Staates in einer Konstruktion des „selbstauflösenden Staates" erklären könnte.

Das Faktum der Trennung zwischen Partei und Staat und der konkurrenzierenden Gewalten hatte damit lediglich eine rechtshistorische und rechtstatsächliche Qualität.

3.6. Der Führer und das Führerprinzip

3.6.1. Der Versuch einer staatsrechtlichen Deutung

Kaum eine Einrichtung des Dritten Reiches gestaltet sich so verwirrend und auch nachträglich kaum mehr erklärbar wie das „Führerprinzip". Obwohl diesem Organisationsprinzip in rechtlicher Hinsicht jede formale und verfassungsrechtliche Legitimation fehlte[89], war es als Staatsprinzip vom Beginn des Dritten Reichs bis zu dessen Ende allgegenwärtig.

Verschiedentlich wurde deshalb das Führerprinzip als metaphysisches Element und als Basis des nationalsozialistischen Staates dargestellt.[90] Es wurde postuliert, daß sich im Rassenkampf „immer nur ein kleiner, oberster Führungskreis"[91] der ungeheuren Verantwortung im Zusammenhang mit Raum- und Rassenideologien verantwortlich

---

[89] Vgl. MAJER Diemut, Grundlagen des nationalsozialistischen Rechtssystems: Führerprinzip, Sonderrecht, Einheitspartei, Berlin-Köln-Mainz 1987, S. 85.

[90] Vgl. HAUSHOFER Karl, Der nationalsozialistische Gedanke in der Welt, München 1933, S. 46 ff. Prof. Karl Haushofer war ein bekannter Geopolitiker im Dritten Reich. Obwohl er selbst nie Parteimitglied war, erlangte er mit seinen Theorien bedeutenden Einfluß – zumindest in den ersten Jahren des Reiches.

[91] Vgl. DARRÉ Walther, Achtzig Merksätze und Leitsprüche über Zucht und Sitte aus Schriften und Reden von Walther Darré, in POLIAKOV Léon/WULF Joseph, Das Dritte Reich und seine Denker, Wiesbaden 1989, S. 23: „Die Rasse ist nur der selbstverständliche Rohstoff, aus dem erst in schärfster Leistungszucht und Führerbewährung der Adel herausgearbeitet wird."

fühlen könne. Die metaphysische Begründung und Ausformulierung des Führerprinzips reichte den Staatstheoretikern des Dritten Reiches natürlich nicht aus.[92] Aus diesem Grund versuchten sie selbst, das Führerprinzip in seiner Substanz zu definieren, seine Funktionalität zu beschreiben und es letztlich sogar im Rahmen von positivistischen Theorien zu begründen.

Allerdings bereitete schon die Definition des Führerprinzips erhebliche Probleme. So versuchte Forsthoff[93] die „Führungsordnung" als Synthese der „Revolutionsordnung" der nationalsozialistischen Bewegung vor der Machtübernahme und der bürokratischen Verwaltungsorganisationen des Staates zu definieren, wobei er einräumte, daß die staatliche Verwaltungsorganisation als durchaus reformbedürftig im nationalsozialistischen Sinn vorgefunden wurde. Die Basis für diese Verbindung sei das Gesetz der Einheit von Partei und Staat vom 1. Dezember 1933, welches das „Werk einer überlegenen Staatskunst" sei. Dies deshalb, weil zwar die wesentliche Verschiedenheit von Staat und Partei in den Grundlagen und im Organisationsgefüge auch von Forsthoff erkannt wurde, weil es aber, so führte er aus, erforderlich sei, die „politische Führung und amtshierarchische Unterordnung in ihrem Wesen zu erkennen und gegeneinander abzugrenzen".

Durch die Einführung des Führerprinzips und der Definition von Führung als „tragenden Verfassungsgrundsatz" wurde nicht nur eine neue Regierungsform verwirklicht, sondern auch eine neue Identität gefunden. Forsthoff versuchte, das Führerprinzip negativ gegenständlich abzugrenzen, und beschreibt, daß die neue Regierungsform keinesfalls mit Demokratien, Monarchien und Aristokratien verwechselt werden dürfe.

Trotz dieses negativ gegenständlichen Definitionsversuches gelingt es Forsthoff nicht, das Führerprinzip zu strukturieren; resignierend

---

[92] Dieser metaphysische Ansatz führte ideologisch denknotwendig zu einem Gegensatz mit der Kirche. Vgl. ROSENBERG Alfred, Der Mythus des 20. Jahrhunderts, München 1933, S. 159: „Die Kirche selbst, als Zuchtform konnte und durfte keine Liebe kennen, um sich als typenbildende Kraft zu erhalten und weiter durchzusetzen. […] ‚Eine Herde und ein Hirt!' Das ist, wörtlich genommen, wie es gefordert wurde, die klarste Kampfansage an den germanischen Geist gewesen."

[93] Vgl. FORSTHOFF Ernst, Der totale Staat, a. a. O., S. 35 ff. Forsthoff war 1933 Professor für Verfassungsrecht an der Universität Frankfurt/Main.

formuliert er: „Es ist nicht möglich, der Führung als einem der politischen Erlebniswelt verhafteten Vorgang abstrakt Ausdruck zu geben".

Übrig bleibt lediglich der Erklärungsansatz, daß das Führerprinzip das leitende und gestaltende Element in einem dualistischen Staatsgebilde darstellt, daß also das Führerprinzip als Verfassungsprinzip das verbindende Element zweier Organisationsbereiche sei und daß damit eine neue Staatsform im funktionellen Sinn umgesetzt wurde. Dieser Erklärungsansatz war in den Jahren nach der Machtübernahme in Deutschland die herrschende Lehre der Verfassungsrechtler.[94]

Das Führerprinzip als Koordinations- und Steuerungsmechanismus in einem dualistischen Staat war allerdings in mehrfacher Hinsicht erklärungsbedürftig. Einerseits fehlte immer noch die formaljuristische Legitimation, andererseits wurde nicht beantwortet, wer der Führer ist, welche konkreten Funktionen ein Führer innehat, bzw. wie man zum Führer wird.

Nicht zufällig stellte Neesse daher fest, daß mit dem Wort „Führer [...] viel Mißbrauch getrieben" worden sei.[95]

Er trennte das Führerprinzip (das in der bisherigen Diskussion keinerlei Inhalt aufweist) in „Führerpersönlichkeit" und „Führerprinzip". Führer ist also jeder, der innerhalb der Führungshierarchie funktional mit Kompetenzen und Stellung ausgestattet ist. Dieser formale Aspekt des Führerprinzips ist nicht gleichlautend mit dem inhaltlichen Aspekt des Führerprinzips, nach Neesse mit der Persönlichkeit eines Führers.

Das Führerprinzip würde ohne eine derartige Differenzierung zu einem „starren Organisationsschema" verkommen, das Führertum im nationalsozialistischen Sinn ist daher – unabhängig von formalen Führungsstrukturen – ein „Namensführertum". Führer zu sein ist eine besondere individuelle Fähigkeit, Führer ist ein Begriff, der über Partei und Staat weit hinausreicht.

---

[94] Vgl. dazu auch FEINE Hans Erich, Deutsche Verfassungsgeschichte der Neuzeit, 3. ergänzte Auflage, Tübingen 1943, S. 141 f. Feine erklärte den Führungsgrundsatz zum „gestaltenden Prinzip des deutschen Volks- und Staatslebens".
[95] Vgl. NEESSE Gottfried, Partei und Staat, a. a. O., S. 57 ff.

3.6.2. Der Versuch einer biologischen Deutung des Führerprinzips

Diese plötzliche Hinwendung zum Individualismus im Rahmen eines biologisch begründeten Staats- und Gemeinwesens stellte die Naturwissenschaftler wiederum vor Erklärungsprobleme. Der oben dargestellte Erklärungsansatz bedeutete nichts anderes, als daß die Staatsrechtler und Juristen das Führungsprinzip inhaltlich nicht definieren konnten und daß sie nicht in der Lage waren, formale Kriterien für das Führerprinzip aufzustellen – abgesehen von den gängigen hierarchischen Kriterien, die als monokausale Begründung im nationalsozialistischen Staat natürlich nicht ausreichten.

Wenn das Führertum tatsächlich eine individuelle und keine formale Begründung und Funktion aufwies, wie sollte es biologisch begründet werden können, zumal Naturgesetzlichkeiten, die eine biologische Begründung erlauben würden, bisher nicht beobachtet werden konnten?

Aber auch hier bildete die Rassenlehre eine gängige Basis einer Begründung und Erklärung. Es setzte sich die Ansicht durch, daß sich das Führerprinzip aus der „Einheit des Blutes" ergebe.

Hitler selbst wies auf diese Einheit des Blutes immer wieder hin,[96] er selbst wurde auch von den zeitgenössischen Autoren und Wissenschaftlern als eine Art personifiziertes Führerprinzip gehandelt. Es gab keine positive Eigenschaft, die Hitler nicht aufzuweisen hätte, er war der Vertreter des Volkes, und ihm war unbedingter Gehorsam zu leisten.

Er stand außerhalb jeglicher (erlaubter) Diskussion, seine Autorität wurde zum Dogma erklärt. Bei Durchsicht der zeitgenössischen wissenschaftlichen und unwissenschaftlichen Hitlerdarstellungen drängt sich der Eindruck auf, daß – aufgrund der Unfähigkeit aller wissenschaftlichen Disziplinen, das Führerprinzip abstrakt wissenschaftlich zu beschreiben – eine Form der Beschreibungshysterie einsetzte, um die Ohnmacht des Erklärungsnotstandes zu verdecken.

---

[96] Vgl. ROTHACKER Erich, Geschichtsphilosopie, München-Berlin 1934, S. 145 ff.

3.6.3. Das Führerprinzip als Legitimationsgrundlage

Hitler war der „Repräsentant des deutschen Volkes", der „Träger der Vorsehung", der „Retter des Volkes". Alle diese Darstellungen konnten jedoch nicht darüber hinwegtäuschen, daß das Führerprinzip weder als staatsrechtliche Institution noch als naturwissenschaftliches Prinzip, das zumindest einen biologischen Erklärungs- und Legitimationsanspruch hätte liefern können, definiert werden konnte.

Dennoch war das Führerprinzip ein „vielgeliebtes Kind" des Dritten Reiches, und als solches wurde es auch immer wieder zitiert. Dies hängt einerseits mit realpolitischen Gegebenheiten zusammen. Im Dritten Reich, das keine klaren Organisations- und damit Machtstrukturen aufzuweisen hatte, diente das Führerprinzip als Legitimationsgrundlage für Handlungen und Entscheidungen der Unterführer. Die wesentlichen Nazigrößen beriefen sich immer wieder auf den Führerwillen und damit auf das Führerprinzip, wenn es darum ging, Handlungen, Terror oder Willkür zu begründen. Selbst im Streit untereinander war ein fiktiver Führerwille ausschlaggebend. So ist der briefliche Streit wischen Rosenberg und Goebbels aus dem Jahr 1934 in diesem Zusammenhang als Beispiel erwähnenswert.[97]

In einer relativ geringfügigen Angelegenheit – es ging um eine jüdische Oper – beriefen sich sowohl Rosenberg als auch Goebbels auf den Führerwillen. In seitenlangen Briefen diskutierten sie die Streitsache, inhaltlich warfen sie sich wechselseitig vor, gegen den Führerwillen verstoßen zu haben. Ebenso verlief ein Briefstreit zwischen Rosenberg und Ley im Januar 1937.

Bissig warf Rosenberg dem Reichsorganisationsleiter der NSDAP, Dr. Ley, vor: „Sie belieben in letzter Zeit, sich in Ihren Rundschreiben und Anordnungen stets auf den Namen des Führers zu berufen. Ich habe es als selbstverständlich betrachtet, daß ich Äußerungen [...] nicht ohne seine ausdrückliche Genehmigung dazu verwerte, um mich auf sie in Anordnungen und Ausführungen innerhalb der Partei zu berufen."

Das Führerprinzip als Legitimationsprinzip erfüllte die Rolle eines „Lückenbüßers". Dies deshalb, weil aufgrund des Fehlens klarer

---

[97] Diese Korrespondenz ist abgedruckt bei: POLIAKOV Léon/WULF Joseph, Das Dritte Reich und seine Denker, Dokumente und Berichte, S. 31 ff.

Ordnungskriterien ein Vakuum entstand, das gefüllt werden mußte. Während das Führerprinzip in staatsrechtlicher Hinsicht aufgrund der Undefinierbarkeit des Begriffes eine inhaltsleere Hülse blieb, erfüllte es realpolitisch die Funktion einer „Phantasieverfassung", die eine politische Handlungslegitimation für alle Unterführer, natürlich aber auch – aufgrund der Gleichheit des Blutes – für den einzelnen Volksgenossen bedeutete.

Spätestens hier entfaltete das Führerprinzip als „staatsrechtliches Phantom" aber eine fatale Wirkung. Im Zusammenhang mit einer wissenschaftlich ebenfalls nicht durchargumentierten Staatslehre, die auf einem biologischen Kollektivismus aufbaute, war das Führerprinzip zwar nicht das verbindende Element zwischen Partei und Staat, wie die Staatsrechtler dies behaupteten, es war vielmehr die formale Legitimation einer staatlichen Willkür gegen die Staatsbürger. Das Führerprinzip war selbsterklärend, es erklärte sich aus seinem eigenen Inhalt und aus seiner eigenen Funktion heraus. Es war die normative Kraft des Faktischen, das hier Wirkung entfaltete.

Obwohl das Führerprinzip undefinierbar und inhaltslos war, hatte es doch eine wesentliche Bedeutung im Dritten Reich. Nur durch das Führerprinzip war es möglich, die biologischen und naturwissenschaftlichen Irrlehren in die Staatslehre einzuführen bzw. diese Lehren auch real umzusetzen. Überall dort, wo die Theoretiker in einen Erklärungsnotstand gerieten, konnten sie sich auf den Führerwillen – der sich selbst und aus dem Blut erklärte – beziehen. Überall, wo Unterführer, Träger der Partei- oder Staatsgewalt und selbst einzelne „Volksgenossen" keine Legitimation für ihr Tun fanden, wo Wissenschaftler sich in die haarsträubendsten Erklärungszusammenhänge verrannten, bildeten das Führerprinzip, der Führerwille und damit die Treue zum „Blut" die Legitimation, die Begründung für den Auftrag.

3.7. Die Gesetzgeber des Dritten Reiches

Das Vorrecht, die Rechtserzeugung zu regeln bzw. selbst Recht im formellen und materiellen Sinn zu erzeugen, steht nach dem modernen Staatsverständnis dem Staat zu. Dieses Recht ist ein unabdingbarer Teil des Staatsbegriffes, die Regelung der Rechtserzeugung ist in staatsrechtlicher Hinsicht begriffsimmanent für den Staatsbegriff.

Diese Gesetzgebungsfunktion kam in den Anfangsjahren des Dritten Reiches formal den traditionellen staatlichen Instanzen, d. h. dem Reichstag und aufgrund des Ermächtigungsgesetzes der Reichsregierung zu. Die Schwerpunkte lagen allerdings von Anfang an bei der Exekutive, während der Reichstag nur dann in Erscheinung trat, wenn dies aus propagandistischen Gründen notwendig erschien, z. B. Erlaß der Nürnberger Gesetze auf dem Reichsparteitag 1935. Exekutive Übermacht zeigte sich ferner darin, daß die Gesetzgebung sich zunehmend auf Verordnungen der Reichsregierung bzw. einzelner Reichsminister verlagerte. Dies war nun doch eine eindeutige Abweichung von der traditionellen Gesetzgebung.

Im Sinn der nationalsozialistischen Staatstheorien hatte das positive, also das gesatzte Recht den als naturrechtlich begriffenen Ideen der Rassenhygiene nicht entgegenzustehen. Diese „biologischen" Prinzipien wurden als naturrechtliche Grundsätze verstanden und hatten nach der NS-Lehre die Basis der staatlichen Gesetzgebung zu sein. Naturrechtlich war alles Recht, das die nationalsozialistischen Blut-und-Boden-Ideologien, die Rassentheorie und das Volkstum unterstützte. Sehr rasch wurde daher der Ruf nach einer eigenen Rassengesetzgebung laut, die als vornehmliche und vordringliche Aufgabe des Gesetzgebers betrachtet wurde.[98]

Wenn auch über die biologische Zielsetzung einer völkischen Gesetzgebung Einigkeit herrschte, so war ein Problem der deutschen Staatsrechtler, nämlich die Rechtserzeugungsregeln und die Rechtserzeugungskompetenz zuzuordnen, unübersehbar. Die Machtübernahme der Nationalsozialisten wurde im gängigen Sprachgebrauch als „Revolution" bezeichnet, von den Staatsrechtlern aber trotzdem als legal betrachtet. Dies war für die deutschen Wissenschaftler deshalb von Bedeutung, weil nur auf der Basis einer zumindest theoretischen Kontinuität der Rechtserzeugung im formellen Sinn eine Kontinuität der juristischen wissenschaftlichen Diskussion zu erzielen war. Man gab sich daher inhaltlich revolutionär (die Rechtsinhalte mußten umgekrempelt und völkisch ausgerichtet werden), formell aber evolutionär (die Machtübernahme war ein formal legales, verfassungsmäßig abgedecktes Faktum).

---

[98] Vgl. KOELLREUTTER Otto, Grundriß der allgemeinen Staatslehre, Tübingen 1933, S. 50.

In diesem Sinn formulierte der deutsche Verfassungsrechtler Ernst Rudolf Huber: „Schon die Ernennung Adolf Hitlers zum Reichskanzler am 30. Januar 1933 war ein Akt, der nur vom neuen Rechte her verstanden werden kann. Diese Ernennung war selbstverständlich legal im Sinne der äußeren Buchstabentreue, aber niemand wird behaupten, daß es dem inneren Sinn der Weimarer Verfassung entsprochen hätte, daß hier ihr geschworener Feind an die Spitze des Reiches gestellt wurde".[99]

Daß sich dieser „geschworene Feind" nicht an die formaltheoretischen Überlegungen hielt, versteht sich von selbst. In der Praxis des Dritten Reiches war in der Folge auch kein einheitlicher Gesetzgeber mehr erkennbar. Zwar versuchten die Nationalsozialisten in den ersten Jahren nach der Machtübernahme, den Schein einer geregelten und legalen Rechtserzeugung zu wahren. Dieser Schein wurde jedoch spätestens mit Kriegsbeginn völlig aufgegeben.

Obwohl es ein Führungsgrundsatz von totalitären Diktaturen ist, Kompetenzen nicht klar zuzuordnen, herrschte im Dritten Reich ein völliger Kompetenzdschungel – vor allem in gesetzgeberischen Angelegenheiten.

Gebote und Verbote erließen im Deutschen Reich praktisch alle Parteistellen, selbstverständlich der „Führer" und Reichskanzler und dessen Stellvertreter. Als Normengeber traten auch die verschiedenen Ressortminister auf sowie der Generalbevollmächtigte für die Reichsverwaltung. Die Liste der Gesetzgeber ließe sich seitenlang fortsetzen – bis hin zum „Reichsjägermeister", der ebenfalls Gesetze erließ.[100]

In einer derartig chaotischen Gesetzgebung interessiert natürlich die Frage, welchen Stellenwert Normen im nationalsozialistischen Staat hatten[101].

---

[99] Vgl. HUBER Ernst Rudolf, Verfassungsrecht ..., a. a. O., S. 44 f.
[100] Vgl. SCHORN Hubert, Die Gesetzgebung des Nationalsozialismus als Mittel der Machtpolitik, Frankfurt/Main 1963, S. 19.
[101] Vor diesem Hintergrund ist die Kritik von Pernthaler zu unterstreichen, wenn er die Tatsache hervorhebt, daß 43 Jahre nach dem Untergang des Großdeutschen Reiches eine „Verordnung des Reichsministers für Finanzen" aus dem Jahr 1939 aus der österreichischen Rechtsordnung noch immer nicht getilgt ist, vgl. PERNTHALER Peter, Wie kommt der „Reichsminister der Finanzen" in die Bundesverfassung?, JBl. 1991, S. 266.

3.8. Der nationalsozialistische Rechtsstaatsbegriff

3.8.1. Grundlagen des Rechtsstaatsbegriffs

Die meisten europäischen Staaten des 20. Jahrhunderts bezeichnen sich selbst als Rechtsstaaten. Dabei ist kaum ein Begriff in der Wissenschaft des Rechts und in der Staatslehre so viel diskutiert und gleichzeitig so oft unterschiedlich interpretiert worden wie der Rechtsstaatsbegriff. Dies hängt vor allem damit zusammen, daß der Rechtsstaatsbegriff ein „evolutionärer" und wertauslegungsbedürftiger Begriff ist. Das bedeutet, daß die gesellschaftspolitische Entwicklung den Rechtsstaat begrifflich immer wieder weiterentwickelt und ihn zwingt, sich neu zu definieren. Es gibt demnach eine reale Evolution des Rechtsstaates.[102] Gleichzeitig ist „Rechtsstaat" ein theoretisch-wissenschaftlicher Begriff. Als Forschungsgegenstand und Gegenstand wissenschaftlicher Konzeptionen ist er Bestandteil sowohl der dispositiven, der empirischen, der naturwissenschaftlichen als auch der geisteswissenschaftlichen Forschung.[103]

Zuletzt erfüllt der Rechtsstaat als Institution auch eine wesentliche politische Bedeutung, weil die Partizipation des einzelnen Staatsbürgers am sozialen Gefüge des Staates jahrhundertelang die politische Entwicklung Europas bestimmte und sich kein politisch Verantwortlicher – wie dargestellt – der Frage der Rechtsstellung des Individuums zum Staat entziehen kann. Umgekehrt muß sich auch der Normunterworfene, der der Staatsgewalt (in welcher Form auch immer) gegenübersteht, mit dieser Frage auseinandersetzen, zumal nur Staaten oder staatsähnliche Gemeinschaften den einzelnen Menschen zum rechtsfähigen Wesen machen können.[104]

---

[102] Unstrittig dürfte heute jedenfalls sein, daß der individuelle Rechtsschutz ein wesentliches Prinzip des Rechtsstaates sein muß, vgl. dazu WIMMER Norbert, Allgemeine Strukturprobleme des Rechtsschutzes, in: JBl. 1986, S. 613 ff.

[103] Neben den Rechtswissenschaften spielt der Rechtsstaat als Komponente im Verhältnis Mensch–Staat auch in den politischen Wissenschaften, den Betriebs- und Verwaltungswissenschaften (dort speziell in der Organisationslehre), in der Medizin, in den Sozialwissenschaften, in der Psychologie, in den Geschichtswissenschaften und in vielen anderen Bereichen eine zentrale Rolle.

[104] Vgl. KRYWALSKY Diether, Die Zerstörung des Rechts- und Verfassungsstaates im Dritten Reich, in: Fragenkreise, hg. von HIMMELSTOSS Klaus/GAIGL Karl, 1971, S. 1. „Mit der Geburt ist jeder Mensch Teil eines Staates, der von

Auch dort, wo die typischen Merkmale eines neuzeitlichen Staates noch nicht anzutreffen waren, beispielsweise bei den Personenverbandsstaaten im Mittelalter, spielten rechtsstaatliche Momente bereits eine wesentliche Rolle. Gerade bei den Germanen – auf die sich die Nationalsozialisten übrigens immer wieder beriefen – war die Verwaltung dezentral in Teilverbänden und Sippen als Selbstverwaltung organisiert. Der Staat ist nicht aus diesen Selbstverwaltungskörpern entstanden, sondern vielmehr aus der Auseinandersetzung mit den Sippen. Dennoch hat der Staat im Rahmen dieser Entwicklung die Selbstverwaltungsrechte der Sippen und Teilverbände und vor allen Dingen die Rechte des einzelnen Sippenmitgliedes geachtet und damit einen Rechtsstaat im weitesten Sinn bereits verwirklicht.[105]

Im 18. und 19. Jahrhundert wurde durch die Diskussionen und Konzepte der Staats- und Rechtsgelehrten, ausgehend von England, der Rechtsstaatsbegriff wissenschaftlich bearbeitet.[106] Grundtenor der Diskussion war die formale Festlegung der Rechtsposition des Staatsbürgers als Individuum gegenüber einer absolutistischen Staatsmacht und Staatsführung und die qualitative Erweiterung des Rechtsstaatsbegriffes um den Anspruch der Rechtssicherheit. Ein Rechtsstaat konnte demzufolge nur ein Staat sein, der die Entscheidungen der Staatsführung und der Gerichte an gesatzten Normen orientierte und die Staatsgewalt, insbesondere Judikative und Exekutive, an bestimmte formale Abläufe im Verfahren band. Zwangsläufig führte die Überwindung des Absolutismus, gepaart mit den sozialen und gesellschaftspolitischen Entwicklungen des 19. Jahrhunderts, zu differenten politischen und theoretischen Konzepten, die sich ebenfalls mit der Weiterentwicklung des Rechtsstaatsbegriffs auseinanderzusetzen hatten.

Insbesondere die Rechtsstaatsdefinition von Friedrich Julius Stahl in „Philosophie des Rechts" (II, Teil 2, 3. Aufl. 1856, S. 137 f.)[107] wurde bald als die klassische Definition angesehen:

---

(104)   ihm Leistungen in Form von Steuern und Anteilnahme im Rahmen der Verteidigung und bei Wahlen sowie allgemeine Hilfe verlangt und ihm gleichzeitig Rechte garantiert, die ihm ein menschenwürdiges Dasein zuerkennen. Dieses Wechselspiel von Rechten und Pflichten gibt dem Menschen erst die Möglichkeit, sein Menschsein zu entfalten."

[105]   Vgl. LIEBERICH Heinz/Heinrich MITTEIS, Deutsche Rechtsgeschichte, 1992, 19. Aufl., S. 32.

[106]   Vgl. ZIPPELIUS Reinhold, Allgemeine Staatslehre, Politikwissenschaft, a. a. O., S. 279 ff.

[107]   In: DIETZE Gottfried, Der Hitlerkomplex, 1990, S. 133.

„Der Staat soll Rechtsstaat sein, das ist die Losung und ist auch in Wahrheit der Entwicklungstrieb der neuen Zeit. Er soll die Bahnen und Grenzen seiner Wirksamkeit wie die freie Sphäre seiner Bürger in der Weise des Rechts genau bestimmen und unverbrüchlich sichern und soll die sittlichen Ideen von Staats wegen, also direkt, nicht weiter verwirklichen (erzwingen), als es der Rechtssphäre angehört, d. i. nur bis zur notwendigen Umzäunung. Dies ist der Begriff des Rechtsstaates, nicht etwa daß der Staat bloß die Rechtsordnung handhabe ohne administrative Zwecke, oder vollends bloß die Rechte der einzelnen schützt, er bedeutet überhaupt nicht Ziel und Inhalt des Staates, sondern nur Art und Charakter, dieselben zu verwirklichen."

Diese konservative und ausschließlich formelle Kriterien erwägende Definition des Rechtsstaates blieb speziell in der Hochblüte des Liberalismus nicht unwidersprochen, zumal Stahls Rechtsstaat in materiellrechtlicher Hinsicht jeden Gesetzesinhalt zuließ und andere, in diesem Fall demokratische, liberale und inhaltliche Werte nicht berücksichtigte. Dies hatte zur Folge, daß – basierend auf Stahls konservativer Definition – praktisch jeder Staat als Rechtsstaat gelten konnte, sofern er den formalen Kriterien genügte. Da dieses Rechtsstaatsmodell als Reaktion auf den absolutistischen Polizeistaat konzipiert wurde, genügte nur jener absolutistische Polizeistaat den Rechtsstaatskriterien Stahls nicht.

Praktisch alle politischen Staatsmodelle definierten ihren eigenen Rechtsstaatsbegriff. Auch die nationalsozialistischen Politiker bezeichneten ihr „Drittes Reich" bei Bedarf als einen Rechtsstaat.

3.8.2. Die politische Definition des Rechtsstaatsbegriffs im Dritten Reich

Interessant für die Betrachtung, ob das faschistische Deutschland die Minimalanforderungen, die an einen Rechtsstaat gestellt werden müssen, zumindest theoretisch erfüllt, ist beispielsweise die Analyse einer Rede zu diesem Thema von Hermann Göring, der im Jahr 1934 bei der Abhaltung dieser Rede[108] die Funktion des Preußischen Ministerpräsidenten innehatte:

---

[108] GÖRING Hermann, Die Rechtssicherheit als Grundlage der Volksgemeinschaft, 1935, S. 6 ff., in: Recht, Verwaltung und Justiz im Nationalsozialismus

„Nicht das Recht ist an sich das Primäre. Zuerst ist da gewesen das Volk, und das Volk schuf einen Staat, und der Staat schuf das Recht für die Gemeinschaft des Volkes. Daraus leitet sich auch letzten Endes die Bedeutung ab, daß immer und überall das Primäre das Volk ist, und daß aus dem Volk heraus erst Staat und Recht entstehen können. [...]

Die Rechtssicherheit ist die Grundlage jeder Volksgemeinschaft. Das gilt ganz besonders für den nationalsozialistischen Staat, in dem die der deutschen Art gemäße Lebensform des altgermanischen Gefolgschaftsverhältnisses herrscht. Diese Lebensform beruht nicht auf Furcht und Bedrückung und steht gerade um deswillen im Gegensatz zu Despotismus und Willkür. Ihre Grundlage ist die wechselseitige Treue zwischen Führer und Gefolgschaft. Die Ordnung dieses Staates ist begründet auf einem unerschütterlichen Glauben zu dieser Staatsidee, auf Treue und Vertrauen. [...]

Jeder einzelne der Gefolgschaft, der Volksgemeinschaft hat den Anspruch auf Schutz der Gesetze, aber auch nur, solange er sich in der Volksgemeinschaft als wirklicher Volksgenosse im wahrsten Sinn dieses ehrumkleideten Wortes bewegt. Wer sich in seinem Tun außerhalb der Gefolgschaft stellt, wer erwiesenermaßen die Volksgemeinschaft selbst bekämpft und zersetzt, wer diesen Staat und damit die Gemeinschaft verrät, der stellt sich mit diesem Tun auch außerhalb der Gesetze dieser Volksgemeinschaft und verwirkt dann auch seinen Anspruch auf Schutz. Der Staat hat seine Gesetze geschaffen, um das Leben der Gemeinschaft zu gewährleisten und nicht zu dem Zweck, denen Schutz und Hilfe in ihrem Tun zu geben, deren Ziel es ist, den Staat und die durch ihn verkörperte Gemeinschaft zu unterhöhlen und zu vernichten. [...]

Schon früher, als man das Rechtsempfinden bereits stärker in seiner Brust trug als heute, gab es so etwas, was man die Acht genannt hatte. [...] Es können Umstände eintreten, durch die die Anwendung der ordentlichen Gesetze geradezu zu schwerem Unrecht führen kann."

Hermann Göring hat die zitierte Rede anläßlich der Ereignisse vom 30. Juni 1934 gehalten, die Adressaten waren neben anderen bedeutenden Persönlichkeiten hohe SA-Führer, die von den Mordaktionen

---

(108) – Ausgewählte Schriften, Gesetze und Gerichtsentscheidungen von 1933-1945, hg. von HIRSCH Martin/MAJER Diemut/MEINCK Jürgen, a. a. O., 443 ff.

(„Röhm-Putsch") verschont geblieben waren. Es galt für Göring einerseits die Mordaktionen nachträglich zu erklären und vor allen Dingen darzulegen, wieso die „Putschisten" nicht vor ein ordentliches Gericht gestellt wurden.[109]

Auffallend an Görings Rede ist vor allem die Terminologie. Organisations- und Rechtsbegriffe aus der Zeit des frühen Germanentums signalisieren deutlich einen Bruch in der Entwicklung des Rechts. Dieses Signal ist von der Führungsspitze sehr bewußt ausgesandt worden. Zwar beruft man sich auf Rechtssicherheit und folgert, daß Rechtssicherheit und Rechtsstaatlichkeit[110] die Grundlage jeder „Volksgemeinschaft" seien, die Rechtsstaatlichkeit aber, die Göring formuliert – ohne den Begriff explizit auszusprechen –, ist keine Weiterentwicklung oder Ausgestaltung der wissenschaftlichen Diskussion um diesen Begriff im 19. und frühen 20. Jahrhundert, Göring lehnt vielmehr die Evolution des Rechts ab und greift auf einen germanischen Rechtsstaatsbegriff zurück, den es tatsächlich auch bei den Germanen in dieser „undemokratischen" Form nicht gegeben hat. Schon aus diesem Ansatz und dem Bruch mit einer kontinuierlichen Rechtsentwicklung und europäischen Rechtswirklichkeit ist die Frage, ob das Dritte Reich in der politischen Konstruktion als Rechtsstaat zu gelten hat, zu verneinen.

Noch schwerwiegender aber ist die Umgestaltung vieler einzelner Individuen zu einem übermächtigen, alles beherrschenden Individuum, dem Volk. Auch wenn sich der von Göring verwendete Begriff der Volksgemeinschaft, die aus vielen Volksgenossen besteht, auf eine pluralistische, aus vielen Individuen zusammengesetzte Gesellschaft deuten ließe, wird doch deutlich, daß der einzelne Staatsbürger in Görings Rechtskonstrukt nur ein Bestandteil eines größeren Ganzen

---

[109] Göring berief sich dabei auf eine Art „übergesetzlichen Staatsnotstand", er erhob Adolf Hitler zum „obersten Richter des Deutschen Volkes" und versuchte mit dieser Argumentationslinie, eine Minimallegalität zu schaffen, weil Hitler als oberster Richter der Justiz nicht nur gleichgestellt, sondern auch übergeordnet wurde. Gleichzeitig hob Göring mit dieser Argumentation auch die Gewaltenteilung implizit auf.

[110] Die inhaltliche Definition der Rechtsstaatlichkeit war zweifellos nicht in dem Umfang auslegungsfähig, wie die Nationalsozialisten dies versuchten, zumal sowohl in Deutschland als auch in Österreich die Rechtsstaatlichkeit bereits seit der Mitte des 19. Jahrhunderts eine juristische Realität war. Vgl. dazu WEBER Karl, Fragen zum verfassungsgerichtlichen Beschwerderecht, AnwBl. 1991, S. 353 ff.

ist und nicht selbständiges Individuum. In einer solchen politischen Konstruktion kommt es zwangsläufig nicht auf die Rechte des einzelnen Staatsbürgers gegenüber dem Staat an, vielmehr ist jeder Volksgenosse im Rahmen bestimmter Verhaltensweisen positiv oder zumindest neutral für den Staat, der als eine Art „Über-Ich" den einzelnen Staatsbürger dominiert.

Gleichzeitig ist jeder Volksgenosse aber auch eine Gefahr für dieses „Über-Ich", denn jede individualistische und aus faschistischer Sicht abzulehnende egoistische Verhaltensweise des einzelnen ist eine Verselbständigung des Individuums, und er hat damit aufgehört, Volksgenosse zu sein.

Die Alternative für den einzelnen Staatsbürger ist somit, entweder Bestandteil eines gleichermaßen übergroßen Volkskörpers zu sein – ähnlich wie eine Zelle im menschlichen Körper – und somit „gemeinnützig" zu wirken und dabei die Individualität aufzugeben, oder aber, als „funktionsunfähig" zu gelten und als für den Volkskörper nicht brauchbar „ausgemerzt" zu werden. Entscheidet sich nun der einzelne Staatsbürger, kein Teil dieses biologischen politischen „Über-Ichs" zu sein, oder wird ihm von der Staatsführung eine solche Entscheidung auch nur unterstellt, ist die entsprechende Sanktion die zwangsläufige Folge.

Folgt man dem Rechtsstaatsbegriff von Stahl, könnte – sofern die Sanktionen auf gesatztem Recht und nach normierten Verfahren stattfinden – auch im faschistischen Deutschland ein Rechtsstaat nachgewiesen werden.

Spätestens hier ist die Rechtsstaatlichkeit des Dritten Reiches argumentativ aber unhaltbar geworden: Wenn Göring ausführt, daß der einzelne Volksgenosse nur dann Anspruch auf den Schutz der Gesetze hat, solang er die Gesetze nicht übertritt und damit nicht gegen das Wohl des deutschen Volkes wirkt, wenn Göring nach den mittelalterlichen Sanktionen der Acht verlangt und wenn er die Lebensgrundlagen von normierten Gesetzen weg hin zu Führer- und Gefolgschaftstreue verlegt, ist auch den Minimalanforderungen eines zumindest formalen Rechtsstaates nicht mehr Genüge getan.

Wie jeder autoritäre und totalitäre Staat verlangt auch der faschistische Staat von seinen Bürgern über ein angepaßtes Verhalten hinaus eine bestimmte Gesinnung. Eine solche entzieht sich aber denknotwendig von vornherein jeder Normierung. Der faschistische Staat muß daher den Umweg sowohl der völligen Rechtsunsicherheit im formellen wie im materiellen Bereich gehen, argumentativ muß er sich auf ein undefiniertes „Volksrecht" stützen, das je nach Situation entstehen, angewandt und geändert werden kann. Im nationalsozialistischen Deutschland wurde daher die Phrase vom „gesunden Volksempfinden" erfunden.[111]

3.8.3. Die Definition der nationalen Rechtslehrer

Wesentlich für die Beantwortung der Frage, ob das Dritte Reich zumindest systemtheoretisch von den deutschen Staatsrechtlern als Rechtsstaat konstruiert wurde, ist die Auseinandersetzung mit den Positionen der herrschenden Staatslehrer. Insbesondere Carl Schmitt hat mehrfach zur Frage der Rechtsstaatlichkeit Stellung genommen.

Schon vor der Machtübernahme der Nationalsozialisten versuchte Schmitt, auf wissenschaftlicher Basis und als Gegenpol zum liberalen Rechtsstaat einen nationalen und völkischen Rechtsstaatsbegriff zu definieren.[112] In einem ersten Schritt teilte Schmitt die Staaten in neue Kategorien ein und definierte den „Gesetzgebungsstaat", dessen Besonderheit er darin sah, daß dieser den höchsten und wesentlichsten Ausdruck des Gemeinwillens in Normierungen sieht und daß alle Funktionen im Staat diesen Normen untergeordnet werden. In diesem Sinn ist für Schmitt der Rechtsstaatsbegriff des 19. Jahrhunderts irreführend, für ihn ist die Begrifflichkeit des „parlamentarischen Gesetzgebungsstaates" die exaktere Bezeichnung. Dies deshalb, weil

---

[111] Auch in England, das keine geschriebene Verfassung hat, wird „Volksempfinden" vorausgesetzt. Dort bezieht sich dieses nur auf verfassungsrechtliche Aspekte, im Deutschen Reich wurden damit strafrechtliche Konsequenzen determiniert.

[112] SCHMITT Carl, Legalität und Legitimität, a. a. O., S. 7 ff.; Schmitt war bei Entstehen dieses Werkes noch Berater der autoritären Machthaber der Weimarer Republik. Dennoch führen seine Schriften ab 1929 unmittelbar in die nationalsozialistische Ideologie. Es ist nicht Aufgabe dieser Arbeit, sich mit der Rolle Schmitts in der Weimarer Republik, im Dritten Reich und in der Bundesrepublik Deutschland detailliert auseinanderzusetzen, dennoch muß festgestellt werden, daß durch die Hinwendung Schmitts zum totalen Staat sowohl den letzten zwei bis drei Jahren der autoritären Weimarer Republik wie den ersten Jahren des totalen Dritten Reiches gleichermaßen eine staatsrechtliche Basis verschafft wurde.

daraus die besondere Stellung des Parlaments als „gesetzgebende Körperschaft" klarer erkenntlich wird. Hier setzt auch die Kritik von Schmitt und von den sonstigen nationalsozialistischen Staatslehrern ein. Durch den Parlamentarismus wird der Staat entindividualisiert und entpersonifiziert, im Gesetzgebungsstaat gibt es niemanden, der die Macht ausübt oder herrscht, denn in einem derartigen Staat kann jeder nur im Namen oder aufgrund der Gesetze tätig werden. Das wahre Übel in einem derartigen Staat ist für die nationalsozialistischen Staatslehrer die Gewaltenteilung, denn jene Körperschaft, die die Gesetze erläßt, kann sie nicht anwenden. Und jene Staatsgewalten, die die Gesetze anwenden, können sie nicht erlassen und werden daher zu Handlangern von Gesetzen, aber nicht von Machthabern. Ein solcher Staat kann sich nur auf ein geschlossenes Legalitätssystem berufen, und die spezifische Rechtfertigung des staatlichen Zwanges ist jene Legalität, daß die Normen auf legalem und formell richtigem Weg zustande gekommen sind. Dies ist aber die einzige Legitimation, die ein Gesetzgebungsstaat vorweisen kann, denn niemand hat den Inhalt dieser Gesetze zu verantworten – und damit ist das formell verfassungskonform zustande gekommene Gesetz die oberste Bindungs- und Verhaltensnorm für die Menschen im Staat, ohne daß für diese erkennbar wäre, aufgrund welcher Machtstrukturen die formell erlassenen Gesetze mit bestimmten Inhalten gefüllt wurden.

Neben dem Gesetzgebungsstaat hat Schmitt den sogenannten „Regierungs- oder Verwaltungsstaat" und weiters den „Jurisdiktionsstaat" definiert. Ein Jurisdiktionsstaat ist einer, in dem im Fall eines Rechtsstreites ein Richter und nicht der Gesetzgeber die letzte Entscheidung trifft. Für Schmitt ist der Jurisdiktionsstaat, der eine kasuistische Rechtsprechung impliziert, ein Rechtsstaat im engeren Sinn, weil die Richter laut seiner Darstellung Fallentscheidungen in „richtiges Recht" münzen und sich bei derartigen Entscheidungen Gerechtigkeit und Vernunft unmittelbar offenbaren können, ohne an einen Normativismus, der sich in der bloßen Legalität erschöpft, gebunden zu sein.

Als einen weiteren Gegensatz zum Gesetzgebungsstaat sieht Schmitt den Regierungsstaat. Diese Staatsform ist im Gegensatz zum Gesetzgebungsstaat ein personifizierter Staat, der von Menschen geführt wird. Kompetenzen werden unmittelbar und höchstpersönlich wahrgenommen, und hoheitliches Handeln des Staates manifestiert sich durch den persönlichen Willen und den autoritären Befehl eines regierenden Staatsoberhauptes. Eine besondere Form des personifizierten Staates ist für Schmitt der Verwaltungsstaat. Hier regieren zwar die Menschen nicht und auch nicht die Normen (wie im Gesetzgebungsstaat), vielmehr werden Entscheidungen von Zuständigen nach sachlich praktischer Zweckmäßigkeit jeder Situation entschieden.

Es ist für Schmitt selbstverständlich, daß er den Gesetzgebungsstaat, und damit den liberalen Rechtsstaat, zutiefst ablehnt, weil diese Staatstheorie den völkischen Gegebenheiten in Deutschland widerspricht. Für Schmitt und die deutschen Staatslehrer ist der nationalsozialistische Staat primär ein gerechter Staat.[113] Ob er auch ein Rechtsstaat ist, hängt davon ab, welchen Inhalt man diesem Begriff geben will. Die Vorbehalte bei der Anwendung des Rechtsstaatsbegriffs resultieren aus der Tatsache, daß der Liberalismus des 19. Jahrhunderts diesen Begriff negativ besetzt und den Rechtsstaat dadurch „zu seiner politischen Waffe im Kampf gegen den Staat" gemacht hat.

Will man den Rechtsstaatsbegriff verwenden, kommt man nicht umhin, eine Definition des Begriffs zu formulieren. Vor allem wird zu klären sein, ob man von einem nationalsozialistischen Rechtsstaat oder von einer der vielen anderen Arten des Rechtsstaates spricht. Trifft man diese Abgrenzung nicht, besteht die Gefahr eines politischen Mißbrauchs, und man würde es den Feinden des nationalsozialistischen Staates ermöglichen, „gegen das Recht und die Gerechtigkeit des nationalsozialistischen Staates andere Auffassungen von Recht und Gerechtigkeit ins Feld zu führen und den deutschen Richter, Anwalt, Rechtspfleger oder Rechtslehrer zum Werkzeug ihrer politischen Bestrebungen zu machen".

Wenn die deutschen Rechtslehrer von einem Rechtsstaat sprachen, meinten sie damit keineswegs den Rechtsstaat, wie er noch in der Verfassung der Weimarer Republik verankert war, sondern einen Staat, der die Machthaber weder an die formelle Erlassung von gesatztem Recht, noch die Staatsgewalt an Rechtsnormen band. Die Rechtsprechung im nationalsozialistischen Rechtsstaat sollte völkisch und situativ, sie sollte gerecht sein und im Dienst des Volksganzen stehen.

Zusammenfassend kann daher festgestellt werden, daß sich das Dritte Reich auf allen Ebenen wiederholt als Rechtsstaat bezeichnete. Tatsächlich widersprachen die Ansichten aber sowohl auf politischer

---

[113] Vgl. SCHMITT Carl, in: Juristische Wochenschrift, Heft 50/1933, S. 2793 f.; in: Recht, Verwaltung und Justiz ..., hg. von HIRSCH Martin/MAJER Diemut/MEINCK Jürgen, a. a. O., S. 182.

als auch auf wissenschaftlicher Staatsrechtsebene allen Minimalanforderungen eines Rechtsstaates, wie er in liberalen und demokratischen Staaten definiert wird.

Aber auch in der praktischen Rechtsanwendung der Gerichte war rechtsstaatliches Denken nicht verbreitet, obwohl der Großteil der Normen, die vor dem 30. Januar 1933 erlassen wurden, auch nach der Machtübernahme der Nationalsozialisten noch in Kraft waren.

3.9. Die systemtheoretische Funktionalität des biologischen totalen Staates

3.9.1. Die Gewaltenteilung als Folge des liberalen Verfassungsstaates

Ein Wesensmerkmal der konstitutionellen Staatsorganisation in modernen Staaten ist die Gewaltenteilung innerhalb des Staates. Die Gewaltenteilung entspringt der Annahme, daß jedem Menschen von Geburt an gewisse Rechte zufallen, die einer totalen Unterordnung unter die Staatsgewalt entgegenstehen. Dieses Postulat der Grundrechte führte durch die Arbeiten von John Locke, Charles des Montesquieu und Immanuel Kant zum Verfassungsstaat.

Daraus folgt, daß die Mitglieder einer Gesellschaft diese ursprünglichen Rechte sowohl wechselseitig anerkennen und sich andererseits diese Rechte gegenüber dem Staat uneingeschränkt vorbehalten.[114]

Diese wechselseitige Akzeptanz und der Vorbehalt gegenüber dem Staat werden durch Vertragskonstruktionen gewährleistet, wobei der Staat die Aufgabe hat, die einzelnen Staatsbürger in ihren Rechten zu schützen. Damit wurde die Vorstellung einer konstitutionellen Staatsorganisation mit einer Gewaltenteilung verknüpft.

Die Elemente der Gewaltenteilung sind die Exekutive, die Judikative und die Legislative.

Im Rahmen einer Betrachtung der Wirkungsweise und Funktionalität eines biologischen Staatsmodelles kann vorerst festgestellt werden, daß die Gewaltenteilung kein biologisches Vorbild kennt, und

---

[114] Vgl. PERNTHALER Peter, Allgemeine Staatslehre und Verfassungslehre, a. a. O., S. 66 f.

daß derartige Mechanismen in Staatsgebilden niederer Existenzen[115] nicht nachweisbar sind.

Auch ist evident, daß die Frage der Gewaltenteilung diametral dem Führerprinzip entgegensteht und daher einen Fremdkörper im nationalsozialistischen Staat darstellen würde.

Die Fremdkörperfunktion ergibt sich nicht nur aus der bisher dargestellten Notwendigkeit von Zentralinstitutionen, die die Letztentscheidung in allen Lebensbereichen innehaben, sondern auch aus der Dysfunktionalität der Gewaltenteilung in einem biologisch organisierten Staat. Um den Nachweis für die Dysfunktionalität erbringen zu können, erscheint es zweckmäßig, die Funktionalität der Gewaltenteilung in idealtypischer Form kurz darzustellen.

Abgesehen von der Eigenständigkeit der Judikative, Exekutive und Legislative bewegt sich die Funktionalität auf verschiedenen Handlungs- und Wirkungsebenen. In diesem Sinn ist im Rahmen einer idealtypischen Darstellung[116] zwischen einer strategischen, einer taktischen und einer operativen Ebene zu unterscheiden.

So wird die Legislative (idealtypisch) auf der strategischen Ebene wirksam, sie erläßt Gesetze, die von langfristiger Wirkung sind und in abstrakter (normativer) Form das Zusammenleben, die Rechte und die Pflichten sowie die entsprechenden Sanktionen formulieren, ohne selbst diese Anordnungen real umzusetzen.

Abb. 1: Idealtypische Darstellung der Handlungs- und Wirkungsebenen im Rahmen der Gewaltenteilung			
	Legislative (Gesetzgebung)	**Exekutive** (Verwaltung)	**Judikative** (Rechtsprechung)
Strategische Ebene * Kollektive Handlungsebene * Langfristige Wirkungsebene	GESETZE		
Taktische Ebene * Kollektive Handlungsebene * Kurz-/Mittelfristige Wirkungsebene		VERORDNUNGEN	
Operative Ebene * Individuelle Handlungsebene * Mittel-/Kurzfristige Wirkungsebene		BESCHEIDE	URTEILE

---

[115] Etwa in Ameisenstaaten oder Bienenstaaten; nachweisbar ist aber in allen Staatsgebilden ein arbeitsteiliges Verhalten, das letztlich auch die Zweckmäßigkeit des Staates begründet.
[116] Vgl. Abb. 1.

Die Exekutive wird sowohl auf der taktischen als auch auf der operativen Ebene tätig. Auf der taktischen Ebene ist das Handlungsinstrument die Verordnung, die eine kollektive Ausgestaltung eines durch die Legislative normierten abstrakten Grundsatzes darstellt und mittelfristig wirkt, weil ihre Wirkung an die konkrete Existenz oder Form der grundlegenden Norm gebunden ist. Auf der operativen Ebene wirkt die Verwaltung überall dort, wo bescheidmäßiges Handeln einer Staatsgewalt vorgesehen und eine kurzfristige Wirkungsebene gegeben sind, wenn auch der individuelle Rechtszustand, der durch Bescheid gestaltet wird, im Normalfall durchaus langfristig ist.[117]

Die Judikative wiederum wirkt individualistisch auf der kurzfristigen Ebene, wobei als Wirkungsebene auch hier eine individuelle Gestaltungsebene verstanden werden kann.

Selbstverständlich wird in allen modernen Staaten diese idealtypische Funktionalität vielfach durchbrochen. So wird etwa die Judikative normalerweise direkt nur auf der individuellen Handlungsebene und kurzfristigen Wirkunsgsebene tätig, indirekt werden durch Strafurteile im Rahmen der Generalprävention durchaus auch kollektive Wirkungen erreicht.

Auch die Exekutive wird in Bereichen tätig, die idealtypisch einer anderen Staatsgewalt zugeordnet sind, dies ist etwa im Bereich des Verwaltungsstrafverfahrens der Fall, wo die Exekutive idealtypische Funktionen der Judikative übernimmt.

Aber auch in der Funktionalität und Organisation der einzelnen Staatsgewalten sind gravierende Organisationsprinzipien zu unterscheiden. Während etwa die Legislative vom Volk gewählt wird und je nach Status der Norm im Wertgefüge und in der Hierarchie (Stufenbau) der Rechtsordnung in verschiedenster, aber weisungsfreier Form auftreten kann (prinzipielle Unabhängigkeit der einzelnen Normengeber voneinander[118]), gibt es im Bereich der Exekutive eine durchaus sinnvolle funktionale Weisungshierarchie.

---

[117] Diese Ebenen sind nicht zu verwechseln mit der Existenz und mit der Bestandsdauer der einzelnen Instrumentarien, weil diese im Rahmen von Bescheiden und Urteilen über die Rechtskraft geregelt werden und anderen Kriterien unterliegen, weil die Rechtskraft ein Instrument der Rechtssicherheit darstellt.

[118] So sind in der Regel nicht nur die Landtage vom Bundesgesetzgeber unabhängig, sondern auch etwa der Verfassungsgesetzgeber vom einfachen Bundesgesetzgeber.

Der idealtypischen Konstruktion am nächsten kommt die Unabhängigkeit der einzelnen Gerichte und Richter von etwaigen Weisungen anderer Staatsgewalten bzw. von Hierarchien innerhalb der Staatsgewalten[119], wobei der Grundsatz gilt, daß die jeweils höhere Hierarchie die Handlungen der untergeordneten Hierarchie zwar aufheben, besondere Handlungen und Entscheidungen aber nicht anweisen kann.

3.9.2. Kriterien der Dysfunktionalität des Prinzips der Gewaltenteilung für die nationalsozialistische Staatslehre

Die Prinzipien der Gewaltenteilung waren für den nationalsozialistischen Staat dysfunktional. Folgende Kriterien widersprachen der nationalsozialistischen Ideologie:

* Das Prinzip der Gewaltenteilung ist individualistisch geprägt, weil es funktional am Rechtsschutz des einzelnen Normunterworfenen ansetzt;
* das Prinzip der Gewaltenteilung anerkennt nicht den Vorrang des Staates vor dem einzelnen;
* die Gewaltenteilung kann funktional nicht zwischen allgemeinen Normunterworfenen und den Staatsbürgern unterscheiden;
* es fehlen der Gewaltenteilung alle revolutionären Komponenten;
* die Gewaltenteilung läßt eine umfassende Zentralmacht nicht zu;
* die Gewaltenteilung widerspricht dem Prinzip des totalen Staates;
* das Prinzip der Gewaltenteilung entspricht dem liberalen Parlamentarismus und nicht dem völkischen, biologischen Kollektivismus;
* das Führerprinzip kann im Rahmen der Gewaltenteilung nicht formuliert werden;
* die Gesetzgebungsfunktionen sind zu staatstragend;
* das Prinzip der Gewaltenteilung entspricht dem liberalen Rechtsstaatsbegriff.

---

[119] In der konkreten juristischen Praxis tauchen auch hier eine Vielzahl von Fragen auf, etwa im Zusammenhang mit dem „Bindungskonflikt".

Daraus folgt, daß die Nationalsozialisten das Prinzip der Gewaltenteilung für ihr Staatskonstrukt nicht annehmen konnten, sondern ihren Staat funktional so zu gestalten hatten, daß der Vorrang kollektiver Interessen vor den Individualinteressen gewahrt war, daß der Aufbau des Staates (der Staatsgewalt) den postulierten biologischen und völkischen Kriterien folgte und rassisch motivierte „Sonderbehandlungen" ermöglichte, daß das Prinzip des umfassenden Gemeinschafts- und Gesinnungsstaates verwirklicht werden konnte und eine Zentralmacht nicht durch Gewaltensplitting behindert wurde, daß Blut und Gesinnung das Handeln determinierten und nicht das positivistische Rechtsdenken, und letztlich, daß die Staatsziele in materieller Hinsicht die Funktionalität des Staates und aller Bürger bestimmen konnten.

3.10. Die prozessuale Funktionalität

Von der Fiktion der prozessualen Funktionalität waren die Nationalsozialisten weit entfernt, als sie im Jänner 1933 die Macht in Deutschland übernahmen. Immerhin hatten sie die Exekutivgewalt (!) nicht durch eine Revolution übernommen, sondern in demokratischer Wahl errungen. Dies bedeutete, daß im Januar 1933 noch alle wesentlichen Instrumentarien und Funktionseinrichtungen eines liberalen Rechtsstaates vorhanden waren; durch die Weimarer Republik war sowohl die Gewaltenteilung garantiert, als auch die Tatsache feststehend, daß neben der Regierungsgewalt (Verwaltung) ein davon unabhängiger Reichstag (Legislative) und eine unabhängige Justiz (Judikative) existierten. Die Nationalsozialisten waren daher im Januar 1933 weder allmächtig im Sinn von totaler Macht, noch standen sie an der Spitze eines Staates, der auch nur in den Grundzügen ihrer Ideologie entsprochen hätte.[120]

---

[120] Auf politischer Ebene stellten die Nationalsozialisten die Machtübernahme dennoch als den fundamentalsten Einschnitt dar. Vgl. LEY Robert, in: Durchbruch der sozialen Ehre – Reden und Gedanken für das schaffende Deutschland, hg. von Hans DAUER, Berlin 1936, S. 111 f.: „Wenn wir das faschistische Italien in seiner Periode der Machtergreifung vergleichen mit dem nationalsozialistischen Deutschland, so fällt vor allem einmal auf, das faschistische Italien kam zur Macht in einer Zeitepoche, wo das Volk noch nicht reif war. […]

Es ist daher nicht überraschend, daß die schrittweise Überwindung der Gewaltenteilung unter Zurückdrängung der Individualrechte für die Nationalsozialisten erste Priorität hatte.

So ist das Ermächtigungsgesetz ein erster wesentlicher Schritt zur Erreichung dieses Zieles, eine vollständige Auflösung der Gewaltenteilung bedeutete dies aber nicht. Erreicht wurden mit dem Ermächtigungsgesetz lediglich eine Verbindung von Exekutive und Legislative sowie die Eindämmung der Individualrechte. Ein Einfluß auf die Rechtsprechung war dadurch nicht erreicht[121], und eine Segmentierung der Normunterworfenen nach biologischen und völkischen Kriterien war trotz der Einschränkung der Individualrechte noch nicht umfassend möglich.

Obwohl sich die Nationalsozialisten auf den Großteil der deutschen Richterschaft politisch verlassen konnten, mußte denknotwendig das Ziel sein, die Eigenständigkeit der Justiz aufzulösen und auch diese dem völkischen, biologischen Staatsgedanken einzuordnen bzw. die Justiz aus verschiedenen Bereichen auszuschalten.

Der Prozeß der Umsetzung des nationalsozialistischen Staates hatte ab 1933 daher verschiedene Phasen.

3.10.1. Machtübernahme durch „legale Revolution"

Die Machtübernahme der Nationalsozialisten im Frühjahr 1933 wurde von nationalsozialistischen Autoren vielfach als eine legale Re-

---

[120] Der Nationalsozialismus kam im Gegensatz dazu in einer spätreifen Epoche zur Macht. [...] Es glaubte keiner mehr an das alte System. Sie sagten alle, die Nationalsozialisten scheinen doch recht zu haben, denn sie siegten ja immer. [...] Ich konnte an einem Tage nicht genug Leute empfangen, die mir ihre Verbände anboten, sie überjagten und überstürzten sich und boten uns alles an. [...] und ich behaupte, daß nur ein Volk wie das deutsche mit seiner gewaltigen organisatorischen Begabung in der Lage war, überhaupt diese Arbeit zu meistern."

[121] Selbstverständlich konnten die Gerichte nur Recht im Rahmen der Gesetze sprechen, und es wäre den Nationalsozialisten frei gestanden, sofort ein völkisches Rechtsgefüge zu erlassen. Dazu waren die neuen Machthaber allerdings nicht in der Lage, weil eine derartige „Rechtsrevolution" ein sofortiges Chaos in das Reich gebracht hätte. Außerdem lag eine derartige Kodifikation als Konzept noch nicht vor, lediglich allgemeine Rechtsgrundsätze waren formuliert worden.

volution bezeichnet.[122] Begründet wurde die Tatsache, daß Hitler und seine Partei die Macht in Deutschland nicht durch einen revolutionären Akt bzw. durch einen Staatsstreich erlangten, sondern nach den Regeln des liberalen Verfassungswerkes der Weimarer Republik, mit den negativen Erfahrungen, die die Führungsschicht der Nationalsozialisten im Revolutionsjahr 1923 machen hatten müssen.

Der mißglückte Marsch auf die Feldherrenhalle im November 1923 zeigte den Putschisten tatsächlich deutlich auf, daß die schwache Weimarer Republik, dieser krisengeschüttelte Staat, der insbesondere in der ersten Hälfte der zwanziger Jahre mehr als einmal vor dem politischen und wirtschaftlichen Bankrott stand, doch genug Stärke entwickeln konnte, um mit Revolutionen, gleich von welcher Seite diese versucht werden sollten, fertig zu werden.[123]

Tatsächlich mag die Erfahrung aus dieser Zeit eine Rolle gespielt haben, nicht zuletzt auch deshalb, weil die Elite der NSDAP persönlich gravierende Nachteile in Kauf nehmen mußte und tatsächlich am eigenen Leib die Niederlage der Revolutionsbestrebungen erlebte.

Dennoch würde man es sich zu einfach machen, die Bereitschaft einer nach eigener Definition „revolutionären Bewegung" an staatlichen Wahlen teilzunehmen und die Macht auf verfassungslegalem Weg zu erlangen, lediglich mit den Erfahrungstatsachen der Führungselite dieser Bewegung zu begründen. Gegen diese monokausale Betrachtung sprechen auch die Machtverhältnisse im Staat. Zweifellos dürfte feststehen, daß die Anhängerschaft der NSDAP im Jahr 1932 wesentlich größer und gefestigter war, als dies neun Jahre vorher der Fall gewesen war. Entscheidender aber noch ist die Tatsache, daß insbesondere die militanten Parteistrukturen und Vorfeldorganisationen der NSDAP über eine deutlich bessere und ausgeprägtere Organisationsqualität verfügten, sodaß die Situation zwischen dem Revolutionsjahr 1923 und dem Jahr der Machtübernahme 1933 weder organisatorisch noch nach den realen Machtverhältnissen vergleichbar erscheint. Dennoch hat Hitler den Weg zur Macht auf legalem Weg ge-

---

[122] Vgl. BRACHER Karl-Dietrich, Die deutsche Diktatur; Entstehung, Struktur, Folgen des Nationalsozialismus, a. a. O., S. 210 ff.

[123] Tatsächlich hat eine Machtübernahme auf deutschem Boden durch das Instrument der Revolution nie stattgefunden. Auch die revolutionären Versuche in Bayern und in den sonstigen deutschen Ländern am Ende des Ersten Weltkrieges waren nur von kürzester Dauer oder von Anbeginn an erfolglos.

sucht, wenngleich die Staatsrechtler den Begriff der „legalen Revolution" prägten.

Dieser Begriff könnte aus heutiger Betrachtung als propagandistisches, polemisches Schlagwort abgetan werden, und tatsächlich scheint in einer ersten Betrachtung eine legale Revolution ein Widerspruch in sich zu sein. Mit dem Begriff der Revolution ist immer ein staatlich und rechtlich relevanter Akt verbunden, der nicht verfassungskonform umfassende Änderungen in wesentlichen staatlichen Belangen mit sich bringt. Andererseits setzt der Begriff der Legalität nach neuerem Staatsverständnis einerseits das Bestehen einer Norm voraus, genauer gesagt, das Bestehen einer verfassungsgemäß entstandenen Regel, die staats- und rechtsrelevantes Handeln determiniert und legalisiert.

Der Widerspruch der legalen Revolution liegt somit klar auf der Hand, es handelt sich um ein inhaltliches Gegensatzpaar, das denknotwendig nach der hier vertretenen Begrifflichkeit nicht verbunden werden kann. Dennoch steht es dafür, die Begründungszusammenhänge der Begrifflichkeit „legale Revolution" darzulegen, zumal daraus wesentliche Teile des nationalsozialistischen Staats- und Verfassungsverständnisses transparent werden und weil damit auch die Begründung erbracht werden kann, warum es die NSDAP mit ihrem Selbstverständnis als durchaus für vereinbar hielt, die Macht auf legalem Weg zu erringen.

In praktisch allen heutigen staatsrechtlichen Darstellungen und Erläuterungen über das Wesen des Nationalsozialismus und des Faschismus wird davon ausgegangen, daß diese Staatssysteme als Gegenteil demokratischer Systeme anzusehen sind. Die Tatsache, daß auch im Dritten Reich immer wieder Wahlen abgehalten wurden und Hitler sogar im Jahr 1938 den Anschluß Österreichs durch einen Volksentscheid legalisieren sowie 1939 seinen neuen Vierjahresplan durch den Reichsrat absegnen ließ, wird gern mit der Pauschalbegründung abgetan, daß totale Systeme aus Gründen der Propaganda und zur Betonung der Legalität des Machtanspruches offene bzw. manipulierte Wahlen abhalten, um eine pseudodemokratische Bestätigung ihres Tuns zu erhalten.[124]

---

[124] Tatsächlich wurden auch in allen Staaten des ehemaligen Ostblocks Wahlen abgehalten, die stets mit einer 99%igen Zustimmung für die Machthaber endeten.

Tatsächlich verstanden die nationalsozialistischen Staatslehrer ihre Theorien vom Staat keineswegs als Gegensatz zur Demokratie. Besonders anschaulich wird dies etwa in einer Buchbesprechung von Carl Schmitt[125], zumal dieser und andere bedeutende Staatslehrer des Dritten Reiches diese Position nicht mehr verlassen haben.

Schmitt kritisiert an Beckerath, daß dieser den Faschismus in Gegensatz zum demokratischen Staat gestellt habe. Der eigentliche Gegensatz zum Faschismus[126] bzw. später zum Nationalsozialismus war für die deutschen Staatslehrer nicht die Demokratie, sondern die sogenannte „liberale Demokratie". Abgelehnt wurde nicht das Plebiszit – Wesen und Wirkung der Volksbeteiligung am Staat wurden zwar neu definiert und sind später noch darzustellen –, sondern vielmehr die liberalen Elemente in der Weimarer Verfassung. Der Liberalismus bzw. die liberale Demokratie wurde aus mehrfachen Gründen nicht akzeptiert.

Hauptkritikpunkt war die Tatsache, daß liberale Verfassungen formelle Verfassungen sind und die Entstehung von Normen und die Ausübung der Staatsgewalten damit im formellen Sinn beschreiben, inhaltlich den legitimen Machthabern aber breiten Spielraum einräumen. Diesem Ansatz wurde entgegengehalten, daß durch den Parlamentarismus eine Form der entpersonifizierten Staatsgewalt entstanden ist und daß nicht mehr Menschen im Staat regieren, sondern abstrakte Normen, die auf die konkreten Lebensbedürfnisse des Volkes nicht Rücksicht nehmen. Der liberale Verfassungsstaat wurde als ein Diktat der 51 Prozent betrachtet, die Wertneutralität der Verfassung war aus Sicht der Staatsrechtler abzulehnen.

Um eine neue Form der Wahl in einem an materiellen Werten orientierten Staat definieren zu können, wurde nun postuliert, daß die Methode der Willensbildung durch eine einfache Mehrheitsfeststellung dann sinnvoll und erträglich sei, wenn „eine substantielle Gleichartigkeit des ganzen Volkes vorausgesetzt werden kann. In diesem Fall liegt nämlich keine Überstimmung der Minderheit vor, son-

---

[125] SCHMITT Carl, Wesen und Werden des faschistischen Staates (1929), in: SCHMITT Carl, Positionen und Begriffe, Hamburg 1940, S. 109 ff. Der Autor bespricht das Buch von Erwin von Beckerath, Wesen und Werden des faschistischen Staates, Berlin 1927.

[126] Eine idealisierende, aber substantiell richtige, zeitgenössische Darstellung des Faschismus gab DIEL Louise, Mussolini, Duce des Faschismus, 48.-57. Auflage, Leipzig 1937.

dern die Abstimmung soll nur eine latent vorhandene und vorausgesetzte Übereinstimmung und Einmütigkeit zu Tage treten lassen[127]. Da [...] jede Demokratie auf der Voraussetzung des unteilbar gleichartigen, ganzen einheitlichen Volkes beruht, so gibt es für sie in der Sache und im Wesentlichen überhaupt keine Minderheit und noch weniger eine Mehrzahl fester, konstanter Minderheiten."[128]

Dies bedeutet, daß nach diesen Theorien nur Menschen des selben Volkes bzw. der selben Rasse einen Staat bilden können. Innerhalb eines derartigen Staates herrscht ein genetisch-biologischer Gleichklang zwischen den Staatsbürgern, sodaß eine Wahl staatstheoretisch betrachtet nicht mehr den Sinn hat, Macht zu verteilen, sondern lediglich die Übereinstimmung des Volkes zu demonstrieren hat. Es wurde vorausgesetzt, daß alle – kraft der gleichen Zugehörigkeit zu einem Volk – das gleiche wollen. Vor diesem Hintergrund haben die Nationalsozialisten Wahlen nicht grundsätzlich abgelehnt, sondern vielmehr in ihrem eigenen „demokratischen" Verständnis immer wieder angestrebt, um die Einigkeit der biologischen Volksgemeinschaft zu demonstrieren.

Im Zusammenhang mit den Wahlen in der ersten Jahreshälfte 1933 ist diese Konstruktion allerdings noch kein befriedigender Erklärungsansatz, weil an diesen Wahlen einerseits Staatsbürger der Weimarer Republik wahlberechtigt waren, die nicht „Volksgenossen" im Sinn der Rassenlehre waren, andererseits wurden die Wahlen nach den Kriterien und nach den Spielregeln der liberalen Verfassung der Weimarer Republik durchgeführt. Aber auch hier gab es staats- und verfassungsrechtliche Auswege. Der erste Begründungsansatz war die Trennung der Legalität der Ausübung der Staatsgewalt von der Legitimität.[129]

Der Rechtsstaat wurde – wie dargestellt – als Gesetzgebungsstaat definiert, ihm wurde ein geschlossenes Legalitätssystem zugeordnet,

---

[127] Interessant ist die Tatsache, daß trotz dieser Darstellungen in einer Festschrift für Carl Schmitt – allerdings Jahre später – das Prinzip der Gewaltengliederung von Montesquieu explizit besprochen wurde. Vgl. KRAUSS Günther, Die Gewaltengliederung bei Montesquieu, in: Festschrift für Carl Schmitt, Berlin 1959, S. 103; in der selben Festschrift publizierte WEBER Werner „Die Teilung der Gewalten als Gegenwartsproblem", a. a. O., S. 253 ff. und „Die Gewaltenteilung als politisches Phänomen", ohne die Schriften von Carl Schmitt umfassend miteinzubeziehen.

[128] SCHMITT Carl, Legalität ..., a. a. O., S. 31 f.

[129] SCHMITT Carl, Legalität ..., a. a. O., S. 10 f.

das gleichzeitig die höchste Legitimitätsinstanz im Staat war. Diese Legalität war einerseits eine Handlungslegalität und andererseits eine Machtlegalität. Dieser Legalität folgt im Gesetzgebungsstaat die Legitimität.

Diese Fiktion wurde von den deutschen nationalen Staatsrechtlern massiv kritisiert. Es wurde formuliert, daß die Legitimität inneren, völkischen und materiellen Grundsätzen folge und daß Legitimität und Legalität einander innerhalb eines liberalen Verfassungsstaates nicht bedingten. Dies bedeutet, daß die Nationalsozialisten in staatsrechtlicher Sicht den materiellen Herrschafts- und Gewaltsanspruch erhoben und sich selbst für die legitimen Herrscher in Deutschland hielten. Diese Legitimität verschaffte ihnen allerdings noch nicht die legale Regierungsmacht, und aus dem bisher Gesagten ergibt sich noch kein zwingender Ansatz, an den Wahlen nach der liberalen Rechtsordnung teilzunehmen. Diese Problemstellung konnte durch eine Zweiteilung der Weimarer Verfassung erreicht werden, und insbesondere Carl Schmitt erklärte, daß die Weimarer Verfassung einem dualen Prinzip folge.

Das erste Hauptstück der Verfassung ist eine wertneutrale und materiell inhaltsleere liberale Verfassungshülse, die dem Reichsrat die Gesetzgebungskompetenz zuweist und zudem die Gewaltenteilung im Staat organisiert. Der zweite Teil der Weimarer Verfassung nennt laut Schmitt drei außerordentliche Gesetzgeber, wobei insbesondere den Notverordnungskompetenzen des Reichspräsidenten Bedeutung zukommt.[130] Diese *ratio necessitatis* ist nämlich eine eigene Verfassung in sich, und er ist der Meinung, daß der zweite Hauptteil der Weimarer Verfassung von „liberalen Selbstwidersprüchen und Kompromißmängeln" befreit und daß damit der „Gedanke eines deutschen Verfassungswerkes" gerettet wurde.

Das Notverordnungsrecht des Reichspräsidenten wurde nach Art. 48, Abs. 2 RV geregelt, und der Großteil der deutschen Staatslehrer sah in dieser Kompetenz kein untergeordnetes Recht des Reichspräsidenten unterhalb des Reichsrates, sondern vielmehr wurde diese Kompetenz als gleichwertig neben der Legislative betrachtet – und damit ein neuer Gesetzgeber formuliert.

Die Ausformulierung des Notverordnungsrechts brachte es mit sich, daß der Reichspräsident wesentlich mehr an Gesetzeskompeten-

---

[130] SCHMITT Carl, Legalität …, a. a. O., S. 70 ff.

zen ausüben konnte als der Reichsrat selbst. Insbesondere im Bereich der Gesetzesvorbehalte im Rahmen der Grundrechte war der Reichspräsident nicht an diese Vorbehalte gebunden, er konnte durch Verordnung sämtliche Freiheits-, Eigentums- und Grundrechte sowohl kollektiv als auch mit individueller Wirkung außer Kraft setzen. Seine Verordnungen waren in ihrer Wirkung gesetzesgleich, er war an keine Gewaltenteilung im Staat gebunden und konnte de facto sämtliche Staatsakte über das Notverordnungsrecht anordnen. Zwar hatte der Reichsrat die Möglichkeit, Notverordnungen des Reichspräsidenten aufzuheben, allerdings mit rückwirkender Wirkung, was de jure zur Folge hatte, daß etwa ein Todesurteil, das der Reichspräsident aufgrund des Art. 48, Abs. 2 RV erlassen hätte, unmittelbar zu vollziehen gewesen wäre. Vor dem Hintergrund der Möglichkeiten, die diese „zweite Verfassung" bot, ist auch die Teilnahme der Nationalsozialisten an den Wahlen der Weimarer Republik zu sehen.

Einerseits konnten sie sich als eine demokratische Partei darstellen, wenngleich sie Funktion und Wesen in ihrem eigenen Sinn neu definierten. Andererseits konnten sie ihre nach eigener Ansicht vorhandene Führungslegitimität legalisieren, und zuletzt bot die „duale Verfassung" der Weimarer Republik im zweiten Hauptstück die Möglichkeit der unmittelbaren Aufhebung der liberalstaatlich demokratischen Gewaltenteilungsprinzipien, was die Chance der raschen Umsetzung eines totalen, völkischen und biologischen Staates bot.

3.10.2. Teilweise Auflösung der Gewaltenteilung durch die Verordnungen des Reichspräsidenten und das Ermächtigungsgesetz

Daß die Wirkung des zweiten Teiles der Weimarer Verfassung nicht nur eine juristische Theorie war, sondern durchaus eine rechtliche Relevanz hatte, wußten die Nationalsozialisten aus eigenen Erfahrungen, die sie in den Monaten und Jahren vor der Machtergreifung gemacht hatten. So hatte etwa der Reichspräsident am 13. April 1932 eine Verordnung zur Sicherung der Staatsautorität erlassen.[131] In dieser Verordnung wurden insbesondere die Vorfeldorganisationen bzw. Kampforganisationen der NSDAP genannt und mit sofortiger Wirkung aufgelöst. Wenngleich diese Auflösung de facto keine besonde-

---

[131] RGBl. 1932 I, S. 175

re Wirkung entfalten konnte, zeigten diese und andere Verordnungen den Nationalsozialisten den folgenden Weg klar auf. Sofort nach der Machtergreifung gelang es, den Reichspräsidenten – gestützt auf Art. 48, Abs. 2 RV – zur Erlassung einer Notverordnung zu überzeugen.[132] Den Nationalsozialisten war klar, daß ein längerer Verbleib an der Macht in der Weimarer Republik nur dann möglich war, wenn eine deutliche Umgestaltung des Staates im Sinn des Aufbaus eines nationalsozialistischen Staates gelingt. Es mag keine Übertreibung sein, daß Hitler den legalen Weg nicht beschritten hätte, wenn die deutschen Staatsrechtler ihm die besonderen Möglichkeiten, die der zweite Hauptteil der Weimarer Verfassung zur Umsetzung der „legalen Revolution" bot, nicht aufgezeigt hätten.

Es ist vor diesem Hintergrund auch kein Zufall, daß die Verordnung des Reichspräsidenten vom 4. Februar 1933 unmittelbar und ohne Schranken in die Grundrechte der Staatsbürger eingriff. Aufgehoben wurden praktisch die Vereins- und Versammlungsfreiheit sowie die Pressefreiheit. Es wurden den Polizeibehörden wesentliche Kompetenzen übertragen, zudem wurden andere Parteien, die zu diesem Zeitpunkt noch existierten, in ihren demokratischen Aktionsmöglichkeiten wesentlich eingeschränkt.

Die ersten Aktionen der Nationalsozialisten nach der Machtübernahme richteten sich nicht nach biologischen Gegebenheiten. Die erste Phase der Diskriminierung erfolgte vielmehr auf der Verhaltensebene. In dieser Phase der Umsetzung des nationalsozialistischen Staates konnten die Machthaber nicht darauf vertrauen, daß genetisch gleichartiges Material in einem Volk auch zu grundsätzlich gleichförmigem Verhalten und Wollen führen würde, sodaß vorerst eine Verhaltenskonformität weniger nach genetischen, sondern vielmehr mit polizeistaatlichen Mitteln anzustreben war.

Es war von Anbeginn an klar, daß das Ermächtigungsgesetz vom 4. Februar 1933 lediglich einen ersten Schritt bedeuten konnte, zumal – abgesehen von den polizeistaatlichen Möglichkeiten im Zusammenhang mit den erwähnten Grundrechten – die Gewaltenteilung im Staat nach wie vor aufrecht war und die Koalitionen im Reichsrat traditionell äußerst brüchig waren.

Immer noch existierte eine unabhängige Justiz, die zu diesem Zeitpunkt dem Zugriff der Nationalsozialisten entzogen war. Die Legisla-

---

[132] RGBl. 1933 I, S. 35.

tive wurde durch mühsame Koalitionen zusammengehalten, und die Exekutive entsprach nur in geringen Teilen im Bereich des Polizeiwesens den nationalsozialistischen Vorstellungen von einem völkischen und biologischen Staat.

Aus diesem Grund war es für die weitere Umformung des Staates von wesentlicher Bedeutung, daß sich alle folgenden Maßnahmen auf die sogenannte zweite Weimarer Verfassung stützten, was den Reichspräsidenten und sein Notverordnungsrecht zur zentralen Figur für die nächsten Monate machte. Schon am 28. Februar 1933 erließ der Reichspräsident die Verordnung zum Schutz von Volk und Staat.[133] Mit dieser Verordnung wurden praktisch sämtliche verbleibende Grundrechte außer Kraft gesetzt, wesentlich waren hierbei insbesondere die Möglichkeit der Einschränkung der persönlichen Freiheit, die Beschränkung des Rechts der freien Meinungsäußerung und die Aufhebung des Brief- und Fernsprechgeheimnisses.

Aus verfassungsrechtlicher Sicht interessant ist Art. 2 der Verordnung, weil dieser normiert, daß die Reichsregierung in die Befugnisse der Landesbehörden eingreifen darf, wenn diese nicht von sich aus im Sinn der Verordnung tätig werden. Art. 2 widerspricht der Ermächtigung des Art. 48 RV, weil der Reichspräsident lediglich in jenen Bereichen ein Notverordnungsrecht hat, in denen der Reichstag tätig werden kann. Das heißt, daß Art. 48 RV auf Länderebene nicht greift und Art. 2 der Verordnung zum Schutz von Volk und Staat de facto verfassungswidrig eine Gleichschaltung von Reich und Ländern zugunsten der Kompetenzen des Reiches bedeutet. Wesentlich ist auch die Tatsache, daß durch die Verordnung Teile des deutschen Strafrechts verschärft wurden. Mit dieser Verordnung hatten es die Nationalsozialisten geschafft, die Gewaltenteilung zwischen Legislative und Exekutive aufzuheben bzw. zusammenzuführen und zu zentralisieren. Abgesehen von der Judikative konnten sie nun, ohne durch Grund- und Freiheitsrechte der Staatsbürger behindert zu sein, willkürlich und ohne besondere Gesetzesbindung auf jedermann im Deutschen Reich zugreifen und ohne Übergabe an die Gerichte festhalten. Mit dieser Verordnung hatten die Nationalsozialisten erreicht, daß ihre Vorstellungen von Verhaltensnormierung bzw. von der Gleichförmigkeit des Denkens und Tuns der Staatsbürger auch einen organisatorischen, staatlich sanktionierten Rahmen erhielten.

---

[133] RGBl. 1993 I, S. 83.

Den Schlußpunkt – und damit die völlige Ausschaltung liberaler Mechanismen – setzte allerdings keine Verordnung des Reichspräsidenten, sondern das Gesetz zur Behebung der Not von Volk und Reich, das unter dem Titel „Ermächtigungsgesetz" in die Rechtsgeschichte eingegangen ist.[134] Dieses Gesetz bildete nach Ansicht einiger deutscher Verfassungslehrer – wie dargestellt – eine neue Verfassung für das Deutsche Reich. Tatsächlich handelt es sich beim Ermächtigungsgesetz, das ursprünglich auf vier Jahre befristet war und nach einigen Verlängerungen auf unbestimmte Zeit in Geltung gesetzt wurde, um einen verfassungsrechtlichen „Totalumbau" der Weimarer Verfassung. Das Ermächtigungsgesetz legte es in die Kompetenz der Reichsregierung, selbständig Gesetze zu erlassen. Damit war die Reichsregierung nicht mehr vom Wohlwollen des Reichspräsidenten im Rahmen seines Notverordnungsrechts abhängig, andererseits mußten im Reichstag auch keine schwierigen Koalitionen mehr gesucht werden, um ein bestimmtes Gesetz erlassen zu können.

Entscheidend war auch die Tatsache, daß die Reichsregierung durch Art. 2 leg. cit. nicht mehr an die Reichsverfassung gebunden war und völlig unabhängig von verfassungsrechtlichen Schranken tätig werden konnte. Durch das Ermächtigungsgesetz wurde de facto auch der Bestandsschutz des Reichstages und des Reichsrates aufgelöst. Tatsächlich wurde schon am 30. Januar 1934 ein Gesetz über den „Neuaufbau des Reiches" erlassen.[135] Dieses Gesetz hob die Volksvertretungen der Länder auf, zuvor schon – am 7. Juni 1933 – war eine Verordnung zur „Sicherung der Staatsführung" veröffentlicht worden, die den Reichstag gleichschaltete und die Parteien verbot.[136] Daß nach dem Tod Hindenburgs das „Gesetz über das Staatsoberhaupt des Deutschen Reiches" die Kompetenzen des Reichskanzlers mit den Kompetenzen des Reichspräsidenten in einer Person verband, schließt den Kreis des verfassungsmäßigen Umbaus der Weimarer Republik zu einem nationalsozialistischen Staat – sieht man von der Problematik der immer noch eigenständigen Judikative ab. Schon bei der Verhandlung des Reichstages im März 1933 ließen die Nationalsozi-

---

[134] RGBl. 1993 I, S. 141.
[135] RGBl. 1934 I, S. 75.
[136] RGBl. 1993 I, S. 462.

sten keinen Zweifel über die Funktionalität und Organisation des künftigen Staates.[137]

Göring als Präsident des Reichstages beschuldigte in seiner Eröffnungsrede die Kommunisten, an der derzeitigen mißlichen Lage des Reiches schuld zu sein. Er sah die Aufgabe der neuen Reichsregierung in der Herstellung einer „wirklichen Volksgemeinschaft", die sich über die Interessen und Gegensätze von Ständen und Klassen erhebe. So forderte er die Erringung einer „weltanschaulichen Geschlossenheit des deutschen Volkskörpers", was nichts anderes bedeuten konnte als die rücksichtslose Gleichschaltung der Staatsbürger. Darüber hinaus legte Göring in seiner Rede das Ausmaß dieser Gleichschaltung fest, indem er ausführte: „Je größer diese geistige und willensmäßige Übereinstimmung, umso weniger Interesse kann für alle Zukunft für das Reich bestehen, das kulturelle und wirtschaftliche Eigenleben der einzelnen Länder zu vergewaltigen." Göring kündigte unter dem Titel der „moralischen Sanierung des Volkskörpers" die Umsetzung des totalen biologisch motivierten Staates an. Kein Lebensbereich sollte von der staatlichen Gestaltung ausgeschlossen sein, und der Schutz von Blut und Rasse beziehungsweise des Volkes als Ganzes sollte das Ziel aller Aktivitäten der Reichsregierung sein. Auch die Justiz hatte sich im Rahmen der Rechtsprechung diesen Anschauungen anzuschließen. Wörtlich meinte Göring: „Nicht das Individuum kann der Mittelpunkt der gesetzlichen Sorge sein, sondern das Volk."

Göring schlug in seiner Rede radikalste Töne an und prophezeite, daß „Landes- und Volksverrat [...] künftig mit barbarischer Rücksichtslosigkeit ausgebrannt werden!"[138]

Wie die Reden der weiteren Abgeordneten (insbesondere der bürgerlichen Parteien, die dem Ermächtigungsgesetz zustimmten) bewei-

---

[137] Vgl. Verhandlungen des Reichstags, VIII. Wahlperiode, 1933, Bd. 457, S. 23 ff., in: Recht, Verwaltung und Justiz ..., hg. von HIRSCH Martin/MAJER Diemut/MEINCK Jürgen, a. a. O., S. 93 ff.

[138] Auch gegenüber Österreich schoß Göring eine „Breitseite" ab, die 1938 dann auch tatsächlich ins Ziel traf. Göring stellte nämlich fest: „Gegenüber unserem Brudervolk in Österreich empfinden wir alle das Gefühl der innersten Anteilnahme an seinen Sorgen und Nöten. Die Reichsregierung ist sich in ihrem Handeln der Verbundenheit des Schicksals aller deutschen Stämme bewußt." Tatsächlich führte Göring 1938 Regie bei der Besetzung Österreichs. Vgl. MARTENS Stefan, Hermann Göring, „Erster Paladin des Führers" und „zweiter Mann im Reich", Paderborn 1985, S. 114 ff.

sen, wurde in dieser Sitzung das Phänomen des nationalsozialistischen Staates von den zustimmenden Parteien nicht verstanden oder negiert. Die bürgerlichen Parteien erwarteten jenen sorgsamen Umgang der Reichsregierung mit dem Ermächtigungsgesetz, wie Göring dies versprochen hatte. Andererseits nahm man offenbar die radikale Brandrede Görings nicht ernst genug, denn eines kann man den Nationalsozialisten beileibe nicht vorwerfen, nämlich, daß sie nicht rechtzeitig ihre Vorstellungen über die Grundlagen eines völkischen, rassistischen und biologisch motivierten Staates dargestellt hätten.

3.10.3. Die Unterwanderung der Judikative durch die Sondergerichtsbarkeit

In dieser Phase mußten die Nationalsozialisten im Rahmen des völkischen Umbaus des Staates nach wie vor auf der Verhaltensebene tätig bleiben und konnten sich aus naheliegenden politischen Gründen nicht der genetisch-biologischen Betrachtung und Organisation der Staatsbürger widmen.

Wenngleich eine Verbindung bzw. die Auflösung der Gewaltenteilung zwischen Exekutive und Legislative geschaffen wurde, konnte es im Sinn eines totalen Staatsdenkens nicht angehen, daß die Judikative weitgehend dem organisatorischen Zugriff der Nationalsozialisten entzogen war.

Die Weimarer Verfassung bot keine Möglichkeit zur Gleichschaltung der Judikative, weil sich Art. 48, Abs. 2 RV selbst bei exzessiver Auslegung nicht dauerhaft für eine Gleichschaltung der Gerichtsbarkeit eignete. Dies führte letztlich denknotwendig zur Einführung einer eigenen Sondergerichtsbarkeit, weil es sowohl innenpolitisch als auch außenpolitisch ein denkbar ungünstiges Bild ergeben hätte, wenn politische Straftäter nicht von der ordentlichen Gerichtsbarkeit, sondern von Polizei und Exekutivorganen abgeurteilt worden wären. Die Sondergerichtsbarkeit bot somit die Möglichkeit, durch die Einsetzung von verläßlichen und gleichgeschalteten Richtern eine politische Gerichtsbarkeit innerhalb der ordentlichen Gerichtsbarkeit zu implementieren – und nach außen und nach innen den Anschein der Rechtsstaatlichkeit zu wahren.

Daß die Konstruktion der Sondergerichtsbarkeit im Sinn eines totalen Staates eine äußerst unbefriedigende Lösung – und im besten Fall eine Hilfskonstruktion – darstellt, versteht sich vor dem Hintergrund der Forderung zur Errichtung eines totalen Staates von selbst. Der totale Staat verlangt eine Politisierung aller Lebensbereiche und die völlige Aufhebung der Gewaltenteilung. Er ist im engeren Sinn ein Verwaltungs- und Polizeistaat, der von einer einzigen Zentralmacht geführt wird. In dieser zentralen Führungsinstitution finden sich alle staatlichen Kompetenzen und Gewalten des Staates wieder. Und es verwundert daher nicht, daß trotz der Implementierung der Sondergerichtsbarkeit, die sehr kurz nach der Machtübernahme erfolgte, Adolf Hitler gleichzeitig als oberster Richter des Staates postuliert wurde – und daß die gleichgeschaltete Presse jene Urteile der unabhängigen Gerichtsbarkeit, die als nicht system- und parteikonform verstanden wurden, massivst kritisierte.

Dennoch war diese Hilfskonstruktion in der politischen Realität der ersten Jahre des Dritten Reiches von immenser Bedeutung, weil eine völlig unabhängige Gerichtsbarkeit die Aburteilung politischer Gegner nicht garantiert hätte und damit in der erwünschten Verhaltensnormierung der Staatsbürger eine deutliche Lücke entstanden wäre, die – politisch und systematisch betrachtet – auf Dauer ein Gegengewicht zu den politischen Machthabern hätte darstellen können.

Genau betrachtet, beginnt die Entwicklung der Sondergerichtshöfe bzw. Sondergerichtsbarkeit noch in der Weimarer Republik, weil sich die Verordnung der Reichsregierung über die Bildung von Sondergerichten vom 21. März 1933[139] auf Kapitel II des sechsten Teils der Dritten Verordnung des Reichspräsidenten zur Sicherung von Wirtschaft und Finanzen und zur Bekämpfung politischer Ausschreitungen vom 6. Oktober 1931 stützt.

Die Regierungen der Weimarer Republik waren meist zu schwach oder zu kurze Zeit in Funktion, um eine umfassende Justizreform zu konzipieren und umzusetzen. Neben diesen Regierungen arbeitete man im Reichsjustizamt aber kontinuierlich an einer Strafrechtsreform, die die Reformen der liberalen Reichsstrafprozeßordnung 1877 unterlaufen oder beseitigen sollte.[140]

Insbesondere durch die schweren innenpolitischen Krisen der Weimarer Republik im Jahr 1923, nicht zuletzt durch den Hitlerputsch in München, wurden der Regierung weitestgehende Kompetenzen und

---

[139] RGBl. 1933 I, S. 136.
[140] vgl. MÜLLER Ingo, Das Strafprozeßrecht des Dritten Reiches, a. a. O., S. 60.

Durchgriffsrechte zugestanden,[141] die sie zur Entliberalisierung des Strafprozeßrechts und zur Zurückdrängung der Rechte des einzelnen Angeklagten nützte.

Durch die Notverordnung vom 6. Oktober 1931[142] konnte die Reichsregierung Sondergerichte schaffen und deren Verfahren, Organisation und Kompetenzen regeln. Die Regierung Papen machte von diesen Kompetenzen durch die Gründung der „Papenschen Sondergerichte" auch Gebrauch. Diese Sondergerichte wurden allerdings im Dezember 1932 wieder abgeschafft.[143]

Mit der Verordnung der Reichsregierung über die Bildung von Sondergerichten vom 21. März 1933[144] und mit der Stützung dieser Bestimmung auf die Notverordnung des Reichspräsidenten Hindenburg gelang es den Nationalsozialisten, eine Regierungsermächtigung auszunützen, die eigentlich zur Abwehr demokratiefeindlicher Kräfte verordnet worden war. Eine Bestimmung, die auch gegen die Nationalsozialisten wirken sollte, unterstützte diese in der Bekämpfung ihrer politischen Gegner.

In jedem Bezirk eines Oberlandesgerichtes wurde ein Sondergericht (als Gericht des jeweiligen Landes) eingerichtet. Den Sitz des Sondergerichtes bestimmte die jeweilige Landesjustizverwaltung.[145]

Die Sondergerichtshöfe waren zuständig für die Rechtsprechung jener Verbrechen und Vergehen, die in den Verordnungen des Reichspräsidenten vom 28. Februar 1933[146] zum „Schutz von Volk und Staat" und vom 21. März 1933[147] zur „Abwehr heimtückischer Angriffe gegen die Regierung der nationalen Erhebung" angeführt wurden, sofern diese Vergehen und Verbrechen nicht ausdrücklich in die Zuständigkeit des Reichsgerichtes oder der Oberlandesgerichte fielen.[148]

Die Sondergerichte sollten wie „Schnellgerichte" wirken. Die Verfahrensvorschriften wurden vereinfacht, vor allem war gegen Entscheidungen der Sondergerichte ein Rechtsmittel nicht zulässig.

---

[141] Die sog. „Emminger Reform", basierend auf dem Ermächtigungsgesetz vom 8. Dezember 1923, RGBl. I, S. 1179.
[142] RGBl. 1931 I, S. 537.
[143] Vgl. MÜLLER Ingo, Das Strafprozeßrecht im Dritten Reich, a. a. O., S. 60 f.
[144] RGBl. 1933 I, S. 136.
[145] Vgl. § 1 lit. 1, 2, 3 der Sondergerichtsverordnung.
[146] RGBl. 1933 I, S. 83.
[147] RGBl. 1933 I, S. 135.
[148] Vgl. § 2 der Sondergerichtsverordnung.

Der äußere Anlaß, der gegenüber der Bevölkerung als Legitimation für das harte Durchgreifen gegen die politischen Gegner und die Einführung der Sondergerichtshöfe dienen sollte, war der Reichstagsbrand vom 27. Februar 1933.

Vier Wochen nach der Machtübernahme der Nationalsozialisten – eine Woche vor einer entscheidenden Reichstagswahl – brannte ein Symbol der parlamentarischen Demokratie, das Reichstagsgebäude in Berlin, ab. Der Holländer Marius van der Lubbe, ein Anarchist, wurde auf „frischer Tat betreten" und festgenommen.

Für die Nationalsozialisten war dieser Anlaß eine willkommene Gelegenheit, eine „Verschwörungstheorie" zu entwickeln und entsprechend zu handeln. Noch in der Nacht vom 27. zum 28. Februar 1933 setzte eine umfassende Verhaftungswelle ein. Ihre Ziele und ihre Opfer waren überwiegend die Funktionäre der kommunistischen Partei Deutschlands.[149]

Um van der Lubbe und seine „mitangeklagten Verschwörer"[150] rückwirkend zum Tod verurteilen zu können, wurde am 29. März 1933 das „Gesetz über Verhängung und Vollzug der Todesstrafe"[151] erlassen. Durch dieses Gesetz wurde bestimmt, daß die Verordnung des Reichspräsidenten zum Schutz von Volk und Staat auch für Taten gilt, „die in der Zeit zwischen dem 28. Januar und dem 28. Februar begangen [worden] sind".

Die Nationalsozialisten hatten damit, wie sie meinten, alle Weichen gestellt. Durch die Verordnung des Reichspräsidenten unmittelbar nach dem Reichstagsbrand wurden die Verhaftungswelle und alle Verfolgungstaten gegen politische Gegner für Recht erklärt.

Durch die Installierung der Sondergerichtshöfe konnten die Gegner im Fall „politischer Straftaten" durch ein „Schnellgericht" abgeurteilt werden, und durch die Aufhebung des Rückwirkungsverbotes war das Reichsgericht in der Lage, die Angeklagten wegen Brandstiftung zum Tod zu verurteilen.

Nun mußten die Nationalsozialisten ihre erste herbe Enttäuschung im Umgang mit der Gerichtsbarkeit erleben. Der Prozeß zog sich mo-

---

[149] Vgl. JESSE Eckhard, Der Prozeß nach dem Brand des Reichstages 1933, in: DEMANDT Alexander, Macht und Recht – Große Prozesse in der Geschichte, München 1990, S. 213 ff.
[150] Der kommunistische Fraktionsvorsitzende Ernst Torgler sowie die drei bulgarischen Emigranten Dimitroff, Popoff und Taneff.
[151] RGBl.1933 I, S. 151.

natelang hin, es wurden 254 Zeugen[152] angehört, aber es gelang dem Reichsgericht nicht, einen Beweis für eine „kommunistische Verschwörung" zu erbringen. Das Reichsgericht verurteilte am 23. Dezember 1933 zwar den Angeklagten Marius van der Lubbe zum Tod, die mitangeklagten Kommunisten wurden jedoch freigesprochen.[153]

Dieses Urteil bedeutete eine Schlappe für die Nationalsozialisten, zumal das Gerücht in die Welt gesetzt wurde, die Nationalsozialisten selbst hätten das Reichstagsgebäude angezündet.[154] Die Enttäuschung der Staats- und Parteiführung legte es nahe, die Sondergerichtsbarkeit weiter auszudehnen. Am 24. April 1934 wurde daher das Gesetz zur Änderung von Vorschriften des Strafrechts und des Strafverfahrens verkündet.[155]

Die wichtigste, damit beschlossene Neuerung war die Einführung des Volksgerichtshofes, dessen Kompetenz sich auf die Aburteilung

---

[152] Noch im Jahr 1942 meinte Hitler, daß van der Lubbe innerhalb von drei Tagen verurteilt und gehängt hätte werden müssen; vgl. JESSE Eckhard, Der Prozeß nach dem Brand ..., a. a. O., S. 229.

[153] Dieser Freispruch bedeutete im Dritten Reich nicht, daß die Angeklagten deshalb auf freien Fuß gesetzt wurden. Es setzte lediglich der ordentliche Strafvollzug nicht ein. Alle vier Freigesprochenen wurden in ein Konzentrationslager eingeliefert, die drei Bulgaren wurden (auch auf internationalen Druck im Fall Dimitroff) am 27. Februar 1934 freigelassen (Dimitroff wurde nach Kriegsende Ministerpräsident von Bulgarien, Taneff kam durch die „Säuberungen" Stalins ums Leben). Torgler blieb bis 1936 in Schutzhaft, wegen seines – aus Parteisicht der KPD – unkooperativen Verhaltens wurde er aus der KPD ausgeschlossen, arbeitete dann für die NSDAP und wurde nach dem Krieg Sozialist.

[154] Vgl. SONNEN Bernd-Rüdeger, Strafgerichtsbarkeit – Unrechtsurteile als Regel oder Ausnahme?, in: Strafjustiz und Polizei im Dritten Reich, hg. von Udo REIFNER/Bernd-Rüdeger SONNEN, Frankfurt/Main-New York 1984, S. 41 ff.; Sonnen bespricht den Reichstagsbrandprozeß auch unter dem Aspekt, daß die eigentlichen Täter die Nationalsozialisten selbst waren. Während er meint, diese Tatsache sei „geschichtlich erwiesen", gehen andere Autoren davon aus (beispielsweise JESSE Eckhard, Der Prozeß nach dem Brand ..., a. a. O., S. 230), daß in diesem Fall die Nationalsozialisten „entsprechende Vorsorge hinsichtlich einer Schuld der Kommunisten getroffen" hätten.
Die Ansicht von JESSE ist nur teilweise schlüssig, die Nationalsozialisten hatten – wie oben gezeigt – ausreichend Vorsorge im Rahmen der Gesetzgebung getroffen. In ihrem Rechtsverständnis konnten sie m. E. nicht annehmen, daß das Reichsgericht einen formalen Prozeß durchführen werde. Sie mußten auch durch die Auswahl der Richter annehmen, daß sich das Reichsgericht willfährig verhalten werde.

[155] RGBl. 1934 I, S. 341.

von Hoch- und Landesverratssachen erstreckte. Besetzt war der Volksgerichtshof mit fünf Mitgliedern (in der Hauptverhandlung). Nur der Vorsitzende und ein weiteres Mitglied mußten die Befähigung zum Richteramt nachweisen, die übrigen drei Richter waren Laien, zumeist hohe Funktionsträger der Partei oder der Vorfeldorganisationen. Auf diese Weise sollte sichergestellt werden, daß im Rahmen der politischen Rechtsprechung am Volksgerichtshof keine ausschließliche Bindung an Gesetze entstehen konnte, sondern daß vielmehr eine „völkische Überzeugung" die Basis für die Judikate darstellte. Die Mitglieder des Volksgerichtshofes wurden auf die Dauer von fünf Jahren bestellt, der Gerichtshof war in erster und letzter Instanz zuständig.

Mit dem Gesetz über den Volksgerichtshof vom 18. April 1936[156] wurde beschlossen, daß der Volksgerichtshof ein „ordentliches Gericht im Sinne des Gerichtsverfassungsgesetzes" sei. Weiters wurden mit diesem Gesetz einige Bestimmungen über die Besetzung und Organi-sation des Volksgerichtshofes geändert.

Zum Verständnis der Funktion des Volksgerichtshofes ist ein Aufsatz von Karl Engert aus dem Jahr 1939[157] hilfreich: „Fast jeder moderne Kulturstaat besitzt heute einen Volksgerichtshof, ein Gericht, das allein berufen ist, über die Verbrechen gegen den Staat zu entscheiden. [...] Man kann den Volksgerichtshof wohl als politisches Gericht bezeichnen, schon deshalb, weil er das einzige Gericht in Deutschland ist, das die schweren Hoch- und Landesverratsverbrechen abzuurteilen hat. [...] Darum müssen wir auch von allen Richtern dieses Gerichtshofes und von allen Vertretern der Anklagebehörde verlangen, daß sie in erster Linie Politiker und dann erst Richter und nicht umgekehrt sind. [...] So wie die Wehrmacht den äußeren Bestand des Staates zu sichern hat, so hat der Volksgerichtshof diese Verpflichtung nach innen hin in Verbindung mit der Geheimen Staatspolizei".

Der Eintritt des Deutschen Reiches in den Zweiten Weltkrieg am 1. September 1939 brachte auch für die deutsche Gerichtsbarkeit und damit auch für die Sondergerichte eine Veränderung ihrer Stellung mit sich.

---

[156] RGBl. 1936 I, S. 369.
[157] ENGERT Karl, Stellung und Aufgaben des Volksgerichtshofes, Deutsches Recht, vereinigt mit Juristischer Wochenschrift 1939, S. 485, in: Recht, Verwaltung und Justiz ..., hg. v. Martin HIRSCH/Diemut MAJER/Jürgen MEINCK, a. a. O., S. 485.

Mit der Verordnung über Maßnahmen auf dem Gebiet der Gerichtsverfassung und der Rechtspflege vom 1. September 1939[158] wurden nicht nur Eingriffe und Vereinfachungen in der Gerichtsorganisation der ordentlichen Gerichtsbarkeit durchgeführt, neben Veränderungen in der „Bürgerlichen Rechtspflege" wurden auch Eingriffe in die Strafrechtspflege getätigt, die auch die Sondergerichtshöfe betrafen.

Durch § 18 dieser Verordnung konnten nun auch in den Bezirken der Landesgerichte Sondergerichte errichtet werden. Das bedeutete, daß der Reichsjustizminister eine wesentliche Ausweitung der zu behandelnden Fälle vor dem Sondergerichtshof erwartete. Diese Erwartung fußte nicht zuletzt auf der verschärften Verfolgung der „nichtangepaßten Volksgenossen" und der politischen Gegner.

Die Anklagebehörde wurde ermächtigt, Verbrechen und Vergehen, die eigentlich in die Zuständigkeit der Schwurgerichte oder aber auch eines niedrigeren Gerichtes fallen würden, vor dem Sondergerichtshof anzuklagen. Die Anklagebehörde mußte nur davon überzeugt sein, daß die Tat die „öffentliche Ordnung und Sicherheit" schwer gefährdet habe.

Erhob die Anklagebehörde vor dem Sondergerichtshof anstatt vor dem ursprünglich zuständigen Schwurgericht Anklage, bestand Verteidigerzwang, wobei die Rolle des Verteidigers im Rahmen der politischen Gerichtsbarkeit eine äußerst bescheidene war.

§ 46 bestimmt, daß anhängige Strafverfahren „in der Lage, in der sie sich befinden", auf das nach dieser Verordnung zuständige Gericht überzugehen hatten. Werden Sondergerichte neu eingerichtet, gehen die Verfahren nach der Errichtung auf die Sondergerichtshöfe über.

Die Gesetzgebung im Herbst 1939 und Winter 1940 war gekennzeichnet von einer Überfülle neuer, materiellrechtlicher Strafnormen. Insbesondere waren dies die Verordnung über außerordentliche Rundfunkmaßnahmen (1. September 1939[159]), die Kriegswirtschaftsverordnung (4. September 1939[160]), die Verordnung gegen Volksschädlinge (5. September 1939[161]), die Verordnung zur Ergänzung der Strafvorschriften zum Schutz der Wehrkraft des Deutschen Volkes (25. Novem-

---

[158] RGBl. 1939 I, S. 1658.
[159] RGBl. 1939 I, S. 1683.
[160] RGBl. 1939 I, S. 1609.
[161] RGBl. 1939 I, S. 1679.

ber 1939[162]) sowie die Verordnung gegen Gewaltverbrecher (5. Dezember 1939[163]).

Eine Neuordnung der Zuständigkeiten bzw. der Kompetenzen in der Strafrechtspflege war daher dringend geboten. Außerdem wurde von der Befugnis, Sondergerichtshöfe auf der Ebene der Landesgerichte einzuführen, nicht in ausreichendem Maß Gebrauch gemacht. Am 21. Februar 1940 erging daher die Verordnung über die Zuständigkeit der Strafgerichte, die Sondergerichte und sonstige strafverfahrensrechtliche Vorschriften.[164] Neben der Ausweitung der Zuständigkeiten des Volksgerichtshofes (§ 5) wurden die Zuständigkeit und die Stellung des Oberlandesgerichtes eingeschränkt.

§ 10 der Verordnung bestimmte, daß im Bezirk eines jeden Oberlandesgerichtes an einem oder mehreren Landesgerichten Sondergerichte zu bilden sind, wobei der Reichsminister für Justiz Sitz und Bezirk der Sondergerichte bestimmen konnte. Als Anklagebehörde vor dem Sondergericht fungierte die Staatsanwaltschaft jenes Landesgerichtes, in dessen Bezirk das Sondergericht seinen Sitz hatte. Die Verordnung definierte des weiteren das Verhältnis zwischen Sondergerichtshof an den Landesgerichten, Volksgerichtshof und der ordentlichen Gerichtsbarkeit.

Neben diesen Gerichten existierten im Dritten Reich weitere sondergerichtliche Einrichtungen für die Strafrechtspflege und die politische Justiz, die bei politischen Strafsachen die ordentliche Gerichtsbarkeit ersetzten.

Am 26. August 1939, also wenige Tage vor Beginn des Zweiten Weltkrieges, wurde ein Konglomerat sonderstrafrechtlicher Normen und sonderstrafrechtlicher Verfahrensnormen verlautbart, die größtenteils noch im Jahr 1938 erlassen worden waren, nun aber teilweise erst ein Jahr später veröffentlicht wurden.[165]

---

[162] RGBl. 1939 I, S. 2319.
[163] RGBl. 1939 I, S. 2378.
[164] RGBl. 1940 I, S. 405.
[165] Dies sind: Verordnung über das Sonderstrafrecht im Kriege und bei besonderem Einsatz (Kriegssonderstrafrechtsverordnung) vom 17. August 1938, RGBl. 1939 I, S. 1455; Verordnung über das militärische Strafverfahren im Kriege und bei besonderem Einsatz (Kriegsstrafverfahrensverordnung) vom 17. August 1938, RGBl. 1939 I, S. 1457; Erste Verordnung zur Durchführung der Verordnung über das militärische Strafverfahren im Kriege und bei besonderem Einsatz vom 19. September 1938, RGBl. 1939 I, S. 1477; Zweite Verordnung

Am Entstehungsdatum der einzelnen Verordnungen und an der Chronologie der Normenentstehung ist klar abzuleiten, daß sowohl die zivile als auch die militärische Führung des Dritten Reiches seit mehr als zwölf Monaten mit der Schaffung einer Kriegsstrafrechtsregelung befaßt war. Dieses militärische Kriegsstrafrecht wurde als Sonderstrafrecht konzipiert und bedeutete einen weiteren wesentlichen Schritt auf dem Weg in die Totalisierung des Dritten Reiches.

Wesentlich dabei war die Schaffung eines besonderen Reichskriegsgerichtes, das durch die Kriegsstrafverfahrensordnung ins Leben gerufen wurde. Das Verfahren vor dem Reichskriegsgericht fand vor militärischen Richtern statt, das Urteil bedurfte einer Bestätigung durch den militärischen Befehlshaber. Obwohl sich die Bezeichnung des Reichskriegsgerichtes an der Bezeichnung des höchsten zivilen Gerichtes des Deutschen Reiches, dem Reichsgericht, anlehnte, war die materiellrechtliche Zuständigkeit des Reichskriegsgerichtes der Zuständigkeit des Volksgerichtshofes überwiegend gleichgesetzt.

Kurz nach Kriegsbeginn war die Errichtung eines weiteren Bereiches der Sondergerichtsbarkeit notwendig geworden. Nach den siegreichen deutschen Armeen marschierten Einheiten der SS und der Polizeiverbände in Polen ein, um „Sonderaktionen" durchzuführen.[166] Nach dem geltenden deutschen Recht war es (noch nicht) möglich, Mordaktionen und Vernichtungsaktionen an der Bevölkerung durchzuführen. Vielmehr machte sich der einzelne Mitwirkende an derartigen Vernichtungsaktionen strafbar.

Aus diesem Grund wurde am 1. November 1939 die „Erste Verordnung zur Durchführung der Verordnung über eine Sondergerichtsbarkeit in Strafsachen für Angehörige der SS und für Angehörige der Polizeiverbände bei besonderem Einsatz" erlassen.[167] Die SS- und Po-

---

[165] zur Durchführung und Ergänzung der Verordnung über das militärische Strafverfahren im Kriege und bei besonderem Einsatz vom 26. September 1938, RGBl. 1939 I, S. 1479; Dritte Verordnung zur Durchführung und Ergänzung der Verordnung über das militärische Strafverfahren im Kriege und bei besonderem Einsatz vom 11. August 1939, RGBl. 1939 I, S. 1482; Verordnung über das Inkrafttreten der Verordnung über das Sonderstrafrecht im Kriege und bei besonderem Einsatz und der Verordnung über das militärische Strafverfahren im Kriege und bei besonderem Einsatz vom 26. August 1939, RGBl. 1939 I, S. 1482.

[166] Diese Aktionen waren rassisch motiviert, vgl. dazu etwa BLACK Peter, Ernst Kaltenbrunner, Vasall Himmlers: Eine SS-Karriere, Paderborn 1991, S. 149 ff.

[167] RGBl. 1939 I, S. 2293.

lizeitruppen wurden damit der Gerichtsbarkeit der Wehrmacht entzogen. Einberufungen und Befehle zur Teilnahme an den Mordaktionen erfolgten aus rechtlichen Gründen daher stets unter dem Titel „besonderer Einsatz".[168] Die SS- und Polizeigerichtsbarkeit war die verzerrteste Form der Gerichtsbarkeit, die das Dritte Reich zu bieten hatte. Die Richter unterstanden dem Reichsführer SS.

Kein Sondergericht im engeren Sinn war das Parteigericht der NSDAP, weil es nicht anstatt, sondern zusätzlich zur ordentlichen Gerichtsbarkeit Recht über die Mitglieder der NSDAP sprach.

Mit der „legalen Revolution" durch die Machtübernahme nach dem vorgeschriebenen Verfahren des ersten Hauptteils der Reichsverfassung, mit der Aufhebung der Gewaltenteilung zwischen Exekutive und Legislative durch die Ermächtigungsverordnungen, mit der damit verbundenen Rechtlosstellung im Grundrechtsbereich der Staatsbürger und mit der Unterwanderung der Judikative durch die Sondergerichtsbarkeit gelang es den Nationalsozialisten, die Weimarer Republik auf verfassungsrechtlicher Basis der Reichsverfassung so umzugestalten, daß zumindest im Bereich der Verhaltensanpassung und -normierung die Staatsbürger total beherrschbar im Sinn eines totalen Staates wurden.

3.10.4. Politisierung des Strafrechts und Kompetenzverschiebungen zur Verwaltung

Auch wenn nach den ersten Monaten der Machtübernahme und der Gestaltung des Dritten Reiches rudimentär nach wie vor ein Rest an unhabhängiger Gerichtsbarkeit verblieb, hatten die Nationalsozia-

---

[168] Vgl. KLEE Ernst/DRESSEN Willi/RIESS Volker, „Schöne Zeiten" – Judenmord aus der Sicht der Täter und Gaffer, Frankfurt/Main 1988, S. 19. In dieser erschütternden Dokumentation wird auch das Urteil gegen den SS-Untersturmführer Max Täubner vom 24. Mai 1943 abgedruckt (S. 184 ff.). Täubner wurde neben anderen Vergehen beschuldigt, als Kommandant eines Werkstattzuges ohne Befehl Judenermordungen begangen zu haben. Täubner befand sich nicht „in besonderem Einsatz". Trotzdem wurde er vom Obersten SS- und Polizeigericht zwar wegen der anderen Vergehen, nicht aber wegen der Judenmorde verurteilt. Grund dafür war sicher eine Stellungnahme von Reichsführer SS Heinrich Himmler in einer anderen Strafsache. Er hatte entschieden, daß bei rein politischen Motiven für derartige Taten keine Bestrafung zu erfolgen hat.

listen neben der organisatorischen Möglichkeit, Sondergerichte einzurichten, weitere Möglichkeiten, die Judikative – und hier insbesondere die Strafjustiz – gleichzuschalten. Der erste Ansatz dazu bot sich im Rahmen der Kompetenzzuordnung zu den Gerichten; wie selbstverständlich wurden wesentliche Teile der politischen Strafgerichtsbarkeit in den Kompetenzbereich der Sondergerichte verwiesen. Neben dieser Kompetenzverschiebung innerhalb der Gerichtsbarkeit bot sich aber auch die Möglichkeit, sowohl formelles als auch materielles Strafrecht in einer Weise zu verändern, daß sich die Richter, die an rechtsstaatliche Instrumentarien und an eine Bindung an das Gesetz gewöhnt waren, ihrer juristischen Legitimation beraubt (oder zumindest stark eingeschränkt) sahen.

§ 16 der Verordnung der Reichsregierung über die Bildung von Sondergerichten vom 21. März 1933[169] bestimmt, daß gegen Entscheidungen der Sondergerichte kein Rechtsmittel zulässig ist. Allerdings konnte der Antrag auf Wiederaufnahme des Verfahrens gestellt werden, wenn dieser Antrag von der Strafkammer als begründet bestätigt wurde – dann allerdings wurde die Hauptverhandlung vor einem ordentlichen Gericht geführt, weil bei einer begründeten Wiederaufnahme des Verfahrens die „Schnellgerichtsfunktion" des Sondergerichtes als politisches Gericht unerheblich blieb und damit kein Grund bestand, dem Angeklagten prozessuale Rechte zu verweigern.

Einen grundsätzlichen Eingriff in die rechtsstaatlichen Prinzipien brachte das Gesetz vom 28. Juni 1935[170], das den Grundsatz „nulla poena sine lege" für die Strafgerichte – und damit auch für die Sondergerichte – aufhob. § 2 dieses Gesetzes hebt das Analogieverbot auf. Es wird bestraft, „wer eine Tat begeht, die das Gesetz für strafbar erklärt, oder die nach dem Grundgedanken eines Strafgesetzes und nach gesundem Volksempfinden Bestrafung verdient. Findet auf die Tat kein bestimmtes Strafgesetz unmittelbar Anwendung, wird die Tat nach dem Gesetz bestraft, dessen Grundgedanke auf sie am besten zutrifft." Allerdings zeigt die Praxis, das die Gewöhnung an die gesetzliche Bindung so stark war, daß vom Analogiegebot kaum Gebrauch gemacht wurde, sondern ein Sich-Klammern an Normen feststellbar ist, selbst dann, wenn die Normen extensiv oder gar contra legem ausgelegt werden mußten.

---

[169] RGBl. 1933 I, S. 136.
[170] RGBl. 1935 I, S. 839.

Während dieses Gesetz den Straf- und Sondergerichten die Rechtschöpfung nicht nur erlaubt, sondern nach dem Prinzip des gesunden Volksempfindens geradezu anordnet, ist das Rückwirkungsverbot für die Straf- und Sondergerichte zu diesem Zeitpunkt immer noch in Geltung.[171] Allerdings durften auch Gesetze angewandt werden, die zum Zeitpunkt der Begehung der Straftat bereits außer Kraft gesetzt waren (§ 2a).

Ab Kriegsbeginn wurde das Verfahren ständig vereinfacht. Dies hatte zum Ziel, die Verfahrensdauer zu verkürzen, und diente langfristig auch dazu, das Verfahrensrecht um jene formalen Elemente zu berauben, die als „lästig" empfunden wurden.

Mit der Verordnung über die Zuständigkeit der Strafgerichte, die Sondergerichte und sonstige strafverfahrensrechtliche Vorschriften vom 21. Februar 1940[172] wurden nicht nur die Zuständigkeiten, sondern auch das Strafverfahren vor den Sondergerichten neu geregelt.

Das Jahr 1942 war gekennzeichnet von einer Justizkrise, die Adolf Hitler durch seine Rede im Reichstag am 26. April 1942 auslöste. Die Unzufriedenheit Hitlers mit der Justiz war jedoch schon in seinem Erlaß vom 21. März 1942[173] erkennbar. In diesem weist er darauf hin, daß „die Verteidigung von Volk und Reich" eine reibungslose und schnelle Arbeit der Rechtspflege erfordere.

Er bestimmte daher, daß bei Verfahren in Strafsachen einschließlich des Strafvollzugs alle „entbehrlichen Maßnahmen" zu entfallen hätten und daß die Verfahren zu vereinfachen und zu beschleunigen seien. Die Vereinfachung habe soweit zu gehen, daß es mit dem Zweck des Verfahrens gerade noch vereinbar sei. Die Eröffnung des Hauptverfahrens soll für alle Strafgerichte wegfallen, Anklageschriften und gerichtliche Entscheidungen seien „in bündiger Kürze unter Beschränkung auf das unbedingt Notwendige abzufassen".

Die Mitwirkung der hauptamtlichen Beisitzer in gerichtlichen Entscheidungen sei einzuschränken. Rechtsbehelfe gegen gerichtliche Entscheidungen müßten den Kriegsverhältnissen angepaßt, das heißt eingeschränkt werden.

---

[171] Durch die Lex van der Lubbe, die das Rückwirkungsverbot für den Prozeß um den Reichstagsbrand aufhob, wurde dieses Verbot nicht generell, sondern nur für diesen einen Fall gebrochen.
[172] RGBl. 1940 I, S. 405.
[173] RGBl. 1942 I, S. 139.

Hitler beauftragte in diesem Erlaß den Reichsminister für Justiz gemeinsam mit dem Chef der Reichskanzlei und dem Leiter der Parteikanzlei, die „zur Durchführung dieses Erlasses notwendigen Rechtsvorschriften zu erlassen". Offenbar arbeiteten die angesprochenen Stellen nicht rasch genug, und weil vier Wochen nach Kundmachung des Erlasses die entsprechenden Verfahrensnormen immer noch nicht umgesetzt waren, reagierte Hitler mit Ungeduld. Nicht zuletzt aus dieser Sicht ist seine Rede vor dem Reichstag im April 1942 und die darin enthaltene Forderung zu beurteilen, Beamte und Richter, die nicht entsprechend harte Urteile in den Verfahren zustande bringen, entlassen zu können.

Hitler deponierte unzweideutig seine Erwartung[174], daß „die deutsche Justiz versteht, daß nicht die Nation ihretwegen, sondern daß sie der Nation wegen da ist, das heißt, daß nicht die Welt zugrunde gehen darf, in der auch Deutschland eingeschlossen ist, damit ein formales Recht lebt, sondern daß Deutschland leben muß, ganz gleich, wie immer auch formale Auffassungen der Justiz dem widersprechen mögen. Ich habe – um nur ein Beispiel zu erwähnen – kein Verständnis dafür, daß ein Verbrecher, der im Jahre 1937 heiratet und dann seine Frau solange mißhandelt, bis sie endlich geistesgestört wird und an den Folgen einer letzten Mißhandlung stirbt, zu fünf Jahren Zuchthaus verurteilt wird in einem Augenblick, in dem Zehntausende brave deutsche Männer sterben müssen, um der Heimat die Vernichtung durch den Bolschewismus zu ersparen, das heißt also, um ihre Frauen und Kinder zu schützen. Ich werde von jetzt ab in diesen Fällen eingreifen und Richter, die ersichtlich das Gebot der Stunde nicht erkennen, ihres Amtes entheben."

Hitlers Rede verfehlte ihr Ziel nicht. Viele Richter waren nach dieser Rede verunsichert und fürchteten sowohl um ihre Beschäftigung als auch künftig eine noch stärkere Beeinflussung der Strafrechtspflege durch die Partei.

Gemäß dem Führererlaß wurde am 13. August 1942 eine Verordnung zur weiteren Vereinfachung der Strafrechtspflege erlassen.[175]

So wurde für alle Strafgerichte der Beschluß über die Eröffnung des Hauptverfahrens beseitigt, die Strafgewalt des Amtsrichters auf

---

[174] Stenographische Berichte des Deutschen Reichstages, 1942, 8. Sitzung, 109 f.; in: Recht, Verwaltung und Justiz …a. a. O., S. 507 ff.
[175] RGBl. 1942 I, S. 508.

bis zu fünf Jahre Zuchthaus erweitert. An den Sondergerichten (wie auch an anderen Gerichten) konnte der Vorsitzende allein entscheiden, wenn er aufgrund der einfachen Sach- und Rechtslage die Mitwirkung von Beisitzern für entbehrlich hielt. Ebenso hatte ein Schriftführer in der Hauptverhandlung nur dann mitzuwirken, wenn dies der Vorsitzende für unentbehrlich hielt. Die Fassung des Urteilsspruches wurde dem Gericht freigestellt. Es sollte „volkstümlich gestaltet" sein. Sicherungs- oder Besserungsmaßregeln waren in das Urteil nicht aufzunehmen.

Der Großteil der sonstigen Strafprozeßvereinfachungen betraf die Sondergerichte nicht, weil die weiteren Vereinfachungsverordnungen das Verfahren vor den ordentlichen Gerichten dem Verfahren vor den Sondergerichten immer mehr anpaßten und mit Ende 1942 im Verfahrensrecht – abgesehen vom Instanzenzug – kaum mehr ein Unterschied zwischen den Sondergerichten und den ordentlichen Strafgerichten bestand. In diesem Sinn darf behauptet werden, daß die letzten Reste der Gewaltenteilung im Zusammenhang mit der Justiz ab diesem Zeitpunkt aufgehoben waren.

Auch die Frage der Rechtskraft von Urteilen wurde noch im Jahr 1942 endgültig zuungunsten der Angeklagten geklärt. Die Staatsanwaltschaft konnte bis zu einem Jahr nach Urteilsfällung gegen ein Strafrechtsurteil Nichtigkeitsbeschwerde erheben[176], dem Reichsjustizamt stand das außerordentliche Einspruchsrecht im Auftrag des Führers, eingelegt durch den Oberreichsanwalt zu, und Wiederaufnahmeanträge des Beschuldigten konnten durch die Abschaffung des Verbots der reformatio in peius zu einem „Schuß nach hinten" werden.

Da die Nationalsozialisten die Legislative verkörperten, fiel es ihnen leicht, über den Weg der Gesetzgebung gewachsene Rechtsstrukturen und Rechtsinstitutionen im strafrechtlichen Bereich aufzuheben oder neu zu definieren.[177] Dennoch paßte die Vorgangsweise der Nationalsozialisten, wie bereits dargestellt, systemtheoretisch nicht in das Gefüge eines totalen und biologischen Staates. Schon aus diesem Grund versuchten die Juristen und Politiker des Dritten Reiches von Anbeginn an, insbesondere im Strafrechtsbereich, ein umfassendes nationalsozialistisches Regelwerk zu erstellen.

---

[176] RGBl. 1940 I, S. 405.
[177] Vgl. STAUDINGER Roland, Politische Justiz …, a. a. O., S. 28 ff.

Schon das Parteiprogramm aus dem Jahr 1922 gibt Aufschluß über die wesentlichen Punkte einer künftigen geplanten Strafrechtsordnung. So ist dem Punkt vier zu entnehmen, daß das künftige Strafrecht auf biologisch-rassischen Grundsätzen aufbauen und sich nicht nur an einem religiösen, sondern auch an einem rassisch begründeten Antisemitismus orientieren wird. Wenngleich die Idee des rassisch begründeten Antisemitismus keine Erfindung der NSDAP war und die deutschösterreichischen burschenschaftlich organisierten Studenten um 1870 als „Erfinder des Arierparagraphen" gelten, war die Aufnahme solcher rassenantisemitischer Ideologien in ein Parteiprogramm doch eine Novität.[178] Wenn der Arierparagraph bei den Burschenschaften zwar menschenverachtend, aber keineswegs existenzbedrohend wirkte, so hatte die Einbindung des Rassenantisemitismus im Gegensatz zum religiösen Antisemitismus, der in Europa eine mehrhundertjährige Tradition aufweist, für die jüdischen Mitbürger fatale, existenzbedrohende und tödliche Folgen. Konnte der religiöse Antisemitismus durch den einzelnen Staatsbürger jüdischen Glaubens noch durch Assimilation und Konversion zum christlichen Glauben gemildert oder völlig abgebaut werden, so ließ der rassisch begründete Antisemitismus – da biologisch unwiderruflich determiniert – den einzelnen jüdischen Staatsbürgern keinerlei Chance, den Rechtsfolgen oder besser den Unrechtsfolgen zu entkommen, die sich aus Punkt vier des Programms der NSDAP ergaben.

Obwohl der betreffende Passus im Parteiprogramm noch keine unmittelbaren strafrechtlichen Konsequenzen ableiten läßt, sondern den jüdischen Staatsbürgern vielmehr staatsbürgerschaftsrechtliche Folgen bescherte, wird ersichtlich, daß Punkt vier – im Zusammenhang mit Punkt fünf des Parteiprogramms gelesen[179] – die staatsbürgerli-

---

[178] Vgl. WHITESIDE Andrew, Georg Ritter von Schönerer. Alldeutschland und sein Prophet, 1981, 257 ff. Zweifellos waren die Ideen der Alldeutschen eine Inspiration für Hitler, wie dieser selbst in „Mein Kampf" bestätigt. Das österreichische Alldeutschtum wurzelte in der damaligen europaweiten Gegenströmung zum Liberalismus. Wenngleich das Alldeutschtum nie konsequent, wissenschaftlich und logisch konzipiert war und damit auf der operativen politischen Ebene viele Spielräume für Systemfehler und Irrtümer ließ, nahmen die Alldeutschen wesentliche Punkte des NSDAP-Parteiprogramms vorweg; z. B. Verachtung der humanitären Justiz, biologische Rassenlehre, Radikalismus, antiklerikale Tradition, Ablehnung demokratischer Instrumentarien.

[179] „Wer nicht Staatsbürger ist, soll nur als Gast in Deutschland leben können und muß unter Fremdengesetzgebung stehen."

chen Schutzbestimmungen und Grundsätze für jüdische Bürger außer Geltung setzen sollte. Als Vorschau auf die künftigen Strafrechtskonzepte ist auch Punkt 18 des Parteiprogrammes radikal formuliert. In ihm wird gefordert, daß (offensichtlich mittels Generalklausel) „im rücksichtslosen Kampf" gegen „gemeine Volksverbrecher, Wucherer und Schieber" vorzugehen ist. Wer durch seine Tätigkeit das Gesamtinteresse schädigt, soll mit dem Tod bestraft werden – „ohne Rücksichtnahme auf Konfession und Rasse".

Die schon im Parteiprogramm angekündigten strafrechtlichen Konzepte wurden nach der Machtübernahme „wissenschaftlich" ausformuliert. Besonders Roland Freisler, ein ehemaliger Kommunist,[180] trat als Staatssekretär im Reichsjustizministerium und späterer berüchtigter Präsident des Volksgerichtshofes publizistisch in der Frage eines nationalsozialistischen Strafrechts immer wieder hervor. In äußerst emotionaler Sprache, auf Begründungen und Zusammenhänge verzichtend und ausschließlich politisch orientiert, entwirft Freisler schon 1933 ein nationalsozialistisches Strafrechtskonzept.[181] Er kritisiert das gültige Strafrecht als eines, das dem Einzelindividuum die Möglichkeit sichert, als asoziales und revoltierendes Element im Staat ebendiese Staatsgemeinschaft und die Organe dieses Staates anzugreifen. Freisler lehnt das Strafgesetz als materialistisch und individualistisch ab und fordert statt dessen ein „Volksstrafrecht", das den Schutz des Volkes zum Ziel hat. Als besonders schutzwürdiges Rechtsgut bezeichnet er „das Volk, die Rasse und seine Geschichte" sowie die Ehre der Volkshelden und deren Andenken.

Einem künftigen nationalsozialistischen Strafrecht gibt Freisler auch die strategisch bedeutsame Aufgabe, der „Erkenntnis Rechnung zu tragen, das dies Volk nicht nur das gegenwärtig lebende Geschlecht ist, [...], in seinem gegenwärtigen rauschend strömenden Leben und in seiner Zukunft muß dieses deutsche Volk im Strafrecht geschützt sein". Weiters fordert er den Schutz der Familie als „Zelle des Volkskörpers", der Wehr- und Arbeitskraft, der Kraft zur Mutterschaft und als Forderung an das Strafrecht (sic!) Arbeitsplatzsicherheit und Arbeits-

---

[180] Vgl. ORTNER Helmut, Der Hinrichter, Roland Freisler – Mörder im Dienste Hitlers, Wien 1993, S. 317 ff.

[181] FREISLER Roland, Gedanken zur Staatsrechtserneuerung, in: Nationalsozialistisches Strafrecht. Denkschrift des preußischen Justizministers, 1933, S. 6 ff., in: Recht, Verwaltung und Justiz ..., a. a. O., S. 432 ff.

frieden. Die Grundideen Freislers für ein nationalsozialistisches Strafrecht führte im Jahr 1935 ein Strafrechtsausschuß der NSDAP fort.[182]

In diesen Grundsätzen finden sich neben einer Vielzahl von germanischen und mittelalterlichen Termini alle Elemente eines autoritären, totalitären und faschistischen Strafrechts, das dem einzelnen Staatsbürger jede Rechtssicherheit nimmt und ihn gegenüber dem übermächtigen Staat jedes Schutzes beraubt. Die Einheit von Gesetzgeber, Rechtsprechung und Verwaltung ist in diesen Grundsätzen ebenso manifestiert wie das Führerprinzip[183] und die Einheit von Partei und Staat. Ein kommendes (nationalsozialistisches) Strafrecht muß, so lautet die Forderung, „den Bedürfnissen des von Adolf Hitler geführten Staatswesens entsprechen".

Das neue Strafrecht ist aus der „Seele des Volkes" zu schöpfen, es muß auf dem Prinzip der Treuepflicht aufgebaut sein, das gleichzeitig das Rechtsempfinden der Volksgenossen leitet. Der Strafzweck des deutschen Strafrechts soll entweder die Erziehung von „noch nicht verlorenen Volksgenossen" oder die Vernichtung von nicht erziehbaren Tätern im Sinn des nationalsozialistischen Idealstaates sein.

Die Rechte des Angeklagten im Strafprozeß werden zugunsten der Staatsmacht völlig beschnitten, insbesondere soll das Rückwirkungsverbot keine Geltung mehr haben, und die Gerichte sollen die Möglichkeit der Rechtsschöpfung erhalten.[184]

Die subjektive Tatbestandsmäßigkeit soll nach dem Grundsatz, daß unabhängig von Vorsatz, Fahrlässigkeit oder „Pflichtenkollision" (!) jedes Verbrechen zu bestrafen ist, im Verfahren keine besondere Rolle spielen. Rechtskraft, Verjährung und räumliche Geltung der Strafgesetze weichen dem Grundsatz der materiellen Gerechtigkeit. Darunter wird verstanden, daß es im nationalsozialistischen Strafrecht kein formelles Recht oder Unrecht geben kann, sondern nur völkisches Gerechtigkeitsempfinden. Dieses ist das Maß aller Handlungen.

---

[182] Vgl. FRANK Hans, Nationalsozialistische Leitsätze für ein deutsches Strafrecht, 1. Teil, 1935, 3. Aufl., S. 5 ff.

[183] Die Frage der rechtlichen Kompetenz des Führerprinzips zu beantworten, wurde – wie dargestellt – mehrfach versucht; so war für Nicolai selbstverständlich, daß das Führerprinzip in eine Art rassengesetzliche Rechtslehre einzuschließen sei. Vgl. LANDAU Peter, Die deutschen Juristen und der nationalsozialistische Deutsche Juristentag in Leipzig 1933, in: ZNR, 16. Jahrgang, 1994, Nr. 4, S. 380.

[184] Diese Forderungen Freislers wurden sehr rasch umgesetzt.

Tatsächlich ist es den Nationalsozialisten bis zum Zusammenbruch des Dritten Reiches nicht gelungen, ein einheitliches deutsches Strafrecht nach den Prinzipien und Leitsätzen von Freisler, Frank und dem Strafrechtsausschuß der NSDAP sowie der Gürtnerkommission zu entwickeln. Trotzdem wurden die Strafrechtskonzepte und Grundsätze eines nationalen deutschen Strafrechts – wie bereits dargestellt – in wesentlichen Punkten sehr rasch umgesetzt. Überall dort, wo es der politischen Führung darum ging, den Weg vom politischen Istzustand zum nationalsozialistischen Idealzustand zu verkürzen, zu unterstützen oder die vermeintlichen Gegner auf diesem Weg auszuschalten, wurden diese Grund- und Leitsätze sehr rasch in konkrete Strafrechtsnormen umgewandelt.

Bei derartigen Umsetzungen tut sich der totalitäre, autoritäre und faschistische Staat natürlich wesentlich leichter als der demokratisch, liberal und rechtsstaatlich organisierte Staat, weil die Nationalsozialisten, sofern sie gesetzgeberisch tätig waren, lediglich destruktiv tätig sein mußten. Sie brauchten nur die komplizierten und hochentwickelten Rechtsschutzsysteme, die den einzelnen Staatsbürger vor der Staatsgewalt in Schutz nehmen sollten, zu zerstören.[185] Die Abschaffung der rechtsstaatlichen Prinzipien, der Rechtskraft von Urteilen, des Instanzenzuges in der Gerichtsbarkeit, der Bindung von Strafen, Anklagen und Verfahren an gesatzte Normen und die Abschaffung von Kompetenzzuweisungen sind mit Sicherheit einfacher und rascher zu bewerkstelligen als die Entwicklung und Formulierung dieser Einrichtungen.

Dennoch reichte den Machthabern die Unterwanderung und defacto-Gleichschaltung der Strafrechtsprechung nicht. Aus diesem Grund wurden insbesondere bei politischen Vergehen Kompetenzen und Zuständigkeiten in den Verwaltungsbereich (und hier insbesondere in den Bereich der politischen Polizei) übergeben, was einerseits in der Praxis des Dritten Reiches zu einer Konkurrenzierung zwischen Polizei und Gerichten führte und andererseits dem Wesen des totalen Staates entsprach, wie Carl Schmitt und Ernst Forsthoff ihn als tota-

---

[185] In liberalen Verfassungsstaaten ist die Betrachtung der Rechtsschutzsysteme eine ständige juristische Aufgabe. Auch in der österreichischen Verfassungs- und Verwaltungslehre ist das Wesen der Schutznormen ein bedeutendes rechtstechnisches Problem im Zusammenhang mit der Effektivität und Effizienz. Vgl. dazu PERNTHALER Peter, Neue Probleme des Rechtsschutzes in der österreichischen Verwaltung, in: JBl. 1988, S. 354 ff.

len politischen Staat beschrieben. Anzumerken ist weiters, daß im Rahmen der Kompetenzstreitigkeiten zwischen politischer Polizei und Strafgerichten letztere die faktisch schlechtere Ausgangsposition hatten, weil sie über keinen eigenen Verfolgungsapparat verfügten und daher nur jene Täter anklagen konnten, die von der Polizei an die Gerichte übergeben wurden.

3.10.5. Ein „sich ständig wandelndes" Strafrecht als politisches Instrument des totalen Staates[186]

Durch die Verordnung der Reichsregierung über die Bildung von Sondergerichten vom 21. März 1933[187], also nur weniger als zwei Monate nach der Machtübernahme, wurden die neugegründeten Sondergerichte, die für den Bezirk jedes Oberlandesgerichtes eingerichtet wurden, für die Rechtsprechung jener Delikte und Vergehen zuständig[188], die einerseits in der Verordnung des Reichspräsidenten zum Schutz von Volk und Staat vom 28. Februar 1933[189] aufgezählt wurden und andererseits in der Verordnung zur Abwehr heimtückischer Angriffe gegen die Regierung der nationalen Erhebung vom 21. März 1933[190] (nicht zu verwechseln mit dem Heimtückegesetz, das erst später erlassen wurde) formuliert wurden. Durch diese Maßnahmen sollten politische Vergehen und Verbrechen – zumindest jene Taten, die die Nationalsozialisten als Vergehen und Verbrechen einstuften – geahndet und die politische Gegnerschaft unter Druck gesetzt werden.

Die in der Verordnung vom 28. Februar 1933 aufgezählten Verbrechen und Vergehen sind die Zuwiderhandlung gegen Anordnungen der obersten Landesbehörden oder der ihnen nachgeordneten Behörden im Rahmen der Durchführung dieser Verordnung, weiters die (nun mit Todesstrafe zu bestrafenden) Verbrechen (ursprünglich war die Höchststrafe für diese Verbrechen lebenslanges Zuchthaus): Hochverrat (§ 81), Giftbeibringung (§ 229), Brandstiftung (§ 307), Explosion (§ 311), Überschwemmung (§ 312), Beschädigung von Eisenbahn-

---

[186] Vgl. dazu meine Ausführungen in: STAUDINGER Roland, Politische Justiz, a. a. O., S. 50 ff.
[187] RGBl. 1933 I, S. 136.
[188] §§ 2 und 3 der Verordnung.
[189] RGBl. 1933 I, S. 83.
[190] RGBl. 1933 I, S. 135.

anlagen (§ 315 Abs. 2) und gemeingefährliche Vergiftung (§ 324 Deutsches Strafgesetzbuch).

Weiters fielen in die Kompetenz dieser politischen Strafgerichtsbarkeit die Aburteilung von Angriffen auf den Reichspräsidenten, ein Mitglied der Reichsregierung und Mitglieder einer Landesregierung, die Verabredung eines derartigen Angriffes oder die Bestimmung eines Angriffes, sofern die Taten mit Tötungsvorsatz begangen wurden. Ebenfalls mit umfaßt waren die Fälle des § 115 Abs. 2 des Strafgesetzbuches (schwerer Aufruhr) und des § 125 Abs. 2 des Strafgesetzbuches (schwerer Landfriedensbruch) unter besonderen Voraussetzungen.

Eine Einschränkung der Kompetenz der Sondergerichte war insofern gegeben, als die Sondergerichte lediglich für jene Normen zuständig gemacht wurden, die nicht in die Zuständigkeit des Reichsgerichtes oder der Oberlandesgerichte fielen. Andererseits konnten die politischen Gerichte ihre Zuständigkeit erweitern, wenn ein zu ihrer Zuständigkeit gehörendes Verbrechen oder Vergehen „zugleich den Tatbestand einer anderen strafbaren Handlung erfüllt"[191].

Ebenso wurde die Zuständigkeit der politischen Strafgerichtsbarkeit in jenen Fällen erweitert, in denen eine strafbare Handlung, die eigentlich nicht in die Zuständigkeit der Sondergerichte fallen würde, in Zusammenhang mit einem Vergehen oder Verbrechen steht, für das die Sondergerichte zuständig sind. Für den Angeklagten bedeutete dies den Verlust des Rechtsschutzes auch bei anderen als den politischen Vergehen und Verbrechen, weil gegen die Entscheidung der Sondergerichte kein Rechtsmittel zulässig war.

Die Kompetenz der Sondergerichte wurde durch das Gesetz zur Abwehr politischer Gewalttaten vom 4. April 1933[192] neuerlich erweitert. Diese waren nun zuständig für Verbrechen gegen § 5 Abs. 1 und 2 des Gesetzes gegen den verbrecherischen und gemeingefährlichen Gebrauch von Sprengstoffen[193] sowie für die Aburteilung der §§ 306 bis 308 und 311 Strafgesetzbuch (Brandlegung oder Sprengung eines öffentlichen Bauwerkes) und für Verbrechen gegen § 229 Abs. 2, §§ 312, 315 Abs. 2, § 324 Strafgesetzbuch (Giftbeibringung, Überschwemmung, Beschädigung von Eisenbahnanlagen, gemeingefährliche Ver-

---

[191] Vgl. § 3, RGBl. 1933 I, S. 136.
[192] RGBl. 1933 I, S. 162.
[193] RGBl. 1884 I, S. 61.

giftung), soweit nicht die Zuständigkeit des Reichsgerichtes oder der Oberlandesgerichte begründet ist.

Neue Straftatbestände, für die das Sondergericht zuständig gemacht wurde, schuf das Gesetz zur Gewährleistung des Rechtsfriedens vom 13. Oktober 1933.[194] Dieses Gesetz enthielt sehr hohe Strafandrohungen und sah vorwiegend die Todesstrafe vor, wie überhaupt ein Großteil der politischen Straftatbestände unter Todesandrohung gestellt wurden, sodaß die politische Strafgerichtsbarkeit einen weitestmöglichen Spielraum zur Verfügung hatte.

Das Gesetz zur Gewährleistung des Rechtsfriedens schützte einerseits die Proponenten der Staatsgewalten und der Politik,[195] zudem erweiterte es den regionalen Geltungsbereich des Tatbestandes des Hochverrats (§§ 81 bis 86 Strafgesetzbuch) dadurch, daß dieser Tatbestand nun auch durch die Herstellung „hochverräterischer" Druckwerke sogar im Ausland verwirklicht werden konnte, was insbesondere den Zweck hatte, daß deutsche Antifaschisten, die ins Ausland geflüchtet waren und dort mittels Druckmaterial ihren Kampf fortsetzten, trotzdem von deutschen Gerichten abgeurteilt werden konnten.

Eingeschränkt wurde die Zuständigkeit des Sondergerichtes wiederum durch die Zuständigkeit des Reichsgerichtes bzw. der Oberlandesgerichte, wobei insbesondere das Reichsgericht ebenfalls als unmittelbares politisches Gericht besonders für Grundsatzfragen vorgesehen war.

Neue Straftatbestände, die in die Zuständigkeit der Sondergerichte fielen, schuf das Gesetz vom 20. Dezember 1934, das Gesetz gegen heimtückische Angriffe auf Staat und Partei und zum Schutz der Parteiuniformen.[196] Dieses Gesetz, das allgemein als Heimtückegesetz bezeichnet wurde, fiel in die alleinige Kompetenz und Zuständigkeit der Sondergerichte, es sollte in weiterer Folge den größten Anteil der Rechtsprechung der Sondergerichte darstellen.

Das Gesetz stellt insbesondere Äußerungen gegen den Staat, die Regierung und die NSDAP unter Strafe, zudem schützt es Uniformen und Zeichen des Staates sowie der Partei. Die Strafandrohungen

---

[194] RGBl. 1933 I, S. 723.
[195] Insbesondere Richter und Staatsanwälte, Kriminal- und sonstige Polizeiformationen, SA, Wehrmachts- und NSDAP-Angehörige, Schöffen, Geschworene usw.
[196] RGBl. 1934 I, S. 1269.

variierten je nach Tatbestand zwischen geringfügigen Gefängnisstrafen und Todesstrafe.

Eine Einschränkung der Kompetenzen der regionalen politischen Strafgerichte erfolgte durch die Gründung des Volksgerichtshofes im April 1934 insofern, als die Hoch- und Landesverratssachen, die Verbrechen nach § 5 Abs. 2 Nr. 1 der Verordnung des Reichspräsidenten zum Schutz von Volk und Staat vom 28. Februar 1933 ausschließlich auf den Volksgerichtshof übergingen; de facto bedeutete die Errichtung des Volksgerichtshofes aber auch eine partielle Einschränkung für das Reichsgericht.

Mit Beginn des Zweiten Weltkrieges trat für die regionalen politischen Gerichte insofern eine Veränderung ein, als durch die Gründung des Reichskriegsgerichtes und durch die Kriegsgerichtsbarkeit für Militärpersonen sowie durch die Gründung der SS- und Polizeigerichtsbarkeit die Angehörigen von Wehrmacht, SS und Polizei in Strafsachen den ordentlichen Gerichten ebenso entzogen waren wie den Sondergerichten und der sonstigen politischen Gerichtsbarkeit.[197]

Die Verordnung über Maßnahmen auf dem Gebiet der Gerichtsverfassung und der Rechtspflege vom 1. September 1939[198] führte auch für die Bezirke der Landesgerichte Sondergerichte ein, und die Verordnung über die Zuständigkeit der Strafgerichte, die Sondergerichte und sonstige strafverfahrensrechtliche Vorschriften vom 21. Februar 1940[199] regelte die Zuständigkeiten der zivilen Strafgerichte umfassend und neu. Die Neuordnung war insbesondere durch die kriegsbedingte sonderstrafgesetzliche Gesetzgebungstätigkeit der nationalsozialistischen Führung unumgänglich notwendig geworden.

Die Sondergerichtshöfe wurden nunmehr ausschließlich zuständig für Verbrechen und Vergehen nach dem Gesetz gegen heimtückische Angriffe auf Staat und Partei und zum Schutz der Parteiuniformen[200] sowie nach den §§ 134a, 134b des Reichsstrafgesetzbuches, für

---

[197] Vgl. § 2, Verordnung über das militärische Strafverfahren im Kriege und bei besonderem Einsatz vom 17. August 1938, RGBl. 1939 I, S. 145, sowie die erste Verordnung zur Durchführung der Verordnung über eine Sondergerichtsbarkeit in Strafsachen für Angehörige der SS und für Angehörige der Polizeiverbände bei besonderem Einsatz vom 1. November 1939, RGBl. 1939 I, S. 2293.
[198] § 18 RGBl. 1939 I, S. 1658.
[199] RGBl. 1940 I, S. 405.
[200] RGBl. 1934 I, S. 1269.

Verbrechen nach § 239a des Reichsstrafgesetzbuches und nach dem Gesetz gegen Straßenraub mittels Autofallen vom 22. Juni 1938[201] sowie für Verbrechen nach der Verordnung über außerordentliche Rundfunkmaßnahmen vom 1. September 1939[202], für Verbrechen und Vergehen nach § 1 der Kriegswirtschaftsverordnung vom 4. September 1939[203], für Verbrechen nach § 1 der Verordnung gegen Volksschädlinge vom 5. September 1939[204] sowie für Verbrechen nach §§ 1 und 2 der Verordnung gegen Gewaltverbrecher vom 5. Dezember 1939[205].

Die Verordnung über außerordentliche Rundfunkmaßnahmen verbot der Bevölkerung – unter Androhung einer Zuchthausstrafe – das Abhören ausländischer Rundfunksender. Wer allerdings Nachrichten ausländischer Sender verbreitete, die geeignet waren, „die Widerstandskraft des deutschen Volkes zu gefährden", war mit Todesstrafe bedroht. Die Androhung der Todesstrafe erfolgte auch in § 1 der Kriegswirtschaftsverordnung. Bestraft wurde die Vernichtung oder Beiseiteschaffung von Rohstoffen oder von Erzeugnissen, die zum lebenswichtigen Bedarf der Bevölkerung gehörten. Ebenfalls mit Todesstrafe – diesmal durch Erhängen – waren Plünderungen in freiwillig geräumten Gebäuden oder Räumen bedroht. § 1 der Verordnung gegen Volksschädlinge bezog sich auch auf geräumte Gebiete.

Auch die Verordnung gegen Gewaltverbrecher enthielt die Strafandrohung der Todesstrafe in jenen Fällen, in denen Notzucht, Straßen- und Bankraub mit Hieb-, Stich- oder sonstigen Waffen begangen wurden, wobei auch die bloßen Hände als „Waffe" gelten konnten und eine Verurteilung zum Tod möglich war, wenn ein Täter einen Überfall mit bloßen Händen verübte.

Mit der Neuordnung der Zuständigkeiten, die im wesentlichen bis Kriegsende unverändert blieb, änderte sich die Zuständigkeit des Sondergerichtes völlig. Man kann davon ausgehen, daß diese gravierenden Maßnahmen einer „Neugründung" der Sondergerichtshöfe gleichkommen.

Anders war die Situation der materiellrechtlichen Zuständigkeit der Sondergerichtshöfe in Österreich. Durch die Kundmachung des

---

[201] RGBl. 1938 I, S. 651.
[202] RGBl. 1939 I, S. 1683.
[203] RGBl. 1939 I, S. 1609.
[204] RGBl. 1939 I, S. 1679.
[205] RGBl. 1939 I, S. 2378.

Reichsstatthalters in Österreich, wodurch die Verordnung über die Einführung der Vorschriften über Hochverrat und Landesverrat im Land Österreich bekanntgemacht wurde (20. Juni 1938)[206], wurden die §§ 80 bis 93a, 102 und 143a (Hochverrat) sowie die §§ 49a und 139 (Wehrmittelbeschädigung und Landesverrat) des Reichsstrafgesetzbuches in Österreich eingeführt.

Da im Altreich für den Großteil dieser Normen der Volksgerichtshof zuständig war, bedeutet die Einführung dieser Gesetze in Österreich mit der gleichzeitig erfolgten Kompetenzzuordnung an den Volksgerichtshof auch in Österreich die Einführung eines regional auf dem ehemaligen österreichischen Staatsgebiet zuständigen Sondergerichtshofes mit Sitz im Altreich. In einer Anzahl von Normen, die in die Zuständigkeit des Volksgerichtshofes fallen würden, bestimmt § 3 Abs. 2 der Kundmachung, daß der Oberreichsanwalt beim Volksgerichtshof die Strafverfolgung an den Oberstaatsanwalt beim Gerichtshof zweiter Instanz in Wien abgeben kann.

Eine weitere Annäherung der österreichischen und deutschen Strafrechtsordnung – diesmal allerdings nur für Fragen des terminologischen Ausgleichs – trat durch die Kundmachung des Reichsstatthalters in Österreich ein, wodurch Allgemeine Bestimmungen für die Anwendung von Strafvorschriften des Deutschen Reiches im Land Österreich (Strafanpassungsverordnung) vom 8. Juli 1938 [207] bekanntgemacht wurden.

Am 23. Jänner 1939 wurde mit der Verordnung strafrechtlicher Vorschriften im Land Österreich[208] die Anwendung des Heimtückegesetzes sowie der §§ 130a, 134a, 134b Strafgesetzbuch und der gleichzeitigen Kompetenzzuweisung der Rechtsprechung an die Oberlandesgerichte ein weiterer Ansatz zur Sondergerichtsbarkeit geschaffen, weil die Oberlandesgerichte neben anderen österreichischen Verfahrensnormen die Verfahrensnormen der Sondergerichte anzuwenden hatten. Das Oberlandesgericht entschied in Heimtückeangelegenheiten daher als „Oberlandesgericht als Sondergericht".

Die Übergabe der Kompetenzen des Oberlandesgerichtes als Sondergericht an den gemäß § 40 der Verordnung über Maßnahmen auf dem Gebiet der Gerichtsverfassung und der Rechtspflege[209] neu ge-

---

[206] GBlÖ 1938, Nr. 221.
[207] GBlÖ 1938, Nr. 262.
[208] RGBl. 1939 I, S. 81.
[209] RGBl. 1939 I, S. 1658.

schaffenen Drei-Richter-Senat an den Landesgerichten brachte keine materiellrechtliche Kompetenzveränderung mit sich. Die Urteile am Landesgericht wurden Urteile des Landesgerichtes als Sondergericht.

Eine Angleichung der Kompetenzen der Sondergerichtshöfe an den Landesgerichten in Österreich mit dem Altreich erfolgte erst mit März 1940[210].

Durch die Neuordnung der Sondergerichtsbarkeit im Deutschen Reich wurde diese Anpassung möglich gemacht. Neben den genannten Zuständigkeiten konnten nun auch die österreichischen Sondergerichtshöfe an den Landesgerichten ihre Zuständigkeiten durch Verbindung mit anderen Straftaten erweitern, sie waren ab diesem Zeitpunkt ebenso wie die deutschen Sondergerichte auch für Verfahren gegen die Preisvorschriften[211] zuständig, sofern die Anklagebehörde Anklage erhob.

Eingeschränkt wurde die Zuständigkeit des Sondergerichtes durch die Kompetenzen des Volksgerichtshofes und (theoretisch) durch die Kompetenzen des Oberlandesgerichtes – dies besonders in jenen Fällen, in denen der Volksgerichtshof Straftaten, die eigentlich in die Zuständigkeit der Sondergerichte fallen würden, mit Straftaten verband, die kompetenzmäßig vor dem Volksgerichtshof zu verhandeln waren.

Durch das Gesetz zur Änderung von Vorschriften des Strafrechts und des Strafverfahrensrechts[212] wurde (Artikel III) der Volksgerichtshof eingeführt, der gemäß § 1 Abs. 1 leg. cit. primär „für Hochverrats- und Landesverratssachen", wie dies generalklauselartig beschrieben wurde, zuständig war. Genau betrachtet, übernahm der Volksgerichtshof jene Kompetenzen des Reichsgerichtshofes, die die Verbrechen gemäß der Verordnung des Reichspräsidenten zum Schutz von Volk und Staat vom 28. Februar 1933[213] betrafen, sowie die Rechtsprechung der Straftatbestände nach den §§ 80 bis 84 des Strafgesetzbuches (Hochverrat), den §§ 89 bis 92 Strafgesetzbuch (Landesverrat) und § 94 Abs. 1 Strafgesetzbuch (Angriff gegen den Reichspräsidenten).

Der Volksgerichtshof konnte seine Zuständigkeit durch Verbindung mit Straftaten, die vor einem anderen Gericht verhandelt hätten wer-

---

[210] RGBl. 1940 I, S. 405.
[211] RGBl. 1939 I, S. 999.
[212] RGBl. 1934 I, S. 341.
[213] RGBl. 1933 I, S. 83.

den müssen, erweitern, wenn ein Zusammenhang zwischen den verbundenen Straftaten bestand. In weiterer Folge – besonders aber wegen des Kriegsbeginns – wurden die Kompetenzen des Volksgerichtshofes nach und nach erweitert. Die Verordnung über die Zuständigkeit der Strafgerichte, die Sondergerichte und sonstige verfahrensrechtliche Vorschriften vom 21. Februar 1940[214] führt im Rahmen der Neuordnung der Kompetenzen in der deutschen Strafrechtspflege auch die Zuständigkeiten des Volksgerichtshofes auf.

Neben den erwähnten Kompetenzen, die unverändert blieben, wurde der Volksgerichtshof mit der Rechtsprechung der §§ 1 und 5 der Verordnung zur Ergänzung der Strafvorschriften zum Schutz der Wehrkraft des Deutschen Volkes vom 25. November 1939[215] (schwere Fälle der Wehrmittelbeschädigung sowie die Gefährdung der Wehrmacht befreundeter Staaten) beauftragt sowie mit den Belangen nach § 139 Abs. 2 Reichsstrafgesetzbuch (Nichtanzeige eines geplanten Verbrechens) und den Verbrechen nach § 1 Abs. 1 des Gesetzes gegen Wirtschaftssabotage vom 1. Dezember 1936[216].

Bis auf geringfügige Kompetenzveränderungen blieben die angeführten Zuständigkeiten bis zum Zusammenbruch des Dritten Reiches im Zuständigkeitsbereich des Volksgerichtshofes.

Der Volksgerichtshof erlebte ab 1942, als Roland Freisler die Präsidentschaft übernahm, seinen makabren Höhepunkt. Die Anzahl der Todesurteile schnellte in die Höhe. Wurden im Jahr 1941 etwa bei 1.237 Angeklagten 102 Todesurteile (also weniger als 10 %) verhängt, stieg die Anzahl im Jahr 1942 bei 2.572 Angeklagten auf 1.192 Todesurteile (oder auf etwa 45 % der Angeklagten). Im absoluten Vergleich der Todesurteile zwischen beiden Jahren ergibt dies eine Steigerung von 1941 (= 100 Prozent) zu 1942 um fast 1.000 Prozent.[217]

Unfaßbar sind diese Entwicklungen vor dem Hintergrund, daß sich einerseits die Kompetenzlage des Volksgerichtshofes seit 1940 praktisch kaum veränderte und die Todesurteile nicht auf eine Zuständigkeitserweiterung zurückzuführen sind, daß aber andererseits durch die Einführung der Kriegsgerichtsbarkeit sowie durch die SS- und Polizeigerichtsbarkeit eine „Konkurrenz" entstand, die für die Recht-

---

[214] RGBl. 1940 I, S. 405.
[215] RGBl. 1939 I, S. 2319.
[216] RGBl. 1936 I, S. 999.
[217] Recht, Verwaltung ..., hg. von Martin HIRSCH/Diemut MAJER/Jürgen MEINCK, a. a. O., S. 479.

sprechung der gleichen Normen (unter anderem) zuständig war – allerdings für einen anderen Personenkreis.

Die Abgrenzungskriterien sind insbesondere personeller Natur. Durch die Erste Verordnung zur Durchführung der Verordnung über eine Sondergerichtsbarkeit in Strafsachen für Angehörige der SS und für die Angehörigen der Polizeiverbände bei besonderem Einsatz vom 1. November 1939[218] wurden eigenständige SS-Gerichte installiert, die für die Verurteilung von Straftätern in praktisch allen Angelegenheiten des Strafrechts zuständig waren. Durch diese Vorgangsweise wurden alle Polizei- und SS-Angehörigen in besonderem Einsatz der Strafgerichtsbarkeit der SS unterstellt. Vom Volksgerichtshof oder von den Sondergerichten konnten SS- und Polizeimitglieder nur im Fall einer vorherigen Ausschließung aus der SS oder der Polizei abgeurteilt werden.

Eine eigene Wehrmachtsgerichtsbarkeit ist bereits vor dem Zweiten Weltkrieg in Friedenszeiten eingerichtet worden. Allerdings wurde mit der Verordnung über das Sonderstrafrecht im Kriege und bei besonderem Einsatz vom 17. August 1938[219] und einer Flut weiterer Verordnungen ein Kriegssonderstrafrecht geschaffen, das neue Sondertatbestände einführte. Dies waren insbesondere § 2 (Spionage), § 3 (Freischärlerei), § 4 (Zuwiderhandlungen gegen die von den Befehlshabern im besetzten ausländischen Gebiet erlassenen Verordnungen), § 5 (Zersetzung der Wehrkraft), § 6 (Unerlaubte Entfernung von der Truppe und Fahnenflucht) sowie § 7 (Einschränkung der Dienstentlassung). Die meisten dieser Sondertatbestände waren mit Todesstrafe bedroht. Ansonsten gingen auch alle weiteren Strafrechtskompetenzen auf die Wehrmachtsgerichte und insbesondere auf das Reichskriegsgericht über.

Am 13. Jänner 1939 wurde durch die Verordnung zur Vereinheitlichung des Strafrechts für Wehrmachtsangehörige im Lande Österreich das deutsche Strafrecht für Angehörige der Wehrmacht auf Österreich ausgedehnt. Insofern verwirklichte man zumindest für diese Personengruppe (mit geringen Einschränkungen) eine Strafrechtsvereinheitlichung.

Wenngleich ein Wehrmachtsangehöriger vor dem Volksgerichtshof, dem Sondergerichtshof und vor den ordentlichen zivilen Strafgerich-

---

[218] RGBl. 1939 I, S. 2293.
[219] RGBl. 1939 I, S. 1454.

ten nicht angeklagt werden durfte, solang er Angehöriger der Deutschen Wehrmacht war, so hat der Volksgerichtshof doch „traurige Berühmtheit" insbesondere im Prozeß gegen die Attentäter des 20. Juli 1944 erlangt (Vorsitz: Roland Freisler). Ein großer Anteil der Angeklagten hätten, soweit sie Wehrmachtsangehörige waren, vom Reichskriegsgericht verurteilt werden müssen. Um die Zuständigkeit des Volksgerichtshofes dennoch zu begründen, wurden die betreffenden Angeklagten vor Prozeßbeginn aus der Wehrmacht ausgestoßen.[220]

Das Strafrecht war im Dritten Reich eindeutig ein Instrument, um den politischen Willen der Machthaber durchzusetzen. Hierfür wurden sämtliche Rechtsgrundsätze aufgegeben, um mit einer willfährigen politischen Gerichtsbarkeit Druck auf Regimegegner und auf nicht angepaßte Volksgenossen ausüben zu können.

Fatal war, daß das materielle Strafrecht ebenso wie das formelle einer ständigen Veränderung und Verschärfung unterzogen wurde, sodaß ein „angepaßtes" Verhalten für die Normunterworfenen kaum möglich war. Insbesondere die Tatsache, daß das Strafrecht als politische Waffe in generalklauselartiger Form an eine politisch erwünschte Situation angepaßt wurde, machte eine ordentliche Rechtsprechung in diesen Bereichen praktisch unmöglich. Auf diese Entwicklung hat D. Majer („Führerprinzip, Sonderrecht ...") in ihrer Darstellung über das Gemeinschaftsfremdengesetz erstmals hingewiesen.

3.11. Der volkswirtschaftliche Wertschöpfungsprozeß im totalen Staat

3.11.1. Ausgangslage und Grundzüge der nationalsozialistischen Wirtschaft

Nach Ansicht der Nationalsozialisten waren der biologische und der volkswirtschaftliche Wertschöpfungsprozeß einander bedingen-

---

[220] Vgl. UEBERSCHÄR Gerd, Die deutsche Militäropposition zwischen Kritik und Würdigung, Zur neueren Geschichtsschreibung über die „Offiziere gegen Hitler" bis zum 50. Jahrestag des 20. Juli 1944; WALLE Heinrich, Der 20. Juli 1944, Eine Chronik der Ereignisse von Attentat und Umsturzversuch, beide in: Aufstand des Gewissens, Militärischer Widerstand gegen Hitler und das NS-Regime 1933-1945, Katalog zur Wanderausstellung des militärgeschichtlichen Forschungsamtes, 4. Auflage, Berlin 1994, S. 657 ff.

de Größen, weil umfassende und produktive Leistungen nur dem Arier zugetraut wurden. Somit wurde postuliert, daß die Produktivitätsfrage eine Rassenfrage und aus diesem Grund auch der volkswirtschaftliche Wertschöpfungsprozeß jenen Kriterien zu unterziehen sei, die auch für den biologischen Wertschöpfungsprozeß gelten.[221]

Dies bedeutete, daß Organisation und Ausmaß von Produktionsprozessen – gleich welcher Art – einerseits eine Rassenfrage, andererseits (im Zusammenhang mit der Funktion der Beschäftigungspolitik) eine Frage der Stellung des Individuums im Arbeitsprozeß, seiner Rechte und seiner Pflichten darstellten.

Von besonderem Interesse sind im Rahmen dieser Aufarbeitung die Segmentierung der Beschäftigungspolitik und die staatliche Funktion der Arbeit im biologischen Staat. Denn in diesem Bereich müssen einerseits die Rassentheorien deutlich nachweisbar und wirksam sein, andererseits muß die Vernetzung mit dem biologischen Wertschöpfungsprozeß erkennbar werden.

Von geringerem Interesse ist in diesem Zusammenhang die Frage der Umverteilung der gewonnenen Wertschöpfung, weil es sich aus der bisherigen Darstellung und aus den eugenischen, völkischen und biologischen Prinzipien des nationalsozialistischen Staates von selbst versteht, daß die Umverteilungsmechanismen ausschließlich „innerhalb der Rassen" wirken und daher Gemeinschaftsfremde nicht in den Genuß der Teilnahme am Umverteilungsprozeß kommen sollten.[222]

Hauptbetrachtungspunkt der Wertschöpfung durch Humanarbeitskraft ist der Bereich der industriellen Fertigung, weil auf diesen Bereich ein Schwerpunkt im Rahmen der Wiederaufrüstung des Reiches gelegt wurde und später, während des Krieges, die industrielle Fertigung die Basis für die Kampffähigkeit der deutschen Armeen war.

Der zweite große Bereich der Nationalsozialisten im Bereich der Humanwertschöpfung war die Agrarproduktion und damit die bäuerliche Arbeit als Grundlage der Ernährung der Volksgenossen. In diesen Bereich wurde vor Kriegsbeginn eher staatlich-ideologisch ein-

---

[221] Zur Frage des biologischen Wertschöpfungsprozesses vergleiche die Ausführungen in Teil 2.
[222] Der Vollständigkeit halber sei angemerkt, daß Umverteilungen aus dem Wertschöpfungsprozeß innerhalb des deutschen Volkes ebenfalls nach rassischen und eugenischen Kriterien vorgenommen wurden, so etwa die besondere Förderung kinderreicher Familien oder die Ehestandsdarlehen usw.

gegriffen,²²³ nach Kriegsbeginn durch Lenkungsmaßnahmen, was Produktion und Verteilung der agrarischen Produktion betraf.²²⁴ Dieser Bereich ist als Untersuchungsgegenstand dort von Interesse, wo es darum geht, die staatliche ideologische Durchdringung kurz zu dokumentieren.

Jedes politische System und jeder Staat hat in der Frage, wer die Produktionsmittel und damit den Wertschöpfungsprozeß beherrscht, die Frage nach der Stellung des Eigentumsbegriffs in ideologischer und rechtlicher Hinsicht zu klären.

In einem völkischen biologischen Staat, der auf der Basis eines Rassenkollektivs steht und in allen Lebensbereichen Entindividualisierungsprozesse vorantreibt, erscheint es systemimmanent, daß der individualistische Eigentumsbegriff abgelehnt und vielmehr das völkische kollektive Eigentum propagiert wird.

Die Position des kollektivierten Eigentums war in deutlichster Weise im Parteiprogramm der NSDAP, das am 24. Februar 1920 verabschiedet wurde, manifestiert. Insbesondere die Artikel 11 bis 17 befaßten sich in diesem Sinn mit der Eigentumsfrage. So wurde die „Brechung der Zinsknechtschaft"²²⁵ ebenso gefordert wie die „restlose Einziehung aller Kriegsgewinne"²²⁶.

Deutlich in Richtung Kollektivierung des Privateigentums gingen die Forderungen nach der „Verstaatlichung aller (bisher) vergesellschafteten (Trusts) Betriebe"²²⁷ sowie nach einer staatlichen Gewinnbeteiligung an allen Großbetrieben.²²⁸

Im Bereich des Handels wurde die Forderung aufgestellt, daß die Großwarenhäuser zu „kommunalisieren" und an kleine Gewerbetreibende und Händler zu billigen Preisen zu vermieten seien.²²⁹ Im agrarischen Bereich strebten die Nationalsozialisten eine umfassende Bodenreform an, wobei auch eine unentgeltliche Enteignung für gemeinnützige Zwecke und die „Abschaffung des Bodenzinses" gefordert wurden.²³⁰

---

[223] Etwa durch das Erbhöfegesetz.
[224] Etwa durch die Kriegswirtschaftsverordnungen.
[225] Artikel 11.
[226] Artikel 12.
[227] Artikel 13.
[228] Artikel 14.
[229] Artikel 16.
[230] Artikel 17; konkrete, politische Maßnahmen folgten nach der Machtübernahme in diesem Bereich allerdings nicht.

Diese Position der NSDAP – die systemisch durchaus zum biologischen kollektiven Weltbild paßte – konnte allerdings nicht lang durchgehalten werden. Die NSDAP verdankte ihren Aufstieg auch der bedeutenden Unterstützung aus den Reihen der Industrie und Großindustrie. Sie wurde als Gegengewicht zur marxistischen Bedrohung betrachtet und war daher für die Industriellen von einigem Nutzen.

1928 ließ Hitler dem Parteiprogramm daher einen Passus hinzufügen, in dem festgestellt wird, daß die NSDAP „auf dem Boden des Privateigentums" stehe. Tatsächlich kam es in der Frage des Privateigentums auch zu keinen Auseinandersetzungen mit der Wirtschaft.[231] Insbesondere blieben die großen Industriefamilien im Besitz ihrer Fabriken und konnten diese durch Anpassung an die neuen Wirtschaftsstrukturen und später an die Zwangsarbeit sogar noch beträchtlich ausbauen und vermehren.[232] Durch diese Eigentumsstrukturen war das treibende Motiv der deutschen Industrie auch in den Zeiten stärkster Reglementierung und der Kriegswirtschaft weniger die Vaterlandsliebe oder das Bekenntnis zur Rasse, sondern vielmehr – wie auch in anderen Volkswirtschaften – das Streben nach Gewinn.[233]

Die Nationalsozialisten fanden bei der Machtübernahme eine schwierige wirtschaftliche Ausgangsposition vor. Wenngleich die Jahre der schwersten Wirtschaftskrisen vorbei waren, mußten die politischen Schwerpunkte aufgrund der Arbeitslosenziffern und der damit vorhandenen sozialen und politischen Destabilität auf eine Ankurbelung der Wirtschaft und gleichzeitig auf eine Senkung der Arbeitslosenziffern gerichtet sein.

---

[231] Natürlich sind hier nur die „arische" Wirtschaft und das „arische" Privateigentum gemeint. Die Enteignung von Juden und nicht angepaßten Volksgenossen wurde in großem Stil durchgeführt.

[232] Noch 1942 meinte Hitler, daß der „Privatbesitz als Einzelbesitz" unbedingt zu schützen sei. „Es sei etwas sehr natürliches und Gesundes, wenn einer einen Teil seines Arbeitsergebnisses zur Anlegung eines Familienbesitzes verwende. Wenn dieser Familienbesitz in einer Fabrik bestehe, so wird diese Fabrik, solange die Familie einen gesunden Erbstamm hat, von einem Familienmitglied sicher besser und damit auch für die gesamte Volksgemeinschaft erfolgreicher geleitet als etwa von einem Staatsbeamten. […] Er sei aber gegen den anonymen Privatbesitz der Aktie." Vgl. PICKER Henry, Hitlers Tischgespräche im Führerhauptquartier, Vierte Auflage, Stuttgart 1983, S. 136.

[233] Vgl. NEUMANN Franz, Die Strukturprinzipien der nationalsozialistischen Wirtschaft, in: Wirtschaft, Recht und Staat im Nationalsozialismus, Analysen des Institutes für Sozialforschung 1939-1942; Frankfurt 1984, S. 214 f.

Zeitgenössische Wirtschaftsexperten, auch solche, die zu den Gegnern des Nationalsozialismus gehörten, stellten fest, daß „die Leistungen der deutschen Wirtschaft" nach der Machtübernahme erstaunlich seien. „Die Beseitigung der Arbeitslosigkeit, das Wirtschaftswachstum, die Entwicklung der synthetischen Industrien [...], all dies sind schwer zu übertreffende Leistungen. Alle Beobachter kommen in diesem Urteil überein, aber hier hört die Einhelligkeit auch auf. Keine Übereinkunft herrscht darin, wie dieses Wunder erreicht worden ist."[234]

Heute weiß man, daß die Schaffung von Nachfrage an industriellen Gütern durch die Wiederaufrüstung und die Organisation des Arbeitsprozesses nach rassischen Kriterien ein gefährliches Spiel mit den Staatsfinanzen[235] war, das die anfänglichen Erfolge der Wirtschaft möglich machte. Durch die Hinausdrängung fremdrassiger Arbeitnehmer, etwa aus dem Staatsdienst, wurden sofort neue Arbeitsplätze geschaffen.

Im Zusammenhang mit der volkswirtschaftlichen Wertschöpfung hatte die Arbeit als Humanproduktivitätsprozeß eine bedeutende politische, funktionelle und rassenideologische Dimension.[236]

---

[234] NEUMANN Franz, Die Wirtschaftsstruktur des Nationalsozialismus, in: Wirtschaft und Recht ..., a. a. O., S. 130.

[235] Hier kam den Nationalsozialisten die rigorose Sparpolitik der Regierungen der Weimarer Republik zugute, sie konnten monetäre Substanzen für ihre Wirtschaftspolitik einsetzen. Da diese Substanz sich aber sehr rasch verbrauchte, mußten immer neue Quellen angezapft werden. Vor diesem Hintergrund ist etwa die Enteignung der jüdischen Bevölkerung zu sehen oder auch die materialistische Seite der Okkupationspolitik. So war die Besetzung Österreichs eine Chance für das devisenschwache Deutschland, die Reserven wieder aufzufüllen. Vgl. SLAPNICKA Harry, Oberösterreich, als es noch „Oberdonau" hieß (1938-1945), Linz 1978, S. 114.

[236] Im Zusammenhang mit der eigenen Rasse wurde dies auf eine einfache Formel gebracht: „Ein tüchtiger Mensch leistet für die Gesellschaft viel mehr, als er von ihr nimmt, und ist daher nationalökonomisch ein Wert. Ein geistiger oder körperlicher Krüppel nimmt dagegen meist mehr, als er leistet, und bedeutet daher nationalökonomisch ein Defizit." Vgl. FOREL August, Die sexuelle Frage, Eine naturwissenschaftliche, psychologische und hygienische Studie nebst Lösungsversuchen wichtiger sozialer Aufgaben der Zukunft, München 1920, S. 552.

3.11.2. Die Funktion und Bedeutung der menschlichen Arbeit in einem biologischen Staat

"Arbeit macht frei" steht über den Lagertoren des Konzentrationslagers Dachau[237] in Bayern – und damit wird auf eine besonders zynische Art dokumentiert, daß der Arbeitsbegriff einer der zentralen Angelpunkte der nationalsozialistischen Ideologie war.

Da der „arische Mensch" seinen Wert – nach Ansicht der Nationalsozialisten – erst als Teil des deutschen Kollektivs entfaltet, hat der deutsche Volksgenosse nicht nur das Recht auf Arbeit (das ein Individualrecht ist), sondern vielmehr die Pflicht dazu. Und da er lediglich Teil eines Kollektivs ist, trifft ihn inhaltlich diese Arbeitspflicht dergestalt, daß auch die individuell geleistete Arbeit ein Beitrag für das Kollektiv zu sein hat. Im nationalsozialistischen Jargon und vereinfacht ausgedrückt bedeutete dies: „Gemeinnutz geht vor Eigennutz".

Dieser idealisierenden Darstellung steht allerdings die Realität gegenüber, daß nicht nur deutsche und arische Menschen zu produktiven Leistungen fähig sind, daß es auch deutsche und arische Menschen gab, die sich dem Produktivitätsprozeß entzogen; und vor allem, daß auch die Arbeitsordnung im Dritten Reich der Umsetzung der Rassenideologie unterzuordnen war. Dies bedeutete, daß die Nationalsozialisten ihren biologisch motivierten Wertschöpfungsprozeß in verschiedene Problembereiche zu segmentieren hatten. Erstens waren der Arbeitsbegriff und damit die Arbeitsordnung nach biologischen und rassischen Kriterien zu segmentieren. Die „fremdvölkische" Arbeit mußte daher anders geordnet und auch bewertet werden als die „arische". Innerhalb dieser Gruppen waren wiederum die Arbeitsleistung und das angepaßte oder nicht angepaßte Verhalten des Arbeiters zu erfassen, zu belohnen oder zu bestrafen.

Und letztlich mußte im Rahmen der generellen Rassenideologie der Widerspruch aufgelöst werden, daß eigentlich vernichtungswürdige Individuen wie Juden oder Teile der polnischen bzw. russischen Bevölkerung im Rahmen des Vierjahresplanes oder später im Rahmen der Kriegswirtschaft Arbeit leisten konnten, die für das deutsche Volk von wesentlicher Bedeutung war.

---

[237] Vgl. zur Entstehung und zur Geschichte des Konzentrationslagers Dachau die Darstellung von RICHARDI Hans-Günter, Schule der Gewalt, Das Konzentrationslager Dachau, München 1995.

Dieser ideologisch unauflösliche Widerspruch führte zwangsläufig immer wieder zu Kontroversen innerhalb der deutschen Führung, insbesondere zwischen dem Reichsführer SS als Hüter der Rassenideologie und dem Reichswirtschaftsminister, der für den Produktionsprozeß verantwortlich war.[238]

Der zentrale Begriff der Arbeit hatte im Dritten Reich fünf Funktionen zu erfüllen:

a. Wertschöpfungsfunktion für das deutsche Volk
Wie dargestellt galt die arische Rasse als eine schöpfende und produktive Rasse, der Volksgenosse war für das Kollektiv aufgrund seiner rassischen Fähigkeiten tätig. Da sich – nach nationalsozialistischer Meinung – diese Fähigkeit bei den Ariern im Gegensatz zu den anderen Rassen überproportional entwickelt hatte, sicherte die Wertschöpfungsfunktion der Arbeit dem deutschen Volk im Überlebenskampf mit den anderen Rassen eine herausragende Position.

b. Integrations- und Erziehungsmittel für deutsche Volksgenossen und für Fremdarbeiter
Volksgenossen, die sich nicht freiwillig an diesem – für das deutsche Volk wichtigen – Wertschöpfungsprozeß beteiligten, wurden von den Nationalsozialisten durch eine eigene „Arbeitserziehung" in den deutschen „Volkskörper" rückintegriert. In diesem Sinn erfüllte die Arbeit ein Ordnungskriterium.
Von dieser Kategorie waren auch jene Fremdarbeiter betroffen, die freiwillig oder unfreiwillig nach Deutschland kamen, um am Produktions- und Wertschöpfungsprozeß teilzunehmen.[239]

c. Mittel der Bewirtschaftung für unterlegene Rassen
Aus nationalsozialistischer Sicht war es legitim, daß Rassen, die den Ariern unterlegen und nicht „vernichtungswürdig im engeren Sinn" waren, durch die Deutschen bewirtschaftet wurden. Dies betraf insbesondere Spanier, Italiener und auch Teile der polnischen Bevölkerung, die aus deutscher Sicht mehr produzierten, als sie

---

[238] Vgl. SPEER Albert, Der Sklavenstaat, Meine Auseinandersetzungen mit der SS, Stuttgart 1980.

[239] Mit der Fortdauer des Dritten Reiches sind diese Grenzen immer mehr verwischt worden.

verbrauchten, und damit einen volkswirtschaftlichen Gewinn darstellten.

d. Mittel der Bestrafung unterlegener Rassen
Während aus nationalsozialistischer Sicht die Arbeit für deutsche Volksgenossen nur in Ausnahmefällen und aufgrund der besonderen Beschaffenheit eine Strafe sein konnte, weil ja die positive und produktive Einstellung zur Arbeit der arischen Rasse wesensimmanent war, konnte für „minderwertige Rassen" die Arbeit durchaus auch als Bestrafungsmittel für Fehlverhalten eingesetzt werden. In der Praxis war diese Abgrenzung im Dritten Reich allerdings nicht konsequent durchgezogen, und somit hatte diese theoretische Abgrenzung eher eine dogmatische Bedeutung.

e. Mittel der physischen Vernichtung
Die Nationalsozialisten sahen es als legitim an, jene Menschen, die sie aufgrund rassischer Merkmale vernichten wollten, durch Arbeit zu töten. Hierbei konnte vor der endgültigen Vernichtung durchaus auch ein Bewirtschaftungsfaktor eingebracht werden – wie dies etwa in Konzentrationslagern geschah. Das endgültige Ziel dieses Arbeitsbegriffs war jedoch die Vernichtung des Individuums.

Wie klar in diesem Zusammenhang die Aussagen der nationalsozialistischen Führer waren, zeigen Ausschnitte aus einer Rede, die Himmler im Oktober 1943 hielt:[240]
„Ob die anderen Völker in Wohlstand leben oder ob sie verrecken vor Hunger, das interessiert mich nur soweit, als wir sie als Sklaven für unsere Kultur brauchen, anders interessiert mich das nicht. Ob bei dem Bau eines Panzergrabens zehntausend russische Weiber an Entkräftung umfallen oder nicht, interessiert mich nur insoweit, als der Panzergraben für Deutschland fertig wird."
Aus den bisherigen Darstellungen wird die große Bandbreite der Bedeutung des Arbeitsbegriffs für das Dritte Reich ersichtlich, und es versteht sich von selbst, daß sich die verschiedensten Institutionen des Dritten Reiches mit Arbeitsfragen beschäftigten. Während für die

---

[240] Heinrich Himmler, Rede vom 4. Oktober 1943 in Posen, abgedruckt in POLIAKOV Léon/WULF Joseph, Das Dritte Reich und die Juden, a. a. O., S. 211 ff.

„deutsche Arbeit", die ihre Wertschöpfungsfunktion für das deutsche Volk erfüllte, verschiedene Belohnungsinstrumentarien gefunden wurden – am bekanntesten ist sicherlich „Kraft durch Freude" –, war die Arbeit als Mittel der physischen Vernichtung eine Angelegenheit der SS.

Wenn Arbeit als Integrations- und Erziehungsmittel für deutsche Volksgenossen dienen sollte, war das Arbeitserziehungslager von Bedeutung – sofern noch Aussicht auf einen Integrationserfolg bestand, ansonsten waren die Konzentrationslager zuständig. Als Instrument zur Bewirtschaftung der aus deutscher Sicht unterlegenen Rassen dienten die Arbeitsämter, die den Arbeitsmarkt zentral zu regeln hatten (davon wird noch näher zu berichten sein). Bei der Arbeit als Mittel zur Bestrafung dienten vorwiegend die Konzentrationslager, de facto aber auch die Arbeitserziehungslager.

Vor diesem organisatorischen Hintergrund erscheint es verständlich, daß sich rund um die nationalsozialistische Arbeit auch eine eigene Terminologie entwickelte, die (leider) heute noch verschiedentlich verwendet wird. Neben eher harmlosen Begriffen wie Arbeitskamerad und Arbeitskraft – diese wurde übrigens als das wertvollste Gut des Volkes tituliert – werden (zumindest teilweise) auch heute noch Begriffe verwendet wie „Arbeitseinsatz", „Arbeitsschlacht" oder „Arbeitsscheue". Bei letzteren handelte es sich um Menschen, die durch einen Erlaß Himmlers vom 26. Januar 1938 eine eigene Kategorie von Schutzhäftlingen darstellten; es waren arbeitsfähige Männer, die zweimal die ihnen angebotene Arbeit nicht aufgenommen hatten, von den Arbeitsämtern mit Hilfe des Arbeitsbuches ermittelt wurden und für mindestens drei Monate in das Konzentrationslager mußten.[241]

Die weiteren Ausführungen und Betrachtungen befassen sich daher mit diesem differenzierten Arbeitsbegriff.

3.11.3. Arbeit als Wertschöpfungsfunktion für das deutsche Volk

Die Nationalsozialisten verstanden es als eine „sittliche Pflicht", die Kräfte jedes arbeitsfähigen „Volksgenossen" im Dienst der Volks-

---

[241] BRACKMANN Karl-Heinz/BIRKENHAUER Renate, NS-Deutsch, „Selbstverständliche" Begriffe und Schlagwörter aus der Zeit des Nationalsozialismus, Straelen/Niederrhein 1988, S. 20 f.

gemeinschaft einzusetzen.[242] Schon aus dieser Diktion geht klar hervor, daß die Pflicht zur völkischen Arbeit einen streng umgrenzten Adressatenkreis hatte, nämlich die eigenen Volks- und Rassengenossen.

Aus der Tatsache, daß nur diesen die Arbeitspflicht auferlegt wurde, darf nicht geschlossen werden, daß Menschen, die dieser Volksgemeinschaft nicht angehörten, einer liberaleren Arbeitsordnung unterworfen waren.

Es spielte die Verfügbarkeit von Arbeitsplätzen – insbesondere nach der Machtübernahme der Nationalsozialisten – eine bedeutende Rolle. Wenn nun eine Arbeitspflicht für die eigenen Rassengenossen im Rahmen des Wertschöpfungsprozesses formuliert wurde, so stand dem gegenüber, daß die Ausübung verschiedener Tätigkeiten und Berufe für Juden und sonstige Fremdrassige nicht mehr gestattet war.

3.11.3.1. Die Hinausdrängung der „Nichtdeutschen" aus dem Arbeitsmarkt

Die Zurückdrängung der Nichtdeutschen, insbesondere der Juden, begann sofort mit der Machtübernahme. Durch das „Gesetz zur Wiederherstellung des Berufsbeamtentums" vom 7. April 1933[243] wurde bestimmt, daß Beamte, die nichtarischer Abstammung waren, aus dem Beamtenverhältnis entlassen bzw. in bestimmten Fällen in den Ruhestand versetzt werden mußten. Ausnahmen galten nur für jüdische Frontkämpfer. Von dieser Maßnahme ebenso betroffen waren deutsche Volksgenossen, die der politischen Gegnerschaft zugerechnet wurden.

Der Beamtenbegriff wurde durch dieses Gesetz sehr weit gezogen. So waren sämtliche Reichsbeamten, die Beamten der Länder, Gemeinden und der Gemeindeverbände betroffen, Beamte von Körperschaften öffentlichen Rechts ebenso wie die Angestellten der Reichsbahn und Reichsbank.

Durch die Massenentlassungen aus dem öffentlichen Dienst konnten nunmehr jene eingestellt werden, denen die Arbeitspflicht im völkischen Sinn oblag. Das Gesetz zur Wiederherstellung des Berufsbeam-

---

[242] Vgl. BRACKMANN Karl-Heinz / BIRKENHAUER Renate. NS-Deutsch, a. a. O., S. 22.
[243] RGBl. 1933 I, S. 175 f.

tentums war die erste rassistisch motivierte Umverteilungsaktion von Arbeit. Nach diesem „bewährten" Muster ging es weiter, sodaß insbesondere die Juden massiv aus dem deutschen Arbeits- und Wirtschaftsmarkt gedrängt wurden.

Noch am Tag, als das Gesetz zur Herstellung des Berufsbeamtentums erlassen wurde, erfolgte die Verlautbarung des Gesetzes über die Zulassung zur Rechtsanwaltschaft.[244] Auch dieses Gesetz diente dazu, insbesondere die Juden aus den Anwaltsberufen zurückzudrängen bzw. sie völlig auszuschließen. Ausgeschlossen wurden auch Volksgenossen, die sich in der Vergangenheit kommunistisch betätigt hatten, also beispielsweise Anwälte, die Kommunisten vor Gerichten vertreten hatten.

Die Zurückdrängung der Juden und Fremdrassigen aus dem normalen deutschen Arbeitsmarkt wurde im Lauf der Jahre vollkommen. In praktisch allen Lebens- und Arbeitsbereichen bestanden für diese Personengruppen Verbote, sich zu betätigen bzw. ihr Einkommen zu sichern.[245]

Jene Personen, die im Rahmen des Wertschöpfungsprozesses durch Arbeit aufgrund ihrer rassischen Zugehörigkeit oder ihres unangepaßten politischen Verhaltens nicht mit Arbeitspflicht belegt wurden, hatten aus dieser Tatsache bedeutende Nachteile, weil sie entweder über kein Einkommen aus Arbeit verfügten oder aber in andere Kategorien der deutschen Arbeitsorganisation eingeordnet wurden, was überwiegend nachteilig war.

3.11.3.2. Die Positionierung der „Arier" am Arbeitsmarkt

Zur Regulierung und Beschaffung der Arbeit wurden mehrere Ansätze gewählt. Allein durch die Zurückdrängung der „Fremdrassigen"

---

[244] RGBl. 1933 I, S. 188.

[245] Exemplarisch seien folgende Gesetze und Verordnungen genannt: Ausschluß von Fremdrassigen und der „unzuverlässigen" eigenen Volksgenossen von der Zulassung als Tierarzt, Reichstierärzteverordnung vom 3. April 1936, RGBl. I, S. 347; „Nicht Deutschstämmige" wurden durch die Verordnung über den Handel mit Vieh vom 25. Januar 1937, RGBl. I, S. 28 f., vom Handel mit Vieh ausgeschlossen, Fremdrassige wurden in weiterer Folge von den freien Berufen (insbesondere von den medizinischen und Heilberufen) ausgeschlossen, sie konnten keine Betriebe führen und durften keinen Handel mehr betreiben usw.

vom Arbeitsmarkt konnten ausreichende Kapazitäten nicht zur Verfügung gestellt werden. So war es notwendig und im Sinn der nationalsozialistischen Ideologie konsequent, daß gleichzeitig eine „Zurückdrängung" der Frauen vom Arbeitsmarkt erfolgte. Frauen hatten im Rahmen des biologischen Wertschöpfungsprozesses eine wesentliche Rolle, zudem ideologisierten die Nationalsozialisten die jeweilige Rolle der Geschlechter, sodaß die Rolle der Frau und Mutter gegensätzlich zur berufstätigen Frau definiert wurde. Auf diese Weise konnten ein Großteil der Frauen vom Arbeitsmarkt ferngehalten werden.[246]

Ein weiterer Problembereich war jener der Jugendarbeitslosigkeit. Um in diesen Bereichen eine Wertschöpfung für das Deutsche Reich zu gewinnen und gleichzeitig das Problem vorab zu lösen, wurde der Reichsarbeitsdienst eingeführt. Dieser hatte neben den arbeitspolitischen Gründen auch den Zweck, eine nationalsozialistische „Schulungsanstalt" für die Arbeitsdienstpflichtigen zu sein.

So blieb als hauptsächliches Betrachtungsfeld der völkischen Arbeit als Wertschöpfungsprozeß die Organisation der männlichen Arbeit, insbesondere im Industrie-, Gewerbe- und Handelsbereich, weil die Volksgenossen mit höherer Schulbildung durch das Hinausdrängen der Juden aus den akademischen Berufen, den sonstigen „freien Berufen" und aus dem gesamten Beamtenbereich sehr rasch nach der Machtübernahme ein breites Feld an Arbeitsmöglichkeiten vorfanden. Die Arbeitsbeschaffung im industriellen und im Gewerbebereich wurde vorerst durch Maßnahmen zur Ankurbelung der Wirtschaft, insbesondere durch die Vergabe großer öffentlicher Aufträge, vornehmlich im Bau- und im Rüstungsbereich, durchgeführt.

In einem totalen Staat ist auch die Arbeitsorganisation total im Sinn von allumfassend und kontrollierend. Zur Organisation des „deutschen Arbeitsmarktes" war daher ein eigenes System vonnöten.

3.11.3.3. Das Arbeitsbuch als Steuerungsmittel völkischer Arbeit

Die zentrale Rolle in der Steuerung von Arbeitskräften spielten die Arbeitsämter, denen mit dem Arbeitsbuch ein besonderes Instrument in die Hand gegeben war. Das 1935 eingeführte Arbeitsbuch[247] ver-

---

[246] Vgl. dazu die umfassende Darstellung der Rolle der Frau und Mutter von WEYRATHER Irmgard, Muttertag und Mutterkreuz, Der Kult um die deutsche Mutter im Nationalsozialismus, Frankfurt/Main 1993.
[247] RGBl. 1935 I, S. 824 f.

pflichtete Arbeiter und Angestellte, eine lückenlose Dokumentation über ihr Berufsleben zu führen. Die Eintragungen, die im Arbeitsbuch gemacht wurden, durften lediglich vom Arbeitsamt selbst oder vom Unternehmer, bei dem der Arbeiter beschäftigt war, vorgenommen werden.

Insbesondere eingetragen wurden Arbeitsantritt oder Beendigung des Dienstverhältnisses, die Art der Beschäftigung sowie wesentliche Inhalte des Arbeitsverhältnisses. Bei Beginn des Dienstverhältnisses wurde das Arbeitsbuch beim Unternehmer abgegeben. Alle Eintragungen, die der Unternehmer durchführte, mußte dieser beim Arbeitsamt anzeigen. Die Nationalsozialisten hatten damit ein lückenloses Überwachungsinstrument erfunden.

Insbesondere im Zusammenhang mit den Gesetzen gegen den Arbeitsplatzwechsel in verschiedenen Branchen spielte die Überwachung eine wesentliche Rolle. Sowohl durch den Vierjahresplan (den generellen Wirtschaftsplan des Dritten Reiches) als auch durch die Kriegswirtschaft begründet, waren die Machthaber des Reiches an einem generellen und wirklich freien Arbeitsmarkt nicht interessiert. Aus diesem Grund wurde die Kontraktionsfreiheit für Dienstverhältnisse mehr und mehr eingeschränkt und teilweise an die Zustimmung der Arbeitsämter gebunden. Durch die Überwachungsmöglichkeiten, die das Arbeitsbuch bot, konnten die Nationalsozialisten diese Gesetze problemlos exekutieren.

Auch ausländische Arbeitnehmer hatten, wenn ihr Arbeitsverhältnis auf einem Dienstvertrag beruhte, ein Arbeitsbuch zu führen.

Durch die Arbeitsbücher wußten die Arbeitsämter immer unverzüglich, welche Arbeitnehmer gerade arbeitslos waren, und sie konnten auf jede Situation sofort reagieren. Sie wußten, ob eine Kündigung zu Recht erfolgt war oder nicht; sie wußten, ob der Dienstnehmer fleißig war oder nicht. Das Arbeitsamt konnte auch unmittelbar in das Dienstverhältnis eingreifen und in verschiedenen Fällen eine Kündigung oder einen Arbeitsplatzwechsel, der dem Dienstnehmer unter Umständen bessere Konditionen geboten hätte, verbieten.

Die Überwachung ging aber noch weiter. Auch Verletzungen des Arbeitsvertrags waren dem Arbeitsamt anzuzeigen – dazu gehörten neben schweren Verletzungen wie „unerlaubtes Fernbleiben von der Arbeitsstelle" (auch Arbeitsflucht genannt) Vergehen wie „Bummelei" oder Verzögerungen bei der Arbeit, die insgesamt als Arbeitssabotage bezeichnet wurden.

Die Ahndungsmöglichkeiten gegen solche Vergehen waren vielfältig; es konnten Verwarnungen ausgesprochen oder, im anderen Extrem, Anzeige bei der Geheimen Staatspolizei erstattet werden. Die GESTAPO wiederum war sowohl für die Einweisung in das Arbeitserziehungslager wie in das Konzentrationslager zuständig. Der Dienstnehmer war verpflichtet, das Arbeitsbuch dem Arbeitsamt auf Verlangen jederzeit und unverzüglich vorzuweisen. Wer sein Arbeitsbuch unbrauchbar machte oder beseitigte, mußte mit schweren Strafen rechnen. Bis zu einem Jahr Gefängnis lauteten die Strafen, die über jene verhängt wurden, die ein für sie ungünstiges Arbeitsbuch verschwinden ließen.

Eine wesentliche Voraussetzung für das Funktionieren der Arbeitserziehung war die gute Zusammenarbeit zwischen Dienstgebern und Arbeitsamt sowie zwischen Arbeitsamt und GESTAPO, die mit der Durchführung der Arbeitserziehung beauftragt war. Innerhalb eines Betriebes wiederum war die Organisation der Deutschen Arbeitsfront, eine Abart einer nationalsozialistischen „Gewerkschaft", für die Überwachung der einzelnen Arbeitnehmer von Bedeutung. Insgesamt war im Dritten Reich auch dieser Teil der Arbeitswelt ein perfektes System von Institutionen – von der Überwachung, Koordination und Steuerung bis hin zur Bestrafung von Arbeitern und Angestellten. Wer sich innerhalb dieses Systems nicht angepaßt und willfährig verhielt, mußte jederzeit damit rechnen, angezeigt und über das Arbeitsamt der GESTAPO zur Arbeitserziehung übergeben zu werden.

3.11.4. Arbeit als Integrations- und Erziehungsmittel für deutsche Volksgenossen und für Fremdarbeiter

Trotz der völkischen und totalen „Durchorganisation" der Arbeit als „völkischer Wertschöpfungsprozeß" konnten nicht alle jene Menschen integriert werden, die von der Arbeitspflicht betroffen waren. Es war daher naheliegend, daß – neben den Konzentrationslagern – Einrichtungen geschaffen wurden, die der Arbeitserziehung dienten.

3.11.4.1. Die Arbeitserziehungslager

Die Arbeitserziehungslager wurden als Einrichtungen der Geheimen Staatspolizei im Mai 1941 durch Erlaß des Reichsführers SS gegründet.[248] Der Zweck der Arbeitserziehungslager lag nicht nur in der Erziehung der eigenen Volksgenossen, das Arbeitserziehungslager hatte auch Fremdarbeiter aufzunehmen, sofern für diese die Kriterien des deutschen Arbeitsrechts Geltung hatten.[249]

Die Situation in Deutschland war nach annähernd zwei Kriegsjahren so, daß ein Großteil der deutschen Arbeiter und Angestellten in der Armee dienten. Diese Tatsache wirkte sich deshalb besonders unangenehm aus, weil Deutschland sogenannte Fremdarbeiter aufnehmen mußte, um weiterhin produzieren zu können. Die Fremdarbeiter kamen aus fast allen Ländern Europas, und sie kamen, im Gegensatz zu den Zwangsarbeitern, weitgehend freiwillig. Ihr Dienstverhältnis unterlag der deutschen Rechtsordnung, in den ersten Jahren des Krieges insgesamt dem deutschen Arbeitsrecht. Die Fremdarbeiter trugen – nach deutscher Betrachtungsweise – nicht nur zu einer gefährlichen Überfremdung Deutschlands bei, es kam immer wieder auch zu kleineren Streiks oder Sabotageakten, zu Minderleistungen oder zu Vertragsbrüchen.

Das Fremdarbeiterproblem wirkte sich offenbar auch auf die Arbeitsmoral der an sich angepaßten einheimischen Arbeiterschaft nachteilig aus, sodaß Himmler in der Schaffung von Arbeitserziehungslagern einen Ausweg suchte, um den Arbeitsverweigerern und sogenannten arbeitsunlustigen Elementen ein angepaßtes Verhalten aufzuzwingen. Insassen von Arbeitserziehungslagern befanden sich im rechtlichen Sinn in Polizeigewahrsam und waren somit rechtloser als etwa Untersuchungshäftlinge. Aus diesem Grund wurde der Aufenthalt in einem Arbeitserziehungslager auch nicht in der Strafakte des Betreffenden vermerkt.

Die Insassen der Lager sollten insbesondere durch Arbeit zur Arbeit erzogen werden, Himmler setzte daher bei der Errichtung der Lager voraus, daß Arbeitsmöglichkeiten im „volks- oder wehrwirtschaftlichen Sinn" über längere Zeit gegeben sein sollten.

---

[248] Erlaß des Reichsführers SS und Chefs der deutschen Polizei im Reichsministerium des Inneren an die Befehlshaber und Inspekteure der Sicherheitspolizei und des SD (einschließlich der besetzten Gebiete) und anderer Dienststellen betreffend Errichtung von Arbeitserziehungslagern, 28. Mai 1941; Landesgendarmeriekommando für Tirol, DÖW 13.237.

[249] Diese Vorschrift hatte nur eine theoretische Bedeutung, die Einlieferungspraxis in das Arbeitserziehungslager war sehr breit.

Daneben konnten die Insassen auch an freie Unternehmer vermietet werden. Diese Unternehmen zahlten einen vereinbarten Lohn an das Lager. Diese Form der Vermietung ist keine Besonderheit der Arbeitserziehunglager, vielmehr war die Vermietung von Menschen an freie Unternehmen gängige SS-Praxis auch in Konzentrationslagern.

Lagerleiter waren in allen Arbeitserziehungslagern Deutschlands Angehörige der GESTAPO, auch die Wachmannschaften rekrutierten sich aus GESTAPO-Beamten und nicht aus SS-Angehörigen, wie dies in den Konzentrationslagern der Fall war.

Grundsätzlich waren in den Anfangszeiten der Lager die deutschen Insassen den ausländischen bzw. fremdvölkischen Insassen rechtlich gleichgestellt. Die Einweisung in ein Arbeitserziehungslager durfte für beide Gruppen maximal 56 Tage betragen. Allerdings konnte ein Arbeiter oder Angestellter wegen verschiedener Verfehlungen mehrmals in ein Arbeitserziehungslager eingewiesen werden. War trotz mehrfacher Einweisung und Steigerung der Befristungen kein „Erziehungserfolg" zu erzielen – dies war dann der Fall, wenn nach einer 56tägigen Einweisung der Arbeiter wieder rückfällig wurde –, war der Arbeiter in das Konzentrationslager zur Schutzhaft einzuweisen. Die Schutzhaft durfte nicht unter einer Zeitdauer von drei Monaten verhängt werden.

Himmler legte Wert darauf, daß die Häftlinge zu strenger Arbeit angehalten wurden, um ihnen ihr volksschädigendes Verhalten vor Augen zu führen. In keinem Lager durfte die tägliche Arbeitszeit unter zehn Stunden betragen, sie sollte allerdings auch nicht länger als zwölf Stunden andauern. An einem Tag der Woche waren die Häftlinge arbeitsfrei zu belassen.

Die Häftlinge wurden für ihre Arbeit bezahlt, allerdings betrug der Lohn für einen Monat Schwerstarbeit lediglich ca. 15 Reichsmark, der Lohn für einen freien Arbeiter betrug damals etwa das Acht- bis Zehnfache. Während des Aufenthaltes im Lager wurde der Lohn den Häftlingen gutgeschrieben; sie konnten in der Lagerkantine dafür Gegenstände erwerben, die sie für das tägliche Leben brauchten. Nach der Entlassung aus dem Arbeitserziehungslager wurde der Restbetrag bar an den Häftling ausbezahlt.

Während der Haftzeit waren die Häftlinge unfall- und sozialversichert, die Häftlinge mußten keine zusätzliche Lohn- oder Einkommensteuer entrichten.

3.11.4.2. Die Arbeitserziehung fremdvölkischer Häftlinge

An den sogenannten fremdvölkischen Häftlingen dokumentierte sich das gesamte ideologische Dilemma der nationalsozialistischen Machthaber. Während man fremdvölkische Arbeiter in jeder Hinsicht den deutschen Arbeitern gleichstellen wollte, um genügend freiwilligen Nachschub für den ausgetrockneten deutschen Arbeitsmarkt zu erhalten, konnte mit der Fortdauer des Krieges dieser Anspruch nicht mehr aufrechterhalten werden.

Insbesondere die polnischen Fremdarbeiter waren sehr rasch von der Rückdrängung der Rechte betroffen. Noch relativ harmlos war die Polizeiverordnung über die Kenntlichmachung im Reich eingesetzter Zivilarbeiter und -arbeiterinnen polnischen Volkstums vom 8. März 1940[250]. Aufgrund dieser Verordnung waren polnische Volksangehörige verpflichtet, auf der rechten Brustseite jedes Kleidungsstückes ein angenähtes Kennzeichen zu tragen, in dessen Mitte ein großes, gelbes „P" (für Pole) anzubringen war.

Entsprechend der deutschen Gründlichkeit wurde dieses Kennzeichen in Größe, Farbe und Umrandung im Verordnungsweg genau beschrieben. Wesentlich dramatischer gestaltete sich die weitere Entwicklung der Rechtssituation von fremdvölkischen Arbeitern, insbesondere von Polen.[251] Durch die sogenannte Polen-Strafrechtsverordnung Ende 1941[252] wurde diese Volksgruppe der Zuständigkeit der ordentlichen Gerichte entzogen und unter die Zuständigkeit der Sondergerichte gestellt. Diese Tatsache hatte zwar keine unmittelbaren Auswirkungen auf die arbeitsrechtliche Situation von polnischen Fremdarbeitern, de facto bedeutete diese Verordnung jedoch eine Allmacht für die GESTAPO in jeder Hinsicht. Im Zusammenwirken mit

---

[250] RGBl. 1945 I, S. 555.

[251] MAJER Diemut, Fremdvölkische, a. a. O.; diese Aufarbeitung befaßt sich ausführlichst mit dieser Problematik.

[252] RGBl. 1941 I, S. 759; Verordnung über die Strafrechtspflege gegen Polen und Juden in den eingegliederten Ostgebieten vom Dezember 1941. Diese Verordnung galt ursprünglich sowohl für Polen als auch für Juden. In weiterer Folge wurden die Juden auch aus dieser Verordnung ausgenommen, und durch die 13. Verordnung zum Reichsbürgergesetz vom 1. Juli 1943 wurde angeordnet, daß „strafbare Handlungen von Juden" nicht durch die Gerichte, sondern durch die Polizei abgehandelt werden. Vgl. RGBl. 1943 I, S. 372.

der schleichenden Aushöhlung der allgemeinen justiziellen Kompetenzen durch Geheimerlasse der Polizei, von denen die Justiz üblicherweise keine Kenntnis hatte, durch die Generalermächtigung für die GESTAPO, Gerichtsfunktionen über die fremden Arbeitskräfte wahrzunehmen, wurde die Justiz völlig in den Hintergrund gedrängt. Die GESTAPO gab Fälle nur dann an die Gerichte ab, wenn eine Verhängung eines Todesurteils durch ein Gericht im öffentlichen Interesse lag. Die Verordnung bedeutete im Zusammenhang mit den Arbeitserziehungslagern, daß die GESTAPO bei den polnischen Häftlingen, anders als bei deutschen Häftlingen, auch die Gerichtskompetenzen für alle Vergehen hatte und sogar die Todesstrafe verhängen konnte, was in sehr vielen Fällen auch geschah. Dies führte soweit, daß für den Polizeigebrauch eine eigene Fahndungs- und sogar eine Exekutionsordnung erlassen wurde. Erhalten ist etwa ein Dienstbefehl der Kriminalpolizeistelle Linz, der die Behandlung der polnischen Zivilarbeiter und -arbeiterinnen, die Fahndung, die Festnahme und die Durchführung von Strafverhandlungen behandelt.[253]

Der Dienstbefehl unterschied im Fahndungsbereich zwar grundsätzlich zwischen politischen, kriminellen und persönlichen Gründen, gefahndet wurde aber jedenfalls auch dann nach polnischen Zivilarbeitern wie nach flüchtigen Verbrechern, wenn diese lediglich einen einfachen Arbeitsvertragsbruch begangen hatten.

Der Dienstbefehl ordnet nachdrücklich an, alle polnischen Zivilarbeiter, die ohne Ausweis angetroffen werden, sofort festzunehmen und in das nächste Polizeigefängnis abzuführen. Genaue Vorschriften für die GESTAPO gab es laut dem Linzer Generalstaatsanwalt auch im Zusammenhang mit der Exekution von polnischen Zivilarbeitern, wenn diese nach Ansicht der GESTAPO strafbare Taten begangen hatten. So berichtete der Generalstaatsanwalt, daß die GESTAPO die örtliche Gendarmerie in Kenntnis setzte, daß am jeweiligen Tatort die Vollstreckung des Erkenntnisses erfolge.[254] Die Inkenntnissetzung konnte unterbleiben, wenn polnische Zivilarbeiter etwa in Arbeitserziehungslagern gehängt wurden. Täter und entsprechende Utensili-

---

[253] Vgl. Bundesarchiv Koblenz, Akten des Reichsjustizministeriums R22/3377; fol. 49-60.
[254] Vgl. THEM Karl-Heinz, Die Tätigkeit der GESTAPO in Österreich mit Berücksichtigung der GESTAPO-Stelle Innsbruck, 1938 bis 1945, Rechtswissenschaftliche Dissertation, Innsbruck 1994, S. 128 ff.

en wie Seil und Leiter wurden an den Tatort gebracht, auch ein Sarg für den Gehängten wurde mitgeführt. Zur Abschreckung hatten die übrigen fremdvölkischen Arbeiter des entsprechenden Ortes den Exekutionen polnischer Zivilarbeiter beizuwohnen; die sonstige Bevölkerung – insbesondere die deutsche – wurde davon abgehalten. Nachdem der Tod des Gehängten festgestellt worden war, mußten die polnischen Zivilarbeiter den Gehängten vom Baum abnehmen und den Leichnam in den Sarg legen. Der Generalstaatsanwalt berichtete weiters, daß diese Vorfälle in der Bevölkerung keine gute Stimmung hinterlassen hätten, und zwar deshalb, weil die Bevölkerung der Meinung sei, daß derartige Exekutionen in den besetzten Gebieten leicht Racheakte an Deutschen hervorrufen könnten. Unter den Polen und Ukrainern werde davon gesprochen, daß solche Vorgänge nur in Deutschland möglich seien.

Die Zurückdrängung der Kompetenz der Gerichte über fremdvölkische Zivilarbeiter führte zu einer völligen Auslieferung dieser Gruppe an die GESTAPO. Am deutlichsten wurde diese Situation in den Arbeitserziehungslagern empfunden, weil die Möglichkeit der Einweisung in ein Arbeitserziehungslager schon bei kleinsten Anlässen gegeben und für die Einweisung selbst die GESTAPO zuständig war. Zu allem Überfluß führte sie auch die Lager selbst und übte die Gerichtsherrschaft im Lager aus. Daß es schon bei sehr geringen Vergehen zu Todesstrafen kommen mußte, liegt auf der Hand.

3.11.4.3. EXKURS: Arbeitserziehung in der Praxis am Beispiel des Arbeitserziehungslagers Reichenau

Das Arbeitserziehungslager Reichenau wurde ursprünglich nicht als Arbeitserziehungslager, sondern als Auffanglager für flüchtige italienische Arbeitskräfte eingerichtet.[255] Diese Maßnahme war deshalb notwendig geworden, weil italienische Fremdarbeiter, irritiert durch die Bombardements und durch die Zustände im „Altreich", auf eigene Faust die Rückreise nach Italien antraten. Nach deutschem Recht war die Rückreise allerdings ein Arbeitsvertragsbruch, und aus diesem Grund wurde das Auffanglager eingerichtet. Im Sommer 1942 hatte das Lager einerseits seine Zweckbestimmung verloren, weil

---

[255] Dokumentationsarchiv des österreichischen Widerstandes, Widerstand und Verfolgung in Tirol 1934-1945, Band 1, Wien 1984, S. 568 ff.

kaum mehr italienische Zivilarbeiter aufgegriffen wurden, andererseits war es auch politisch nicht mehr haltbar. Mussolini hatte bei Hitler direkt gegen das Auffanglager Reichenau interveniert, worauf das Lager in ein Arbeitserziehungslager umgewidmet wurde.

Erster Kommandant des Lagers war Polizeiwachtmeister Georg Mott, der das Lager aufbaute und bis 1944 auch leitete.[256] Das Fassungsvermögen von Reichenau betrug zwischen 600 bis höchstens 1.000 Menschen. Im wesentlichen bestand es aus jenen Normbaracken, die auch beim Reichsarbeitsdienst in Verwendung standen. Das Lager war von einem Zaun umgeben, der mit Stacheldraht gekrönt war. Es verfügte über die übliche, in deutschen Lagern vorgeschriebene Infrastruktur, das heißt über Verwaltungs- und Wirtschaftsbaracken, über ein Krankenrevier und über Arrestzellen. Über eigene Werkstätten oder Betriebe verfügte Reichenau nicht, weil der Einsatz praktisch ausschließlich auf Baustellen und im Rahmen von Aufräumungsarbeiten erfolgte.

Im Strafverfahren gegen den Lagerkommandanten, Polizeiwachtmeister Georg Mott, wurden im Strafurteil auch der Lageralltag und die Organisation des Lagers beschrieben. Man hatte sich in Innsbruck-Reichenau zum längstmöglichen täglichen Arbeitseinsatz von zwölf Stunden entschlossen. Allerdings muß angemerkt werden, daß diese Arbeitszeit von der GESTAPO jederzeit willkürlich verlängert wurde. Die Häftlinge wurden um fünf Uhr geweckt, bereits eine Stunde später erfolgte der Abmarsch an die Baustelle. Zwischen 18 und 19 Uhr kehrten die Häftlinge in das Lager zurück und wurden nach einem kurzen Essen um ca. 20 Uhr in die Baracken eingeschlossen. Wie es der Erlaß Himmlers vorsah, hatte auch Reichenau eine eigene Lagerordnung, wobei ein wesentlicher Teil derselben die Bestrafung von Häftlingen regelte. Die besonderen Lagerstrafen waren Essensentzug (wobei der Bestrafte den anderen Häftlingen beim Essensempfang zusehen mußte), Arreststrafen (sogenannte Bunkerstrafen bis 14 Tage, wobei der Häftling keine Möglichkeit hatte zu liegen), Prügelstrafen (Stock- und Fausthiebe) und – in Reichenau besonders beliebt im

---

[256] Urteil des Schwurgerichtes des LG Hechingen gegen den früheren Polizeiwachtmeister Georg Mott aus Obrigheim wegen Mordes u. a., 10. Februar 1985; in: Justiz und NS-Verbrechen, Sammlung deutscher Strafurteile wegen nationalsozialistischer Tötungsverbrechen 1945-1955, Amsterdam 1976, Band 14, S. 519 ff.

Herbst und Winter – das Abspritzen eines nackten Häftlings mit kaltem Wasserstrahl.

In den Akten der Verfahren, die nach dem Krieg geführt wurden, finden sich Zeugenaussagen, insbesondere von ehemaligen Häftlingen, die den Lageralltag in seiner ganzen Brutalität beschreiben. Einerseits wird immer auf die Reichenauer Spezialität, das Abspritzen von Häftlingen mit kaltem Wasser, verwiesen. Offenbar wurde diese Brutalität auch an jenen Russinnen verübt, die vorübergehend im Lager Reichenau angehalten wurden. Sie wurden von den Wachmannschaften nackt ausgezogen und entsprechend behandelt. Es war in Reichenau nach einer derartigen Behandlung auch üblich, daß die Häftlinge in den ungeheizten Bunker gesperrt wurden, was in verschiedenen Fällen auch zum Tod führte. Liest man die Zeugenberichte aus diesen Prozessen aufmerksam durch, entsteht der Eindruck, daß in der unmenschlichen Behandlung der Häftlinge de facto kein Unterschied zu einem deutschen Konzentrationslager bestand. Die Häftlinge wurden willkürlich geschlagen, es gab wie in den Konzentrationslagern einen Häftlingskapo, der einen brutaleren Terror ausübte als die Wachmannschaften. Im Fall eines besonders brutalen jugoslawischen Lagerkapos führte dessen Spezialität, von Angehörigen Geld zu erpressen, zu seiner eigenen Hinrichtung. Er wurde nach Bekanntwerden der Machenschaften von der GESTAPO im Lager öffentlich gehängt. Während Terror und Brutalität gegen die Häftlinge jederzeit und für diese nicht vorhersehbar eintreten konnten, wurden in Reichenau auch „regelrechte" Todesurteile gegen Häftlinge verhängt. Der bekannteste Fall ist die Hinrichtung von sieben Häftlingen, die auf Anweisung von Dr. Kaltenbrunner im Lager exekutiert wurden. Der Grund für die Exekutionen war, daß sich die Häftlinge im Rahmen eines Aufräumungseinsatzes nach dem Bombenangriff vom 15. Dezember 1943 Lebensmittel und einige Kleinigkeiten angeeignet hatten. Die Häftlinge, es handelte sich um drei Italiener, zwei Polen und zwei Jugoslawen, wurden von der GESTAPO wegen Plünderung zum Tod verurteilt und im Lager Reichenau exekutiert. Zur generellen Abschreckung berichtete die Innsbrucker Presse über Untat und Strafe. Neben diesem bekannten Fall kam es in Reichenau immer wieder zu Hinrichtungen, zumeist in Form des Erhängens.

Wie die Nachkriegsprozesse jedoch ergaben, hatte darüber hinaus insbesondere der Lagerleiter von sich aus Häftlinge ohne jedes Verfahren zum Tod verurteilt. Diese Häftlinge wurden solang mit Wasser abgespritzt und in den Bunker gesperrt, bis sie an Lungenentzündung verstarben. Bekannt wurde insbesondere der Fall eines 15jährigen Ostarbeiters.

Ein wesentlicher Bestandteil des Terrors gegen die Insassen des Reichenauer Arbeitslagers war der Entzug von Essen. Der Lagerarzt beschrieb den Zustand der Häftlinge generell als unterernährt.

Insgesamt schwankte die Zahl an Häftlingen in Reichenau zwischen 100 und 800. Abgesehen von der äußerst schweren Arbeit und der brutalen Behandlung, abgesehen vom Leid, das die Häftlinge durch den Hunger zu ertragen hatten, waren die Reichenauer auch nicht ausreichend gekleidet, sie trugen keine Lederschuhe und Socken, sondern lediglich Holzschuhe. Gegen die Kälte konnten sie sich nur mit Fetzen schützen. Erfrierungen an den Füßen waren bei den Reichenauer Häftlingen daher an der Tagesordnung.

Immer wieder stellt sich die Frage, ob Einrichtungen wie das Arbeitserziehungslager Reichenau von den nationalsozialistischen Machthabern vor der Öffentlichkeit geheimgehalten wurden oder ob die Öffentlichkeit diese Form der Arbeitserziehung wahrnehmen konnte.

Hauptsächlich bei den Berichten um die Konzentrationslager und um die Vernichtungslager gewinnt man den Eindruck, daß diese Einrichtungen wie „Geheimnis" der nationalsozialistischen Machthaber gehütet wurden.

Dies war beim Lager Reichenau mit Sicherheit nicht der Fall, denn das Lager und insbesondere die Häftlinge waren während des Krieges Bestandteil des täglichen Lebens in Innsbruck.

Die unterernährten, zerfetzten Häftlinge gehörten zum Innsbrucker Stadtbild. Sie waren es, die etwa im Jahr 1943 die O-Bus-Linien im gesamten Innsbrucker Stadtgebiet bis hinauf nach Hötting, Mühlau und Arzl bauten; sie waren die ersten, die auf den Straßenbaustellen mit der Arbeit begannen; und nach Bombenangriffen wurden sie eingesetzt, um den Schutt wegzuräumen und die Straßen wieder passierbar zu machen.

Die Reichenauer Häftlinge waren für jeden Bürger kenntlich und sichtbar. Ihren Zustand konnte somit jeder Interessierte bemerken, zumal die nationalsozialistischen Machthaber die Arbeitsbedingungen nicht geheimhielten.

Dennoch hielt der Reichsstatthalter in Tirol in einem Schreiben an die Landräte, an den Innsbrucker Polizeidirektor sowie an die GE-

STAPO Innsbruck-Reichenau im November 1942 folgendes fest[257]: „Betriebsführer und Gewerbetreibende, aber auch Bauern beklagen sich immer wieder, daß einzelne Arbeiter die ihnen aufgetragenen Arbeiten oft recht nachlässig verrichten und auf Ermahnungen entweder gar nicht reagieren oder sogar noch frech werden. Da dieses Verhalten einer Sabotage gleichkommt, [...] erlaube ich mir, auf das Arbeitserziehungslager [...] in der Reichenau [...] nochmals besonders aufmerksam zu machen [...] Die bisherigen Erfahrungen haben gezeigt, daß diese Erziehungsmaßnahme sich als sehr nutzbringend erweist."

3.11.5. Arbeit als Mittel der Bewirtschaftung von „unterlegenen Rassen"

Der exaktere Begriff „Zwangsarbeit" als Wertschöpfung wird hier bewußt nicht verwendet, weil diese heute als kein taugliches Mittel mehr angesehen werden kann, um Wertschöpfungen zu erzielen. In der Menschheitsgeschichte hat die Zwangs- und Sklavenarbeit eine lange Tradition, die selbst in demokratischen Staaten bis in das späte 19. Jahrhundert reicht. In praktisch allen Staatsformen war die Zwangsarbeit ein taugliches Mittel[258] der Wertschöpfung. Vor diesem geschichtlichen Hintergrund ist die Zwangsarbeit somit keine Besonderheit des Dritten Reiches oder eines biologischen Staates. Der Unterschied zu anderen Zwangsarbeitsmodellen ist jedoch, daß diese Form der Arbeit nach biologischen Kriterien organisiert war[259] und

---

[257] Schreiben des Reichsstatthalters in Tirol und Vorarlberg an alle Landräte und den Polizeidirektor in Innsbruck sowie an die GESTAPO Innsbruck-Reichenau, 11. November 1942, Landesgendarmeriekommando für Tirol, DÖW 13.237.

[258] Tradition hinsichtlich der Zwangsarbeit hat im 20. Jahrhundert neben dem Dritten Reich auch die Sowjetunion. Hunderttausende Menschen wurden verschleppt, um Sklavendienste zu leisten. Dabei handelte es sich überwiegend um eigene Staatsangehörige, die solchermaßen zwangsweise am Aufbau der Sowjetunion teilzunehmen hatten. Vgl. ALBRECHT Karl, Der verratene Sozialismus, a. a. O., S. 155 ff. Die Darstellung trägt deutliche propagandistische nationalsozialistische Züge, stimmt aber in den Grundaussagen mit dem überein, was dem heutigen Stand des Wissens über die sowjetische Zwangsarbeit während des Stalinismus entspricht.

[259] Allerdings ist die Zwangsarbeit „Fremdrassiger" vergleichbar mit der Sklavenhaltung der amerikanischen Nordstaaten, die ebenfalls biologische Kriterien für den Sklavenstatus festgelegt hatten.

nicht nach der Tatsache, daß ein bestimmtes Volk durch Krieg oder durch Okkupation in die Knechtschaft getrieben wurde.

Die Form der Zwangsarbeit war im Dritten Reich fließend. So gab es die verschiedensten Formen der Versklavung. Am deutlichsten war die „echte Zwangsarbeit", also jene, bei der Menschen gegen ihren Willen eine bestimmte Tätigkeit verrichten mußten. Hierzu zählen die Verschleppungen von Menschen insbesondere aus Polen und aus Rußland zur Zwangsarbeit nach Deutschland.

Eine andere Form der Zwangsarbeit war die Fremdarbeit. Dabei lag zwar keine Zwangsarbeit im engeren Sinn vor, weil der Fremdarbeiter üblicherweise in einem Arbeitskontrakt seine Einwilligung geben mußte; allerdings waren sowohl die wirtschaftlichen als auch die unmittelbar politischen Zwänge in den von Deutschland besetzten Gebieten so stark, daß den Fremdarbeitern üblicherweise gar nichts übrigblieb, als in den Arbeitsvertrag oder auch nur in die Verschikkung nach Deutschland einzuwilligen. Es darf davon ausgegangen werden, daß ein großer Teil der Fremdarbeiter im Dritten Reich durchaus als Zwangsarbeiter gelten konnten, weil sie durch Druck, List, Täuschung, wirtschaftliche Zwänge oder sonstige Repressalien in den Arbeitsstatus gekommen waren.

Eine Unterform der Zwangsarbeit war die Arbeit durch Kriegsgefangene. Diese an und für sich völkerrechtlich unter bestimmten Bedingungen nicht verpönte Form der Zwangsarbeit war insbesondere für die agrarische Produktion in Deutschland während des Krieges von überragender Bedeutung. Ohne kriegsgefangene Zwangsarbeiter wäre die Ernährungslage des Dritten Reiches qualitativ und quantitativ nicht aufrechtzuerhalten gewesen. Allerdings muß angemerkt werden, daß die Zwangsarbeiter, Fremdarbeiter und kriegsgefangenen Zwangsarbeiter der Deutschen Polizei, insbesondere der GESTAPO, unfreiwillig ein weites Betätigungsfeld verschafften. Insbesondere im Fall von Arbeitsstreitigkeiten, Arbeitsverweigerung und bei sonstiger „Störung des Arbeitsfriedens" wurde sehr rasch zu polizeilichen Zwangsmaßnahmen gegen die Arbeiter gegriffen. Die Maßnahmen waren je nach Volkszugehörigkeit verschieden; während etwa Engländer oder Franzosen einen gewissen Rechtsschutz genossen, konnten Polen wegen geringster Vergehen sogar hingerichtet werden.

Von der Wirkung und Wirtschaftlichkeit der Zwangsarbeit waren die obersten Rassenpolizisten des Dritten Reiches, die SS bzw. der Reichsführer SS Heinrich Himmler, überzeugt. Eines der großen Ziele Himmlers war es, die SS wirtschaftlich autark zu machen. Dies wollte er durch SS-eigene Betriebe erreichen, die mit Zwangsarbeitern als Produktionsmittel tätig sein und auf diese Art bedeutende Gewinne für die SS abwerfen sollten. Himmlers Ziel war eine Art „Staat im Staat", was von Hitler zeitweilig auch gefördert wurde. Während einerseits die Juden in Europa durch die SS massenweise vergast oder sonstwie zu Tode gebracht wurden, war es dieselbe SS, die Juden und andere „Fremdvölkische"als Produktionsfaktoren entdeckte. Anfang 1942[260] schmiedete Himmler umfassende Pläne für den Arbeitseinsatz von Juden. Er teilte dem Inspekteur aller Konzentrationslager, SS-Brigadeführer Richard Glücks, mit, daß er beabsichtige, in den nächsten Wochen 100.000 Juden und 50.000 Jüdinnen in die Konzentrationslager einzuweisen, um wirtschaftliche Aufgaben zu übernehmen.[261] Zu diesem Zweck erfolgte sogar eine Umorganisation der SS, und Oswald Pohl wurde durch die Zusammenlegung mehrerer Hauptämter der Verantwortliche in der SS für Wirtschafts- und Verwaltungsangelegenheiten.

Himmler war nun auf der Suche nach Produkten, die er mit „seinen" Häftlingen durch Zwangsarbeit herstellen könnte. Als „Probeprojekte" waren in Buchenwald und Neugamme Karabinerfertigungen geplant. Die Ziele für diese Fertigungen wurden, gemessen an zivilen Fertigungsprozessen, nicht allzu hoch gesteckt, dennoch erwiesen sich die Projekte sowie einige weitere Fabrikationen als nicht übermäßig erfolgreich. Neben dem mangelnden technischen und wirtschaftlichen Organisationsgeschick der SS lag dies auch in der Tatsache begründet, daß Zwangsarbeit nicht immer (bzw. nur unter bestimmten Bedingungen) nach den Produktivitätskriterien ziviler Arbeit zu messen ist.[262]

Deshalb war die Zwangsarbeit außerhalb der unmittelbaren lagereigenen SS-Betriebe oftmals durchaus produktiv, insbesondere, wenn Privatunternehmen die Nutznießer der Zwangsarbeit waren.[263]

---

[260] Am 26. Januar 1942, also sechs Tage nach der Wannseekonferenz.
[261] Vgl. SPEER Albert, Der Sklavenstaat, a. a. O., S. 31 ff.
[262] Nämlich dann, wenn der Zwangsarbeiter durch die Erfüllung einer erfüllbaren Norm persönliche Vorteile – wie etwa Verfolgungsfreiheit oder etwa kleine persönliche Freiräume – erhält.
[263] Vgl. SOFSKY Wolfgang, Die Ordnung des Terrors, das Konzentrationslager, a. a. O., S. 200 ff.

In den letzten beiden Kriegsjahren setzte die SS erneut große Anstrengungen im Bereich der Zwangsarbeit durch KZ-Häftlinge. Insbesondere, als Teile der industriellen Produktion aufgrund der ständigen Gefahren durch alliierte Luftangriffe in Stollen unter die Erde verlegt werden mußten, erlangte die Zwangsarbeit besondere Bedeutung. So erbauten beispielsweise 11.000 Häftlinge in St. Georgen an der Gusen, einem Nebenlager von Mauthausen, ein Stollensystem für die industrielle Fertigung des Düsenjägers Me 262.

Derartige Fabrikationsstollensysteme entstanden durch den Einsatz tausender Häftlinge auch in Ebensee und in Melk. Allerdings muß festgehalten werden, daß diese Zwangsarbeitseinsätze eher dem Bereich „Arbeit als Mittel der physischen Vernichtung" zuzuzählen sind als der herkömmlichen Zwangsarbeit.

3.11.6. Arbeit als Mittel der Bestrafung „unterlegener Rassen"

Die Grenzen zur Arbeit als Integrations- und Erziehungsmittel für Fremdarbeiter (bzw. für Kriegsgefangene und Zwangsarbeiter) sind fließend und eher theoretischer Natur.

Zwangsarbeit kann die verschiedensten Formen aufweisen, und ohne Zweifel macht es für den betreffenden Zwangsarbeiter einen bedeutenden Unterschied, ob er zu einer Arbeit eingeteilt wurde, die leistbar war und nicht zu einer übertriebenen körperlichen Abnützung führte, oder ob er eine Arbeit verrichten mußte, die unter extremen Bedingungen rasch zu Erschöpfungszuständen führte oder, noch schlimmer, die körperliche Integrität des Zwangsarbeiters nachhaltig beeinträchtigte.

So war es in Arbeitserziehungslagern und bei sonstigen Arbeitseinsätzen üblich, bestimmte Fremdarbeiter oder Zwangsarbeiter bzw. Kriegsgefangene zur Strafe zu Arbeiten einzuteilen, die schwerste Anstrengungen erforderten, körperliche Schäden hervorriefen oder zum Tod führten.[264]

Diese Einteilungen hatten nicht unmittelbar eine rassistische Motivation, vielmehr ist die Grundkategorisierung als Zwangs- oder

---

[264] Diese Praxis gab es allerdings in Konzentrationslagern auch für die eigenen Volksgenossen.

Fremdarbeiter[265] – wie dargestellt – auf biologische Tatsachen zurückzuführen. Arbeitserschwernisse hatten zumeist einen individuellen Verhaltenshintergrund, daß etwa aufgrund mangelnder Anpassung oder zu geringer Arbeitsleistung zur Strafe eine bestimmte Arbeit verrichtet werden mußte.

Allerdings waren die Gründe, warum jemand derart bestraft wurde, nicht immer rational nachvollziehbar oder objektivierbar. Objektive Verfahren bei der Einteilung von Zwangs- und Fremdarbeitern gab es nicht.

3.11.7. Arbeit als Mittel der physischen Vernichtung

Bei sehr schwierigen Zwangs- und Sklavenarbeiten mußte damit gerechnet werden, daß der Zwangsarbeiter bei der Verrichtung der Arbeit körperlichen Schaden erlitt oder verstarb. Dennoch wurde der Zwangsarbeiter oder Sklave üblicherweise als Produktionsmittel gesehen, das ein Minimum an Pflege braucht und das als Produktionsmittel grundsätzlich erhaltungswürdig ist.

Bei der Arbeit als Mittel zur physischen Vernichtung ist selbst dieses Minimum an „Menschsein" nicht mehr vorhanden. In diesem Bereich geht es ausschließlich um die Tötung eines bestimmten Rassenangehörigen oder einer Rasse insgesamt – oder um die explizite und bewußte Tötung eines Volksgenossen durch Arbeit. „Arbeiter" dieser Art wurden völlig entindividualisiert, es kam nicht mehr auf individuelle Fähigkeiten an, und selbst ein bestimmtes Arbeitspensum, das vorgegeben war, diente nicht dem Zweck der Wertschöpfung oder Produktion, sondern einzig der physischen Überlastung des Delinquenten.

Menschen, die einer solchen Prozedur ausgesetzt waren, wurden in ein uniformes soziales Umfeld integriert, das heißt, sie hatten keine Namen mehr, sondern lediglich Nummern. Sie hatten in der Regel die gleichen Arbeitsuniformen wie ihre Mithäftlinge zu tragen, und sie hatten einander auch im Aussehen zu gleichen, was etwa durch das völlige Kahlscheren der Kopfhaare erreicht wurde. An diesen Men-

---

[265] Nicht aber der Kriegsgefangenen.

schen bestand kein wirtschaftliches Interesse mehr, und die Arbeit, die sie zu verrichten hatten, war lediglich als Todesform gedacht.

Die Begründung für diese Tötungen lag, abgesehen von unangepaßten Volksgenossen, in der Tatsache der biologischen Beschaffenheit.

Nicht selten allerdings gerieten die Nationalsozialisten in das Problemfeld, daß divergierende staatliche Ziele im Zusammenhang mit der Tötung Fremdrassiger durch Arbeit oder mit der Tötung generell verfolgt wurden. Während etwa Himmler sein SS-Wirtschafts- und Industrieimperium aufbauen wollte, machte das Reichssicherheitshauptamt Druck, daß insbesondere die Juden so rasch wie möglich zu vernichten seien.[266]

Grundsätzlich war Hitler ursprünglich der Meinung, daß „unterlegene Rassen" nicht zu vernichten, sondern zu unterjochen und zur Zwangsarbeit zu verwenden seien.[267]

Mit der zunehmenden Totalisierung des Dritten Reiches forcierte Hitler jedoch die Tötung der „unterlegenen Rassen" mit allen Mitteln und ohne Einschränkungen – und damit auch die Tötung von Menschen durch Arbeit.

3.12. Die agrarische Wertschöpfung

Anders als die industriellen Wertschöpfungsprozesse, die in den Kernbereichen ausschließlich angeblichen biologischen Gesetzmäßigkeiten folgten, war die agrarische Wertschöpfung per se ein Teil der nationalsozialistischen Mythologie.

---

[266] Vgl. SPEER Albert, Der Sklavenstaat, a. a. O., S. 32.
[267] Vgl. HITLER Adolf, Mein Kampf, a. a. O., S. 317 f.: „Arische Stämme unterwerfen – häufig in wahrhaft lächerlich geringer Volkszahl – fremde Völker und entwickeln nun, angeregt durch die besonderen Lebensverhältnisse des neuen Gebietes (Fruchtbarkeit, klimatische Zustände usw.) sowie begünstigt durch die Menge der zur Verfügung stehenden Hilfskräfte an Menschen niederer Art, ihre in ihnen schlummernden geistigen, organisatorischen Fähigkeiten […]. Damit aber war der Weg, den der Arier zu gehen hatte, klar vorgezeichnet. Als Eroberer unterwarf er sich die niederen Menschen und regelte dann deren praktische Betätigung unter seinem Befehl, nach seinem Wollen und für seine Ziele."

Dies erklärt sich aus der Tatsache, daß die Blut-und-Boden-Mythologie eine besondere Verbindung zwischen der Rasse bzw. den Rassengenossen und dem Boden, der sie nährt, herstellt. Die Nationalsozialisten hatten durch ihr biologisches Verständnis eine enge Beziehung zu allem, was Fruchtbarkeit bedeutete – zur Mutterschaft der Rassengenossinnen ebenso wie zur Fruchtbarkeit des Bodens.

Aus diesem Grund wurden an den Bauernstand besondere Kriterien angelegt. Die Rassenreinheit des deutschen Bauernstandes war den Nationalsozialisten ein herausragendes Anliegen. Um dieses Ziel zu verwirklichen, sollte durch das Erbhöfegesetz sichergestellt werden, daß ein Hof – wenn er bestimmte Voraussetzungen erfüllte – nur in ungeteilter Form in der Hand einer Familie, die natürlich rassisch einwandfrei sein mußte, verblieb.[268] Der Hof wurde bei der Weitervererbung nicht belastet, auch wenn andere Nachkommen, die ebenfalls zu einem Teil erbberechtigt gewesen wären, vorhanden waren. Diese Nachkommen gingen leer aus.[269]

Abgesehen von der besonderen mythologischen Verklärung der Bauernschaft, gab es auch zwingende taktische Gründe, die Produktivität der deutschen Bauern zu erhalten und zu erhöhen. Die Erfahrungen des Ersten Weltkrieges haben gezeigt, daß der ausreichenden Ernährung der Bürger – sowohl der kämpfenden Truppe als auch der Menschen im Hinterland – mitunter kriegsentscheidende Wirkung zukommt. Deutschland war im Ersten Weltkrieg nicht in der Lage gewesen, alle agrarischen Nahrungsmittel selbst herzustellen, und hatte deshalb schwere Hungerperioden und Schwächungen hinnehmen müssen.

Ein weiterer Grund, weshalb die Bauern im Nationalsozialismus eine derart bedeutende Stellung einnahmen, lag im Eroberungsgedanken der Führung. Da der Staat an Grenzen nicht gebunden war und das Volk Lebensräume behauptete und eroberte, waren die eigentlichen Pioniere der neuen Lebensräume die Bauern, die sich in dieser

---

[268] Vgl. RGBl. 1933 I, S. 685; Reichserbhofgesetz.

[269] Die Einführung dieses Gesetzes stieß bei der österreichischen Bauernschaft, die in Erbschaftsfragen sehr pragmatisch ist, auf deutlichen Widerstand. Es ist den Nationalsozialisten nie gelungen, die österreichische Bauernschaft von der Praktikabilität der Regelungen des Erbhofgesetzes restlos zu überzeugen. Deutliche Unmutsäußerungen mußten die Präsidenten der Oberlandesgerichte immer wieder an das Reichsjustizministerium vermelden. Vgl. Bundesarchiv Koblenz, R 22/3368, fol. 1-68.

Rolle in einem verklärten Germanenkult wiederfanden. Sie sollten nicht nur die agrarischen Pioniere des neuen „germanischen" Lebensraumes sein, vielmehr sollten sie als „Wehrbauern" diese neuen Lebensräume auch mit der Waffe in der Hand verteidigen.

Mit Kriegsbeginn wich die ideologische Verklärung der Bauernschaft durch die nationalsozialistische Führung praktischeren Erwägungen. Durch die verschiedenen Kriegswirtschaftsverordnungen kam es zu einer Entideologisierung der Bauernschaft. Die Führung versuchte nun, den agrarischen Wertschöpfungsprozeß im Sinn des totalen Staates vollends unter Kontrolle zu bekommen und staatlicherseits zu lenken. Dieser Versuch stieß allerdings auf wenig Gegenliebe in der Bauernschaft, die ihrerseits von den Verordnungen wenig Notiz nahm und sich eifrig in Schwarzschlachtungen übte.[270]

Bis Kriegsende gelang es den Nationalsozialisten nicht, die agrarische Wertschöpfung ausschließlich zu kontrollieren und zu steuern. Durch den hohen Individualismus und Freiheitsgrad der Bauern, die sich der Zwangswirtschaft nicht unterordnen wollten, entstand eine Schattenwirtschaft mit agrarischen Produkten.

Bei der gerichtlichen Verfolgung von bäuerlichen Schwarzschlachtern und Übertretern der Kriegswirtschaftsverordnungen zeigte sich jedoch, daß der Verfolgung praktische Grenzen gesetzt waren. Dies deshalb, weil ein Bauer, der eine Gefängnisstrafe abbüßen mußte, in dieser Zeit seine Felder nicht bestellen konnte, was letztendlich einen größeren Schaden bewirkte als die Schwarzschlachtung oder der Handel am Schwarzmarkt selbst. Aus diesem Grund wurden in den letzten Kriegsjahren und -monaten bäuerliche Täter im Bereich der Übertretungen der Kriegswirtschaft gerichtlich kaum mehr bestraft, was insgesamt dem Trend der Totalisierung des Dritten Reiches zuwiderlief.

Am Beispiel der agrarischen Wertschöpfung wird transparent, daß sich die Bauernschaft, die vielfach aus nationalsozialistischer Sicht die rassisch unverfälschtesten Volksgenossen darstellte, weniger nach kollektiven und biologischen völkischen Zusammenhängen richtete, sondern sich vielmehr einer Situation anpaßte, die es zu bewältigen galt.

So betrachtet, waren es auch im Bereich der agrarischen Wertschöpfung nicht die „Stimme und der Gleichklang des Blutes", der die Hand-

---

[270] Vgl. Bundesarchiv Koblenz, R22/3377, fol. 1-99.

lungsmaximen vorgab, sondern wirtschaftliche Notwendigkeiten und Möglichkeiten, was den nationalsozialistischen bäuerlichen Blut-und-Boden-Mythos klar widerlegt.

4. Kapitel

Teil 2
Der biologische Staat

4. Kapitel

Teil 2:
Der biologische Staat

4.1. Die wissenschaftliche Diskussion in Deutschland von 1904 bis 1933 und die Träger des Eugenik-Gedankens

Im Januar 1904 erhielten die deutschen Universitäten einen Prospekt zugesandt, der die Gründung einer neuen Zeitschrift ankündigte und eine „Aufforderung zum Abonnement" enthielt. Das wissenschaftliche Blatt nannte sich „Archiv für Rassen- und Gesellschaftsbiologie einschließlich Rassen- und Gesellschaftshygiene" und verstand sich als „Zeitschrift für die Erforschung des Wesens von Rasse und Gesellschaft und ihres gegenseitigen Verhältnisses, für die biologischen Bedingungen ihrer Erhaltung und Entwicklung sowie für die grundlegenden Probleme der Entwicklungslehre".

Da die Rassenhygiene in Deutschland zu diesem Zeitpunkt praktisch keine Bedeutung und keine Tradition hatte, mußte der Prospekt die weithin unbekannten Termini der Rassenbiologie erklären. „Rassenbiologie" wurde dabei als „Lehre vom Leben und von den inneren und äußeren Lebens- und Entwicklungsbedingungen der Rasse", „Rassenhygiene" als „Lehre von den optimalen Erhaltungs- und Entwicklungsbedingungen" verstanden.[271]

Aber auch der Begriff „Rasse" mußte vorab erklärt und definiert werden, weil dieser Begriff im Gegensatz zu England, Frankreich und den USA ein in den deutschen Naturwissenschaften[272] nicht geläufi-

---

[271] Prospekt des Archivs der Rassen- und Gesellschaftsbiologie, Verlag der Archivgesellschaft, Berlin 1904.
[272] In der deutschen Soziologie war der Rassenbegriff allerdings durchaus schon bekannt; so etwa durch den Soziologen und Historiker Ludwig Glumpowicz, der durch seine Werke „Rasse und Staat" (1875) und „Der Rassenkampf" (1883)

ger war – abgesehen von einzelnen Publikationen von Gall, Schallmayer, Ploetz und v. Hoffmann bzw. einiger unbedeutender Autoren.

Der Rassenbegriff wurde als ein physiologischer verstanden, als Begriff einer „durchdauernden Lebenseinheit, gebildet durch die Zusammenfassung der dafür notwendigen und mitwirkenden ähnlichen Individuen"[273]. Wenngleich man feststellen mußte, daß noch unbekannt sei, wie viele Menschenrassen zu unterscheiden seien, legte man doch Wert auf die Feststellung, daß die biologischen Gesetzmäßigkeiten für alle Lebensformen in gleicher Weise zu gelten hätten, und zwar unabhängig davon, ob es sich um Tiere, Pflanzen oder Menschen handle. Abgegrenzt wurde der Rassenbegriff vom Gesellschaftsbegriff, denn während der Rassenbegriff, wie dargestellt, auf ausschließlich biologische Determinanten abzielte, ist nach den Herausgebern des Archivs für Rassen- und Gesellschaftsbiologie der Gesellschaftsbegriff auf soziologische Phänomene zurückzuführen. In diesem Sinn konnte eine Gesellschaft wohl aus verschiedenen Individuen oder verschiedensten Rassen bestehen, andererseits wurde daraus aber der Schluß gezogen, daß die gesellschaftlichen Organisationen „ein Konkurrenzmittel der Rassen im Kampf ums Dasein" darstellten.

Daraus wurden folgende Grundprobleme für die Rassenbiologie und die Rassenhygiene postuliert: „die biologischen Prinzipien der Gesellschaftsbildung überhaupt, das gegenseitige Verhältnis der individuellen Elemente zur Gesamtgesellschaft und zu derem eigentümlichen Organ, dem Staat; die Technik des innergesellschaftlichen Zusammenspiels; die Reibungen und Konflikte innerhalb des gesellschaftlichen Organismus."

Der neue und damals in Deutschland fast unbekannte Zweig der Rassenbiologie stellte also hohe, fast möchte man meinen, allumfassende Ansprüche an die eigene Wissenschaft, die weit über die interdisziplinäre Zusammenarbeit von verschiedenen wissenschaftlichen Disziplinen hinausgehen. Dies deshalb, weil die Rassenbiologen durch die Erforschung von biologischen Gesetzmäßigkeiten und durch den Primat der Naturwissenschaften bzw. der Biologie wissenschaftstheoretische Fragestellungen in der Soziologie, der Theologie, den Rechtswissenschaften, insbesondere des Staatsrechts, sowie der Philosophie

---

[272] Bekanntheit erlangte; vgl. dazu SEGAL Lilli, Die Hohenpriester der Vernichtung, Anthropologen, Mediziner und Psychiater als Wegbereiter von Selektion und Mord im Dritten Reich, Berlin 1991, S. 23 ff.
[273] Prospekt des Archivs ..., Berlin 1904.

und den politischen Wissenschaften „biologisch" beantworten wollten.

Aus diesem Grund verwundert nicht, daß bereits im Ankündigungsprospekt dieser neuen Zeitschrift mehrere Dutzend Wissenschaftler aus ganz Europa und aus den verschiedensten Wissenschaftszweigen wie der Medizin, der Biologie, der Philosophie, der Zoologie, der Rechtswissenschaften usw. genannt wurden, die – laut Prospekt – bereit waren, Beiträge für das Archiv für Rassen- und Gesellschaftsbiologie zu verfassen.

Herausgegeben wurde die neue Zeitschrift vom Mediziner Alfred Ploetz in Zusammenarbeit mit den Juristen Friedmann und Nordenholz sowie dem Philosophen Plate. Allerdings schied der Berliner Friedmann noch im Gründungsjahr aus der Herausgebergemeinschaft aus, weil sich herausstellte, daß Friedmann Jude war. Obwohl der Antisemitismus noch nicht Gegenstand der rassenhygienischen Betrachtungen war, schien ein jüdischer Herausgeber doch untragbar gewesen zu sein.

Die Tatsache der Gründung der Zeitschrift wäre aufgrund der anfänglich geringen Verbreitung und des geringen Interesses der deutschen Wissenschaft am neuen Fachgebiet der „Rassenhygiene" nicht weiter erwähnenswert, wenn nicht der Herausgeber der Zeitschrift, der Arzt Alfred Ploetz, zum Wegbereiter des deutschen Rassismus geworden wäre. Obwohl das Wirken von Ploetz heute kaum mehr wahrgenommen wird und er in den heutigen wissenschaftlichen Publikationen nicht zitiert wird und sich auch die Historiker mit seinem Wirken nur in Nebensätzen befassen, muß dennoch festgestellt werden, daß Ploetz zum Organisator und Motor des deutschen Rassismus wurde, daß praktisch alle deutschen Wissenschaftler, die sich als Rassenideologen im Dritten Reich einen Namen machten, entweder seine Schüler oder zumindest von ihm massiv beeinflußt waren. Es ist sicher keine Übertreibung, wenn behauptet wird, daß durch den umfassenden methodischen Ansatz, der schon in der Zielsetzung des Archivs für Rassen- und Gesellschaftsbiologie zum Ausdruck kommt, der totale biologische Staat als Denkgebäude und theoretische Konzeption für das spätere Dritte Reich vorkonstruiert war.[274] Zu seinen geistigen Schülern und Mitarbeitern zählten so bedeutende wissen-

---

[274] Natürlich nur in den Grundlagen und nicht in allen Details, insbesondere die Fragestellungen im Rahmen der „Aufnordung" fanden hier keine Beachtung.

schaftliche Proponenten des Dritten Reiches wie Ernst Rüdin, Agnes Bluhm, Ludwig Plate, Alfred Mjöen, Fritz Lenz und viele andere.

Alfred Ploetz organisierte von 1904 bis 1933 jenen wissenschaftlichen Unterbau, der nach der Machtübernahme der Nationalsozialisten zur Entwicklung des biologischen Staates führte. Daß Ploetz durch politische Beeinflussung, durch die nordische Bewegung und aufgrund anderer Gegebenheiten seine eigenen Ansichten und Lehren mehrfach umdeuten und neu definieren mußte, ist zweitrangig. Wer den wissenschaftlichen, deutschen Rassismus behandelt, kommt nicht umhin, sich mit Alfred Ploetz auseinanderzusetzen.

Ploetz wurde 1860 in Swinemünde in eine bürgerliche, gut situierte Familie geboren.[275] Er studierte vorerst Volkswirtschaft, später begann er in Zürich das Studium der Medizin, das er erfolgreich abschließen konnte. Ploetz war in seiner Jugend dem Sozialismus zugewandt. Er fiel daher unter das Sozialistengesetz und mied Deutschland. Nach dem Studienabschluß in Zürich arbeitete Ploetz als Allgemeinmediziner für einige Jahre im Osten der Vereinigten Staaten von Amerika. Dort wurde er erstmals und anschaulich mit Rassenfragen konfrontiert.

Aus den USA zurückgekehrt, wendete sich Ploetz der Rassenhygiene zu und schrieb 1895 sein Hauptwerk: „Grundlinien einer Rassenhygiene", 1. Teil: „Die Tüchtigkeit unserer Rasse und der Schutz der Schwachen"[276]. Nachdem er 1904 die erwähnte rassenhygienische Zeitschrift gegründet hatte[277], gründete er bereits 1905 die deutsche Ge-

---

[275] Vgl. LENZ Fritz, Alfred Ploetz zum 70. Geburtstag am 22. August 1939, Archiv für Rassen- und Gesellschaftsbiologie einschließlich Rassen- und Gesellschaftshygiene, 24. Band, München 1930, S. VII ff.

[276] Arbeiten über Vererbung und Rassenhygiene erschienen auch international im selben Jahr mehrfach. So wurden beispielsweise in Leipzig internationale Arbeiten, die sich mit diesen Themen befaßten, in deutscher Sprache veröffentlicht, z. B. RIBOT Th., Die Vererbung, psychologische Untersuchung ihrer Gesetze, ethischen und sozialen Konsequenzen, autorisierte deutsche Ausgabe, Leipzig 1895 (Ribot war Professor der Experimentalpsychologie am Collège de France); HAVELOCK Ellis/FERRI Enrico u. a., Bibliothek für Socialwissenschaft mit besonderer Rücksicht auf sociale Anthropologie und Pathologie, Leipzig 1895.

[277] Diese Zeitschrift war keineswegs die erste rassenhygienische Zeitschrift im deutschsprachigen Raum; so erschien etwa bereits seit Oktober 1902 die Politisch-anthropologische Revue, Monatszeitschrift für das soziale und geistige Leben der Völker, die sich mit den Themen der Menschenrassen Europas, der physischen Entartung des modernen Weibes sowie mit dem Wert des Buren-

sellschaft für Rassenhygiene. Wenngleich Ploetz publizistisch hin und wieder in Erscheinung trat, verstand er sich mehr als ein Organisator der ras-senhygienischen Bewegung. Tatsächlich gelang es ihm nur mühsam, Mitglieder für seine Gesellschaft zu werben. Im Gründungsjahr zählte die Gesellschaft 31 Mitglieder, 1907 zählte man noch keine 100 Mitglieder, im Jahr 1930, also noch vor der Machtergreifung Hitlers, jedoch bereits 1.300 Mitglieder.

Entscheidend war aber nicht unbedingt die Quantität der rassistischen Gesellschaft, vielmehr kann festgestellt werden, daß praktisch alle Wissenschaftler, die den theoretischen Grundstein und Unterbau bzw. die Legitimation für einen biologisch organisierten Staat gelegt hatten, frühzeitig Mitglieder der Gesellschaft waren. Während die Sterilisierungsgesetze, die Nürnberger Rassengesetze, die Euthanasieaktionen und die rassisch bedingte Ermordung von Millionen Menschen noch in weiter Ferne lagen, konnten derartige bevölkerungspolitische Maßnahmen in der Deutschen Gesellschaft für Rassenhygiene bereits andiskutiert werden.

Festgestellt muß werden, daß in der Deutschen Gesellschaft für Rassenhygiene die Aspekte der physischen Vernichtung und der völligen Radikalisierung vor der Machtergreifung der NSDAP noch nicht salonfähig waren, weil man versuchte, streng auf dem Boden der wissenschaftlichen Methodenlehre zu bleiben.

Insbesondere die nordische Bewegung[278] und die Rassenhygiene hatten im Jahr 1930, abgesehen von Berührungspunkten, noch keine ideologische Deckungsgleichheit. So führt etwa Fritz Lenz in der Festschrift für Alfred Ploetz aus: „Ploetz hat übrigens nicht etwa einer schematischen Wiedervernordung das Wort geredet. Nur die hochwertigen Eigenschaften der nordischen Rasse möchte [er] für die Zukunft erhalten, ihre Fehler dagegen ausgemerzt sehen"[279]. Und Lenz zitiert Ploetz: „Andere wertvolle Eigenschaften werden wohl von anderen

---

[277] elementes für die Kolonisation von Südafrika beschäftigte. Vgl. Politisch-anthropologische Revue, 1. Jahrgang, Nr. 7, Eisenach und Leipzig 1902.

[278] Auch die sogenannte „Nordische Bewegung" hatte eigene Schriftreihen, die sich im wesentlichen mit der Frage der „Aufnordung" der deutschen Rassen beschäftigten. Vgl. RASSE, Monatsschrift der Nordischen Bewegung, herausgegeben von K. v. Hoff in Verbindung mit L. F. Clauß und H. F. K. Günther, I. Jahrgang, Leipzig und Berlin 1934.

[279] Vgl. LENZ Fritz, Alfred Ploetz zum 70. Geburtstag am 22. August 1930, in: Archiv für Rassen- und Gesellschaftsbiologie einschließlich Rassen- und Gesellschaftshygiene, 24. Band, 1930, S. VII ff.

Rassen oder Rassengemischen geliefert werden, so vielleicht von den Juden Willenskraft und starker Familiensinn."

Und Lenz stellt fest, daß der rassenhygienische Gedanke auch der nordischen Bewegung, in deren Mittelpunkt Hans Günther stand, zugute kam.

Diese Festschrift ist schon deshalb bemerkenswert, weil Lenz noch im Jahr 1930 einen klaren Trennstrich zwischen die nordische Bewegung rund um Günther und die rassenhygienische Bewegung setzte. Deutlicher als durch die Gleichstellung der nordischen Rasse mit den Juden konnte dies nicht geschehen. Allerdings stellte Lenz versöhnlich doch fest, daß die Möglichkeit nicht von der Hand zu weisen sei, daß die Forderungen der Rassenhygiene vielleicht gerade auf dem Weg der weltanschaulichen Grundlage der völkischen Bewegung, somit des Nationalsozialismus, zu verwirklichen seien.

Nach Beendigung des Ersten Weltkrieges wurde in der wissenschaftlichen Welt der Ruf nach rassenhygienischen Maßnahmen immer lauter. Insbesondere zwei Werke sind als „bahnbrechend" zu bezeichnen. Der Jurist Karl Binding und der Mediziner Alfred Hoche veröffentlichten ein schmales Büchlein mit dem Titel „Die Freigabe der Vernichtung lebensunwerten Lebens. Ihr Maß und ihre Form"[280]. Die Autoren bekannten sich offen zur Euthanasie und führten Begriffe wie „Ballastexistenzen" und „lebensunwert" ein. Sie lieferten sowohl juristische als auch medizinische Begründungen für die Tötung von Geisteskranken und anderen Schwerkranken. Wenngleich die Euthanasie zum geringeren Teil eine rassenhygienische, sondern vielmehr eine volkswirtschaftliche Maßnahme darstellte, eröffnete die Publikation über Euthanasie die öffentliche Diskussion über Rassenhygiene und insbesondere den staatlichen Umgang mit Geisteskranken.[281]

---

[280] Vgl. BINDING Karl / HOCHE Alfred, Die Freigabe der Vernichtung lebensunwerten Lebens, a. a. O.

[281] Tatsache ist, daß die führenden Rassenhygieniker die Euthanasie ablehnten und Binding und Hoche kritisierten. Die Begründung dafür lautete, daß es nicht das Ziel der Rassenhygiene sein könne, Menschen zu töten, sondern vielmehr handle es sich beim Prinzip der Auslese um Zahl und Erbwert der Nachkommen. Vgl. dazu WEINGART Peter / KROLL Jürgen / BAYERTZ Kurt, Rasse, Blut und Gene, Geschichte der Eugenik und Rassenhygiene in Deutschland, Frankfurt 1988, S. 524 ff. Trotz dieser gegensätzlichen zeitgenössischen Positionen zwischen den Rassenhygienikern und den Euthanasiebefürwortern wird in den meisten Publikationen über das Thema heute kein Unterschied

Als Doyen der deutschen Rassenhygieniker etablierte sich Erwin Baur. Dessen Buch über die menschliche Erblehre wurde die Basis für die Vererbungs- und Rassendiskussion bis zum Ende des Dritten Reiches. Obwohl Baur früh verstarb, wurde sein Standardwerk noch nach seinem Tod von seinen Mitarbeitern neu überarbeitet und publiziert. Auf dieses Werk stützen sich praktisch alle späteren wissenschaftlichen Erkenntnisse und Begründungen der Rassenhygiene.[282] Bemerkenswert ist auch die Tatsache, daß ein Schüler von Ploetz, Fritz Lenz, Mitautor jenes eugenischen Standardwerkes wurde, das Hitler inhaltsgleich in sein Werk „Mein Kampf" übernahm.[283]

Die Theorien über die Rassenhygiene waren auch die Basis und das Fundament für das Gesetz zur Verhütung von erbkrankem Nachwuchs, dem Sterilisierungsgesetz.[284]

[281] mehr zwischen diesen Positionen herausgearbeitet. Vgl. dazu beispielsweise HINTERHUBER Hartmann, Ermordet und vergessen, Nationalsozialistische Verbrechen an psychisch Kranken und Behinderten, Innsbruck 1995, S. 124 f. Fließend ist die Grenze der Argumentation in den populärwissenschaftlichen Darstellungen über Rassenhygiene im Dritten Reich. So wird zwar nicht explizit die Tötung von Geisteskranken dargestellt, die Sprache und Diktion sowie die Argumentation gehen aber eindeutig in die Richtung, daß die Tötung von Geisteskranken eine humane Tat und mit Rassenhygiene verbindbar sei. Vgl. VENZMER Gerhard, Erbmasse und Krankheit, 2. Auflage, Stuttgart 1940, S. 44 ff.

[282] Vgl. BAUR Erwin/FISCHER Eugen/LENZ Fritz, Menschliche Erblehre und Rassenhygiene (Eugenik), Vierte, neubearbeitete Auflage, München 1936.

[283] BAUR Erwin/FISCHER Eugen/LENZ Fritz, Menschliche Erblichkeitslehre und Rassenhygiene, 2. Auflage, a. a. O.

[284] Die Behauptung, daß Teile des Buches von Baur/Fischer/Lenz von Hitler übernommen wurden und sein rassistisches Denken geprägt haben, kommt von Fritz Lenz selbst. Im Rahmen der Publikation „Die Stellung des Nationalsozialismus zur Rassenhygiene", in: Archiv für Rassen-und Gesellschaftsbiologie einschließlich Rassen- und Gesellschaftshygiene, 25. Band, München 1931, S. 300 ff., legt der Autor die Positionierung der NSDAP zur Rassenhygiene dar. Die wesentlichste Basis für seine Betrachtung liefert ihm Hitlers fünfte Auflage von „Mein Kampf". Diese Arbeit Hitlers analysiert Lenz nach rassenhygienischen Kriterien und versucht auszuloten, welche Chancen eine mögliche Machtübernahme der Nationalsozialisten für die rassenhygienische Bewegung erbringen könnte. Insbesondere stellt er dabei fest, daß die Ideen Hitlers, was die Aufgaben des Staates im Rahmen der Eugenik betrifft, nicht neu seien. Aber: „Von eigentlich rassenhygienischen Büchern hat Hitler, wie ich höre, die zweite Auflage des Baur-Fischer-Lenz gelesen, und zwar während seiner Festungshaft in Landsberg. Manche Stellen daraus spiegeln sich in Wendungen Hitlers wider. Jedenfalls hat er die wesentlichen Gedanken der Rassenhygiene und ihre Bedeutung mit großer geistiger Empfänglichkeit und Ener-

4.2. Die rassenhygienische Diskussion und die Grundlagen des Rassismus im 19. Jahrhundert

4.2.1. Theorien über die Ungleichheit der Menschen

Die Zielsetzung, den deutschen Volkskörper gesunden zu wollen, fußte auf dem Rassenbegriff, der seine Wurzeln im 18. Jahrhundert hat.[285] Der Rassenbegriff wurde weder von den Nationalsozialisten

---

(284) gie sich zu eigen gemacht, während die meisten akademischen Autoritäten diesen Fragen noch ziemlich verständnislos gegenüber standen." Die Ausführungen von Lenz aus dem Jahr 1930 sind insgesamt sehr aufschlußreich für das Verständnis der Annäherung zwischen Politik und biologischer Wissenschaft. Kritik übte Lenz an der extremen Position Hitlers den Juden gegenüber, und als Übertreibung fand er auch die Darstellungen Hitlers, daß das Absterben alter Kulturen ausschließlich auf die Rassenkreuzungen zurückzuführen sei. Diese Kritik war deshalb angebracht, weil in Baur/Fischer/Lenz sehr wohl bereits negative Einflüsse des Judentums diskutiert wurden, extreme antisemitische Züge wurden aber bewußt abgelehnt. Ebenso wurde in Baur/Fischer/Lenz die Rassenkreuzung zwar negativ besprochen, allerdings waren es die Mechanismen von Auslese und Gegenauslese, die für die Autoren von wesentlichster Bedeutung waren. Aus diesem Grund nahm Lenz an, daß Hitler in diesen Fragen von Gobineau und Chamberlain stark beeinflußt worden war. Eine Beeinflussung von Günther im Zusammenhang mit der Rassenlehre dürfte nach Lenz nicht anzunehmen gewesen sein. Tatsächlich war es so, daß Hitler mit den Rassenbegriffen sehr „arierbezogen" umging und sich nicht an die Rasseneinteilungen hielt. Insgesamt ist interessant, mit welcher Eitelkeit und Naivität Lenz an die Behandlung des Themas „Hitler" heranging. Die Dimension der rassenhygienischen Lehren unterschätzend, meinte er, daß Hitler der erste Politiker sei, der die Rassenhygiene als zentrale Aufgabe aller Politik erkannt habe und sich tatkräftig dafür einsetzen wolle. Daraus folgerte er: Auch „andere Parteien, selbst solche von entgegengesetzten Anschauungen, können die Frage der Rassenhygiene dann nicht mehr einfach ignorieren, wie auch andere Forderungen des Nationalsozialismus zum Teil bereits von gegnerischen Parteien übernommen worden sind." Eine wirklich staatstragende Aufgabe habe die NSDAP nur dann, wenn sie in der Lage sei, sich von Psychopathen und sonstigen Extremisten zu befreien.

285 Vgl. dazu ARENDT Hannah, Elemente und Ursprünge totaler Herrschaft, a. a. O., S. 267. Arendt weist darauf hin, daß der Rassenbegriff keine deutsche Erfindung sei. „In Wahrheit verhielt sich die Sache genau umgekehrt; gerade weil rassische Vorstellungen und Weltanschauungen überall in der öffentlichen Meinung, wiewohl nicht in der öffentlichen Sprache der Kabinette, vorherrschend waren und bereits auf eine ansehnliche Tradition zurückblicken konnten, übte der politisch organisierte Rassismus eine so außerordentlich starke Anziehungskraft [...] aus."

erfunden, noch wurde er zu einer endgültigen, politisch brauchbaren Definition geführt. Der Rassenbegriff wurde vielmehr als staatliches Ordnungs- und soziales Abgrenzungskriterium verwendet, ohne daß ein allgemein gültiger Beschreibungsansatz dargelegt werden konnte.[286] Bis zum Beginn des 19. Jahrhunderts wurde die Ungleichheit der Menschen nicht nach biologischen Merkmalen begründet, sondern entweder aus sozialen Tatsachen, aus theologischen Postulaten oder aus metaphysischen Theorien. Die vermeintliche Ungleichheit der Menschen war in den wesentlichen Staaten und Gesellschaften vor dem Ausbruch der Französischen Revolution und vor dem Aufkeimen des Liberalismus fester Bestandteil der Gesellschafts- und Rechtsordnung.

Im Zug der Französischen Revolution kam der Begriff von der Gleichheit der Menschen als ideologisches Postulat auf. Darunter war keineswegs zu verstehen, daß die Revolutionäre sich der natürlichen Ungleichheit, die aus der Individualität der Menschen resultiert, nicht bewußt gewesen wären. Gefordert wurden vielmehr eine Gleichheit im Sinn einer Gleichberechtigung und insbesondere eine Gleichbehandlung vor dem Gesetz.[287] Bis zu dieser Forderung war die Ungleichheit der Menschen das typologische Ordnungskriterium, wobei der Rassenbegriff noch keine Rolle spielte und biologische Kriterien damit nicht ausschlaggebend waren.

Eine Art der „völkischen Ungleichheit" kannten etwa die Griechen, wobei diese Form der Ungleichheit nicht auf der individuellen Betrachtungsweise aufbaute, sondern vielmehr der unreflektierten und unkritischen, prinzipiellen Ungleichheit zwischen den Griechen und den anderen Völkern entsprang. Die völkischen Abgrenzungs- und Begründungskriterien waren nicht rassischer, sondern kultureller und

---

[286] Bis zum Zusammenbruch des Dritten Reiches hatten die Nazis Probleme mit dem Rassenbegriff. Während Hitler in „Mein Kampf" noch den Arierbegriff verwendete und damit einen weit gefaßten Begriff der Sprachwissenschaftler einführte (auch die Polen waren Arier), wurden ab Mitte der dreißiger Jahre spezifischere Rassendefinitionen verwendet (nordisch, dinarisch usw.), was wiederum zu Problemen mit den Begriffen „deutsches Volk" und „deutsche Rasse" führte. Ab Kriegsbeginn wurde dann vom nordischen Menschen gesprochen. Hitler erklärte später, er werde die Frage der Rassendefinition nach dem Krieg klären.

[287] „Das ‚Mysterium' des Gleichheitsgrundsatzes ist das Gebot der ‚sachlich gerechtfertigten Differenzierung'"; vgl. dazu WIMMER Norbert, Gleichheitsgrundsatz und familieneigene Arbeitskräfte, RdA 1982, S. 32.

soziologischer Art.[288] So waren es die Sprache, die Kultur und die Lebensformen, die die antike völkische Ungleichheit begründeten.[289]

Aber auch eine individuell begründete Ungleichheit war den Griechen nicht fremd. Insbesondere Platon war bemüht, die ständische Ungleichheit zu begründen bzw. zu rechtfertigen. Er definierte drei Stände: als obersten Stand den herrschenden, als mittleren den, der aus Kriegern bestand, und letztlich den dritten, der sich aus Bauern und Handwerkern zusammensetzte. Unter Anlehnung an eine phönizische Sage postulierte Platon, daß Gott dem ersten Stand Gold beigemengt habe, dem zweiten Silber und dem dritten Eisen.

Die Stände waren allerdings durchlässig, was für eine soziale Flexibilität sprach. Laut Platon konnte es durchaus sein, daß ein goldener Vater einen silbernen Sohn zeugte oder ein silberner Vater einen goldenen Sohn. Das Individuum hatte jedenfalls seinen Platz in jenem Stand einzunehmen, der seiner individuellen Ausprägung entsprach, und nicht jenen Platz, der ihm aufgrund der Erbfolge vorbestimmt gewesen wäre.

Auch der Naturwissenschaftler Aristoteles, ein Schüler Platons, schloß sich der Theorie der sozialen Ungleichheit an.[290]

Eine Form der metaphysischen Gleichheit begründeten die Christen mit dem Lehrsatz, daß alle Menschen „vor Gott" gleich seien. Sie hoben die Ungleichbehandlung der Menschen zumindest für das „Jenseits" auf. Im „Diesseits" wurde durchaus von einer Ungleichheit der Menschen in der Behandlung und im Zugang zum Recht ausgegangen. Die philosophische Grundlage für diese Annahme war das theologische Postulat, daß das sogenannte irdische Dasein lediglich eine Zwischenstufe darstelle. Die irdische Ordnung sei eine Ordnung der Vernunft und der Funktionalität der Gesellschaft, ohne Hierarchien würde eine weltliche Ordnung nicht möglich sein. Aus diesem Grund ist in der christlichen dualen Weltordnung sowohl im weltlichen als auch im kirchlichen Bereich eine Hierarchie zulässig.

---

[288] Einer differenzierteren Meinung sind SEIDLER Horst/RETT Andreas, Rassenhygiene, Ein Weg in den Nationalsozialismus, a. a. O., S. 32. Sie führen unter Berufung auf eine Arbeit von SCHEIDT (1925) aus, daß die Anfänge der Rassenkunde ideologisch bis in das klassische Altertum zurückreichen.

[289] Vgl. NOHLEN Dieter (Hrsg.), Wörterbuch Staat und Politik, München 1991, S. 230.

[290] CHOROVER S. L., Die Zurichtung des Menschen; Von der Verhaltenssteuerung durch die Wissenschaften, Frankfurt am Main, S. 45 ff.

In diesem Sinn ist die Ungleichheit auf Erden auch ein Abbild der himmlischen Ordnung und Hierarchie, was wiederum zur Folge hat, daß für „sozialrevolutionäre" Gedanken im kirchlichen Bereich und Weltbild kein Platz ist, weil jedes Hinterfragen der „von Gott gewollten ungleichen Behandlung von Menschen" ein Angriff auf die theologischen Fundamente der Kirche wäre.

Die christliche Lehre, und damit die metaphysische Ungleichheit von Menschen, prägte das Mittelalter und die frühe Neuzeit. Eine relativ statische Ständeordnung, die selbst der Reformator Luther nicht in Frage stellte: „Jm eußerlichen weltlichen leben, da soll die ungleichheyt bleyben, wie denn die stende ungleych sein. Ein Bauer füret ein ander leben und Stand denn ein Bürger, ein Fürst ein anderen Stand denn ein Edelmann. Da ist alles ungleych und soll ungleych bleiben. [...] Das will Gott also haben, der hat die Stend also geordnet und geschaffen."[291]

Bis tief in das 18. Jahrhundert hinein gibt es keinen Grund, die ständische Weltordnung zu hinterfragen, weil die soziale Ordnung und die Entwicklung der Gesellschaft insgesamt kaum in Bewegung sind und ein eher statisches Bild geben. Insbesondere in der Zivil- und in der Strafgerichtsbarkeit überdauerte die Ungleichheit der Menschen bis zum Ende des 18. Jahrhunderts.

4.2.2. Von der Gleichheit der Menschen bis zur biologischen Wertung

Die Gleichheit vor dem Recht errangen die Franzosen erst mit der Französischen Revolution nach dem Gedanken der Volkssouveränität, in den deutschen Ländern wurde die Gleichheit vor dem Gesetz erst 1806 durch die Gründung des Rheinbundes verwirklicht.

In Österreich reformierte bereits Joseph II. die Länder im Sinn einer staatsbürgerlichen Gleichheit, mit der die Gleichheit im bürgerlichen Sinn einhergeht. Die bürgerliche Gleichheit ist in erster Linie eine Rechtsgleichheit, sie bedeutet, daß die staatliche Rechtsordnung

---

[291] LUTHER Martin, zitiert aus MITTEIS Heinrich / LIEBERICH Heinz, Deutsche Rechtsgeschichte, 19. Auflage, München 1992, S. 320.

allen Bürgern den gleichen Rechtszugang zu ermöglichen hat und daß außerdem jeder Bürger vor dem Recht gleich behandelt wird.

Die bürgerliche Gleichheit vor dem Recht wurde allerdings sehr rasch auch zu politischen Forderungen umgedeutet. Aus der bürgerlichen Freiheit des Staatsbürgers wurde auch das Recht abgeleitet, am politischen Geschehen des Staates (in demokratischer Form) mitzuwirken. Insbesondere das Wahlrecht war es, das zur wesentlichen Forderung des politischen Bürgertums wurde, wobei damit zwar ein gleiches Wahlrecht mit den anderen Schichten oder Klassen eines Staates gemeint war, noch aber nicht das Wahlrecht für Frauen.

Während der Rassismus später am erbbiologischen Wert des einzelnen Normunterworfenen ansetzt und nach diesen biologischen Kriterien Gleichheit und Ungleichheit formuliert, setzt der bürgerliche Gleichheitsbegriff im wesentlichen am wirtschaftlichen Wert des einzelnen Staatsbürgers für die Staatsgemeinschaft an.

Insbesondere die Diskussionen um das Zensuswahlrecht in Österreich können als Beleg für diese merkantile, wertorientierte bürgerliche Gleichheitsdiskussion gelten, wobei die Tatsache interessant ist, daß diese Ansicht und Diskussion bis in das 20. Jahrhundert andauerte und einige österreichische Politiker zu Fall brachte.

Insgesamt kann festgestellt werden, daß praktisch keine ernstzunehmende Theorie, die sich mit der Frage der Gleichheit oder Ungleichheit von Menschen beschäftigt, eine Gleichheitsthese derart zu formulieren verstand, daß es keinen Unterschied zwischen den Menschen gegeben hätte. Keinesfalls wegdiskutierbar sind – unabhängig von einer Wertung – individuelle Ausprägungen der Menschen, physiognomische Gegebenheiten wie Geschlecht, Größe und Aussehen, charakterliche Voraussetzungen und Eignungen, Fähigkeiten und individuelle Fehler sowie Fehlverhalten.

Diese Unterschiedlichkeiten sind im Zusammenhang mit Gleichheit und Ungleichheit der Menschen auch nicht wesentlich, solang daraus keine Typologie abgeleitet wird und diese Typologie dann entscheidend ist, welche Rechte und Pflichten ein Mensch in der Gesellschaft hat.

Die bisherige Darstellung zeigt, daß die Ungleichheit der Menschen bis in das 19. Jahrhundert nach sozialen Kriterien begründet oder nach funktionalen Kriterien gerechtfertigt wurde.

Anders präsentiert sich die Frage etwa im Bereich der europäischen Juden, die bis in die zweite Hälfte des 19. Jahrhunderts nicht wegen biologischer bzw. rassischer Merkmale verfolgt wurden, sondern entweder aus konfessionellen oder wirtschaftlichen Überlegungen von der Teilnahme am Gemeinwesen ausgeschlossen waren.

Diese Unterscheidung hatte in der Praxis eine besondere Bedeutung. Während schon Platon eine gewisse Flexibilisierung der Stände andeutete und soziale Abstiegs- wie Aufstiegskriterien zuließ, während auch das Christentum unter gewissen Bedingungen eine Veränderung der sozialen Stellung kannte und damit dem einzelnen Individuum zumindest theoretisch die Möglichkeit einer sozialen Veränderung einräumte, läßt die biologisch motivierte Ungleichheit der Menschen eine individuelle Veränderung nicht zu.

Die biologische Zugehörigkeit zu einem bestimmten sozialen biologischen Segment ist in den Genen festgeschrieben und damit unverrückbar festgesetzt.

Der biologische Rassismus entindividualisiert die Menschen, indem einzelne Handlungsweisen – wie etwa Anpassungs- oder Integrationsversuche[292] – von vornherein ausgeschlossen sind, weil die Zugehörigkeit zu einem biologischen Segment keine Schuld- oder Verhaltensfrage eines Individuums ist, bzw. weil diese Zugehörigkeit völlig unabhängig von den einzelnen Ausprägungen, Fähigkeiten und von sonstigen individuellen Merkmalen ist.

Paradox an diesem Gleichheits- bzw. Ungleichheitsbegriff ist auch, daß damit für jene Menschen, die biologisch ausgeschlossen waren (etwa die Juden), gleichzeitig alle bisherigen Ungleichheitskriterien außer Kraft gesetzt wurden. So zählt es nach diesen Kriterien nicht, ob ein Mensch durch besonderes Wissen oder besondere Fähigkeiten der Gemeinschaft besonders wertvoll sei; es zählt nicht, ob ein biologisch Ausgegrenzter etwa nach dem bürgerlichen Gleichheitsbegriff in wirtschaftlicher Hinsicht besondere steuerliche Leistungen erbringt, und es ist auch unerheblich, ob ein Jude zum christlichen Glauben konvertiert (ist) oder nicht.

Selbst wenn ein biologisch Auszugrenzender besondere Verdienste um die nationalsozialistische Partei erworben hatte, verlor dies nach Bekanntwerden seines biologischen Mankos praktisch allen Wert – sieht man von einzelnen Ausnahmen ab.

---

[292] So war es den Juden bis zur biologisch begründeten Unterschiedlichkeit durchaus möglich, zum christlichen Glauben zu konvertieren und damit nicht nur alle bürgerlichen Rechte zu beanspruchen, sondern selbst innerhalb der Kirche in priesterliche hohe Stellungen aufzurücken.

Die biologisch rassistische Ungleichheit zwischen den Menschen ist nach Ansicht der nationalsozialistischen Bewegung in den Genen der Menschen festgeschrieben und damit unverrückbar. Die genetische, rassische Zugehörigkeit wiederum bestimmt Charakter und Verhalten des einzelnen Menschen, aus diesem Grund kann ein „Artfremder" niemals Bestandteil eines bestimmten Volkes werden.

4.3. Die biologische, philosophische und politische Diskussion

4.3.1. Von Lamarck bis Darwin

Daß Spezies in Arten eingeteilt werden können, hat vorerst im Bereich der Botanik 1778 der französische Naturwissenschaftler Jean-Baptiste Lamarck nachgewiesen. Dieser kam – später auch für die Tierwelt – zu der Erkenntnis, daß der bisher von den Theologen vertretene „universelle" und einaktige Schöpfungsakt nicht stattgefunden habe, sondern daß vielmehr eine Entwicklung stattgefunden haben mußte.[293]

Lamarck ist der Begründer des Lamarckismus in der Biologie, das ist der Glaube an den durch die Vererbung erworbener Merkmale allmählichen Wandel von Arten auf ein „höheres" Stadium hin. Auch gab es bereits die ersten Versuche einer Klassifizierung von Menschen durch die Bestimmung der Schädelformen durch den deutschen, nach Frankreich emigrierten Anatomen Gall.[294]

Den entscheidenden Durchbruch jedoch brachten die Forschungsarbeiten von Charles Darwin, dessen Theorienbündel noch heute viel-

---

[293] Vgl. SEGAL Lilli, Die Hohenpriester der Vernichtung: Anthropologen, Mediziner und Psychiater als Wegbereiter von Selektion und Mord im Dritten Reich, a. a. O., S. 12 ff.

[294] Ab 1940 versuchten die Nationalsozialisten, die umfangreiche Schädelsammlung von Gall aus Frankreich in das Deutsche Reich zu bringen. Der Versuch mißlang aufgrund außenpolitischer und diplomatischer Hindernisse. Vgl. dazu den Schriftverkehr des Stabes Reichsführer SS, Bundesarchiv Koblenz, NS 19, 727, fol. 1-21.

fach falsch oder mißverständlich interpretiert wird und der als eigentlicher Begründer der gesamthaften Evolutionstheorie gilt.

Die herrschende Lehre vor Darwin ging – trotz Lamarckismus – von vier wesentlichen Positionen aus:[295] Es galt als gesichert, daß die Welt in relativ kurzer Zeit (von Gott) erschaffen worden und unveränderlich war. Man war der Meinung, daß die Vielfältigkeit der Arten aus einem einzigen Schöpfungsakt hervorgegangen und die Welt nach einem göttlichen Plan entstanden sei. Die Einzigartigkeit des Menschen im Schöpfungsakt war durch die Begründung, daß ein Mensch über eine Seele verfügt, Tiere aber nicht, unumstritten.

Der bedeutende Darwinforscher Ernst Mayr weist nun darauf hin, daß der Darwinismus ein Theorienbündel sei, das praktisch alle bis dahin geltenden Grundlagen außer Kraft setze und ein völlig neues biologisches Selbstverständnis schaffe.

Um die weitere Entwicklung hin zum Rassismus und insbesondere zur deutschen Rassenhygiene nachvollziehbar darstellen zu können, erscheint es unumgänglich, die Theorien Darwins, wie Mayr sie definierte, kurz darzustellen und sie mit den wesentlichen Ansichten der Biologen und Zeitgenossen Darwins zu vergleichen.[296]

Als sich Darwin nach Beendigung seiner Studien auf eine mehrjährige Forschungsreise begab, war er noch Anhänger der universellen und einaktigen Schöpfungstheorie. Seine Beobachtungen der Arten ließen ihn jedoch zum eigentlichen Begründer der Evolutionstheorie werden, weil er im Gegensatz zu Lamarck, der ausschließlich die sogenannte vertikale Evolution beschrieb, sowohl die vertikale als auch die horizontale Evolution nachweisen[297] und damit über die Anpassung und Entstehung von Arten Aufklärung geben konnte.[298]

Darwin formulierte weiter aus seinen Beobachtungen fünf Theorien, die für ihn als „unaufschnürbar" galten (zitiert nach Mayr):

---

[295] Vgl. die Darstellung von MAYR Ernst, ... und Darwin hat doch recht, Charles Darwin, seine Lehre und die moderne Evolutionstheorie, München 1994, S. 61.
[296] Siehe dazu MAYR Ernst, ... und Darwin hatte doch recht, a. a. O., S. 57 ff.
[297] Siehe dazu MAYR Ernst, ... und Darwin hatte doch recht, a. a. O., S. 36 f.
[298] Irreführend ist in diesem Zusammenhang die Darstellung von SEGAL Lilli, Die Hohenpriester der Vernichtung, Anthropologen, Mediziner und Psychiater als Wegbereiter von Selektion und Mord im Dritten Reich, a. a. O., S. 12 f., wenn sie meint, daß „Lamarck bereits die biologische Entwicklung erkannt und beschrieben hatte".

1. *Evolution als solche*. Diese Theorie besagt, daß die Welt nicht unveränderlich ist und auch nicht erst vor kurzem geschaffen wurde. Sie durchläuft auch keinen fortwährenden Zyklus, sondern verändert sich ständig, und die Organismen unterliegen einer Veränderung in der Zeit.

2. *Gemeinsame Abstammung*. Nach dieser Theorie stammt jede Organismengruppe von einem gemeinsamen Vorfahren ab. Alle Organismen gehen auf einen einzigen Ursprung des Lebens zurück.

3. *Vervielfachung von Arten*. Arten vervielfachen sich durch Aufspaltung.

4. *Gradualismus*. Laut dieser Theorie findet evolutionärer Wandel über die graduelle Veränderung von Populationen statt, nicht durch plötzliche (saltatorische) Produktion neuer Individuen.

5. *Natürliche Auslese*. Nach dieser Theorie vollzieht sich evolutionärer Wandel durch die überreiche Produktion genetischer Variation in jeder Generation. Die relativ wenigen Individuen, die aufgrund einer besonders gut angepaßten Kombination von vererbbaren Merkmalen überleben, bringen die nachfolgende Generation hervor.

Tatsache ist, daß Darwin unter seinen Zeitgenossen (und Vorgängern) zwar Anhänger bzw. Befürworter für die eine oder andere Theorie finden konnte, das gesamte Theorienbündel wurde von den Biologen jedoch nicht übernommen.

Schon Lamarck ging vom Gradualismus aus. Eine gemeinsame Abstammung, die Vervielfachung von Arten oder die natürliche Auslese ließ Lamarck noch außer Betracht. Und während sich die Neo-Lamarckisten als Zeitgenossen Darwins der gemeinsamen Abstammung und der Vervielfachung von Arten inhaltlich annäherten, konnten sie die Theorie von der natürlichen Auslese nicht übernehmen, wobei angemerkt werden muß, daß diese Theorie von keinem bedeutenden Biologen und Zeitgenossen Darwins übernommen wurde. Am weitestgehenden fand Darwins Theorie von der gemeinsamen Abstammung Anklang. Huxley, de Vries und Morgen übernahmen diese Theorie, während sie die sonstigen Erkenntnisse Darwins weitgehend ablehnten.

Interessant in diesem Zusammenhang ist auch die Tatsache, daß die deutschen Rassenhygieniker und Rassenfanatiker nur jene Aspekte der Darwinschen Theorien übernahmen, die ihnen opportun erschienen. So lehnten die Nationalsozialisten zum Beispiel die Lehre von der Veränderlichkeit von Rassen ab.[299]

4.3.2. Die philosophische und politische Diskussion

Darwin wandte in politischer Hinsicht seine Erkenntnisse nicht auf die Menschen an, dies tat vielmehr der französische Adelige Gobineau[300], der einen Erklärungsansatz für die Überlegenheit des Adels und eine Legitimation für den Herrschaftsanspruch des französischen Adels suchte, und diese Legitimation in den biologischen Erkenntnissen zu finden glaubte.[301]

Die naturwissenschaftlichen Grundlagen aus den Theorien Darwins und aus den Vorarbeiten von Lamarck, Mendel und Linne und halbwissenschaftlichen Theorien (Gobineau) stellen – für sich allein –, auch wenn sie als „staatstragende" Elemente mißbraucht würden, noch keine Gefahr für die körperliche und soziale Integrität des einzelnen Menschen dar.

Denn bisher wurde lediglich postuliert, daß die Menschheit – vereinfacht dargestellt – in Rassen eingeteilt werden kann. Die Rassen haben verschiedene Ausprägungen und sind nicht gleichwertig, sondern stehen in Über- und Unterordnung zueinander. Auch Rassen und Völker haben sich einem „Überlebenskampf" zu stellen, der Stärkere wird diesen Kampf gewinnen und übrigbleiben, die schwache Rasse wird untergehen. Jeder Mensch ist Teil eines Volkes und einer Rasse, durch Vererbung kann der Mensch Krankheiten weitervererben und seine Rasse und sein Volk damit schwächen.

---

[299] Vgl. etwa SEIDLER Horst/RETT Andreas, Rassenhygiene ..., a. a. O.; S. 33 ff., dargestellt wird unter anderem der Fall des deutschen Universitätslehrers Saller, dem seine Lehrbefugnis deshalb aberkannt wurde, weil er von einer Veränderlichkeit der Rassen (Arten) ausging.

[300] Vgl. GOBINEAU J. A. de, Versuch über die Ungleichheit der Menschenrassen, Band 1, Stuttgart 1898.

[301] Es darf dabei natürlich nicht übersehen werden, daß Darwin selbst die Umlegung seiner Naturtheorien auf die Menschen nicht unterstützte.

Es gibt also einen äußeren Rassenfeind, nämlich die fremde Rasse, die die eigene Rasse direkt bekämpft oder unterwandert, und einen inneren Rassenfeind, nämlich den eigenen Rassengenossen, der Träger von Krankheiten oder ein Rassenmischling ist und das Volk dadurch innerlich schwächt.[302]

Dennoch ist bis zu diesem Argumentationspunkt noch kein Eingreifen des Staates vonnöten, zumal sich der Stärkere im Überlebenskampf (der Natur) ohnehin durchsetzen wird. Spätestens dabei kommt es aber zu einer fatalen Synthese mit der Lehre von der Eugenik. Die Eugenik ist ein theoretisches Konstrukt von Francis Galton, der im Gegensatz zu seinem Vetter Darwin über keinen akademischen Studiengang verfügte und in wesentlichen Bereichen Autodidakt war. Er kam zu der Erkenntnis, daß „das Erbgut das Wesentliche ist und daß eine Verbesserung des Erbgutes eines ganzen Volkes nur durch die Vorgänge der Auslese erreicht werden könne"[303]. Galton widmete sich in seinen späteren Lebensjahren der Zwillingsforschung[304], um seine Theorien beweisen zu können.[305]

Die Eugenik bildete nunmehr die theoretische Legitimation, in rassenhygienischer Hinsicht gegen die eigenen Staatsbürger aktiv zu werden, denn die Lehre der Eugenik bedeutete nichts anderes, als daß es legitim sei, in den Überlebenskampf im sozialdarwinistischen Sinn

---

[302] Diese Position wurde sehr schnell zur bestimmenden Ideologie der Nationalsozialisten. Vgl. HITLER Adolf, Mein Kampf, a. a. O., S. 317 f.: „Damit war aber der Weg, den der Arier zu gehen hatte, klar vorgezeichnet. Als Eroberer unterwarf er sich die niederen Menschen und regelte dann deren praktische Betätigung unter seinem Befehl, nach seinem Wollen und für seine Ziele."

[303] Dabei ist allerdings anzumerken, daß Galton nur einen Teil der Theorien Darwins übernahm und zur Grundlage der eigenen Ausführungen machte. So etwa lehnte Galton die Lehre Darwins von der Gradualität der Evolution ab und galt selbst als Anhänger des Saltationismus (bei diesem Streit ging es um die Frage des Veränderungsprozesses im Rahmen der Evolution, Darwin prägte den Lehrsatz „Natura non facit saltum" [Die Natur macht keine Sprünge] und forderte damit den Widerspruch der damaligen herrschenden Lehre heraus); vgl. MAYR Ernst, ... und Darwin hat ..., a. a. O., S. 70 f.

[304] Die Zwillingsforschung hatte im Rahmen der Rassenhygiene generell eine hohe Bedeutung, weil man annahm, daß durch die Zwillingsforschung physiologische Ausprägungen von genetischen Ursachen getrennt werden können. Vgl. LOTZE Reinhold, Zwillinge, Einführung in die Zwillingsforschung, Oehringen 1937.

[305] Vgl. LOTZE Reinhold, Zwillinge, Einführung in die Zwillingsforschung, a. a. O., S. 55 ff.

auch aktiv einzugreifen und die Zeit abzukürzen, bis der „Stärkere" übrigbleibt, bzw. dem Stärkeren Unterstützung zu gewähren.

Die Verbindung der Rassenbiologie bzw. des Rassengedankens mit dem Prinzip der Rassenhygiene (Eugenik) bot eine Vielzahl von Möglichkeiten und Überlegungen, besonders wenn man eine Verbindung mit den Staatstheorien und den Sozialwissenschaften herstellen konnte. Wenn man der Rasse nämlich einen eigenen „Geist" zuordnen, wenn man die Tatsache, daß es arm und reich gibt, auf biologische evolutionäre Begründungen aufbauen konnte, dann war es selbstverständlich und legitim, daß der Staat und die Gesellschaft im Bereich der Rassenhygiene einen Handlungsbedarf vorfanden.[306]

4.4. Auslese und Gegenauslese als Staatsaufgabe

4.4.1. Das Wesen von Auslese und Gegenauslese

Eines der Hauptprobleme der Nationalsozialisten und der Eugeniker war die Wechselwirkung zwischen Auslese und Gegenauslese.[307] Unter Auslese wurde jener Prozeß verstanden, dem sich jedes Individuum in der Natur – sofern nicht eingegriffen wird – zu unterziehen hat. So wurde postuliert, daß die Natur auf einen biologischen Lebenskampf eingestellt sei und jede Pflanze und jedes Tier sich seinen Lebensraum erkämpfen müsse.[308]

Die einzelne Rasse wird durch diesen Ausleseprozeß verbessert, weil bei drohender Vernichtung die Reproduktionszahl erhöht wird. Und da innerhalb dieses Ausleseprozesses sich die jeweils Stärksten einer Art durchsetzen, kommt es insgesamt zu einer Verbesserung der Art. Diese Ausleseprozesse wurden auf die Menschen nicht angewandt, weil kulturelle, religiöse und ethische Gründe dies verhinderten. Die nationalsozialistischen Rassenhygieniker forderten jedoch eine

---

[306] Vgl. die Darstellungen von SEIDLER Horst/RETT Andreas; Rassenhygiene, a. a. O., S. 36 ff.

[307] Vgl. dazu die Darstellung von JUST Günther, Die Vererbung, Breslau 1943, S. 173 ff.

[308] Vgl. GÜTT Arthur, Ausmerze und Lebensauslese in ihrer Bedeutung für Erbgesundheits- und Rassenpflege, in: Rassenhygiene im völkischen Staat, Tatsachen und Richtlinien, hg. von Ernst Rudin, München 1934, S. 104 ff.

unbedingte, radikale und uneingeschränkte Anwendung der Regeln der Auslese und Gegenauslese.[309]

Es wurde unterstellt, daß „in früheren Zeiten" der Ausleseprozeß auch beim Menschen funktioniert habe, weil die soziale und gesellschaftliche Entwicklung der Menschheit und der Staaten nicht so ausgeprägt und wesentlich „primitiver" gewesen seien.[310] Dies bedeute, daß sich die Stärkeren innerhalb einer Art oder einer Rasse durchsetzen hätten können, während die Schwächeren nicht überlebt und sich daher nicht vermehrt hätten. Damit sei die biologische Qualität der Menschenrassen erhalten und verbessert worden.

Erst die moderne Gesellschaft, die Entwicklung zum urbanen Staat, der Liberalismus und das Judentum hätten nach Ansicht der Rassenhygieniker die Wirkungen der Auslese verhindert.[311] Mehr noch: Durch die Entwicklung zum modernen Staat sei eine Gegenauslese eingetreten. Darunter verstanden die Rassenhygieniker eine Umkehrung der Ausleseprinzipien. Nicht mehr „der Tüchtige" und „der Starke" würden gefördert, sondern vielmehr die „Erbuntüchtigen, Minderwertigen und Schwachen". Auf diese Weise würde die Rasse an biologischem Wert verlieren, auf Dauer müsse sie sogar untergehen.

---

[309] Vgl. etwa WEINERT Hans, Biologische Grundlagen für Rassenkunde und Rassenhygiene, 2. Aufl., Stuttgart 1943, S. 5: „So ist also die heutige Forderung nach Biologie keineswegs ein Mittel, das eine neue Staatsform sich zu eigen macht, um damit ihre Anschauung zu rechtfertigen und zu stützen, sondern biologisches Denken mußte nach den Errungenschaften der letzten Jahre durchdringen und mußte als primäre Ursache die Forderung des neuen Staates beeinflussen."

[310] Der Nachweis für diese Behauptung sollte dadurch erbracht werden, daß sogenannte primitive Völker auf die Wirkungsweise der Auslese untersucht wurden. Vgl. dazu : MÜHLMANN W., Privilegien als Instrument der Ausmerze. Siebung und Auslese im alten Tahiti, in: Archiv für Rassen- und Gesellschaftsbiologie, 26. Band, München 1932, S. 1. ff.; Mühlmann geht davon aus, daß die reine Form der Auslese auch bei den primitiven Völkern nicht stattgefunden habe, eine rigorose Ausmerzung der Schwachen und Untüchtigen finde nicht statt, weil der Mensch „vergesellschaftet" lebe. Erträgliche Defekte der Mitmenschen nehme man in Kauf. Andererseits sei dies die Ursache, daß primitive Völker aus ihrer Primitivität nicht emporsteigen können.

[311] Vgl. BAUR Erwin/Eugen FISCHER/Fritz LENZ, Menschliche ..., 2. Aufl., a. a. O., S. 76: „Bei den Kulturvölkern kommt zur Verminderung der natürlichen Auslese [...] eine verkehrt gerichtete Auslese hinzu, indem gerade die bestveranlagten Menschen sich weniger stark fortpflanzen als der Volksdurchschnitt."

Die Prinzipien der Gegenauslese seien mehrfach wirksam, weil angenommen werden müsse, daß die biologischen Steuerungsmechanismen der Auslese zweifach seien – erstens der Gattungstrieb, der ident sei mit dem Trieb, sich zu vermehren, und zweitens der „natürliche" Zugang einer Gesellschaft zum Problem des Individualismus in der Form, daß auf die Gebrechen einzelner Menschen innerhalb einer Gemeinschaft nicht Rücksicht genommen und damit die Auslese nicht behindert werde.

Die Zivilisation be- und verhindere nun diese zweite Einflußgröße, was zur Folge habe, daß die „rassisch Minderwertigen", nun nicht mehr in der Lebensexistenz bedroht, ihren Gattungstrieb „ungehemmt" ausleben könnten.

Dazu komme erschwerend, daß „Minderwertige" – zumindest nach Meinung der Eugeniker – mehr Nachkommen in die Welt setzten als „hochwertige" Artgenossen.[312] Wenn aber die Reproduktionsrate der „Minderwertigen" (die in einer modernen Gesellschaft nicht mehr unter den Prinzipien der Auslese ausgemerzt werden) höher sei als die der „Hochwertigen", sei es nur eine Rechenaufgabe, bis wann der biologische Verfall und der Untergang der Rasse eintreten werden.

Diesen Nachweis zu erbringen, war ein Hauptgebiet der deutschen Biologen. So wurde etwa prophezeit, daß Europa im Jahr 1960 ca. 600 Millionen Einwohner haben werde, wobei ein Zuwachs nur mehr in der slawischen Bevölkerungsgruppe festgestellt werden könne. Diese Bevölkerungsgruppe werde 1960 mit über 300 Millionen Menschen den Großteil der europäischen Einwohner stellen, was bedeute, daß Europa slawisiert werde.[313]

---

[312] Diese Feststellung wurde immer wieder im Zusammenhang mit den Schulleistungen, der Kinderanzahl und der sozialen Herkunft von Schulkindern untersucht. Vgl. etwa: HELL Katharina, Zur Frage der Zusammenhänge zwischen Schulleistungen, Begabung, Kinderzahl und Umwelt, in: Archiv für Rassen- und Gesellschaftsbiologie, 28. Band, München 1934, S. 383 ff. Sie führte dazu aus, daß „bei Volksschülern eine mehr oder weniger große negative Korrelation zwischen Schulleistung und Geschwisterzahl besteht. Die meisten Autoren sehen die wesentliche Ursache dieser Erscheinung darin, daß klügere Eltern einerseits klügere Kinder, andererseits aber weniger Kinder zu haben pflegen, wie weniger kluge Eltern." Arbeiten mit ähnlichem Inhalt sind mehrfach im Archiv für Rassen- und Gesellschaftsbiologie publiziert worden (Fürst/Lenz 1926; Prokein 1926; Decker 1929 usw.)

[313] BURGDÖRFER Friedrich, Bevölkerungsstatistik, Bevölkerungspolitik und Rassenhygiene, in: RÜDIN Ernst, Rassenhygiene im völkischen Staat, Tatsachen

Neben diesen grundsätzlichen Bedingungen der Gegenauslese wurden zusätzliche erschwerende Momente genannt, die die Gegenauslese sogar noch beschleunigten. Hierzu zählte als erstes der Krieg, insbesondere ein Weltkrieg, wie Deutschland eben erst einen verloren hatte. Er galt als ein bedeutendes Instrument der Gegenauslese, weil angenommen wurde, daß es die Besten eines Volkes seien, die in einem Krieg an der Front standen, um das Vaterland zu verteidigen. Die Schwachen und Gebrechlichen waren für den Frontdienst nicht tauglich, und so hatten sie die Möglichkeit, sich in einer Zeit, in der die hochwertigen Artgenossen ihr Leben lassen mußten (oft, ohne sich vorher vermehrt zu haben), ungehindert dem Gattungstrieb hinzugeben und sich noch schneller zu vermehren, als dies in Friedenszeiten möglich gewesen wäre.

Die Wirkung des Krieges war für die Rassenhygieniker eine zweifache. Einerseits wurde die Rasse durch den Verlust besten Blutes und wertvollster Gene beraubt, andererseits ermöglichte der Krieg den „Minderwertigen", weil für den Volksdienst nicht tauglich, eine höhere Reproduktionsziffer, was wiederum eine bedeutende Schädigung der Rasse bewirkte.[314]

Im Rahmen dieser Argumentation gelang es den deutschen Rassenhygienikern sogar, die Deutschen als eine Art „relativer biologischer Sieger" des Ersten Weltkrieges zu erklären. Die Begründung dafür war, daß die qualitative Ausgangslage der verschiedenen Völker, die im Krieg gegeneinander gefochten hatten, unterschiedlich gewesen sei. Während Engländer und Deutsche Anfang 1914 noch über eine relativ gute genetische Basis verfügt hätten, sei der „Degenerationsprozeß" bei den Franzosen oder anderen Völkern schon weit vorangeschritten gewesen. Durch das Prinzip, daß die Besten an der Front fielen, kam es nun dazu, daß der Degenerationsprozeß bzw. die Schä-

---

[313] und Richtlinien, München 1934, S. 49 ff.; Burgdörfer schloß daraus: „Darüber ist kein Zweifel möglich, da – so wie die Dinge heute liegen – unser Volk biologisch dem Abgrund zutreibt. [...] Gerade angesichts dieser Situation, deren logische Richtigkeit nicht zu bestreiten ist, muß man es gerade als eine glückliche Gottesfügung bezeichnen, daß unserem Volk zur rechten Zeit eine Regierung geschenkt ist, die die Gefahr nicht nur erkannt hat, sondern fest entschlossen ist, das Volk von diesem Abgrund biologischer Selbstvernichtung zurückzureißen."

[314] Diese Problemstellung wurde teilweise noch während des Ersten Weltkrieges diskutiert. Vgl. HOFFMANN Geza v., Krieg und Rassenhygiene, Die bevölkerungspolitischen Aufgaben nach dem Kriege, München 1916.

digung der Rasse in Frankreich noch schneller und deutlicher vonstatten gegangen sei, weil schon die Ausgangslage schlechter gewesen sei. An der biologischen Front hätten die Deutschen den Krieg daher gewonnen.[315] Daß die Rasse noch nicht untergegangen sei, liege daran, daß „die natürliche Lebensauslese [...] auch heute noch beim Menschen im geringen Umfang wirksam" sei.[316]

Insbesondere die „Fortpflanzungsauslese" zeige immer noch eine gewisse Wirkung, dabei „denken wir an die treibende Kraft der Liebe, die, vorausgesetzt, daß sie nicht durch falsche Ideale und Schundliteratur oder Sentimentalität beeinflußt und auf falsche Bahnen künstlich gelenkt ist, auch heute noch in hohem Maße als natürliche Auslese angesehen werden kann."[317]

4.4.2. Die Wirkung von Auslese und Gegenauslese

Eine weitere rassenerhaltende natürliche Lebensauslese sei die Tatsache, daß erbkranke Personen sich auch selbst von der Fortpflanzung ausschalten würden, etwa dann, wenn sie in einer Irrenanstalt verwahrt seien, oder wenn sie Selbstmord begingen.

Umgekehrt würden die Segnungen der Medizin die natürliche Lebensauslese aber wieder aufwiegen. Gütt kritisierte explizit[318] die Pra-

---

[315] Vgl. dazu SCHULTZE Walter, Die Bedeutung der Rassenhygiene für Staat und Volk in Gegenwart und Zukunft, in: RÜDIN Ernst, Rassenhygiene im völkischen Staat, Tatsachen und Richtlinien, München 1934, S. 1 ff.: „Das deutsche Volk ist [...] das unverbrauchteste der weißen Rasse. Es war im Jahre 1914 hinsichtlich seiner rassenmäßigen Gesundheit den übrigen voraus, [...] daß dieser Vorsprung als solcher bestehen geblieben ist. Auf diesem Wissen beruht [...] der unverminderte Haß [...] aller anderen Völker gegen uns, ganz besonders aber natürlich Frankreichs, das wohl das verbrauchteste unter ihnen ist." Eine besondere Abneigung gegen Frankreich hatte schon Hitler, wenn er von dem „nicht nur in seiner Volkszahl, sondern besonders in seinen rassisch besten Elementen absterbenden Franzosentum" spricht. Vgl. HITLER Adolf, Mein Kampf, 5. Auflage, a. a. O., S. 766.

[316] GÜTT Arthur, Ausmerze und Lebensauslese ..., a. a. O., S. 105.

[317] GÜTT Arthur, Ausmerze und Lebensauslese ..., a. a. O., S. 105 f. Gütt bemängelte, daß die Fortpflanzungsauslese viel wirksamer sein könnte, allerdings stünden dem die „leidige Mitgift, gesellschaftliche Rücksichten und falsche Einstellungen vieler Eltern im Wege".

[318] GÜTT Arthur, Ausmerze und Lebensauslese ..., a. a. O., S. 106.

xis, daß Geburten, die aufgrund des zu engen Beckens der Mutter früher letal endeten, nunmehr durch Kaiserschnitt durchgeführt würden. Durch diese Praxis werde auch die Anlage zum engen Becken weitervererbt, was insgesamt eine Schädigung der Rasse darstelle.

Auch die Möglichkeit, das Baby bei Stillunfähigkeit der Mutter zu ernähren, stieß auf den Widerspruch von Gütt und anderer Rassentheoretiker. Während nämlich früher die Kinder von stillunfähigen Müttern starben und sich nicht fortpflanzen konnten, werde nunmehr die Erbanlage der Stillunfähigkeit weitervererbt. Alles dies wirke der natürlichen Auslese entgegen.

Im Fall der natürlichen Auslese bei Kleinstkindern muß angemerkt werden, daß sich die radikalen Ansichten der führenden Rassenhygieniker in der Praxis nicht durchsetzten und auch in der theoretischen Erörterung nicht unwidersprochen blieben.

Im Zusammenhang mit dem Auslesegedanken behandelte der Berliner Professor für Kinderheilkunde Bessau die Frage, ob Säuglingssterben selektiv wirke.[319] Dabei stellte er fest, daß man vorerst klären müsse, was überhaupt ausgelesen werden soll. Nur weil ein Kleinkind auf die Ernährung empfindlich reagiere, könne kein Ansatzpunkt auf eine natürliche Auslese gefunden werden.

„Ich meine, die Belastungsprobe würde an einer ganz falschen Stelle angesetzt werden. Ernährung an der Mutterbrust ist für den Säugling keine Verzärtelung, sondern – man kann sagen – die naturgemäße Lebensweise. Die Wenigsten sind sich darüber klar, mit welchen Fehlern auch noch unsere heutigen allgemein empfohlenen künstlichen Nährgemische behaftet sind. Wer Sparta übertreffen will, könnte ja auch die Neugeborenen in Eiswasser tauchen und nur jene großziehen, die diese Belastung überstehen. […] Worauf wollen wir den Menschen züchten? Auf Tropenstabilität?"

Interessant ist die Tatsache, daß Bessau diese Ausführungen im Rahmen einer ärztlichen Fortbildungsveranstaltung machte, die „Praktische Ratschläge für die Durchführung des Gesetzes zur Verhütung erbkranken Nachwuchses" zu vermitteln hatte.

Der Kern und die Elite der Rassenhygieniker forderten im Zusammenhang mit dem Problem der Auslese und Gegenauslese eine Ein-

---

[319] Vgl. BESSAU G., Kinderkrankheiten unter dem Gesichtspunkt der Vererblichkeit, in: Wer ist erbgesund und wer ist erbkrank?, hrsg. von W. Klein, Jena 1935, S. 151.

schränkung der medizinischen Versorgung für „rassisch Minderwertige". Insbesondere die plastische Chirurgie, die erbliche Mißbildungen zurückbilden könne und damit dem einzelnen Betroffenen wieder mehr Chancen ermögliche, einen Lebenspartner zu finden und sich fortzupflanzen, wurde als Unterstützung der Gegenauslese betrachtet. Daraus wurde gefolgert, daß, je mehr die Medizin den erbkranken Menschen helfe, in Zukunft desto mehr Arbeit durch die Reproduktion von „Minderwertigen" auf die Medizin zukommen werde. Also sei es oberstes Gebot, diese Reproduktion zu verhindern.

Negativ im Sinn der Gegenauslese wirke sich auch das hohe Heiratsalter der sogenannten „geistigen Berufe aus".[320] Durch die späte Heirat werde der Trend zur kinderlosen Ehe oder zur Einehe verstärkt, was bedeute, daß sich diese Schichten des Volkes nur sehr langsam vermehren und im Gegensatz zu den minderwertigen Schichten zu geringe Fortpflanzungsziffern aufweisen. Dadurch entstehe ein weiterer Schaden an der Rasse, weil sich die Intelligenz biologisch nicht mehr ausreichend einbringe.

In verschiedenen statistischen Untersuchungen wurde immer wieder versucht, dieses Phänomen sowohl zu beweisen als auch zu deuten.[321]

Für die Rassentheoretiker war damit klar, daß durch das Prinzip der Auslese versus Gegenauslese in einem modernen Staat die Rasse vorerst degenerieren und dann untergehen würde.[322] Dies wäre auch unaufhaltsam Realität geworden, hätte es nicht die nationalsozialisti-

---

[320] GÜTT Arthur, Ausmerze und Lebensauslese …, a. a. O., S. 106.
[321] Vgl. dazu beispielsweise FREY Alfred, Die Unterschiede der Fortpflanzung in den verschiedenen Berufen und Konfessionen während der Jahre 1926–1929; in: Archiv für Rassen- und Gesellschaftsbiologie einschließlich Rassen- und Gesellschaftshygiene, 28. Band, München 1934, S. 113 f. Frey stellt fest, daß nach dem Krieg die Geburten in den gesellschaftlich gehobenen Schichten abgenommen hätten, aber auch in der Bauernschaft war eine starke Geburtenabnahme festzustellen, was Frey zu der Schlußfolgerung führte, daß „das Versiegen des biologischen Bestandes" des Volkes unmittelbar bevorstehe.
[322] Vgl. dazu BAUR Erwin/FISCHER Eugen/LENZ Fritz, Menschliche Erblichkeitslehre, 2. Aufl., a. a. O., S. 75: „Bei wild lebenden Pflanzen und Tieren werden alle nicht vollwertigen Lebewesen im Kampf ums Dasein ausgemerzt, gelangen nicht zur Fortpflanzung. Wir sehen dagegen, daß jede Pflanzen- oder Tierart, die wir domestizieren, alsbald eine Fülle von mehr oder weniger absonderlichen Rassen entstehen läßt. […] Ähnlich […] liegen die Verhältnisse auch bei den Kulturmenschen."

sche Revolution gegeben, die nunmehr den „bevölkerungspolitischen Kampf"³²³ aufgenommen habe.

Wenn man die Problemstellung, die sich für den Staat ergibt, auf eine einfache Formel bringt und das Prinzip Auslese versus Gegenauslese auf eine staatstheoretische Abstraktionsebene umdeutet, so heißt dieses Prinzip biologischer Staat versus sozialer Wohlfahrtsstaat. Während also der biologische Staat seine gesamten Strukturen so auszurichten hat, daß der Auslesegedanken verwirklicht wird und die Rasse „rein und genetisch hochqualitativ" bleibt bzw. wird, kümmert sich der soziale Wohlfahrtsstaat um jene Menschen, die in der Konkurrenzsituation des Erwerbslebens und in der Gesellschaft, aus welchen Gründen auch immer, nicht mithalten können. Im Rahmen des Umverteilungsprozesses fließen an diese Menschen jene Mittel, die sie zum würdevollen Leben brauchen.

Während also der soziale Wohlfahrtsstaat die Erhaltung und Förderung der Schwachen als Staatsaufgabe betrachtet, trifft für den biologischen Staat das Gegenteil zu. Er hat die Aufgabe, das Zugrundegehen der Schwachen zu fördern und die Starken – oder jene, die biologisch für wertvoll erklärt wurden – zu unterstützen. Die Prinzipien der Rassenreinheit, der Auslese und der Gegenauslese wurden zu den tragenden Prinzipien des biologischen Staates.³²⁴

Daß dabei sämtliche ethischen, kulturellen, religiösen und moralischen Erkenntnisse der letzten Jahrtausende negiert werden müssen, versteht sich von selbst. Speziell die Fähigkeit einer zivilisierten Menschheit, nämlich Verantwortung für andere zu übernehmen und ein hochwertiges Sozialgefüge aufzubauen, das kein anderes Lebewesen in der Natur auch nur annähernd zustande bringt, wird ins Gegenteil verkehrt. Durch das Prinzip der Auslese und Gegenauslese wird die Menschheit auf die Stufe der Tierwelt zurückgereiht und damit auch den Gesetzen der Tierwelt unterworfen. Die Rassenhygieniker konstruierten damit die Grundzüge eines neuen Staats- und Gemeinwesens.

---

323   GÜTT Arthur, Ausmerze und Lebensauslese ..., a. a. O., S. 109.
324   Vgl. BAUR Erwin/FISCHER Eugen/LENZ Fritz, Menschliche ..., 2. Aufl., a. a. O., S. 76 : „Eine Verhinderung der natürlichen Auslese wirkt nicht bloß dadurch schädlich, daß die ständig entstehenden minderwertigen Mutanten nicht mehr ausgemerzt werden können. Es kommt noch hinzu, daß nach jeder Rassenkreuzung ein sehr buntes Mischvolk entsteht [...]"

4.5. Die Rassenlehre im Dritten Reich als Basis der Staatslehre

4.5.1. Die Abgrenzung von Volk und Rasse

Am Beginn der Rassenlehre stand die Beobachtung, daß nicht zwei Menschen auf der Welt völlig gleich sind. Vielmehr verhält es sich – laut Rassenlehre – so, daß die Einzelmenschen völlig unterschiedlich sind. Allerdings sind die Einzelmenschen in Gruppen zusammenfaßbar, sofern man mögliche Ähnlichkeiten katalogisieren und damit durch die Beobachtung der gleichen Ausprägungen die Menschheit einteilen kann. Die naheliegendsten Kriterien sind jene der Physiognomie, sodaß Kopf, Gliedmaßen, Augen und Augenfarbe, Ohren[325] usw. sehr rasch beobachtet, beschrieben und eingeteilt wurden.

Insbesondere der Kopf hat es den Rassentheoretikern sehr bald „angetan". Einerseits gab es eine große Anzahl von Merkmalen am Kopf, andererseits ist der Kopf Sitz des Gehirns und daher von besonderem Interesse. Die Folge waren Schädelvermessungen und Berechnungen nach Indexziffern, um eine Einteilung zu finden.[326]

Das Ideal, das es nach optischen Kriterien anzustreben galt, war im nationalsozialistischen Staat der große, blonde, hellhäutige und blauäugige Mensch, der ein Angehöriger der „nordischen Rasse" war. Der nordische Mensch stand im Zentrum der „Aufartungsideologie", also jener Bestrebungen, die diesen bestimmten Menschentypus züchten wollten.

---

[325] Eine beliebte Methode, Erbgänge nachzuweisen, war der Vergleich der Ohren. Mit dieser Methode wurden sogar Vaterschaftsnachweise erbracht. Vgl. VERSCHUER Otmar Frhr. v., Erbpathologie, Medizinische Praxis, Band 18, 2. Auflage, Dresden-Leipzig 1937, S. 196 ff. Derselbe Autor entwickelte ein generelles Modell des Vaterschaftsgutachtens, das offenbar eine sehr gute Einkommensmöglichkeit für den Gutachter darstellte. Vgl. VERSCHUER Otmar Frhr. v., Die Vaterschaftsgutachten des Frankfurter Universitätsinstituts für Erbbiologie und Rassenhygiene, in: Der Erbarzt, Februar 1941, Band 9, Heft 2, S. 25 ff.

[326] Vgl. BAUR Erwin/LENZ Fritz/FISCHER Eugen, Menschliche ..., 2. Aufl., a. a. O. S. 83 ff.; die Schädelvermessungen wurden allerdings sehr rasch in Frage gestellt, sodaß die Autoren in der vierten Auflage, München 1936, S. 164, bereits feststellten, daß die Schädelvermessung kein Mittel sei, um die Zugehörigkeit zu einer Rasse zu bestimmen.

Der nordische Mensch war im Wesen und in seinen Ausprägungen und Fähigkeiten eine Form des „Übermenschen"[327], seine Physiognomie wurde als langköpfig, großgewachsen und blond beschrieben. Der nordische Mensch war hellhäutig und von edler Gestalt.[328] Daneben war er mit allen nur erdenklichen Fähigkeiten ausgestattet. Er besaß besondere Willenskraft, hatte hohes Urteilsvermögen „bei kühl abweichendem Wirklichkeitssinn", er besaß den Drang zur Wahrhaftigkeit und zeichnete sich durch eine besondere ritterliche Gesinnung aus.

Innerhalb der nordischen Rasse konnten sich die Fähigkeiten und Charakterzüge noch weiter steigern. Der nordische Mensch konnte daher eine ausgesprochene heldische Gesinnung entwickeln, die bis zum weitblickenden Führertum steigerbar war. Im Bereich der Wissenschaft blieb ihm nichts verschlossen, Technik und Kunst beherrschte der nordische Mensch vorzüglich.

Günther fiel „die verhältnismäßig große Anzahl vorwiegend nordischer Menschen unter den bedeutenden und überragenden Männern und Frauen aller abendländischen Völker [...], wie die verhältnismäßig sehr geringe Anzahl bedeutender Männer und Frauen ohne merklichen nordischen Einschlag" auf.[329]

Entgegen den bisherigen Annahmen wurde sogar behauptet, daß selbst Jesus einen deutlichen nordischen Bluteinschlag aufweise.[330]

Aber auch körperlich war der nordische Mensch von überragender Überlegenheit, weil er ein „Leistungsmensch" war.[331] Der Körper

---

[327] Die Formulierung „Übermensch" wurde gewählt, um die Gegenpoligkeit zum Untermenschen aufzuzeigen. Dieser wiederum war für die Nationalsozialisten kein Mensch im engeren Sinn, sondern „jene biologisch scheinbar völlig gleichgeartete Naturschöpfung mit Händen, Füßen und einer Art von Gehirn, mit Augen und Mund [...], doch eine ganz andere, eine furchtbare Kreatur, ist nur ein Wurf zum Menschen hin, mit menschenähnlichen Gesichtszügen – geistig und seelisch jedoch tiefer stehend als jedes Tier." Zitiert aus „Der Untermensch", hg. vom Reichsführer SS, SS-Hauptamt, in: POLIAKOV Léon/ WULF Joseph, Das Dritte Reich und die Juden, a. a. O., S. 217.

[328] Vgl. GÜNTHER Hans F., Kleine Rassenkunde des deutschen Volkes, München 1935, S. 59.

[329] Vgl. GÜNTHER Hans F., Kleine ..., a. a. O., S. 59.

[330] HAUER Wilhelm, Deutsche Gottesschau – Grundzüge eines Deutschen Glaubens, Stuttgart 1935, S. 251 f. – Prof. Wilhelm Hauer lehrte Religionswissenschaft in Tübingen.

[331] Vgl. BERGMANN Ernst, Deutschland, das Bildungsland der neuen Menschheit – eine nationalsozialistische Kulturphilosophie, Breslau 1933, S. 87 f.

bedeute dem nordischen Menschen nicht „Grabmal für die Seele". Es wurde postuliert, daß nur der nordische Mensch „jenes lebensbejahende Gemüt, das notwendig die unerschöpfliche Kraftquelle heroischer Willenhaftigkeit und todesverachtender Begeisterung"[332] sei, besitze. Die Reihe der postulierten Besonderheiten des nordischen Menschen ließe sich beliebig fortsetzen.

Neben dieser Idealisierung des nordischen Menschen überrascht jedoch die Tatsache, daß die deutschen Staatsangehörigen zum Großteil diesem Idealbild von einem Menschen nicht entsprachen und entgegen aller Rassenlehre klein, grobknochig, braunäugig und schwarzhaarig waren. Auch die „Schädelmaße" stimmten nicht mit den Empfehlungen der Rassentheoretiker überein.

In den zwanziger Jahren und kurz nach der Machtergreifung der Nationalsozialisten war diese Problematik insofern nicht bedeutend, als allgemein von einem arischen Menschen gesprochen wurde – oder aber von einer deutschen Rasse.

Mit der Verbreitung der Rassenlehre blieben diese Ausdrücke und Klassifizierungen nicht mehr haltbar, insbesondere der Begriff der deutschen Rasse stieß sehr bald auf Ablehnung. Für die Rassentheoretiker entbehre der Begriff jeder naturwissenschaftlichen Grundlage und war lediglich für die politische Diskussion brauchbar. Da der Nationalsozialismus aber auf dem Boden der biologischen Gesetzmäßigkeiten stehen sollte, wurde der Begriff der deutschen Rasse aus dem Sprachgebrauch „verbannt".[333]

Ebenso war der Begriff der „arischen Rasse" nicht haltbar, weil es sich hierbei um keinen Begriff der Biologie oder Naturwissenschaften handelte, sondern um einen sprachgeschichtlichen Ausdruck, der mit dem Begriff „indogermanisch" ident ist. Auch der rassische Abgrenzungsversuch, arisch im Sinn von „nichtjüdisch" zu verwenden, war nicht akzeptabel, weil „nichtjüdisch" keinesfalls synonym mit indogermanisch zu gebrauchen ist.

Diese Begriffsveränderungen führten dazu, daß statt von arischen allgemein von nordischen Menschen gesprochen wurde. Diese wa-

---

[332] SCHMITT Karl, Deutsches Bildungswesen, Jahrgang 1935, S. 144 f.
[333] Vgl. das Schreiben vom Leiter des Rassenpolitischen Amtes, Dr. Walter Gross, an die Beauftragten für Bevölkerungs- und Rassenpolitik vom 24. Oktober 1934; abgedruckt in POLIAKOV Léon/WULF Joseph, Das Dritte Reich und seine Denker, a. a. O., S. 411 f.

ren in ihrer Physiognomie und in ihren „Fähigkeiten" aber in einer Weise beschrieben, daß sich ein Großteil des Deutschen Volkes unter diesem Begriff nicht einordnen ließen. Die Rassentheoretiker hatten also entsprechende Erklärungsversuche anzubieten. Dieser Versuch bestand darin, daß die Begriffe Rasse und Volk voneinander abgegrenzt wurden.

Der Rassenbegriff wurde allgemeingültig von Fischer und von Günther definiert als „ein Begriff der Menschheitskunde, der ganz in der Weise gefaßt worden ist, wie die Tierkunde und Pflanzenkunde von Familien, Gattungen, […] und Arten spricht […]. Unter Rasse versteht die Anthropologie eine größere Gruppe von Menschen, welche durch den hereditären Gemeinbesitz eines bestimmten angeborenen körperlichen und geistigen Habitus untereinander verbunden und von anderen derartigen Gruppen getrennt sind".

Ein Volk wiederum ist nicht mit dem Rassenbegriff ident, ein Volk besteht vielmehr aus verschiedenen und mehreren Rassen. Worauf es beim Volksgedanken ankommt, ist das Mischungsverhältnis der Rassen.[334] „Unser deutsches Volk besteht aus verschiedenen Rassen, und diese Rassen haben verschiedene körperliche und seelische Eigenschaften, und diese Eigenschaften haben für das Volksganze verschiedenen Wert."[335]

Die wertvollste Rasse war die nordische, die auch die Klammer des deutschen Volkes war, weil jede Rasse innerhalb des Volkes einen mehr oder weniger hohen nordischen Blutanteil hatte.

Es waren sechs bis sieben Rassen, die die Rassentheoretiker in Europa glaubten nachweisen zu können: „Die nordische, fälische, ostbaltische, ostische, westische, dinarische und sudetische Rasse; in Vorderasien, das zum europiden Rassenkreis oder zur weißen Hauptrasse gehört, kommen noch dazu die vorderasiatische und orientalische Rasse. Die wissenschaftliche Anthropologie unterschied als europäische Unterrassen: die nordische, alpine, mediterrane und dinarische Rasse."[336]

Diese Abgrenzung war der Kernbereich, um die rassische Zusammensetzung des deutschen Volkes darstellen zu können.

---

[334] GÜNTHER Hans F., Kleine …, a. a. O., S. 21 f.
[335] WEINERT Hans, Biologische Grundlagen für Rassenkunde und Rassenhygiene, a. a. O., S. 43.
[336] Vgl. zur Rasseneinteilung WEINERT Hans, Biologische Grundlagen für Rassenkunde und Rassenhygiene, a. a. O., S. 43 ff.

Gemeinsam ist allen Rassen des deutschen Volkes, daß sie sich aus dem selben Ursprung in der Steinzeit ableiten. Durch Wanderbewegungen wurden verschiedene Gebiete in einer Nord-Süd-Ausdehnung besiedelt, sodaß je nach regionalem Einfluß die verschiedenen Rassen entstanden.

Im Norden entwickelten sich die nordischen Menschen, somit die nordische Rasse, die ihre Pigmentierung verloren, langschädelig, blond und blauäugig wurden.

Im alpinen Bereich entwickelte sich die alpine oder ostische Rasse. Hier war der Erklärungsansatz für die Rassentheoretiker einigermaßen schwierig, weil Menschen dieser Rasse gemeinhin einen eher mongolischen Einschlag[337] hatten, runde Köpfe mit dunkler Behaarung und in Summe keinesfalls dem Bild entsprachen, das vom idealen nordischen Menschen gezeichnet wurde. Aber auch die alpine bzw. ostische Menschenrasse konnte aufgrund des gemeinsamen Volksstammes zum deutschen Volk gerechnet werden.[338] Dazwischen lagen Rassen in mehr oder weniger starker nordischer oder ostischer Ausprägung, nämlich die ostbaltische oder osteuropide, die dinarische und die sudetische Rasse.

In diesem Sinn ist kein Volk „rassenrein", auch die einzelnen Rassen eines Volkes haben sich vermischt, sodaß ein Volk eine Symbiose von Rassen ist, die einander nahestehen. Beim deutschen Volk war die Begründung für das „Nahestehen" der nordische Blutanteil jedes Staatsbürgers. Da dieser Blutanteil die verbindende Klammer und das wertvollste Gut des Volkes ist, wurde auf ihn besonderes Augenmerk gelegt.

Aus diesem Postulat wurde auch die wesensmäßige Zusammengehörigkeit der Rassen zu einem Volk begründet. Nicht nur der hohe

---

[337] Die Frage, ob ein mongolischer Einschlag bei europäischen Rassen nachweisbar war, beschäftigte die Rassenhygieniker in ganz Europa; vgl. etwa LUNDBORG Herman, Die Rassenmischung beim Menschen, reprinted from BIBLIOGRAPHIA GENETICA VIII, 1931, The Hague, Martinus Nijhoff, Uppsala, Schweden 1931, S. 97 f.

[338] Die „ostische" Rasse wurde angeblich auch dadurch geprägt, daß sie sich in Unterordnung zu den „nordischen Herrenmenschen" gut entwickeln könne. „Sie können vollkommen sie selbst sein, wenn sie aus dem Bewußtsein leben dürfen, daß über sie verfügt ist. Sich einem fremden Willen fraglos einzuschmiegen, ist für sie die Erfüllung eines artrechten Wertes." Vgl. CLAUSS Ludwig, Rasse und Seele, eine Einführung in den Sinn der leiblichen Gestalt, 15. Auflage, München 1939, S. 179 f.

Anteil an genetischer Übereinstimmung machte die Zugehörigkeit von Menschen zum deutschen Volk aus, vielmehr waren auch der daraus resultierende Gleichklang des Empfindens und Handelns sowie das Wesensverständnis entscheidend.

Obwohl allerdings alle genannten Rassen zum deutschen Volk gehörten, war der Wert der Rassen – wie dargestellt – verschieden. Das Ziel war daher, das deutsche Volk wieder „aufzunorden".

4.5.2. Die „Aufnordung" des deutschen Volkes

Es versteht sich von selbst, daß dieses Ziel – die geplante Anhebung des nordischen Blutanteils – von jenen, die nicht diesem Ideal entsprochen haben, nicht unkritisch gesehen wurde.[339]

Auch hier versuchten die Rassentheoretiker einzulenken. Das Hauptargument gegen die Aufnordung war, daß die Symbiose zwischen den verschiedenen Rassen innerhalb des deutschen Volkes gestört würde, weil die eigentliche Kraft des Volkes von den verschiedenen Anlagen der integrierten Rassen ausging. Würde nun der nordische Blutanteil wesentlich gehoben, ginge die Kraft der Verschiedenartigkeit verloren.

Dieser Darstellung begegneten die Rassentheoretiker mit dem Argument, daß die genetische Vermischung der einzelnen Staats- und Rassenbürger ohnehin schon soweit vorangeschritten sei, daß eine weitere Vermischung für das Volk insgesamt und für die Rassen im einzelnen biologisch von wesentlichem Nachteil wäre.[340]

---

[339] Interessant ist die Tatsache, daß die Führerelite des Dritten Reiches überwiegend selbst den Rassenkriterien des nordischen Menschen nicht entsprochen hat. Aus diesem Grund wurde etwa eine Sammlung rassenkundlicher Bewertungen der Führerelite herausgegeben, die den besonderen Wert dieser Elite heraushob. Vgl. RICHTER Alfred, Unsere Führer im Lichte der Rassenfrage und Charakterologie, Leipzig 1933. Insbesondere Goebbels hatte durch einen angeborenen „Klumpfuß" Probleme, die Rassenkriterien zu erfüllen, da er, sollte dieser Klumpfuß erblich bedingt sein, nach dem Gesetz zur Verhütung erbkranken Nachwuchses sterilisiert werden hätte müssen. Vgl. REUTH Ralf Georg, Goebbels, München 1990, S. 15 f.

[340] Vgl. DOBERS Ernst, Rassenkunde – Forderung und Dienst, 3. Auflage, Leipzig 1942, S. 96 ff.

Im Sinn der rassischen Weiterentwicklung sei daher zu fordern, daß durch die positiven eugenischen Maßnahmen die „Aufzucht" der nordischen Menschen und die Förderung deren Fortpflanzung besondere Anliegen des Deutschen Reiches sein müssen.[341]

Während also die Angehörigen des deutschen Volkes nach Rassenkriterien kategorisiert und bewertet wurden, war noch die Verfahrensweise mit jenen Menschen und Rassen festzulegen, die nicht dem Bluts- und Wesensverband des deutschen Volkes angehörten.

4.5.3. Über das Schicksal der slawischen Rassen

Insbesondere die Bewohner der Ukraine, Rußlands bis zum Ural, der Tschechoslowakei und Polens wurden den slawischen Rassen zugeordnet. Den Wert der slawischen Rassen schätzten die Rassentheoretiker sowie die deutschen Politiker als äußerst gering ein.[342] Zwar waren die slawischen Menschen nicht vernichtungswürdig per se, allerdings wurden diese Menschen lediglich als Arbeitskräfte für die deutschen Herrenmenschen betrachtet. Die Frage, wie mit diesen Menschen umzugehen sei, stellte sich insbesondere nach den Eroberungsfeldzügen im Osten. Aus diesem Grund wurden eigene Richtlinien für den Umgang mit slawischen Völkern erlassen.[343]

---

[341] Diese Forderung des Kerns der Rassenhygieniker ist in der Bevölkerung des Dritten Reiches nie umfassend angenommen worden, weil die Aufnordung nichts anderes bedeutete als die rassische Diskriminierung aller anderen Rassen des deutschen Volkes. Da die Menschen, die somit diskriminiert wurden, die überwiegende Mehrheit ausmachten, konnte der Aufnordungsgedanke politisch nicht jene Bedeutung gewinnen, wie sich dies die Rassentheoretiker gewünscht hätten. Die Aufnordung wurde daher innerhalb der SS betrieben, in speziellen Einrichtungen der Partei und auch sonst nur im Bereich der rassischen Eliten des Dritten Reiches.

[342] Allerdings wurde der „slawischen Rasse" vielfach attestiert, daß die „Urslawen" eine durchaus wertvolle Rasse waren. Durch soziale Prozesse sei die slawische Rasse nunmehr degeneriert. Vgl. LOESCH Karl v./MÜHLMANN Wilhelm, Die Völker und Rassen Südosteuropas, Berlin 1943, S. 50.

[343] Die Richtlinien wurden von Martin Bormann im Auftrag Hitlers erlassen und an Reichsleiter Rosenberg mit dem Auftrag zur Durchsetzung in den besetzten Ostgebieten übermittelt. Der Schriftverkehr dazu ist abgedruckt in POLIAKOV Léon/WULF Joseph, Das Dritte Reich und seine Denker, Wiesbaden 1989, S. 517 f.

Den Prognosen der Rassentheoretiker zufolge nahm das Wachstum der slawischen Rassen überproportional zu. Aus diesem Grund waren die deutschen Besatzer nicht an einer hohen Kinderzahl interessiert. Hitler war daher der Meinung, daß in den besetzten Ostgebieten ein „schwunghafter" Handel mit Verhütungsmitteln unterstützt werden sollte. Jedenfalls sollten laut den Handlungsgrundsätzen deutsche Juristen nicht einschreiten, wenn slawische Frauen ihre Kinder abtrieben. Generell sollte – so die Richtlinie – versucht werden, die Vermehrung der Slawen zurückzudrängen, weil angenommen wurde, daß durch die deutsche Besatzung die Lebensumstände deutlich verbessert würden, was zu einer Erhöhung der Geburtenziffer führen könnte.

Gesundheitsfürsorge, Impfungen oder andere Gesundheitsmaßnahmen waren in den besetzten Gebieten zu unterlassen, um die natürliche Sterblichkeit der Slawen nicht zu unterbinden.

Das Bildungsniveau sollte so tief wie möglich gehalten werden, weil sonst zu befürchten war, daß sich aus einer intelligenteren Schicht ein allgemeiner Widerstand formieren könnte.

Die Lebensbedingungen der slawischen Menschen durften keinesfalls verbessert werden. Insbesondere in den Städten war es nicht gestattet, Verschönerungsmaßnahmen oder Reparaturarbeiten durchzuführen. Im Gegensatz dazu sollten die Häuser, die – möglichst außerhalb der Stadt – von Deutschen bewohnt wurden, keine architektonische Ähnlichkeit mit den Häusern der Landesbevölkerung haben.

Eine reglementierte und hierarchische Verwaltung von Landesbewohnern war abzulehnen. Keinesfalls sollte ein juristisches Normenwerk entstehen, vielmehr sollten die deutschen „Herrenmenschen" im Anlaßfall entscheiden.

Unabhängig von diesen Richtlinien, die eher allgemeinen Charakter hatten, wurden Konzepte erstellt, was mit den Menschen in den besetzten Gebieten zu geschehen hatte. Insbesondere im Fall von Polen wurden durch den „Generalgouverneur für die besetzten polnischen Gebiete", Frank, und durch Gollert Überlegungen und Konzepte vorgelegt und teilweise auch umgesetzt.[344]

Den Polen durften demnach nur mehr solche Bildungsmöglichkeiten zur Verfügung stehen, die ihnen ihre „völkische Aussichtslo-

---

[344] Beide Dokumente sind in POLIAKOV Léon / WULF Joseph, Das Dritte Reich und seine Denker, a. a. O., S 502 ff., abgedruckt.

sigkeit" vor Augen führten. Große Lautsprecheranlagen sollten deutsche Siegesmeldungen in Polen verkünden, Theater-, Kino-, oder Kabarettbesuche waren nicht erlaubt.

Das Verhältnis von Generalgouverneur Frank zu den Polen war das einer „Ameise zur Blattlaus". In diesem Sinn sah Frank in den Polen lediglich Arbeitskräfte, die es auszubeuten galt. Polen sollte sich als Staat nie wieder aufrichten können. Nicht das individuelle Fortkommen der polnischen Bürger war von Interesse, sondern lediglich die Verankerung der deutschen Macht in Polen. Polen sollte damit nichts anderes sein, als ein riesiges Arbeitslager, das für das Deutsche Reich tätig war.

Was das künftige Schicksal der Polen anging, wurden mehrere Varianten diskutiert. Zum ersten bestand die Idee, die 15 Millionen Polen „einzudeutschen". Diese Möglichkeit war vom rassenhygienischen Standpunkt aus jedoch nicht vertretbar. Auch die Tötung der Polen wurde abgelehnt, obwohl biologische Gründe für eine Tötung durchaus vorgebracht wurden. Ebenfalls als nicht zielführend wurde die Möglichkeit verworfen, alle Polen weiter nach Osten zu deportieren und neu anzusiedeln.

Die Lösung für den weiteren Umgang mit den Polen war daher ein differenzierter Ansatz. Die polnische Bevölkerung sollte in drei Gruppen eingeteilt werden, nämlich in „diejenigen, die im Laufe der Zeit eingedeutscht werden können, in diejenigen, die arbeitspolitisch wertvoll sind und deshalb im Weichselraum verbleiben können, und in diejenigen, die in keiner Weise für deutsche Interessen in Frage kommen, und die deshalb aus dem Weichselraum zu entfernen sind".

Während man sich in der Frage der Eindeutschung relativ großzügig gab – immerhin sollten in dieser Frage nicht die Kriterien des nordischen Menschen angewandt, sondern rassenbiologisch wesentlich geringere Ansprüche gestellt werden[345] –, waren jene zwei bis drei Millionen Polen, die „aus dem Weichselraum entfernt" werden sollten, nicht etwa physisch zu *entfernen*, vielmehr ging es um deren physische *Vernichtung*. Alle Angehörigen der polnischen Intelligenz, die

---

[345] Begründet wurde diese „großzügige Eindeutschungspraxis" mit der Tatsache, daß viele Deutsche östlich der Elbe ebenfalls einen slawischen Einschlag aufweisen. Schließlich sei Preußen, das für das Reich eine besondere Bedeutung hatte, zu einem Teil eine Mischung aus germanischen und slawischen Elementen.

sogenannten „Asozialen"[346], die Kranken und sonstige Polen, für die im Deutschen Reich keine Verwendung war, sollten getötet werden.

Tatsächlich wurde in der beschriebenen Weise vorgegangen, zumindest was die Zwangsbewirtschaftung und die Tötungen betraf. So kündigte etwa der Reichsstatthalter im Reichsgau Wartheland dem Reichsführer SS Himmler brieflich an, daß er vorsorglich jene der 230.000 polnischen Tbc-Patienten töten wolle, die an offener unheilbarer Tbc erkrankt waren.[347]

Solang das Deutsche Reich existierte und Ostgebiete besetzt hielt, war eine generelle Einigung über die Vorgangsweise gegenüber den slawischen Völkern nicht feststellbar. Einig war man sich in den Grundzügen, daß die Slawen eine minderwertige Rasse darstellten und daß eine Bewirtschaftung angestrebt werden sollte – abgesehen von einigen nationalsozialistischen Politikern, die generell für eine Vernichtung der Slawen eintraten, zumindest durch Sterilisierung der lebenden Bevölkerung.[348]

Uneinig war man sich im wesentlichen über die Art der Bewirtschaftung. Während man die slawischen Völker in den genannten Richtlinien und Konzepten „viehähnlich" behandelte, gab es auch Stimmen, die für eine gute Behandlung dieser Menschen, zumindest solang, bis der Krieg gewonnen sei, eintraten.

Schwierig war auch das Problem der „Eindeutschung" slawischer Menschen. Insbesondere Kinder waren im Zielvisier der Eindeutschung, zumal diese wiederum dem „Bestand" des deutschen Volkes zugute kamen. Die Kinder wurden vorerst auf ihre Eindeutschungsfähigkeit untersucht. Die Kriterien, die dabei angelegt wurden, waren im wesentlichen ausschließlich optischer Natur, was bedeutete, daß jene Kinder, die dem nordischen Rassenideal am nächsten kamen, als eindeutschungsfähig bewertet wurden.

Die Kinder wurden ihren leiblichen Eltern entzogen und durch deutsche Behörden zur Adoption an deutsche Familien weitervermittelt. Auch Waisenhäuser wurden auf diese Art „durchkämmt", wobei

---

[346] Die „Asozialen" wurden vielfach als „genetisch bedingte Asoziale" dargestellt und galten daher nicht mehr als „erziehbar". Für diese Untersuchung gab es ein eigenes Verfahren. Vgl. DUBITSCHER F., Asoziale Sippen, Erb- und sozialbiologische Untersuchungen, Leipzig 1942, S. 8 ff.
[347] POLIAKOV Léon/WULF Joseph, Das Dritte Reich und die Juden, a. a. O., S. 197.
[348] Zu den Befürwortern dieser Vorgangsweise zählte Martin Bormann.

es für die weitere Lebensführung einen wesentlichen Unterschied machte, ob ein slawisches Kind als eindeutschungsfähig eingestuft wurde oder nicht. Wurde einem Kind die Eindeutschungsfähigkeit abgesprochen, teilte es das Schicksal der Menschen seiner Rasse als Zwangsarbeiter.

4.5.4. Die Vernichtung der jüdischen Menschen

Die Vernichtung von Millionen jüdischer Menschen ist – neben den Kriegsereignissen insgesamt – die deutlichste und schmerzlichste Spur, die Nationalsozialisten und Rassentheoretiker hinterlassen haben. Über den Holocaust ist umfangreich publiziert worden, sodaß die rassischen Grundlagen hier nur kurz dargestellt werden.

Schon die Frage, ob die Juden eine eigene Rasse darstellen oder nicht, wurde von den Rassentheoretikern unterschiedlich beantwortet.[349] Vor der Machtergreifung der Nationalsozialisten war eher die Meinung vorherrschend, daß die Juden eine eigene Rasse darstellten, die gleichwertig neben den anderen Rassen besteht. Den jüdischen Menschen wurden rassisch bedingte positive Eigenschaften zugeschrieben; besondere Verhaltensmaßregeln im Umgang mit der jüdischen Rasse wurden von den wissenschaftlich tätigen Rassenhygienikern noch nicht formuliert, sieht man von den allgemeinen Forderungen ab, daß Rassen sich nicht vermischen sollen.

Nach der Machtergreifung wurde die Frage, ob die Juden eine eigene Rasse seien, grundsätzlich verneint. Nach dieser Anschauung waren die Juden ein vorderasiatisches Rassengemisch, das die Kriterien einer eigenen Rasse nicht erfüllte.

Diese Veränderung der Position war – in den Augen der Rassentheoretiker und der nationalsozialistischen Politiker – eine Herabwürdigung des Judentums, weil eine Rasse biologisch über einem Rassengemisch steht. Die Bezeichnung Rassengemisch weist darauf hin, daß Gene kombiniert wurden, die ein positives Rassengefühl oder positi-

---

[349] „In der Frage der Rassenreinheit – soweit beim Juden überhaupt noch davon die Rede sein kann – schwankt die Haltung zwischen Reinhaltungs- und Vermischungsbestrebungen, die heute im Zionismus und in den Assimilationsneigungen ihren Ausdruck finden." Vgl. ROSSNER Ferdinand, Rasse und Religion, Schriftreihe des rassenpolitischen Amtes, Hannover 1942, S. 38 f.

ve Rasseneigenschaften aufgrund der willkürlichen Kombination gar nicht möglich machen.

Während minderwertige Rassen zumindest den Zweck erfüllen können, für Wertschöpfungsprozesse in Form von Zwangsarbeit ausgebeutet zu werden, ist dies bei Rassengemischen nicht der Fall. Bei ihnen könnten, so wurde zumindest behauptet, nur die niedersten Gesinnungen und die schlechtesten Eigenschaften zum Tragen kommen, zu positiven Leistungen seien die Juden daher nicht fähig. Vielfach wurde auch beschrieben, daß die Juden eine Art Gegenrasse zum nordischen Menschen seien. Alles, was im nordischen Menschen an positiven Eigenschaften vorhanden war, sei – gleichsam wie in einem Gegensatzpaar – an negativen Eigenschaften im jüdischen Menschen nachweisbar.

Es wurde die Behauptung aufgestellt, daß die Juden allein nicht lebensfähig seien, weil sie keine Staaten bilden könnten. Und weil die Juden der Gegensatz zu den Nordischen sind, würden sie diese auch wie Parasiten befallen, sich unter das deutsche Volk mischen und an der völkischen Substanz zehren, wobei es nur eine Frage der Zeit sei, bis das „Wirtsvolk" einginge. Andererseits hatte man vor den geistigen Leistungen der Juden Angst, wenngleich diese Leistungen – auch wenn sie objektiv nachweisbar waren – insbesondere im wissenschaftlichen Bereich herabgewürdigt wurden.

Auch die Meinung, daß Juden nicht staatsbildend wirken könnten, vertrug sich (logisch) nicht mit dem Vorwurf an die jüdischen Staatslehrer und Philosophen, sie hätten mit ihren Lehren den liberalen Rechtsstaat geschaffen, sie hätten die Gewaltenteilung als demokratisches Organisationsprinzip der Rechtsstaatlichkeit kreiert, und so weiter. Wann immer von den Juden im Dritten Reich die Rede war, zeigte der Rassismus seine polemischste Seite. Nach der Wannseekonferenz war auch klar und beschlossen, daß die Juden unter jene Menschengruppe einzureihen waren, die im Sinn der nationalsozialistischen Rassenlehre „vernichtungswürdig" waren.

Tatsächlich wurde die seit der Machtübernahme der Nationalsozialisten andauernde und sich in Phasen immer weiter verschärfende Judenverfolgung um jenes Maß weiter totalisiert, bis letztendlich der einzig denkbare Endpunkt der Verfolgung erreicht war, nämlich die massenweise Hinrichtung von jüdischen Menschen aufgrund ihrer biologischen Beschaffenheit. Himmler meinte dazu: „Das Vorhaben der Rassenausrottung war geradezu gigantisch, floß doch das der Germanisierung unwürdige Blut, welches zu bestehen aufhören mußte, in Adern von Millionen Menschen."[350]

Die Verschärfung der Position zu den Juden ist auch im wissenschaftlichen Bereich der Rassenhygiene deutlich nachzuvollziehen. Beim Erscheinen der ersten Auflage des rassenhygienischen Standardwerkes von Baur/Fischer/Lenz erregte insbesondere eine Aussage die Gemüter der „antisemitischen Leser", hatten die Autoren doch behauptet, daß der „jüdische Geist […] neben dem germanischen die hauptsächlichste treibende Kraft der modernen abendländischen Kultur" sei. Trotz massiver Proteste stand dieser Satz auch in der zweiten Auflage des Buches[351], ergänzt mit dem Ratschlag der Autoren, man möge die Judenfrage ruhig und sachlich behandeln, dies sei für beide Seiten (sic!) das beste. Im übrigen erschöpfe sich die antisemitische Bewegung sehr oft in „Radau", es sei besser, diese „Begeisterungsfähigkeit und Jugendkraft" der eigenen Rasse zu widmen.

Die Juden wurden nicht als eine eigene Rasse betrachtet, allerdings waren sie aufgrund von „Auslesevorgängen" auch nicht als Summe jener Rasseneigenschaften zusammengesetzt, die den Ursprungsrassen des Judentums zugrunde liegt. Es wurde den Juden zwar unterstellt, daß diese eine „Abneigung gegen das Kriegshandwerk" hätten[352], denn durch die Tatsache, daß Palästina meistens von stärkeren Völkern besetzt gehalten wurde, kam es zu einer Ausmerzung der kampfesstarken jüdischen Familien, andererseits wurde aber mit einer positiven Beurteilung der jüdischen Eigenschaften nicht gespart.

So wurden den Juden nicht nur Klugheit, Rührigkeit und Fleiß attestiert, sondern auch Beharrlichkeit und die „erstaunliche Fähigkeit", sich in die Seele anderer Menschen zu versetzen und „sie nach ihrem Willen zu lenken".[353] Besondere Fähigkeiten hätten sie daher in Berufen wie Journalist, Schriftsteller, Politiker, Jurist und Mediziner. Die Juden würden berühmte Männer in der Medizin, der Mathematik und der Psychologie stellen. Weniger Sache der Juden seien das Erfinden

---

[350] Rede von Heinrich Himmler in: POLIAKOV Léon/Wulf Joseph, Das Dritte Reich und die Juden, a. a. O., S. 213.
[351] Vgl. BAUR Erwin/FISCHER Eugen/LENZ Fritz, Menschliche …, a. a. O., 2. Aufl., S. 426.
[352] BAUR Erwin/FISCHER Eugen/LENZ Fritz, Menschliche …, a. a. O., 2. Auflage, S. 423.
[353] Vgl. BAUR Erwin/FISCHER Eugen/LENZ Fritz, Menschliche …, 2. Aufl., a. a. O., S 424.

und Entdecken; in der Lehre und Wissenschaft leisten sie Besonderes, sie würden über eine „glänzende Intelligenz" verfügen. Ihre Art des Denkens mache sie zu hervorragenden Schachspielern.

Die Juden hätten ein besonderes Interesse an der Medizin und der Heilkunde, allerdings begründe sich dieses Interesse aus der Tatsache, daß der „Jude Schmerzen, Krankheit und Tod mehr als der Germane" fürchte. Er neige – im Gegensatz zum Germanen – nicht zum Alkoholismus.

Die Sinnesart der Juden sei an sich nicht auf Verneinung und Zersetzung ausgerichtet; auch da, „wo er zerstört, vermeint er in der Regel aufzubauen." Der ausgesprochene Familiensinn der Juden sei „alles andere als zersetzend", ebenso ihr starkes Zusammengehörigkeitsgefühl und ihre Hilfsbereitschaft für „die allgemeine Menschheit".

Die Juden und die nordischen Menschen (sic!)[354] hätten viele anlagemäßige Ähnlichkeiten: „Beide zeichnen sich durch hohe Verstandesbegabung und Willensstärke aus; beide haben großes Selbstbewußtsein, Unternehmungsgeist und einen ausgesprochenen Herrenwillen. [...] Die vielfach zutage tretende Feindschaft zwischen Germanen und Juden dürfte mindestens ebensosehr auf ihrer Wesensverschiedenheit wie gerade auf der Ähnlichkeit ihrer Befähigungen beruhen, [...]"[355]

Während also vor der Machtergreifung die deutschen Rassentheoretiker noch keineswegs als Antisemiten im engeren Sinn anzusehen waren und vielmehr den Versuch unternahmen, eine „objektive Rassenlehre" zu entwickeln[356], kann man der Fortschreibung des rassenhygienischen Standardwerkes von Baur/Fischer/Lenz – nach der Machtergreifung der Nationalsozialisten – durchaus eine wissenschaftliche Anpassung an die politischen Gegebenheiten nachweisen.

In der vierten Auflage des Werkes[357] liest sich die ursprünglich gegen die Antisemiten verteidigte Aussage, daß der jüdische Geist die „hauptsächlichste treibende Kraft" der modernen abendländischen Kultur sei, bereits anders.[358] Nunmehr wird festgestellt, daß „der jü-

---

[354] Also nicht die sonstigen „germanischen" Rassen.
[355] BAUR Erwin/FISCHER Eugen/LENZ Fritz, Menschliche ..., 2. Aufl., S. 427.
[356] Wenngleich bemerkt werden muß, daß alle vorgenommenen Wertungen bei allen Rassen – sieht man einmal von der sogenannten nordischen Rasse ab – menschenverachtende Züge in sich tragen.
[357] BAUR Erwin/FISCHER Eugen/LENZ Fritz, Menschliche Erblehre ..., 4. Aufl., a. a. O., S. 754; Baur scheint, obwohl 1933 gestorben, als Autor auf.
[358] Siehe oben.

dische Geist neben dem germanischen eine wesentlich treibende Kraft der modernen abendländischen Zivilisation" gewesen sei. Aber auch sonst wurde das Charakter- und Fähigkeitsprofil der jüdischen Menschen bereits anders dargestellt, als dies noch in den Vorauflagen der Fall war. Insbesondere wird davor gewarnt, die Gegenüberstellung der Fähigkeiten von Juden und Germanen vorzunehmen, zumal die „rassische Einheitlichkeit beider Gruppen oft überschätzt" werde. Der Jude sei zwar keine Rasse im biologischen Sinn, allerdings sei er eine Art „seelische Rasse", was besonders problematisch sei.

Zwar verfügten die Juden, so die Feststellung auch in der vierten Auflage des Buches, über gute Wesenseigenschaften wie Intelligenz oder Beharrlichkeit, was jedoch Ergebnis jahrhundertelanger „Zucht" sei. Man solle den Juden nicht alle positiven Fähigkeiten absprechen, nur weil sie die Feinde der eigenen Rasse seien.

Allerdings attestierte man den Juden nun nicht mehr eine besondere Befähigung für geistige Berufe; es wurde ihnen vielmehr vorgeworfen, sich in diese zu drängen, ohne über eine eigentliche schöpferische Fähigkeit zu verfügen. Die Tatsache, daß Schuluntersuchungen ergeben hätten, daß die Anzahl der jüdischen Kinder an Mittelschulen überproportional zum jüdischen Bevölkerungsanteil stehe, wurde damit erklärt, daß die jüdischen Kinder frühreifer seien als die germanischen; allerdings würden die Juden später zurückbleiben.

Auch die beliebte und 1936 nach „Stürmermanier" bereits Allgemeingut gewordene Meinung, daß die Juden eigentlich ein Parasitenvolk seien und sich von einem gesunden Volkskörper ernähren müßten, fand eine wissenschaftliche Bestätigung. So stellte Lenz fest, daß die Juden ein Parasitenvolk seien und auf einem etwas geschwächten Wirt leben können.[359] Sie hätten kein Interesse daran, den Wirt soweit zu schwächen, daß sie selbst ihrer Lebensgrundlage beraubt würden, weil das Wirtsvolk sonst unterginge. Allerdings seien die Juden auf einem starken Wirtsvolk ebenfalls nicht lebensfähig, sodaß eine Schwächung immer angestrebt werde.

Die deutschen Rassentheoretiker haben sich in ihren wissenschaftlichen Aussagen mit dem Dritten Reich arrangiert und den extrem rassistischen Parolen vielfach einen wissenschaftlichen Unterbau ge-

---

[359] Lenz beruft sich dabei auf SCHICKEDANZ A., Sozialparasitismus im Völkerleben, Leipzig 1927.

schaffen.³⁶⁰ Dies ist aber nicht so zu verstehen, daß vorerst eine politische Definition von Rassismus und Antisemitismus vorhanden war. Vielmehr kam es zu einer ständigen gegenseitigen Befruchtung zwischen Wissenschaft, Politik und Staatslehre. Alle Beteiligten „schaukelten" sich ständig weiter auf, sodaß letztlich in allen drei Bereichen Extrempositionen die Norm waren. Natürlich kommt nach 1933 der Politik die überragende Position zu, weil sie auch über die Staatsgewalt in unumschränkter Form verfügte. Dennoch kann nicht übersehen werden, daß die Wissenschaft ständig die theoretischen Legitimationen für das Voranschreiten des Totalisierungsprozesses lieferte.

Insbesondere in der Judenfrage waren sehr bald alle Dämme gebrochen und alle Extreme erlaubt. Während in Baur/Lenz/Fischer sogar im Jahr 1936 noch behauptet wird, daß zwar „die gemeinschädlichen Eigenschaften mancher jüdischer Elemente in die Augen springen", man aber „doch auch die positiven Eigenschaften der Juden nicht übersehen"³⁶¹ solle, legten sich andere Autoren derartige Barrieren nicht mehr auf. So stellte etwa der deutsche Physik-Nobelpreisträger Philipp Lenard fest, daß „mit dem Eindringen der Juden in maßgebende wissenschaftliche Stellungen" die Physik „in dauernd gesteigertem Maße die Fühlung mit der Naturforschung verloren [habe] zugunsten einer von der Außenwelt abgetrennten, nur in den Köpfen der Mathematiker sich abspielenden Entwicklung; und so ist diese Wissenschaft vom Quantitativen ganz Geisteswissenschaft geworden".³⁶²

So forderte etwa der deutsche Nobelpreisträger Johannes Stark in der SS-Postille noch im Jahr 1937, also nach Vertreibung der jüdischen Lehrer von den Universitäten und nach dem Erlaß der Nürnberger Gesetze, nicht nur die völlige Vertreibung der Juden aus der Wissenschaft, sondern auch die Entfernung jener deutschen Wissenschaftler, die projüdisch eingestellt oder die zumindest in diesem Sinn verdächtig seien.³⁶³ Die sogenannte „Judenfrage" wurde daher generell einer

---

360 So war es etwa für v. Verschuer selbstverständlich, daß auch im Rahmen der Rassenhygiene erstes Ziel war, die „Bekämpfung der rassischen Überfremdung durch die Juden" in Angriff zu nehmen. Vgl. VERSCHUER Otmar Frhr. v., Erbpathologie, Medizinische Praxis, a. a. O., S. 4 f.

361 BAUR Erwin/FISCHER Eugen/LENZ Fritz, Menschliche ..., 4. Auflage, a. a. O., S. 754.

362 LENARD Philipp, Deutsche Physik, Erster Band, München 1936, S. 7.

363 STARK Johannes, in: Das Schwarze Korps, 15. Juli 1937, S. 6: „Nun mußten zwar die rassejüdischen Dozenten und Assistenten im Jahr 1933 aus ihren Stellungen ausscheiden; auch werden gegenwärtig die arischen Professoren,

breiten „wissenschaftlichen" Betrachtung unterzogen. So wurde etwa am 19. November 1936 an der Universität München die „Forschungsabteilung Judenfrage des Reichsinstitutes für Geschichte des neuen Deutschlands" eröffnet.[364] Dieses Institut hielt laufend Arbeitstagungen ab, die als Sitzungsberichte in der Schriftenreihe „Forschung zur Judenfrage" veröffentlicht wurden.

In seiner Eröffnungsansprache für das Institut konnte Prof. Karl Alexander von Müller nicht nur Prominenz aus der Politik begrüßen, sondern auch die Rektoren bekanntester deutscher Universitäten. Es war – laut Müller – das erste Mal, daß „die wissenschaftliche Forschung eines Volkes unserer Rasse sich dieses Gegenstands grundsätzlich und mit völkischer Zielsetzung annimmt"[365].

Nunmehr wurde in „wissenschaftlicher" Form das Judentum herabgewürdigt, es wurde zu einer parasitären Gegenrasse stilisiert. Auffällig an den Forschungsarbeiten des Institutes ist, daß in den Publikationen zwar extremer Antisemitismus und Rassismus begründet und „erforscht" werden, andererseits an keiner Stelle die physische Vernichtung der Juden gefordert wird.

Die wissenschaftlichen Publikationen folgten dem politischen Zeitgeist und begründeten im nachhinein die Maßnahmen, Gesetze und Aktionen der Machthaber gegen die Juden. Konzepte zur „Lösung der Judenfrage" wurden jedoch nicht vorgelegt.

Die Rassentheoretiker nahmen keinen unmittelbaren Einfluß auf die Tötung von Millionen jüdischer Menschen. Sie haben daher keine derartigen Konzepte zu verantworten und keinen einzigen Menschen jüdischer Herkunft selbst und höchstpersönlich zu Schaden gebracht oder benachteiligt.[366] Dennoch müssen sie sich anrechnen lassen, mit

---

(363) die mit Jüdinnen verheiratet sind, abgebaut; aber die große Zahl der arischen Judengenossen und Judenzöglinge, welche früher offen oder versteckt die jüdische Macht in der deutschen Wissenschaft stützten, sind in ihren Stellungen geblieben und halten den Einfluß jüdischen Geistes an den deutschen Universitäten aufrecht".

364 Generell wurden im Zusammenhang mit den Fragen von Eugenik und Rassenhygiene immer wieder selbständige Institute eröffnet. Vgl. dazu etwa VERSCHUER Otmar Frhr. v., Aufgaben und Ziele des Instituts für Erbbiologie und Rassenhygiene zu Frankfurt/Main, Vortrag, gehalten bei der Einweihungsfeier am 19. Juni 1935, in: Der Erbarzt, Frankfurt 1935/7, S. 100 f.

365 MÜLLER Karl v., Ansprache, in: Forschungen zur Judenfrage, Band 1, Hamburg 1937, S. 11 ff.

366 Rassentheoretiker, die nicht im Deutschen Reich tätig waren, haben ebenso die jüdische Frage immer wieder diskutiert, wobei insbesondere die zionisti-

ihren Theorien eine Legitimationsbasis für die spätere Judenvernichtung gelegt zu haben. Dabei zählt weniger die Tatsache, daß die Rassentheorien überhaupt aufgestellt wurden, sondern vielmehr das Phänomen, daß diese Wissenschaftler nach der Machtübernahme der Nationalsozialisten bereitwilligst ihre eigenen Erkenntnisse der politischen Lage angepaßt hatten und auf diese Weise zur Radikalisierung des Rassismus beitrugen.

Erschwerend kommt dazu, daß diesen Hochschullehrern einerseits Studenten anvertraut waren, die von der Richtigkeit dieser Theorien überzeugt wurden; es kommt dazu, daß die Mehrheit der Bevölkerung üblicherweise den Universitäten und den Lehren der Hochschule ein besonderes Vertrauen entgegenbrachte. Mit der willfährigen Anpassung an den politischen Willen, mit der gegenseitigen „Aufschaukelung und Befruchtung" zwischen Politik, biologischer Wissenschaft und Staatslehre wurde der Vernichtung von Millionen von Menschen Vorschub geleistet.

Natürlich kann dies nicht bedeuten, daß diese Theorien keine wissenschaftlichen Gegner gehabt oder daß alle Biologen und Staatslehrer in Deutschland in diesem Sinn gewirkt hätten.[367] Faktum aber ist, daß sich ein qualifizierter Teil der deutschen Wissenschaft mit dem Judentum in einer Form auseinandersetzte, die die Vernichtung von jüdischen Menschen aufgrund ihrer Herkunft nicht ausschloß und sogar implizit als systemimmanent gelten ließ.

---

(366) schen Ideen unterstützt wurden. Vgl. DREXEL Albert, Die Rassen der Menschheit. Band II: Die Rassen von Europa, Innsbruck 1936, S. 24.

367 Hier sei etwa an den Münchner Prof. Kurt Huber erinnert, der die Aufrufe der Geschwister Scholl im Zusammenhang mit der Widerstandsgruppe „Weiße Rose" verfaßt hat und dafür vom Volksgericht zum Tod verurteilt und hingerichtet worden war. Erinnert sei auch an den deutschen Physik-Nobelpreisträger Prof. Heisenberg, der noch 1936 Einsteins Relativitätstheorie als selbstverständliche Grundlage weiterer Forschungen erklärte und dafür im SS-Organ „Das Schwarze Korps" (Berlin 28. Juli 1937, S. 6) als „Weißer Jude" bezeichnet wurde. Heisenberg weigerte sich bereits 1934, eine Kundgebung für Hitler zu unterzeichnen, und begründete dies: „Obwohl ich persönlich Ja stimme, scheint mir politische Kundgebung von Wissenschaftlern unrichtig, da auch früher niemals üblich. Unterzeichne daher nicht."

4.5.5. Das Problem der Mischlinge in der Rassenlehre und für den Staat

Ein besonderes Problem für die Rassenlehre und damit in weiterer Folge für die deutsche Staatslehre war die Frage der „Mischlinge". Gemeint waren damit jene Menschen, die zu einem Gutteil einer der Rassen angehörten, die im deutschen Volk vertreten waren, und zu einem anderen Teil von einer „minderwertigen" Rasse abstammten oder über jüdische Vorfahren in der Ahnenreihe verfügten.

Das Hauptproblem in dieser Frage war in erster Linie die begriffliche Faßbarkeit des „Mischlings" – dies deshalb, weil die Rassentheoretiker ohnehin über „reine Rassen" nicht verfügten[368] und deshalb immer mit verschiedenen Rassenzusammensetzungen konfrontiert waren. Dabei konnte auch nur in einem geringen Maß die Feststellung des Anteils des sogenannten nordischen Blutes behilflich sein, weil selbst ein hoher nordischer Blutanteil qualitativ durch einen jüdischen Blutanteil ge- bzw. zerstört würde und zu unerwünschten Ergebnissen führte.

Für Rassenmischlinge galt der Grundsatz: „Der Bastard folgt dem ärgeren Hund."[369] Er wurde mit der Annahme begründet, daß innerhalb einer Rasse oder im Zusammenwirken mit ähnlichen Rassen durch die Auslese eine Art genetischer Harmonie entstehe und daß diese Harmonie durch die Fortpflanzung zweier unterschiedlicher Rassen gestört würde. Das Ergebnis seien „disharmonische Typen".

Beliebtestes Beispiel, die „negativen Folgen" der Rassenmischung[370] nachzuweisen, waren die Hunde. Lenz verwendete dieses Beispiel, nach dem man sich einen großen Zwinger von verschiedenen Rassehunden vorzustellen habe, die alle durch viele Jahre und viele Generationen nach einem bestimmten Ziel gezüchtet worden seien, um eben

---

[368] Vgl. SCHEIDT Walter, Untersuchungen über Rassenmischung, in: Archiv für Rassen- und Gesellschaftsbiologie einschließlich Rassen- und Gesellschaftshygiene, Band 22, München 1930, S. 1 ff.

[369] Vgl. BAUR Erwin/FISCHER Eugen/LENZ Fritz, Menschliche ..., 4. Auflage, a. a. O., S. 762.

[370] Das Thema Rassenmischung wurde zumeist im Zusammenhang mit „Inzucht, Entartung" und Krankheiten behandelt. Vgl. SIEMENS Hermann, Grundzüge der Vererbungslehre, Rassenhygiene und Bevölkerungspolitik, 10. Auflage, München/Berlin 1941, S. 103 ff.

einer ganz bestimmten Forderung der Umwelt, des Aussehens, der Jagdleistung oder anderen Kriterien zu entsprechen. Würde man nun eine freie Paarung dieser Hunde zulassen, entstünden nach dem „Werturteil" der Züchter eine Vielzahl von „minderwertigen" Hunden.[371] Es versteht sich nach der Ansicht der deutschen Rassentheoretiker daher von selbst, daß auch beim Menschen jede Bastardisierung zu verhindern sei.[372]

Gesetzlicher Ausdruck dieses rassentheoretischen Wollens waren die Nürnberger Gesetze und die dazugehörigen Verordnungen, die festlegten, wer als Jude und wer als Mischling welchen Grades zu betrachten und damit welchen Repressalien unterworfen war.[373]

Die jüdischen Mischlinge wurden je nach „Blutanteil" in Mischlinge des ersten und Mischlinge des zweiten Grades eingeteilt, wobei der Volksmund Mischlinge des ersten Grades „Halbjuden" und Mischlinge des zweiten Grades „Vierteljuden" nannte, weil, vereinfacht dargestellt, die ersteren 50 Prozent jüdischen Blutsanteil hatten und die letzteren 25. Die 75-Prozent-Mischlinge, also jene, die mindestens drei volljüdische Großeltern hatten, galten ex lege als Juden.

Trotz dieser Regelungen gab es um die Rechte und Einschränkungen der Mischlinge eine ständige Diskussion, solang das Dritte Reich bestand. Je ungenauer die rassische Zuordnung durchführbar war, desto stärker wurde die Rechtsstellung des Individuums diskutiert.

Bei den Mischlingen ersten Grades war die Zuordnung noch relativ leicht, und die Verfolgungshandlungen des Regimes waren entsprechend deutlich. So befaßte sich eine eigene Arbeitsgruppe, die sich aus hochrangigen Vertretern der deutschen Gewalthaber zusammensetzte, mit der Thematik der Mischlinge des ersten Grades.[374] Einig

---

[371] Vgl. BAUR Erwin/FISCHER Eugen/LENZ Fritz, Menschliche …, 4. Aufl., a. a. O., S. 763.

[372] So wurde behauptet, daß beim sogenannten „Rassenbastard" ein „Wirrwarr der Gengarnitur" nachweisbar sei. Vgl. HILDEBRANDT Wilhelm, Rassenmischung und Krankheit, Stuttgart-Leipzig 1935, S. 39 ff.

[373] Vgl. Gesetz zum Schutze des deutschen Blutes und der deutschen Ehre vom 15. September 1935, RGBl. 1935 I, S. 1146; Erste Verordnung zur Ausführung des Gesetzes zum Schutze des deutschen Blutes und der deutschen Ehre vom 14. November 1935; RGBl. 1935 I, S. 1334 f.; Reichsbürgergesetz vom 15. September 1935, RGBl. 1935 I, S. 1146; Erste Verordnung zum Reichsbürgergesetz vom 14. November 1935, BGBl. 1935 I; S. 1333 f.

[374] Niederschrift der am 6. März 1942 im Reichssicherheitshauptamt, Referat IV, B 4, stattgefundenen Besprechung, in: POLIAKOV Léon/WULF Joseph, Das Dritte Reich und die Juden, a. a. O., Dokument NG. 2586, S. 385 ff.

war man sich, daß man diese Menschen keinesfalls – als eine Art „dritte Rasse" zusammengefaßt – im Reichsgebiet am Leben erhalten wollte.

Nach Rücksprache und Erörterung des Problems mit der Parteikanzlei und mit der Wehrmacht versuchte man, diese Mischlinge in „Juden" und „Deutsche" aufzuteilen. Das Problem dabei aber war, daß man jeden einzelnen Mischling rassenbiologisch untersuchen mußte, was einen entsprechenden Aufwand erforderte, zumal klar war, daß für eine „Eingliederung und Verbleibung im Reichsgebiet" nur eine sehr kleine Anzahl von jüdischen Mischlingen in Frage kamen. Diese geringe Zahl kannte man bereits aus den vorhandenen Unterlagen, sodaß es als der beste Weg angesehen wurde, die jüdischen Mischlinge ersten Grades nach Aktenlage in diese zwei Gruppen einzuteilen. Der nicht verbleibende größere Teil sollte „deportiert" werden, der verbleibende Teil sollte sich als „Gegenleistung" sterilisieren lassen, zumal sich die Teilnehmer der Konferenz darüber einig waren, daß „das Opfer der Sterilisierung […] in jedem Fall" verlangt werden könne. Die genannten Regelungen galten nur für die Mischlinge ersten Grades in Deutschland, in den besetzten Ostgebieten wurden die Betroffenen den Juden jedenfalls gleichgestellt. Allerdings war auch die Unfruchtbarmachung nicht unproblematisch, weil während der Kriegszeit eine Ressourcenbindung möglichst vermieden werden sollte. Außerdem kam ein Verfahren, etwa vor einem Erbgesundheitsgericht, keinesfalls in Frage, sodaß als Ausweg eine freiwillige Sterilisierung mittels Röntgenbestrahlung oder anderer kostengünstiger Methoden blieb. Fest stand, daß, wer sich von den verbleibenden Mischlingen nicht sterilisieren lassen wollte, das Reichsgebiet zu verlassen hatte, was einem Todesurteil gleichkam.

Aus diesem Grund wurde im Besprechungsprotokoll vermerkt, daß „in den wenigsten Fällen, in denen eine an und für sich nicht vorgesehene Ausnahme unbedingt gemacht werden muß, dann immer noch die Möglichkeit der zwangsweisen Sterilisierung gegeben ist".

Anders als die Mischlinge des ersten Grades waren die Einschränkungen für die Mischlinge des zweiten Grades geringer. Sie sollten verschiedentlich sogar in ihrer Rechtsstellung den deutschen Volksgenossen angeglichen werden können.

Diese Möglichkeiten stießen bei Rassentheoretikern allerdings auf ernste Bedenken. In einem Schreiben vom 17. März 1943[375] informier-

---

[375] Bundesarchiv Koblenz, NS 19/1047, fol. 1-30.

te der Chef des Rassen- und Siedlungshauptamtes der SS seinen Vorgesetzten, den Reichsführer SS Heinrich Himmler, über rassenhygienische Bedenken bezüglich der Behandlung der Mischlinge zweiten Grades. Bisher sei bei den Besprechungen der Staats- und Parteidienststellen der Standpunkt vertreten worden, Mischlinge zweiten Grades ausnahmslos „den Deutschblütigen" zuzuschlagen, die Einschränkung ihrer Rechte dadurch aber nicht aufzuheben. Die Zuzählung zu den Deutschblütigen hatte insbesondere den Vorteil, daß diese Menschen das „vorläufige" Reichsbürgerrecht erhielten mit der Möglichkeit, das „endgültige" Reichsbürgerrecht zu erlangen und dann vor allen Dingen im Bereich der Eheschließungen den „Deutschblütigen" gleichgestellt zu werden.

Dagegen hatte der Rassenforscher und Chef des SS-Rassenamtes, SS-Standartenführer Prof. Dr. Schultz, aus erbbiologischer Sicht einige Einwendungen. Er schlug vor, die Mischlinge zweiten Grades nicht ungeprüft „den Deutschblütigen" zuzuschlagen, sondern vielmehr eine Prüfung durch das SS-Rassen- und Siedlungshauptamt vorangehen zu lassen.

Zur Begründung verfaßte Schultz ein Gutachten „zur rassenbiologischen Beurteilung der jüdischen Mischlinge II. Grades", in dem er ausführte, daß es durch die Regeln der Vererbung sein könnte, daß ein Mischling zweiten Grades über mehr Erbanlagen verfüge als ein Mischling ersten Grades. Dies deshalb, weil ein Mischling ersten Grades maximal 50 Prozent jüdischen Erbanteil haben könne, andererseits könne ein Mischling, dessen Eltern beide Vierteljuden waren, ein überproportionales jüdisches Erbe mitbekommen haben, weil niemand wisse, wie die Aufteilung der Erbmasse erfolgen werde. Aus diesem Grund sei bei Mischlingen zweiten Grades hinsichtlich der jüdischen Erbmasse Vorsicht geboten. Eine erbbiologische Untersuchung werde jedenfalls empfohlen.

Erwartungsgemäß schloß sich Heinrich Himmler der Position von Schultz an und versuchte sodann, Reichsleiter Bormann von dieser Idee zu überzeugen. Am 22. Mai 1943 wandte er sich brieflich an Bormann, wobei er den Vorschlag des Rassenforschers noch ausbaute und derartige Prüfungen nicht nur für Mischlinge des zweiten Grades verlangte, sondern auch für höhere Grade. Alle jene, die bei dieser Überprüfung durchfielen, sollten vom „weiteren Erbgang" ausgeschaltet werden, das heißt, sie waren zumindest zur Sterilisierung vorgesehen.

Bormann schloß sich der Meinung Himmlers an und versandte am 22. August 1943 ein Rundschreiben[376] an alle Gauleitungen, betreffend die „Bewertung der Erbanlagen von jüdischen Mischlingen zweiten Grades bei ihrer politischen Beurteilung durch die Partei".

Als Problemstellung führte Bormann an, daß die Gau- und Kreisleiter verhältnismäßig oft die Eignung eines Mischlings für bestimmte Berufe oder Funktionen politisch zu überprüfen hätten. Bisher war es Praxis, diese Mischlinge zweiten Grades den „Deutschblütigen" gleichzustellen. Eine rassenbiologische Überprüfung wurde bisher nicht verlangt.

Bormann zitierte das Gutachten von Schultz und ordnete an, daß die Gau- und Kreisleiter vorerst bei Mischlingen zweiten Grades selbst eine Art „Sichtungsprüfung" durchführen sollten. Wirke ein Mischling von seinem Aussehen her jüdisch, sollte er nicht in den Vorzug von Ausnahmeregelungen kommen. Wann immer bei der Bewertung jüdischer Mischlinge bestimmte rassen- und erbbiologische Kenntnisse vonnöten seien, sollte jedenfalls ein entsprechendes Gutachten eingeholt werden.

Entstammt ein Mischling zweiten Grades einer „Bastardenehe [...], also aus einer Ehe, in der z. B. der Vater Mischling ersten Grades und die Mutter Mischling zweiten Grades ist, dann ist eine weitere Prüfung nicht notwendig", und auch ohne Prüfung des optischen Eindrucks ist die Ausnahmestellung abzulehnen.

Am schwierigsten war die Position für jene Mischlinge „unbestimmten" Grades, die Angehörige einer Eliteformation der Partei waren oder der SS angehörten. Erwähnt sei als Beispiel ein Fall, in dem drei SS-Angehörige, die miteinander verwandt waren, einen gemeinsamen jüdischen Vorfahren hatten. Dieser Vorfahre war der 1663 geborene und 1685 getaufte Jude Abraham Reinau. Bei den drei SS-Angehörigen handelte es sich um den SS-Rottenführer Katzenstein und das Brüderpaar Julius und Rolf Sütterlin, beide SS-Obersturmführer.

Katzenstein war Frontsoldat der SS, er hatte sich im Kampf bewährt und war mit dem EK II, dem Infanterie-Sturmabzeichen mit der Ostmedaille und mit anderen Orden ausgezeichnet worden. Die Brüder Sütterlin waren SS-Offiziere und gehörten damit einer beson-

---

[376] Rundschreiben Nr. 117/43.

deren Elite an. Laut Beschreibung wirkten alle „nordisch". Das Problem tauchte im Rahmen eines Heiratsansuchens von Katzenstein auf.[377] Hildebrandt empfahl, die Betroffenen jedenfalls in der SS zu belassen und außerdem die Heirat zu genehmigen, weil nicht einzusehen sei, daß die Heiratserlaubnis in Fällen erteilt wird, wo ein Elternteil des Antragstellers unbekannt ist. Andererseits seien im vorliegenden Fall die Ahnennachweise über die festgesetzte Grenze von 1750 hinaus erbracht worden. Hildebrandt mutmaßte, daß der jüdische Blutsanteil bereits „ausgemendelt"[378] sei.

Als Gutachter trat wiederum Schultz auf den Plan. In seinem Gutachten[379] meinte er, es sei „die grundsätzliche Frage zu prüfen, wie weit die Erbanlage einer Person einer weit zurückliegenden Ahnenreihe die Erbmasse eines Nachkommen der x-ten Nachfahrenreihe noch bestimmt." Dieser Problemstellung näherte er sich rechnerisch, wobei er davon ausging, daß der Jude in der „9. Vorfahrenreihe" einer von 256 Personen der gesamten Vorfahrenreihe war. Dies würde bedeuten, daß der jüdische Chromosomenanteil 48 von 12.288 Erbanlagenträgern sein konnte. Die Wahrscheinlichkeit, daß überhaupt kein Chromosomenanteil mehr vorhanden sei, müsse als ebenso gering bezeichnet werden wie die Wahrscheinlichkeit, daß noch mehr als ein geringfügigster Erbanteil vorhanden sei.

Da nach Schultz das „typisch jüdische" nur durch wenige Erbanlagen und nicht durch den gesamten Chromosomensatz vererbt werde, sei die Wahrscheinlichkeit, daß jüdische Erbsubstanz weitergegeben werde, praktisch auszuschließen. Schultz empfahl daher, nach der Lebensbewährung und dem äußeren Erscheinungsbild zu urteilen. Im konkreten Fall sei es für ihn daher vertretbar, sowohl die Heiratserlaubnis zu erteilen als auch in weiterer Folge die drei SS-Angehörigen in der SS zu belassen. Himmler reagierte auf das Gutachten aggressiv und mit einem barschen Schreiben.[380] Er entschied, daß er

---

[377] Bericht des Chefs des SS-Rasse- und Siedlungshauptamtes, General Richard Hildebrandt, an Reichsführer SS Heinrich Himmler vom 1. Dezember 1943.

[378] „Ausmendeln" war ein Begriff der Rassenhygieniker und bedeutete, daß ein bestimmtes Erbmerkmal nach der Lehre von Mendel durch eine Generationenkette in den Hintergrund tritt.

[379] Gutachten Prof. Dr. B. K. Schultz zur Frage weit zurückreichenden fremden (jüdischen) Rasseneinschlags.

[380] Schreiben des Reichsführers SS Heinrich Himmler an den Chef des SS-Rasse- und Siedlungshauptamtes, SS-Obergruppenführer Hildebrandt, vom 17. Dezember 1943.

die Heiratserlaubnis auf „eigene Gefahr" des Antragstellers gestatte, aber schon jetzt feststelle, daß etwaige Abkömmlinge der drei SS-Angehörigen und ihrer „Sippen" keinesfalls zukünftig in die SS aufzunehmen seien. Das Gutachten von Schultz „zerriß er in der Luft". Nach seiner Meinung sei es unwissenschaftlich, und er stellte die Frage: „Woher bekommt der Mensch überhaupt das Erbgut, wenn nach der dritten Generation von den Chromosomen seiner Vorfahren nichts mehr vorhanden ist?" Für Himmler stand damit fest: „Herr Prof. Schultz ist als Chef des Rassenamtes nicht geeignet."

Er befahl, daß die SS-Angehörigen bis zum Kriegsende innerhalb der SS verbleiben durften, die endgültige Entscheidung in dieser Causa wollte Himmler nach Kriegsende treffen, wobei er grundsätzlich überlegte, die Ahnenforschung von SS-Angehörigen vom Jahr 1750 auf das Jahr 1650 zurückzuverlegen.

Die Position Himmlers wurde durch ein Gutachten von Prof. Dr. Astel untermauert, der die „Judenfrage" nicht nur nach wissenschaftlichen Methoden beurteilen wollte.[381] Grundsätzlich bestreitet Astel nicht, daß sich Schultz mit seinem Gutachten auf dem Boden der „Chromosomenforschung" bewege. Allerdings sei der „Chromosomenmechanismus" allein nicht ausschlaggebend. Zusätzlich seien soziale Kriterien zu beachten.[382] Es müsse für einen deutschen Menschen unerträglich sein, jüdische Vorfahren zu haben oder „einzuheiraten", sei der Anteil auch noch so gering. Auch wenn sich der Betreffende noch so bewährt habe und keinerlei jüdische Spuren mehr aufweise und selbst wenn er auch noch so engagiert gegen das Judentum kämpfe, seine jüdische Herkunft mache es ihm unmöglich, weiterhin „bedingungslos" gegen das Judentum vorzugehen.

„In Anbetracht der unvergleichlichen Minderwertigkeit und Gefährlichkeit des Judentums sollte man im deutschen Volk das Gefühl, nicht eine Spur von diesem unheilvollen Lebenselement zu besitzen, schätzen und pflegen". Es sollte zumindest eine Gruppe geben, die von sich „mit Stolz" behaupten könne, ihre Vorfahren hätten nicht „gemauschelt, betrogen und gegaunert, war keiner ein jüdischer Schurke usw.". Für Astel war daher klar, daß auch der geringste jüdi-

---

[381] Vgl. Stellungnahme des SS-Standartenführers Staatsrat Prof. Dr. Astel zur Frage weit zurückreichenden jüdischen Rasseneinschlags.

[382] Astel belegte dies in seinem Gutachten mit der Behauptung, daß es für ihn (!) unerträglich sei, wenn einer dieser SS-Männer seine Tochter heiraten würde, weil damit seine Nachkommen jüdische Vorfahren hätten.

sche Anteil den betreffenden Menschen von Positionen in Staat und Partei ausschließe, und Himmler schloß sich dieser Meinung an.

Die Frage der Mischlinge wurde im Dritten Reich „voranschreitend", aber niemals endgültig geklärt. Klar war, daß für Mischlinge geringsten Grades die Elitegruppen in Partei und Staat verschlossen blieben, daß Mischlinge nach zweifelhaftesten wissenschaftlichen Gutachten „als Mischlinge" eingestuft wurden[383] – und damit verbunden waren stets die Rechtsstellung und staatsbürgerliche Position des betreffenden Menschen.

Diese Position war für Mischlinge nicht konstant. Wie dargestellt, kam es im Verlauf der Totalisierung des Dritten Reiches zu einer fortschreitenden Einschränkung der Rechte.

Gerade im Fall der Mischlinge kann davon ausgegangen werden, daß sie im Lauf der Zeit zunehmend jener Behandlung unterworfen wurden, wie sie die Angehörigen jener nichtdeutschen „Rasse", mit der sie vermischt waren, erfuhren. Daß dabei der Anteil und Grad der Vermischung immer weniger eine Rolle spielten, ist evident.

Die Stufen der Verfolgung waren vorerst der Ausschluß vom sozialen und staatsbürgerlichen Leben durch Einengung sowie gesetzliche Restriktionen bei der Berufswahl oder bei anderen, für Staatsbürger selbstverständlichen Lebensinhalten. In weiterer Folge stand die Ausschließung von der Fortpflanzung auf dem Plan, weil man verhindern wollte, daß sich das „Mischlingsproblem" fortsetze. Am Ende stand die Vernichtung der Mischlinge, wobei jene Menschen mit einem hohen Vermischungsgrad als erste die Zielgruppe für Deportation und Vernichtung bildeten; die Menschen mit geringerem Vermischungsgrad „folgten nach".

---

[383] Gerade das Beispiel von Schultz zeigt anschaulich, daß die Fortsetzung der Totalisierung nur in eine Richtung gestattet war. Während Schultz in seinem Gutachten über Mischlinge des zweiten Grades diese Menschengruppe in eine schlechtere Rechtsposition bringt und dabei die Unterstützung des Reichsführers SS Heinrich Himmler erfährt, wird er von derselben Person als unfähig abgeurteilt, weil er bei der Rassenbeurteilung von drei SS-Angehörigen zu streng wissenschaftlich vorgegangen sei. Immerhin bekleidete Schultz die höchste „Rassenposition" innerhalb der SS.

4.5.6. Die Zigeuner als vernichtungswürdige Rasse

Während die nationalsozialistischen Rassentheoretiker sich sehr umfangreich mit den Juden, mit ihren rassischen Eigenschaften und mit der Frage ihrer Behandlung auseinandersetzten, wurden über die Zigeuner bedeutend weniger Arbeiten und Untersuchungen durchgeführt.

Dies hatte mehrere Gründe. Zum ersten war die Anzahl der Zigeuner deutlich geringer als die der jüdischen Menschen;[384] außerdem hatten sich Roma und Sinti nicht in so weitgehender Form in die „deutsche" Gesellschaft integriert. Ebenso nahmen sie in der Wirtschaft, in der Kunst und in der Wissenschaft keine bedeutende Rolle ein, sodaß die Zigeuner als „Rasse"[385] ohne tiefgreifendere rassenbiologische Untersuchungen den „vernichtungswürdigen" Rassen zugezählt werden konnten.

Interessant für die rassische Beurteilung von Zigeunern ist eine Untersuchung der „Zigeunerkolonie" in Lause, die das größte zusammenhängende und geschlossene Siedlungsgebiet von Zigeunern im Dritten Reich war und sich daher vorzüglich für eine Rassenuntersuchung eignete.[386]

Unter Bezugnahme auf Günther stellte der Autor fest, daß die Zigeuner um 300 v. Chr. von Nordindien ausgewandert und über Persien, Griechenland und Rumänien um etwa 1400 nach Deutschland gekommen seien. Rassisch betrachtet, seien die Zigeuner ein orientalisch-vorderasiatisches Rassengemisch mit indischen, innerasiatischen und europäischen Rasseneinschlüssen. Üblicherweise würden die Zigeuner in Banden auftreten, sie seien ebenso wie die Juden Parasiten, die ihrem Gastvolk schaden und es durch List und Betrug um das Eigentum brächten.

---

[384] Für Gesamteuropa wurde eine Zahl von etwa 1,4 Millionen angenommen, vgl. LOESCH Karl v./MÜHLMANN Wilhelm, Die Völker ..., a. a. O., S. 34 f.

[385] Es war allgemein die Ansicht der Rassentheoretiker, daß die Zigeuner ein Rassengemisch seien und keine einheitliche Ausprägung aufweisen. Vgl. DREXLER Albert, Die Rassen der Menschheit ..., a. a. O., S. 22 f.

[386] Vgl. KRÄMER Robert, Rassische Untersuchung an den „Zigeuner"-Kolonien Lause und Altengraben bei Berleburg (Westfalen), in: Archiv für Rassen- und Gesellschaftsbiologie einschließlich Rassen- und Gesellschaftshygiene, 31. Band, München 1937, S. 33 ff.

Anhand der Zigeunerkolonie Lause versuchte der Autor der Studie, die ungeheure Fruchtbarkeit der Zigeuner nachzuweisen. Während die Kolonie im Jahr 1834 zwölf Personen zählte, waren im Jahr 1933 bereits 267 Personen ansässig. Allerdings würden sich die Zigeuner auch mit „Deutschblütigen" vermischen, aber ausschließlich mit „asozialen Elementen, mit der Hefe des deutschen Wirtsvolkes". Insgesamt seien die daraus entstehenden Bastarde rassisch noch schlechter zu beurteilen als die Zigeuner selbst.

Der Autor meinte bei den Zigeunern einen starken Drang zur Inzucht und zur Verbastardisierung festzustellen. Aus diesem Grund seien Erbkrankheiten – hier insbesondere der angeborene Schwachsinn – deutlich ausgeprägt. Durch die starke Vermischung würden auch die Kinder kein einheitliches rassisches Bild abgeben, „eine Verbastardisierung ihrer Erscheinungsbilder" sei „von ungeheurem Ausmaß". Einheitlich bei den Kindern sei nur die „charakterliche und seelische" Veranlagung, die ein Bild von „Faulheit, Hinterhältigkeit und Verlogenheit" präsentiere.

Trotz der starken „Einkreuzung" mit Deutschblütigen konnte der Autor von insgesamt 45 untersuchten Kindern lediglich sechs Deutschblütige orten. Als Ergebnis seiner Untersuchungen stellte Krämer fest, daß die Zigeuner eine Gefahr und Bedrohung für die Deutschblütigen seien; sie sollten vorerst ebenso wie die Juden im Rahmen der Nürnberger Gesetze eingeordnet werden, insgesamt sei es aber notwendig, eine „endgültige Lösung der Zigeunerfrage" zu erreichen.

Mit der „Lösung der Judenfrage" wurde im Sinn der Rassenlehre auch die „Zigeunerfrage" gelöst. Durch einen Runderlaß Himmlers begann am 8. Dezember 1938 die vollständige Erfassung von Zigeunern und Zigeunermischlingen, die rechtlich den Juden im Rahmen der Nürnberger Gesetze gleichgestellt wurden, ohne daß eine Verordnung in diesem Sinn erlassen wurde.

Bedingt durch die Tatsache, daß die Zigeuner eher ein „fahrendes Volk" waren, wurden sie auch sehr rasch in Konzentrationslager eingeliefert und in Arbeitserziehungsprogramme gepreßt. Mit dem Holocaust begann auch die vorbehaltlose Tötung der Sinti und Roma.

4.6. Umsetzung des biologischen Kollektivismus durch eugenische Gesetzgebung

Die bisherige Darstellung belegt den Weg der Weimarer Republik, die grundsätzlich nach den Kriterien eines liberalen Verfassungsstaates aufgebaut war, nach der Machtübernahme der Nationalsozialisten (durch Auflösung der Gewaltenteilung und Unterminierung der Justiz) zu einem autoritären und totalen Verwaltungsstaat. Dieser Prozeß allein macht nicht das Besondere des Dritten Reiches aus, zumal insbesondere die Theorien rund um den totalen Staat bzw. die faschistische Staatslehre als Gegenmodell zu den liberalen Verfassungsstaaten des 19. Jahrhunderts entstanden waren und Bestrebungen in der gezeigten Form auch in den Ländern Italien, Spanien und Ungarn sowie auch in Österreich nachweisbar waren, wenngleich angemerkt werden muß, daß die Totalität des Vorgehens im Sinn des Staatsumbaus im nationalsozialistischen Reich besonders hervorstechend war und die völlige Vernichtung von liberalen rechtsstaatlichen Instrumentarien am dargestellten Beispiel am deutlichsten umgesetzt wurde. Das Besondere an der Staatstheorie des Dritten Reiches waren die völlige und ausschließliche Akzeptanz und Übernahme biologischer Erkenntnisse, wie sie wissenschaftlich oder auch pseudowissenschaftlich formuliert und zurechtgelegt wurden.

Selbstverständlich kannten auch andere Staaten das organische Prinzip des Staates.[387] Diese Staatstheorie geht davon aus, daß der Staat ein gesamter, eigenständiger, lebender Körper ist und im Rahmen der Staatslehre diese „körperlichen" Gesetzmäßigkeiten zu beachten sind. Kein Staat außerhalb des Dritten Reiches ist so weit gegangen, diese organische Struktur des Staates zum wesentlichsten Prinzip der Staatslehre zu erheben und diese „organischen Überlegungen" im Rahmen einer totalen und autoritären Struktur anzuwenden.

Es gibt in der Geschichte der neuzeitlichen Staaten eine Vielzahl von Ereignissen und Theorien, die zur Verfolgung von Menschen aufgrund rassistischer Motive geführt haben. Beispielsweise seien hier

---

[387] Vgl. die Darstellung von BARNES Harry Elmer, Soziologie und Staatstheorie, Eine Betrachtung über die soziologischen Grundlagen der Politik, Innsbruck 1927, S. 25 ff.

die Indianerverfolgungen in den amerikanischen Nordstaaten oder, als ein weiterer Beleg für ein rassistisch motiviertes Massenmorden von Menschen, die Hinrichtung von etwa 1,5 Millionen Armeniern in der Türkei während des Ersten Weltkrieges erwähnt. Aber nicht nur die Ermordung aus rassischen Motiven spielte eine Rolle, auch auf gesetzlicher und damit offiziell staatlicher Ebene ist Rassendiskriminierung heute noch nachweisbar.

Der Unterschied zu dieser Form der Rassendiskriminierung und zur staatlichen Rassenlehre des Dritten Reiches liegt einerseits in der Intensität der Durchdringung rassendiskriminierender Normen im Gemeinwesen. Während etwa die Rassengesetzgebung in den Vereinigten Staaten und in Südafrika zwar ein wesentlicher Teil des Staatsverständnisses der weißen Rasse war – de facto aber nicht die Grundlage des Staates an und für sich bildete, weil diese Staaten innerhalb der weißen Herrscherschicht durchaus ein demokratisches Verständnis aufbrachten –, schöpfte der nationalsozialistische Staat seine Legitimation und seinen Herrschaftsanspruch und daraus folgend seine Organisationstheorien aus der Rassenideologie.[388]

Andererseits ist ein weiterer wesentlicher Punkt dort von besonderer Bedeutung, wo es um das „Feststehen" von rassischen Gegebenheiten geht. Während in der praktischen Rassendiskriminierung von feststehenden Größen ausgegangen wird, konnten sich die nationalsozialistischen Machthaber auf derartige Determinanten nicht endgültig berufen. Die Zugehörigkeit oder Mischung mit „Negerblut" ist relativ einfach, wenngleich auch hier nicht nach exakten wissenschaftlichen Regeln nachweisbar. Die genetische Zusammensetzung von vielen verschiedenen Menschenrassen, Unter- und Mischrassen war absolut nicht faßbar. Während innerhalb der „herkömmlichen" Rassendiskriminierung im wesentlichen vom Phänotypus ausgegangen wird, stellt der „wissenschaftliche" Rassismus auf den Genotypus ab.

Diese Zielrichtung hat noch eine weitere fatale Folge, weil die genotypische Beschaffenheit eines Individuums seine Zugehörigkeit zum Staatsvolk bestimmt. Da die Qualität der Erbmasse aus nationalsozialistischer Sicht die Grundlage für den völkischen Wertschöpfungs-

---

[388] „Das Ziel des Nationalsozialismus ist Erhaltung und Förderung der deutschen Kultur. Kultur ist gebunden an Menschen, die befähigt sind, Kultur zu bringen und Kultur zu hüten. Kultur ist also abhängig von der Beschaffenheit des Menschen." Vgl. BOEHM Hermann, Erbkunde, Berlin 1936, S. 1.

prozeß darstellt, versteht es sich von selbst, daß auch das eigene Staatsvolk ständig einem – je nach dem Stand der Wissenschaft unterschiedlichen – „Gen-Screening" unterworfen ist. Auch hierin liegt ein wesentlicher Unterschied zu sonstigen rassistischen Ausprägungen von Staaten. Während nämlich etwa in den USA oder in Südafrika ein einmal als „Weißer" akzeptierter Staatsbürger forthin alle bürgerlichen Rechte für weiße Staatsbürger genießen kann, ist diese Rechtskontinuität und soziale Sicherheit im Dritten Reich – weil auf den Genotypus der Menschen fixiert – nicht gegeben.

Der Rassismus und die Reinheit bzw. Gesundheit der Rasse erhielten praktisch erstmals kurz vor Kriegsende und am Beginn der Weimarer Republik politische Relevanz. Wenngleich der Rassismus nicht „staatstragend" war, wurden rassenhygienische Überlegungen bereits offen diskutiert. So wurde am 4. Juli 1918 im Deutschen Reichstag der „Entwurf eines Gesetzes gegen Unfruchtbarmachung und Schwangerschaftsunterbrechung" eingebracht, weil die sozialdarwinistische Bewegung mit überraschender Schnelligkeit Anhänger in Medizinerkreisen, bei Biologen und bei Politikern gefunden hatte und mehr und mehr wissenschaftliche Rufe nach Rassenhygiene in Deutschland laut wurden.[389] Mit dieser Forderung wurde immer öfter eine politische Willenserklärung verbunden.

Die Aufgabe aller bisherigen Werte und die Überbetonung des Kollektivs öffneten viele Köpfe für die Rassentheorien, für die Rassenhygiene und für die Eugenik. In diesem Umfeld konnten sich biologische Theorien und halbwissenschaftliche naive Träumereien zu einer Symbiose verbinden und Eingang in die politischen Ideen und Grundlagen der Parteien finden. So auch in das Parteiprogramm der NSDAP.

Verschiedenste Verbände und Interessensgruppen schossen „aus dem Boden". Die „Deutsche Gesellschaft für Vererbungswissenschaft" und der „Deutsche Bund für Volksaufartung und Erbkunde" seien exemplarisch erwähnt.[390]

---

[389] Träger dieser Forderungen waren insbesondere die Deutsche Gesellschaft für Rassenhygiene, unterstützt wurden diese Forderungen auch durch umfassende wissenschaftliche Publikationen, wie insbesondere das Standardwerk der Rassenhygiene von Baur/Fischer/Lenz.

[390] Vgl. KAISER Jochen-Christoph/NOWAK Kurt/SCHWARTZ Michael, Eugenik – Sterilisation – Euthanasie, Politische Biologie in Deutschland 1895-1945, Eine Dokumentation, Berlin 1992, S. XV.

Daß sich dieser Rassismus quer durch alle Parteien zog, beweist etwa die Diskussion um die sogenannten Rheinlandbastarde. So wurden jene Kinder genannt, die von französischen „Negersoldaten" mit deutschen Frauen während der Besetzung des Rheinlandes nach dem Ersten Weltkrieg gezeugt worden waren. Schon die Tatsache, daß farbige Soldaten als Besatzungskräfte eingesetzt wurden, erregte als „Schmach vom Rhein" die deutschen Gemüter. Im Deutschen Reichstag führte die Tatsache der Anwesenheit von „Negern" zu mehreren Anfragen, deren Tenor äußerst polemisch war und darauf abzielte, daß die „Negersoldaten" die deutschen Mädchen massenweise vergewaltigen würden und aus diesen Taten Bastarde hervorgingen.

Selbst sozialdemokratische Abgeordnete, die nicht müde wurden, ihre unrassistische Einstellung zu betonen, lehnten den Einsatz der „Negersoldaten" vom „volkshygienischen Standpunkt" her ab.[391]

Daß die Anzahl der Mischlingskinder gering und diese nicht Folge von Vergewaltigungen waren, ging in der Diskussion unter. Unterstützt wurde die Forderung des Deutschen Reichstages, die farbigen Soldaten aus dem Rheinland abzuziehen, durch internationale Protestaktionen in Europa und in den USA. Die Mischlingskinder wurden übrigens während des Dritten Reiches sterilisiert.

Mit der Übernahme der politischen Macht durch die Nationalsozialisten in Deutschland war nun die „Bahn frei", die wissenschaftlichen, politischen und völkischen Erkenntnisse in rassenhygienischer Hinsicht auch in die Tat umzusetzen. Die Rassenhygiene im Dritten Reich hatte mehrere Dimensionen. Vorerst sind die sogenannten positiven eugenischen Maßnahmen zu nennen. Im Sinn eines starken und gesunden Volkes versuchten die Nationalsozialisten, „gesunde nordische Volksgenossen" zu züchten, und unterstützten die Vermehrung von „rassisch einwandfreien" Menschen. Zu den positiven eugenischen Maßnahmen zählen insbesondere das Ehestandsdarlehen[392],

---

[391] Vgl. POMMERIN Reiner, Sterilisierung der Rheinlandbastarde, Das Schicksal einer farbigen deutschen Minderheit 1918-1937, Düsseldorf 1979, S. 16 f.

[392] Der Sinn des Ehestandsdarlehens war, die materielle Voraussetzung für eine Eheschließung sicherzustellen. „Jedenfalls zeigt der Erfolg des Ehestandsdarlehens, wie eine bevölkerungspolitische Maßnahme dort verläuft, wo bei vorhandener seelischer Bereitschaft nur ein wirtschaftliches Hemmnis auszuschalten ist!" Vgl. KEITER Friedrich, Die menschliche Fortpflanzung, Kulturbiologisch-bevölkerungspolitisches Rüstzeug des Arztes und anderer Treuhänder deutscher Rassenkraft, 2. Aufl., Rassenbiologische Vorlesungen für Mediziner, Heft 1, Leipzig 1943, S. 117.

die Ehrenpatenschaft der Stadt Berlin, das Erbhofgesetz, das Kindergeld und viele andere mehr.

Eine weitere Dimension der Rassenhygiene stellte die „rassische Neutralität" des Staates dar. Sie betraf jene Menschen, deren Reproduktion der nationalsozialistische Staat keinesfalls unterstützen wollte, weil das Einzelindividuum mit dem theoretischen biologischen Zuchtziel nicht konform ging, seine Fortpflanzung in rassenbiologischer Hinsicht aber keine „Gefahr" für den „Volkskörper" bedeutete.

Die dritte Dimension stellten die negativen eugenischen Maßnahmen dar. Hierzu zählen im weitesten Sinn die Euthanasie, die Ehegesetze, die Nürnberger Rassengesetze und das Gesetz zur Verhütung erbkranken Nachwuchses.

Daß alle Staatsbürger von den eugenischen Maßnahmen betroffen sein konnten, beweist eine Verfügung der Parteikanzlei[393] über die erbbiologische Auslese und die politische Bewährung.[394] Darin stellte das Rassenpolitische Amt der NSDAP fest, daß Parteigenossen und politische Leiter oftmals meinen, daß „sie auf Grund ihrer politischen Bewährung sich einer erbbiologischen Auslese nicht mehr zu unterziehen brauchten". Das Rassenpolitische Amt stellte jedoch fest, daß mit der politischen Bewährung nicht auch die erbbiologische Beschaffenheit einhergehe. Vielmehr hätten sich auch die Parteigenossen und politischen Leiter einer erbgesundheitlichen Beurteilung zu unterziehen, denn es könne vorkommen, daß der Staat am Nachwuchs eines NSDAP-Gegners aus rassenhygienischen Gründen mehr Interesse habe als an der Fortpflanzung eines Parteigenossen.[395]

---

[393] Vgl. Verfügungen/Anordnungen/Bekanntgaben. II. Band, Hg. von der Parteikanzlei, Zentralverlag der NSDAP, Berlin 1942, V. I. 36/483 vom 19. Mai 1942. Die Sammlung war für die interne Parteiarbeit bestimmt und war als geheim zu behandeln.

[394] Das Ausleseprinzip war eines der wichtigsten Prinzipien im Dritten Reich. Aus diesem Grund machte es auch vor den Parteigenossen nicht halt. So verlangte Himmler die permanente rassische Auslese, bei der es niemals einen Stillstand geben kann, und er verlangte weiters, daß die Kriterien, nach denen „ausgemerzt" wird, sich dauernd verschärfen. Vgl. ARENDT Hannah, Elemente und Ursprünge ..., a. a. O., S. 611.

[395] Vgl. PRATJE Andreas, Die wissenschatliche Auswertung der rassenkundlichen SA-Untersuchungen, in: Verhandlungen der Gesellschaft für physische Anthropologie, Band 7, Sonderheft zum XI. Jahrgang des Anthropologischen Anzeigers, Stuttgart 1935, S. 31 ff.

Damit fanden sich die Parteieliten des deutschen Volkes im gleichen Dilemma wie alle anderen Staatsbürger. Nicht nur, daß jeder sich früher oder später einer erbbiologischen staatlichen Betrachtung unterziehen mußte und potentielles Opfer für negative Eugenikmaßnahmen war, problematischer war, daß die Wissenschaft und die Medizin niemanden vom Verdacht der Erbkrankheit freisprechen bzw. niemanden für erbgesund erklären konnten.[396] So stellten auch anerkannte Universitätsprofessoren fest, daß die Rassengrundlagen bisher nur eine weltanschauliche politische Dimension hätten und noch keine wissenschaftliche.[397] Daß gleichzeitig festgestellt wurde, daß diese wissenschaftliche Dimension „sich schon klären werde", vermochte sicherlich denjenigen nicht zu beruhigen, der mit pseudowissenschaftlichen Mitteln einer rassischen und eugenischen Untersuchung unterworfen war.[398]

---

[396] Vgl. BESSAU G., Kinderkrankheiten unter dem Gesichtspunkt der Vererblichkeit, in: KLEIN W., Wer ist erbgesund und wer ist erbkrank?, Jena 1935, S. 143.

[397] Vgl. ESCHWEILER Karl, in: Deutsches Volkstum, Berlin, Jahrgang 1936, S. 181: „Von der völkischen Weltanschauung [...] ist die entscheidende Betonung von Blut und Rasse in der Welt am meisten bekannt. [...] Es ist nicht sehr schwer, das Unfertige und Hypothesenhafte mancher Rassentheorie zu erkennen; das ist bei einer verhältnismäßig noch sehr jungen Disziplin nicht weiter verwunderlich. [...] Die weltanschauliche Betonung von Blut und Rasse bedeutet in der Bewegung Adolf Hitlers nicht wissenschaftliche Theorie – die wird sich schon klären –, sondern erbitterster Kampf [...]. Die gottgeschaffene natürliche Würde des Menschen kann nicht grundsätzlicher anerkannt sein als in dem weltanschaulichen Glauben, daß nur diejenige Intelligenz in der Welt wahr und gut sein kann, die durch Blut und Rasse hindurch wirksam ist." Anmerkung: Prof. Karl Eschweiler war ordentlicher Professor der staatlichen Akademie in Ostpreußen und lehrte systematische Theologie.

[398] Interessant ist in diesem Zusammenhang, daß diese Position im eigentlichen Sinn im Gegensatz zur Anfangssituation der Rassenhygiene steht. Baur/Fischer/Lenz führten bereits 1923 aus, daß „wenn wir nicht wissen, welche verschiedenen Rassenbestandteile ein Volk zusammensetzen, nach welchen Gesetzen die Rassenunterschiede und die zahllosen Unterschiede der Einzelmenschen vererbt werden und wie Auslesevorgänge auf ein Volk einwirken, tappen wir mit allen Betrachtungen über die Wirkung von sozialen und politischen Einflüssen auf die Beschaffenheit eines Volkes völlig im Dunkeln. Ohne diese Kenntnis vorgenommene gesetzgeberische Eingriffe [...] wären ebenso zu bewerten wie die gemeingefährliche Quacksalberei eines ungebildeten Laien"; vgl. BAUR Erwin/FISCHER Eugen/LENZ Fritz, Menschliche Erblichkeitslehre, 2. Aufl., a. a. O., S. 2.

Die Ärzteschaft hatte natürlich in diesem Staatsgefüge eine neue Rolle zugewiesen bekommen und mußte ihr eigenes Aufgabengebiet völlig neu interpretieren. Insbesondere die Beziehung zwischen Arzt und Patienten war in diesem biologischen Staatsgefüge neu zu definieren. Die Frage der Qualität der Beziehung zwischen dem Arzt und seinen Patienten wird wesentlich von den staatspolitischen und systemtheoretischen Bedingungen determiniert. Während es heute unumstritten ist, daß das Arzt-Patienten-Verhältnis ein höchst persönliches ist, das praktisch durchgehend individualrechtliche Ausprägungen aufweist[399], hat der Arzt in einem biologisch orientierten Staat primär kollektive Aufgaben.

Dies hatte zur Folge, daß der nationalsozialistische Arzt insbesondere im Zusammenhang mit Erbkrankheiten oder mit vermuteten Krankheiten, die „schädlich für das Volksganze" sind, nicht mehr für die Heilung des betroffenen Individuums zuständig war. Der völkische Arzt hatte primär vielmehr die Volksgesundheit in ihrer Gesamtheit zu schützen.

Die Aufgaben des völkischen Arztes lassen sich in fünf Aufgabengruppen gliedern, die im Rahmen der staats- und verfassungspolitischen Gegebenheiten im nationalsozialistischen Rassenstaat die unterschiedlichsten rechtlichen Grundlagen hatten:

1. die Funktion des individuellen Heilers der Volksgenossen;
2. die Förderungsfunktion im Rahmen der „positiven Rassenhygiene";
3. die Funktion im Rahmen der „negativen Rassenhygiene";
4. die Unterstützungsfunktion der natürlichen Auslese;
5. die Funktion als Umsetzer des Führer- bzw. Volkswillens.

Nicht alle Ärzte waren gleichermaßen von diesen Funktions- und Zielsetzungen betroffen, aber alle Ärzte im Dritten Reich befanden sich mehr oder weniger im Spannungsfeld ihrer individuellen Heilaufgabe als Primäraufgabe versus die Aufgaben, die sich aus der eugenischen Staatszielsetzung ergaben.

---

[399] Vgl. STAUDINGER Roland/STÜHLINGER Wolf/THEM Karl-Heinz; Der Arzt als Manager oder der Manager als Arzt?; Mitteilungen der Ärztekammer für Tirol, Innsbruck, 33. Jg., September 1992, S. 3 ff.

Aber schon in der Primärfunktion – die Funktion des individuellen Heilers der Volksgenossen – wird diese Problematik transparent. Wenn es in den liberalen Rechtsordnungen nämlich selbstverständlich ist, daß sich dieser Heilauftrag auf alle Bedürftigen bezieht, so bezieht sich diese Funktion im rassisch orientierten Kollektiv lediglich auf die Volksgenossen.

Durch die Rassengesetzgebung wurden vorerst die Juden von der Bestallung als Ärzte praktisch ausgeschlossen,[400] in weiterer Folge wurden die Juden als Patienten von der kassenärztlichen Versorgung zurückgedrängt, und es wurde ihnen damit der Zugang zum staatlichen Gesundheitswesen verwehrt. Im Zug der Totalisierung des Dritten Reiches wurde diese Vorgangsweise später auch bei Polen und bei sonstigen Fremdrassigen angewandt. Die Heilungsfunktion des deutschen Arztes sollte also auf die deutschen Volksgenossen beschränkt werden. Aber auch diese eingeschränkte Funktion stand vielfach in Widerspruch und in Konkurrenz mit den anderen Funktionen des völkischen Arztes. In seiner Eigenschaft als aktiver Förderer der sogenannten positiven Rassenhygiene trat der Arzt vorerst im Vorfeld all dieser Maßnahmen auf.[401] Er hatte die Begünstigten gemäß den Förderungsmaßnahmen nach völkischen und genetischen Kriterien zu identifizieren, denn gefördert wurden aus rassenhygienischer Sicht ausschließlich „hochwertige" Volks- und Rassengenossen.

Das besondere Problem im Rahmen dieser Definition bestand darin, daß der Arzt nunmehr ein Werturteil über Individuen zu fällen hatte, obwohl klar war, daß ein statistischer Normenbegriff, eine Typisierung nach medizinischen Kriterien, nach dem Stand der Wissenschaft problematisch war. Dennoch wurde von wissenschaftlich tätigen Ärzten davon ausgegangen, daß „individualistische und rassenhygienische Betrachtungsweisen" miteinander vereinbar sein müßten.[402] Der Arzt hatte demnach die Aufgabe, über „weite Zeiträume

---

[400] Vgl. RGBl. I, S. 1433, Reichsärzteordnung.
[401] Vgl. VERSCHUER Otmar Frhr. v., Erbpathologie, Medizinische Praxis, a. a. O., S. 1 ff.; Verschuer attestiert der deutschen Ärzteschaft, bisher im Individualbereich bestens gearbeitet zu haben, stellt aber fest: „Im heutigen völkischen, nationalsozialistischen Staat ist die staatsmedizinische Aufgabe des Arztes eine weit größere."
[402] Vgl. BREMER W., Nervöse Erkrankungen unter dem Gesichtspunkt der Vererblichkeit, in: Wer ist erbgesund und wer ist erbkrank?, hg. von W. KLEIN, Jena 1935, S. 89.

seines Volkes" zu blicken. Es wurde postuliert, daß der individualistisch geprägte Arzt ständig im „Zwielicht" der Tatsache stand, daß es einen klinischen Normalmenschen nicht gab und der Arzt deshalb ständig mit dem Irrationalen, mit dem Einmaligen, das in jeder Individualität liegt, fertig werden mußte. Durch das Dritte Reich wurden der Ärzteschaft aber „die Augen geöffnet für das Irrationale und Einmalige seiner Art, seines Volkes."

Es gab im Dritten Reich keine positive eugenische Aktion, in der die Ärzteschaft im Rahmen der Förderungsfunktion der positiven Rassenhygiene die Segmentierungsaufgaben nicht erfüllte. Daß dabei der gesamten deutschen Ärzteschaft der humanistische, christliche und liberale Grundsatz von der Gleichwertigkeit der Individuen vom Staat legistisch entzogen wurde, liegt auf der Hand. Die Ärzteschaft wurde auch in die Negativmaßnahmen der eugenischen Politik des Dritten Reiches einbezogen.[403] Der erste Kernpunkt dieser Funktion war das Gesetz zur Verhütung erbkranken Nachwuchses.[404]

Die Träger der Durchführung des Gesetzes waren zwar die beamteten Ärzte, die Amtsärzte und die Psychiater, in der Praxis war allerdings jeder deutsche Arzt unmittelbar betroffen, denn es bestand für die Ärzteschaft eine Anzeigepflicht, wenn der Verdacht auf Vorhandensein einer Erbkrankheit diagnostiziert wurde. Dadurch wurden alle deutschen Ärzte ex lege zu Komplizen der Rassenhygieniker gemacht.

Die Unterstützungsfunktion der natürlichen Auslese erlangte im Gegensatz zu dem oben beschriebenen Aufgabenfeld für die Masse

---

[403] Zu dieser neuen Aufgabe meinte v. Verschuer: „Der Erfolg der nationalsozialistischen Bevölkerungspolitik, der Erbpflege und Rassenpflege, hängt deshalb ganz wesentlich von der Anteilnahme und Mitarbeit der Ärzteschaft ab. An dem unbeugsamen Willen des Staates und des Führers, die neuen staatsmedizinischen Aufgaben zur Durchführung zu bringen, zweifelt niemand. Ich zweifle auch nicht an dem ehrlichen Wollen und Bemühen der Ärzteschaft, der neuen Aufgabe zu dienen." Vgl. VERSCHUER Otmar Frhr. v., Erbpathologie, a. a. O., S. 5.

[404] Der rechtsphilosophische Hintergrund wurde in dieser Frage von Hitler selbst formuliert: „Es ist eine Halbheit, unheilbar kranken Menschen die dauernde Möglichkeit einer Verseuchung der übrigen Gesunden zu gewähren. Es entspricht dies einer Humanität, die, um dem einen nicht weh zu tun, hundert andere zu Grunde gehen läßt. Die Forderung, daß defekten Menschen die Zeugung anderer ebenso defekter Nachkommen unmöglich gemacht wird, ist eine Forderung klarster Vernunft und bedeutet in ihrer planmäßigen Durchführung die humanste Tat der Menschheit."

der Ärzteschaft keine unmittelbare Bedeutung, außer in jenen Fällen, in denen Ressourcenverknappungen eine Rolle spielten. Erst in diesem Fall hatte die Ärzteschaft die Pflicht, medizinische Ressourcen nach rassenbiologischen Erkenntnissen zuzuteilen. Allerdings ging diese Funktion fast nahtlos in die fünfte Funktion der Ärzteschaft über, nämlich in die Aufgabe des Umsetzens des Führer- und Volkswillens. In diesen Bereichen fehlte üblicherweise auch jede legistische Legitimation, weshalb nur eine sehr geringe Anzahl von Ärzten unmittelbar betroffen waren. Es muß allerdings festgehalten werden, daß es genau dieser rechtsfreie Bereich war, der in der Öffentlichkeit der Nachkriegszeit das größte Aufsehen erregte und damit auch wissenschaftlich und publizistisch umfassend bearbeitet wurde.

Sei es das Tötungsprogramm „T4" – besser bekannt unter dem Titel „Euthanasieprogramm" –, seien es die Menschenversuche in den Konzentrationslagern, die Selektionen an der Auschwitzer Rampe oder die Überlegungen, Massensterilisierungen vorzunehmen, Massenvernichtungen effizient und kostengünstig durchzuführen oder neue eugenische „Screeningverfahren" einzuführen – immer spielten Ärzte und Biologen eine führende Rolle, wobei festgehalten werden muß, daß es sich bei diesem Teil und in diesem Bereich um ausgewählte Ärzte handelte, die nicht repräsentativ für die deutsche Ärzteschaft sein können.

Dennoch ist es der Staatsführung des Reiches in allen Bereichen durchaus gelungen, das Arzt-Patienten-Verhältnis durch den rassisch motivierten Kollektivansatz und die daraus resultierenden staatsrechtlichen Rahmenbedingungen substantiell derart zu verändern, daß im Rahmen der Umsetzung des totalen biologischen Staates der Sinngehalt der ärztlichen Tätigkeit ins Gegenteil verkehrt wurde. Ausschließlich durch das Zusammenwirken der verschiedenen wissenschaftlichen Disziplinen, insbesondere von Medizin und Staatslehre, war es möglich, den totalen biologischen Staat interdisziplinär zu entwerfen und auch umzusetzen.

Die biologische Diskussion wurde inhaltlich bereits dargestellt. Durch die Beschäftigung der Biologen und Mediziner mit ganzen Völkern und mit Fragestellungen, die sich mit der Entwicklung dieser Völker, insbesondere in medizinischer und gesundheitlicher Hinsicht befaßten, war es selbstverständlich, daß die Forderung, rassenhygienische Überlegungen in das Staatsrecht aufzunehmen oder – noch mehr – rassenhygienische Zielsetzungen zur eigentlichen Grundlage des

Staates zu machen, definitiv vorgegeben war. Daß sich im Rahmen einer derartigen Diskussion auch die Staatsrechtler den biologischen Überlegungen anschlossen, völkische Kriterien den eigenen Theorien zugrunde legten und damit den totalen biologischen Staat postulierten, läßt sich anschaulich in der staatsrechtlichen Diskussion der Jahre 1925 bis 1933 nachweisen[405].

Neben diesen wissenschaftlichen Symbiosen entstanden soziale und gesellschaftliche Strömungen, die allesamt die Suche nach dem „wahren" Deutschtum in sich bargen. Insbesondere die nordische Bewegung, die einer „Wiederaufnordung" der sogenannten germanischen Rasse das Wort redete, der Wagnerkult in Bayreuth oder Hunderte patriotischer Vereine in ganz Deutschland, die auf der Suche nach der eigenen Identität gefährlichste extrempolitische Theorien und Gedanken entwickelten, waren das Feld, auf dem die wissenschaftliche Verbindung zwischen Medizinern, Biologen und Staatslehrern gedeihen konnte.

4.7. Euthanasie und Rassenhygiene

Ob die Euthanasie eine rassenhygienische Maßnahme ist oder nicht, wurde von den verschiedenen Rassentheoretikern abweichend beantwortet. Insgesamt dürfte die Zuordnung eher von akademischem Interesse sein. Darauf weist auch eine Stellungnahme von Fritz Lenz hin, der im Rahmen einer Beantwortung eines kritischen Artikels des Reichsdeutschen Blindenverbandes gegen ihn ad personam und gegen die Methoden der Rassenhygiene ausführte: „Der Verfasser verschweigt, daß ich [...] ausdrücklich gesagt habe, daß die Euthanasie als rassenhygienische Maßnahme nicht befürwortet werden kann. Auf keinen Fall ist sie rassenhygienisch ein so wirksames Mittel, daß die Rassenhygiene sich dafür einsetzen müßte."[406]

---

[405] Vgl. dazu die Darstellung des Dritten Reiches aus staatsrechtlicher Sicht von Felix Ermacora, der die Positionen der wichtigsten deutschen Strafrechtslehrer darstellt: ERMACORA Felix, Allgemeine Staatslehre, 1. Teilband, Berlin 1970, S. 176 ff.

[406] Vgl. LENZ Fritz, Rez. von R. Kraemer, „Kritik der Eugenik vom Standpunkt des Betroffenen", hg. vom Reichsdeutschen Blindenverband, in: Münchner Medizinische Wochenschrift 80. 1933, S. 1062 f.

Der Grund für diese Position lag darin, daß die Rassenhygieniker ihr Augenmerk insbesondere auf die „kommenden" Generationen legten und weniger die bestehenden als Betrachtungsfeld im Auge hatten. Die gegenwärtige Menschheit interessierte sie nur in jenem Ausmaß, als diese die Ausgangsbasis für die kommenden Generationen war und sich deshalb primär die Frage der Fortpflanzung im Zusammenhang mit der weiteren Entwicklung der Rasse stellte. Die als Zielgruppe für die Euthanasieaktionen definierten Menschen waren großteils geistig Schwerstbehinderte, die grundsätzlich einen sehr hohen Pflegeaufwand benötigten. In den meisten Fällen war eine Fortpflanzung auszuschließen, weil die Betroffenen entweder gesundheitlich oder mangels an Möglichkeiten innerhalb geschlossener Anstalten nicht in der Lage waren, sich fortzupflanzen, und im Sinn der Rassenhygieniker daher keine Gefahr für eine negative Entwicklung der Rasse bedeuteten. Dies hatte zur Folge, daß die Rassenhygieniker die Methoden der Euthanasie als Methode der Rassenhygiene (!) durchwegs ablehnten, als Maßnahme des nationalsozialistischen Staates aber keineswegs kritisierten, sondern die Machthaber des Dritten Reiches zumindest teilweise auch in dieser Frage argumentativ unterstützten.

Interessant ist die Tatsache, daß die vorgebrachten „Pro-Argumente" der Rassentheoretiker zumeist doch einen rassistischen Hintergrund hatten, und zwar dergestalt, daß innerhalb der Natur die „Minderwertigen" von selbst aussterben würden, weil das Prinzip der Auslese greife. Dieses Prinzip werde durch die „Irrenpflege" jedoch umgangen, sodaß auch diese Menschen eine Existenz finden würden.[407]

Die hauptsächliche Begründung für die Durchführung der Euthanasie-Aktionen lag im monetären Bereich. Als Kosten für einen Anstaltspflegling wurden 1933 zwischen vier und sechs Reichsmark angegeben, während ein Häftling 3,50 Reichsmark kostete. Ein ungelernter Arbeiter verdiente bloß etwa 2,50 Reichsmark, ein unterer Beamter etwa vier Reichsmark täglich. Die Kosten für die Anstaltspflege[408]

---

[407] Vgl. STAEMMLER Martin, Rassenpflege im völkischen Staat, München 1933, S. 91 ff.

[408] Daß Reichsminister Frick in seine „Kostenrechnung" (Rede vom 28. Juni 1933) auch die „Verbrecher" und damit die Kosten für den Strafvollzug miteinbezog, ist sicher kein Zufall. Gemeint waren insbesondere die Rückfallstäter, die später allerdings nicht durch Euthanasie, sondern durch völlige Verschärfung des Strafrechts getötet wurden. Bei „Gewohnheitstätern" war ab 1939 immer die Todesstrafe vorgesehen, was die Kosten für den Strafvollzug ersparte.

lagen damit deutlich über dem Einkommen der unteren und mittleren Einkommensklassen. Das „Mitschleppen" der „lebensunwerten" Menschen bringe eine gewaltige Belastung für den Staatshaushalt mit sich. Abgesehen von diesem „Schaden", der der Allgemeinheit entstehe, wurde als weiterer Grund angeführt, daß die Tötungen auch dazu dienten, „um dem Menschen selbst Leid zu ersparen."[409]

Dies war auch die grundsätzliche Argumentationslinie, die bereits von Binding und Hoche zu Beginn der zwanziger Jahre verwendet wurde.[410] Sie waren der Meinung, daß es Existenzen gäbe, die mit einem Menschen im engeren Sinn nur mehr wenig zu tun hätten. Diese Menschen hätten „ die Eigenschaft des Rechtsgutes eingebüßt […], daß ihre Fortdauer für die Lebensträger wie für die Gesellschaft dauernd allen Wert verloren hat."[411] Die Autoren kommen zu dem Schluß, daß „die Beseitigung der geistig völlig Toten kein Verbrechen, keine unmoralische Handlung, keine gefühlsmäßige Roheit, sondern einen erlaubten nützlichen Akt darstellt."[412] Dem stand allerdings die Tatsache gegenüber, daß die Euthanasieaktionen durch kein Gesetz gedeckt waren, im Sinn des Rechts handelte es sich daher um rechtswidrige Tötungen.

Die Juristen haben die Euthanasie in verschiedene Tatbestände aufgeteilt. So fiel darunter die „Tötung auf Verlangen", die Sterbehilfe im engeren Sinn, wenn zum Beispiel ein Todkranker seinen Todeskampf verkürzen wollte und dazu fremde Hilfe benötigte. Der preußische Justizminister Kerrl[413] sprach sich für eine derartige Sterbehilfe aus, allerdings wollte er die Sterbehilfe reglementieren und forderte, bevor einem Todkranken Sterbehilfe geleistet werden konnte, das Gutachten zweier Ärzte.

Derartige Bedenken hatte Kerrl nicht beim Tatbestand der „Vernichtung lebensunwerten Lebens. Sollte der Staat etwa bei unheilbaren Geisteskranken ihre Ausschaltung aus dem Leben durch amtliche Organe anordnen, so liegt in der Ausführung solcher Maßnahmen nur die Durchführung einer staatlichen Anordnung".

---

[409] STAEMMLER Martin, Rassenpflege …, a. a. O., S. 91 f.
[410] BINDING Karl/HOCHE Alfred, Die Freigabe der Vernichtung lebensunwerten Lebens; Ihr Maß und ihre Form; a. a. O.
[411] BINDING Karl/HOCHE Alfred, Die Freigabe …, a. a. O., S. 51.
[412] BINDING Karl/HOCHE Alfred, Die Freigabe …, a. a. O., S. 57.
[413] KERRL Hans, Nationalsozialistisches Strafrecht, Denkschrift des preußischen Justizministers, Berlin 1933, S. 86 f.

Keine Stellung nahm Kerrl zur Frage, ob eine derartige staatliche Maßnahme auch „geboten" sei. Wesentlich war ihm nur, daß ausschließlich gesetzlich befugte Organe die Tötungen vornehmen.[414] Tatsächlich haben Rassentheoretiker und Juristen den Versuch unternommen, einen Gesetzesentwurf zu formulieren. Dieses Gesetz wurde allerdings nie erlassen, nicht zuletzt deshalb, weil großangelegte Euthanasieaktionen bereits durchgeführt wurden, während die „Experten" über mögliche Formulierungen noch nachdachten.[415]

Ende Oktober 1939 beauftragte Hitler in einem Ermächtigungsschreiben Reichsleiter Bouhler und Dr. med. Brandt, ein Euthanasieprogramm umzusetzen.[416] Für die Auswahl der zu Tötenden waren von den Anstalten Fragebögen auszufüllen, die über jeden einzelnen Geisteskranken Auskunft geben sollten. Eine Kommission begutachtete sodann die Bögen und nahm die Einteilung vor.

Da die Anstalten nicht wußten, zu welchem Zweck die Erhebung durchgeführt wurde, kam es vielerorts vor, daß leichtere Fälle von Geisteskrankheit als besonders schwer dargestellt wurden, weil die Anstalten aufgrund von Personalmangel auf die Mithilfe der Pfleglinge angewiesen waren und befürchtet wurde, daß die arbeitsfähigen Pfleglinge durch diese Meldeaktion ausgesiebt und aus den Anstal-

---

[414] Eine Gegenposition nahm interessanterweise der sonst radikale Strafrechtler Wenzeslaus Graf Gleispach ein. Er vertrat die Position, daß die „sittliche Norm des Tötungsverbotes nicht dadurch geschwächt werden [soll], daß aus bloßen Zweckmäßigkeitsgründen Ausnahmen […] gemacht werden." Er sei der Meinung, daß sich der Nationalsozialistische Staat gegen das „Entstehen solcher Entartungen im Volkskörper" durch vorbeugende Maßnahmen schützt. Aus: Das kommende deutsche Strafrecht, Allgemeiner Teil: Bericht über die Arbeiten der amtlichen Strafrechtskommission, hg. vom Reichsjustizminister Dr. Gürtner, Berlin 1935, S. 122. Gleispach nahm ansonsten eher radikale nationalsozialistische Positionen ein; vgl. dazu RABOFSKY Eduard/OBERKOFLER Gerhard, Verborgene Wurzeln der NS-Justiz, Strafrechtliche Rüstung für zwei Weltkriege, Wien 1985, S. 160 ff.

[415] Vgl. KAISER Jochen-Christoph/NOWAK Kurt/SCHWARTZ Michael, Eugenik …, a. a. O., S. 209 f.; insbesondere wurde über den Titel des Gesetzes diskutiert, wobei „Gesetz über die Gewährung ärztlicher Sterbehilfe" und der von Lenz präferierte Titel „Gesetz über Sterbehilfe bei unheilbar Kranken" zur Diskussion standen.

[416] Bundesarchiv Koblenz, R22/4209. „Reichsleiter Bouhler und Dr. med. Brandt sind unter Verantwortung beauftragt, die Befugnisse namentlich zu bestimmender Ärzte so zu erweitern, daß nach menschlichem Ermessen unheilbar Kranken bei kritischster Beurteilung ihres Krankheitszustandes der Gnadentod gewährt werden kann. Hitler."

ten verbracht werden könnten. Aus diesem Grund kam es in der Anfangszeit des Euthanasieprogrammes immer wieder dazu, daß die Kommission, die die zu Tötenden ausschließlich nach den Meldebögen auswählte und keinen Patienten selbst begutachtete, die arbeitsfähigsten und mobilsten Patienten einer Anstalt zur Tötung freigab.[417]

Dies änderte sich allerdings sehr rasch, zumal die Tötungsaktionen sehr bald öffentlich bekannt wurden – sowohl in der Umgebung der Nerven- und Heilanstalten als auch einer breiteren Öffentlichkeit, weil insbesondere kirchliche Kreise massiv gegen das Euthanasieprogramm opponierten.

Die Programme wurden vorübergehend immer wieder eingestellt und bei Bedarf wieder aufgenommen. Auch wenn die Euthanasieprogramme keine rassenhygienische Maßnahme im engeren Sinn waren, so war es doch die biologisch motivierte Grundstimmung von der Nützlichkeit und Schädlichkeit von Menschen, die das geistige Klima für derartige Programme schaffte.

4.8. Der biologische Wertschöpfungsprozeß

4.8.1. Eugenik als Aufgabe des Staates

Im Gegensatz zur herkömmlichen volkswirtschaftlichen Wertschöpfung ist die biologische Wertschöpfung in liberalen Verfassungsstaaten kein Begriff und Thema, sieht man von der allgemeinen Gesundheitsgesetzgebung ab, welche die „Volksgesundheit" fördern und die Fortpflanzung der Staatsbürger unterstützen soll.

Hierbei steht aber kein „biologischer Wertschöpfungsprozeß" im Vordergrund, sondern die Sorge des Wohlfahrtsstaates um die Ge-

---

[417] Als Vorläufer dieser Erfassungsaktion kann eine erbbiologische Bestandsaufnahme in den Landesheilanstalten gelten, die der Reichsinnenminister verfügte (Verfügung vom 8. Februar 1936, IV A 9886/1075b). Im Rahmen dieser Bestandsaufnahme wurden die Daten der Patienten nach festgegebenen Kriterien gesammelt und zentralisiert, ebenso wurden sogenannte Sippendaten erfaßt. Der Zweck wurde offiziell mit „wissenschaftliche Bearbeitung" angegeben. Vgl. dazu STEMMLER Wilhelm, Die Bestandsaufnahme der erbkranken Sippen durch die Landesheilanstalten, in: Der Erbarzt, Sonderausgabe der gleichnamigen Beilage z. „Deutschen Ärzteblatt", Frankfurt 1936/3, S. 40 f.

sundheit der Staatsbürger und deren Nachkommen, wenngleich die Tatsache nicht übersehen werden kann, daß die körperliche Leistungsfähigkeit der Staatsbürger auch in modernen Staaten ein Produktions- und Leistungsfaktor im Rahmen der Volkswirtschaft ist.

Genau hier erfolgt aber die Abgrenzung zur biologischen Wertschöpfung, wie diese im Dritten Reich verstanden wurde. Während nämlich in modernen, liberalen Verfassungsstaaten die Gesundheit der Bürger primär ein Teil der Sozial- und Gesundheitspolitik ist und der Staatsbürger erst – durch die naturbedingte Kausalität – in zweiter Linie ein Produktionsfaktor und er vor allen Dingen keiner rassischen Wertung unterzogen wird, verhält es sich im Dritten Reich so, daß die rassische Bewertung im Vordergrund steht und daraus ein expliziter biologischer Wertschöpfungsprozeß abgeleitet wird.

Diese Betrachtung setzt voraus, daß es eine Art „Zuchtziel" gibt, das es mit einer möglichst großen Anzahl von Staats- und Volksbürgern zu erreichen gilt. Das Zuchtziel war mit dem „nordischen Menschen" relativ eng umschrieben. Der nordische Mensch stellte, würde er in einer großen Zahl gezeugt, einen biologischen Wertschöpfungsprozeß dar, weil der Einzelmensch als Teil seiner Rasse damit entweder die Rasse qualitativ verbesserte und damit stärkte oder – bei genügender Anzahl – die Rasse auch quantitativ vermehrte, was ebenfalls eine Stärkung der Rasse bedeutete. Während also in liberalen Verfassungsstaaten die Gesundheit des Individuums im Vordergrund steht – unabhängig von allen staatlichen Folgerungen, die sich aus der Gesundheit der Staatsbürger ergeben –, steht im biologischen totalen Staat das Rassenziel in qualitativer und quantitativer Hinsicht im Vordergrund, um damit das Kollektiv insgesamt zu stärken bzw. „aufzuwerten". Daneben gibt es auch im biologischen kollektiven Staat ein „individuelles" Gesundheitssystem. Dieses hatte sich allerdings nicht nur den kollektiven Interessen unterzuordnen, es hatte vielmehr als Primäraufgabe, die kollektiven rassistischen Ziele der Machthaber umzusetzen oder zumindest möglich zu machen.

In einem rassistisch orientierten Staat sind daher nach den Prinzipien der Auslese und Gegenauslese, der Rassenlehre und der Rassenhygiene sowie nach der „völkischen Ausgangsposition"[418] Maßnah-

---

[418] Die Reichsbürger des Dritten Reiches waren bei der Machtübernahme durch die Nationalsozialisten bekanntlich nur zum geringsten Teil jene nordischen Menschen, die das „Zuchtziel" für das gesamte Volk sein sollten. Die „völkische

men zu ergreifen, damit ein „genetischer" Idealzustand so rasch wie möglich qualitativ und quantitativ erreicht werden kann.

Hierbei ist zuerst der völkische Wertschöpfungsprozeß so zu steuern, daß diejenigen, die in rassischer Hinsicht am ehesten den Wertvorstellungen der Machthaber entsprachen, in jeder Hinsicht gefördert, zur Fortpflanzung angehalten und vielfach in Eliteinstitutionen eingegliedert wurden, um die nationalsozialistische Wertanschauung und das entsprechende Weltbild vermittelt zu bekommen.

Anders verhielt es sich mit jenen, die diesem rassischen Ideal nicht entsprachen. Jene Gruppe, die zwar großteils nicht entsprachen, genetisch jedoch gesunde Volksgenossen waren, wurden neutral behandelt, das heißt, ihre Fortpflanzung wurde nicht besonders gefördert, keinesfalls aber behindert.

Jene Menschen, die durch ihre Fortpflanzung die Qualität der Rassen stören würden – insbesondere weil eine Erbkrankheit vorlag –, waren an der Fortpflanzung zu hindern und zu sterilisieren. Dieses Ziel im Rahmen des biologischen Wertschöpfungsprozesses sollte durch das Gesetz zur Verhütung erbkranken Nachwuchses erreicht werden. Es war damit ein ausschließlich eugenisch motiviertes Gesetz, das die „Gesundung des Volkskörpers" zum Ziel hatte.

Es verdient deshalb besondere Aufmerksamkeit, weil sich in diesem Gesetz die gesamte Ideologie der Rassenhygiene offenbart, andererseits aber auch die Hilflosigkeit, weil die wissenschaftlichen Rassenerkenntnisse im Zusammenhang mit Erberkrankungen und Erbgängen im generellen Sinn sehr rasch an ihre Grenzen stießen und in einem objektiven und faßbaren Zusammenhang nicht angewandt werden konnten.

Dieses Gesetz verdient im Rahmen dieser Aufarbeitung auch deshalb besondere Beachtung, weil es sich ausschließlich gegen die eigenen „Rassengenossen" richtet und damit die Stellung und die Entwicklung der Stellung des Individuums innerhalb des biologischen totalen Staates sehr gut wiederzugeben vermag.

Dies auch vor dem Hintergrund, daß mit zunehmender Totalisierung des Dritten Reiches die Machthaber ihr Interesse an diesem

---

(418) Ausgangsposition" war vielmehr so, daß verschiedenste Menschentypen im Deutschen Reich lebten. Die Summe dieser Menschen bildete die Ausgangslage für alle eugenischen Maßnahmen, für die Gesetzgebung und für die rassische Weiterentwicklung innerhalb des Dritten Reiches.

Gesetz verloren und rassenhygienische Maßnahmen ohne Gesetze oder ohne sonstige Grundlagen durchführten.[419] Die Wirkung dieses Gesetzes fällt hauptsächlich in die ersten Jahre nach der Machtübernahme der Nationalsozialisten. Es wurde von Wissenschaftlern gefordert, vorbereitet, kommentiert und in der Umsetzung begleitet.

Auch aus diesem Grund findet dieses Gesetz in der vorliegenden Arbeit breitere Beachtung, weil anhand dieser Normen das Zusammenwirken, das Ideengebäude und die Funktionalität der Zusammenarbeit zwischen Naturwissenschaftlern, Ärzten und Juristen mit der Politik anschaulich geschildert werden können. Das durch dieses Gesetz entstandene Geistesklima, das auch 1933 in seiner Totalität einzigartig war, ist jedoch Basis und Fundament für andere rassistische Maßnahmen, die dem Gesetz zur Verhütung erbkranken Nachwuchses folgten. So war es ein Wegbereiter auf dem Weg des Nationalsozialismus in den Totalitarismus, und gleichzeitig ist es ein Anschauungs- und Betrachtungsobjekt, das den Widersinn einer rassistisch motivierten Staatsgrundlage transparent macht.

Interessant ist auch die Tatsache, daß die Opfer dieses Gesetzes bis heute nicht als Opfer des Nationalsozialismus gelten.

4.8.2. Aspekte zur Einführung des Gesetzes zur Verhütung erbkranken Nachwuchses

Das Gesetz „zur Verhütung erbkranken Nachwuchses" vom 14. Juli 1933 war das erste eugenisch motivierte Gesetz der nationalsozialistischen Machthaber. Aufbauend auf ihrer rassistischen Grundlage und auf den „biologischen Erkenntnissen" der Rassentheoretiker, glaubten die Nationalsozialisten, daß es nun höchst an der Zeit sei, eugenische Maßnahmen auf eine gesetzliche Basis zu stellen.

Die Nationalsozialisten definierten ihr Gesetzeswerk als ein präventives Gesetz, das zukünftigen Generationen „Gesundheit und Wohlbefinden" sichern sollte.[420]

---

[419] Dazu zählen etwa die Euthanasieprogramme, auch wenn diese keine Eugenikmaßnahmen im engeren Sinn sind.

[420] Vgl. GÜTT Arthur/RÜDIN Ernst/RUTTKE Falk, Gesetz zur Verhütung erbkranken Nachwuchses vom 14. Juli 1933 nebst Ausführungsverordnungen, München 1936, S. 51.

Ausdrücklich wurde das Gesetz als ein Korrektiv zur Zivilisation betrachtet, die die natürliche Auslese innerhalb eines Volkes verhindere. Insbesondere waren die Hochrechnungen der verschiedenen Bevölkerungswissenschaftler für die Einführung des Gesetzes maßgeblich. Die behauptete Erkenntnis, sogenannte erblich minderwertige Menschen würden eine höhere Reproduktionsziffer aufweisen als – aus der Sicht der Nationalsozialisten – erblich hochwertige Menschen, rechtfertigte aus damaliger Sicht das Eingreifen[421] des Staates. So wurde geklagt, daß sich die „gesunden" deutschen Familien – und unter diesen insbesondere die gebildeten Schichten – der Ein- oder Nullkindehe hinwenden würden, während sogenannte erblich Belastete sich „hemmungslos" der Zeugung von Nachwuchs hingaben, wohl wissend, daß dieser „kranke und asoziale" Nachwuchs[422] in Zukunft dem Gemeinwesen zur Last fallen würde[423].

Daß es daneben einen gewichtigen wirtschaftlichen Aspekt gab, wurde in den Begründungen zur Einführung des Gesetzes ebenfalls erwähnt. Man ging davon aus, daß durch den Mittelverbrauch, den Geistesschwache, Hilfsschüler und Asoziale zu verantworten hatten, den förderungswürdigen und gesunden Menschen die Mittel entzogen würden.

Diese Begründungen und Basispositionen im Rahmen der Einführung des Gesetzes weisen auf eine völlige Abkehr aller bisher formulierten sozialstaatlichen Aspekte hin. Während nämlich der Sozialstaat als Grundprinzip die kollektive Verantwortung der stärkeren für die schwächeren Gemeinschaftsmitglieder postuliert, nimmt der biologisch begründete Staat die Kontraposition ein. Der Starke hat staatlicherseits gestärkt (unterstützt) zu werden, der Schwache ist aus

---

[421] Die Frage war allerdings, in welchem Ausmaß der Eingriff erfolgen sollte. Im Rahmen der Diskussion um das Sterilisierungsgesetz wurde von verschiedenen Autoren kritisiert, daß die vorliegenden Gesetzesentwürfe nicht rigoros genug wären; so z. B. in der Zeitschrift „Eugenik – Erblehre – Erbpflege", Bd. 3, Heft 4, Berlin 1933; VELLGUTH L., Kritische Gedanken zu dem Entwurf eines deutschen Sterilisierungsgesetzes, S. 80 ff.; LUXENBURGER Hans, Zur Frage der Zwangssterilisierung unter Berücksichtigung der psychiatrisch-eugenischen Indikation, S. 76 ff.

[422] GÜTT Arthur/RÜDIN Ernst/RUTTKE Falk, Gesetz zur …, a. a. O., S. 77.

[423] Das Ziel der Erforschung von Asozialen bestand darin, diese Menschen in das Gesetz zur Verhütung erbkranken Nachwuchses miteinbeziehen zu können. Vgl. DUBITSCHER F., Asoziale …, a. a. O., S. 1.

dem Verteilungsprozeß auszuschließen.[424] Dieser Ausschluß erfolgt sowohl wirtschaftlich im Rahmen des Umverteilungsprozesses als auch generell im Rahmen der „Reproduktion". Und wenn es auch nicht das Ziel des Gesetzes zur Verhütung des erbkranken Nachwuchses ist, Menschen zu töten, so steht doch fest, daß neben der Sterilisierung eine mehrfache Stigmatisierung stattfindet.

Die erste Stigmatisierung betrifft die genetische völkische Wertigkeit des Individuums im Rahmen der Volksgemeinschaft. Durch die Erfassung im Rahmen dieses Gesetzes wird vorerst einmal klargestellt, daß der einzelne Mensch, der zur Sterilisierung vorgesehen ist, eine widernatürliche Erscheinung ist. Widernatürlich deshalb, weil es aus der Sicht der Eugeniker kaum zur Geburt und zur Existenz des einzelnen Menschen gekommen wäre, wenn die Kriterien der natürlichen Auslese durch die überzogene liberale Zivilisation nicht außer Kraft gesetzt worden wären. Die Erfassung durch das Gesetz bezieht sich daher nicht nur – wie die Rassenhygieniker formulieren – auf die Verhinderung zukünftiger Generationen, sondern stellt auch für das betroffene existierende Einzelindividuum durch die genetische Wertung eine schwerwiegende Belastung dar, weil dieses Individuum als zivilisatorische Degenerationserscheinung[425] stigmatisiert wird.

Die zweite Dimension des Gesetzes für den einzelnen ist der damit verbundene Ausschluß aus dem generellen sozialen und wirtschaftlichen Umverteilungsprozeß, zumindest in jenen Bereichen, die eugenisch motiviert sind. Da im Dritten Reich jedoch praktisch alle sozialen Umverteilungsprozesse eine eugenische Grundlage hatten und rassenhygienische Ziele zumindest mitverfolgten, blieb der durch das Gesetz Stigmatisierte faktisch generell ausgeschlossen, was aber nicht bedeutete, daß im Rahmen der Steuerlast oder im Rahmen der sonstigen Pflichten der Staatsbürger eine Erleichterung eingetreten wäre.

Der dritte Aspekt der Stigmatisierung durch das Gesetz ergibt sich aus dem psychologisch-sozialen Ansatz. Dies deshalb, weil die

---

[424] Hierbei wurde versucht, einen möglichst breiten Konsens zu erreichen; dies sollte etwa nach v. Verschuer dadurch gelingen, daß erbbiologische und rassenhygienische Grundlagen in die gesamte Ausbildung von der Grundschule bis in die Universitäten integriert würden. Vgl. VERSCHUER Otmar Frhr. v., Erbpathologie, a. a. O., S. 188.

[425] Vgl. dazu CURTIUS F., Über Degenerationszeichen, in: Eugenik – Erblehre – Erbpflege, Band 3, Heft 2, Berlin 1933, S. 25 ff.

Fähigkeit, sich fortzupflanzen, üblicherweise sowohl beim Mann als auch bei der Frau zum humanen Selbstverständnis zählt. Wenn bei der Begründung zur Einführung des Gesetzes gemeint wird, daß die Sterilisierung das sicherste Mittel sei, um die weitere Vererbung von Geisteskrankheiten und schweren Erbleiden zu verhüten, und daß deshalb die Sterilisierung eine soziale Tat der Nächstenliebe sei, klingt dies vor dem dargestellten Hintergrund wie blanker Hohn.

4.8.3. Die vom Gesetz erfaßten Erbkrankheiten

Vom Gesetz vorläufig erfaßt waren folgende Krankheiten:
– angeborener Schwachsinn,
– Schizophrenie,
– zirkuläres (manisch depressives) Irresein,
– erbliche Fallsucht,
– erblicher Veitstanz (Huntingtonsche Chorea),
– erbliche Blindheit,
– erbliche Taubheit,
– schwere erbliche körperliche Mißbildungen,
– schwerer Alkoholismus.

Die nationalsozialistischen Machthaber betonten, daß das Gesetz ausschließlich auf wissenschaftlichen Grundlagen aufgebaut und daß es daher – je nach dem Stand der Wissenschaft – anzupassen und zu korrigieren sei.[426] Insbesondere neue Erkenntnisse auf dem Gebiet der

---

[426] Um eine medizinische Beurteilung der Tatbestände in kompakter Form gewährleisten zu können, wurde vom Berliner Ministerialdirektor Dr. med. Arthur Gütt, der als Leiter der Abteilung Volksgesundheit im Reichs- und Preußischen Ministerium des Inneren wesentlich am Gesetz mitgewirkt hatte, ein Handbuch herausgegeben, das ein Leitfaden für die medizinische Praxis im Zusammenhang mit der Anwendung dieses Gesetzes sein sollte. Die einzelnen Bände waren: DUBITSCHER F., Der Schwachsinn, Leipzig 1937; KIHN Berthold/LUXENBURGER Hans, Die Schizophrenie, Leipzig 1940; POHLISCH Kurt u. a., Die erbliche Fallsucht, der Erbsveitstanz (Huntingtonsche Chorea), Der schwere Alkoholismus, Leipzig 1940; HEINZE Hans u. a., Zirkuläres Irresein (manisch-depressives), Psychopathische Persönlichkeiten, Leipzig 1942; SCHWARZ M./ECKHARDT Hellmut, Die erbliche Taubheit und ihre Diagnostik, Körperliche Mißbildungen, Leipzig 1940. Die Buchreihe stellte

Erblehre sollten in das Gesetz einfließen. Dennoch bringt schon § 1 Abs. 1 eine wesentliche Einschränkung dieses wissenschaftlichen Anspruches des Gesetzgebers. Der zitierte Absatz ist eine Generalklausel, die zwar durch den zweiten Absatz präzisiert und in diesem Sinn auch eingeschränkt wird, dennoch sind bei einer ersten Betrachtung des Gesetzes die Grenzen des richterlichen Ermessens sehr weit gezogen. Insbesondere zwei Tatbestandsmerkmale, nämlich die „Erfahrungen der ärztlichen Wissenschaft" und die „Wahrscheinlichkeit", daß die Nachkommen an schweren Leiden erkranken würden, sind es, die in der Anwendung des Gesetzes weg von der Wissenschaftlichkeit und hin in den (fast) rechtsfreien Raum zu führen scheinen.

Dies deshalb, weil es im Zusammenhang mit eugenischer Medizin zuvor keine ärztlichen Erfahrungen in weiteren Bereichen gab und weil lediglich theoretische Konstrukte die Basis für die Diskussion bildeten. Natürlich konnte die klinische Medizin auch zum damaligen Zeitpunkt bereits ein breites Wissen über Erbkrankheiten abfragen, der Hinweis auf empirisch (durch Erfahrungen) gewonnene Erkenntnisse ist für die praktische Anwendung des Gesetzes zu diesem Zeitpunkt jedoch eine juristische Leerformel. Ebenso ist das Tatbestandsmerkmal der „großen Wahrscheinlichkeit" der Weitergabe einer Erbkrankheit juristisch nicht faßbar, weil die Frage offenbleiben muß, ob die Weitervererbung einer krankhaften Anlage dergestalt sein muß, daß die Nachkommen im Phänotypus erkranken, oder ob das Tatbestandsmerkmal bereits erfüllt ist, wenn die Erbanlage nur weitervererbt wird und nicht „zum Ausbruch" kommt.[427]

Diese Frage war im Normalfall aber auch mit medizinischen Gutachten nicht zu beantworten – sieht man einmal von der Tatsache ab, daß die Formen der Erbgänge durchaus bekannt waren; dies deshalb, weil auch medizinische Gutachter in den seltensten Fällen den Begriff der „großen Wahrscheinlichkeit" abgrenzen und juristisch verwertbar machen konnten.

---

(426) eine ausgezeichnete Übersicht über das damalige Wissenschaftsverständnis dar, für die Gerichtspraxis selbst dürfte sie allerdings keine allzugroße Bedeutung erlangt haben, weil zum Zeitpunkt des Erscheinens die Verfahren vor den Erbgesundheitsgerichten wesentlich zurückgegangen waren.

427 Hierbei sollten insbesondere „erbbiologische Abstammungsprüfungen" hilfreich sein, die durch spezielle Untersuchungen die Frage der Vererbung von Erkrankungen im Einzelfall klären sollten. Vgl. VERSCHUER Otmar Frhr. v., Erbpathologie, a. a. O., S. 188 ff.

Um hier – und durch diese Problematik – nicht zu einer Vielzahl von nicht gewollten Freisprüchen vor dem Erbgesundheitsgericht zu kommen, mußten die Nationalsozialisten zu dieser Norm Auslegungsregeln mitliefern, um eine zu große Rechtsunsicherheit (aus der Sicht des Staates und nicht aus der Sicht des Betroffenen) zu vermeiden. Mit der Formulierung der „großen Wahrscheinlichkeit" wurde jedenfalls postuliert, daß es nicht darauf ankomme, daß die Nachkommen eines Erbkranken ebenfalls mit hundertprozentiger Sicherheit erbkrank sein müßten. Wie aber konnte das Gericht – wollte es der oben dargestellten Problematik entgehen – die große Wahrscheinlichkeit der Weitervererbung einer krankhaften Erbanlage ermitteln?

Die Antwort darauf war relativ einfach und findet sich implizit in § 1 Abs. 2 des Gesetzes. Dort werden nämlich die Erbkrankheiten aufgezählt, die vom Erbgesundheitsgesetz erfaßt sein sollen. Da es nun dem einzelnen Gericht nicht zumutbar gewesen wäre, die Frage der „großen Wahrscheinlichkeit" zu prüfen, übernahm – für die einzelnen Gerichte – bereits der Gesetzgeber diese Aufgabe, indem er unterstellte, daß die Erbgänge bei den aufgezählten Krankheiten bereits dermaßen bekannt und erforscht seien, daß im Einzelfall die Prüfung durch das Gericht, ob der Träger einer derartigen Erbanlage diese mit großer Wahrscheinlichkeit auch weitervererben würde, hinfällig war.

Da der Gesetzgeber die jeweilige Erbkrankheit in seinen Katalog aufgenommen hatte, konnte das Gericht davon ausgehen, daß das Tatbestandsmerkmal der „großen Wahrscheinlichkeit" jedenfalls bei Vorliegen einer Erbkrankheit bei einem bestimmten Angeklagten vorliegt. Hierbei verwendete der Gesetzgeber einen zusätzlichen „Kunstgriff". Die Wahrscheinlichkeit der Vererbung wurde nämlich nicht nach den Kriterien der Vererbungslehre ermittelt, sondern es wurden sogenannte „belastete" mit „unbelasteten Familien" verglichen. Kam nun in den belasteten eine bestimmte Krankheit vor, die in den unbelasteten nicht vorkam, lag jedenfalls die „große Wahrscheinlichkeit" der Vererbung einer Erbanlage vor – und zwar unabhängig davon, wie viele Familienmitglieder in der belasteten Familie tatsächlich phänotypisch von der Erkrankung betroffen waren. Daß bei einer derartigen Betrachtungsweise das Vorkommen einer Erbkrankheit in einer belasteten Familie prozentuell um ein Vielfaches höher sein muß als in einer unbelasteten Familie, deren Belastungsgrad immer bei null Prozent lag, versteht sich von selbst. Gerade die Frage der prozentuellen Belastung einer Familie war deshalb immer wieder Gegenstand

235

wissenschaftlicher Forschungen im Bereich der Eugenik.[428] Da der Vergleich der belasteten mit der nicht belasteten Familie zu extrem war, versuchte man in weiterer Folge, die belasteten Familien mit der sogenannten Durchschnittsfamilie zu vergleichen. Die Durchschnittsfamilie war jene Familie, die den Durchschnittswert aus den belasteten und unbelasteten Familien bildete. Das Problem bei dieser Betrachtungsweise war jedoch, daß auch der Belastungswert der Durchschnittsfamilie anstieg, wenn eine bestimmte Erbkrankheit häufig nachweisbar war. Damit nahm auch die Differenz der prozentuellen Belastung zwischen Durchschnitts- und belasteter Familie ab. Unabhängig von diesen Überlegungen konnte das Erbgesundheitsgericht jedenfalls davon ausgehen, daß eine Weitervererbung eines bestimmten Erbmerkmales mit großer Wahrscheinlichkeit dann anzunehmen ist, wenn die Erbkrankheit im Gesetz erwähnt ist. Einschränkungen der Sterilisierung in der gerichtlichen Praxis durch richterliche Auslegung des betreffenden Tatbestandsmerkmales waren daher nicht zulässig.

Dennoch sind in Abs. 1 einige Einschränkungen formuliert, die für die weitere Betrachtung des Gesetzes von Bedeutung sind. Einmal wird durch die Formel „Wer erbkrank ist" eine Höchstpersönlichkeit formuliert, die wesentliche Teile der Bevölkerung dem Zugriff der Erbgesundheitsgerichte entzog. Diese Höchstpersönlichkeit war deshalb wichtig, weil in einer Familie mehrere Mitglieder verdächtig sein konnten, Träger bestimmter krankhafter Erbanlagen zu sein, die Erbanlagen phänotypisch aber nur bei einem Familienmitglied auch zu beobachten waren. In diesem Fall konnten nicht alle „verdächtigen" Mitglieder vor das Erbgesundheitsgericht zitiert werden, sondern lediglich jenes Mitglied, bei dem die Erbkrankheit nachweisbar war.

Allerdings muß festgehalten werden, daß etwa die erfolgreiche Behandlung einer Erberkrankung nicht vor Verfolgung schützte. So konnte ein Mensch auch dann sterilisiert werden, wenn er sich, wie dies im Fall schwerer körperlicher Mißbildungen der Fall sein kann, entsprechenden Operationen unterzog und geheilt wurde. Entscheidend war lediglich die Tatsache, daß eine Erbkrankheit vorlag. Dabei war es auch unerheblich, nach welcher Methode die Erberkrankung festgestellt bzw. die Vererblichkeit prognostiziert wurde.

---

[428] Wobei festgestellt werden muß, daß der Familienbegriff – in der nationalsozialistischen Diktion „die Sippe" – ein sehr willkürlicher war und damit alle Prozentberechnungen von vornherein methodisch zu hinterfragen waren.

Sowohl die Vererbungsregeln nach Mendel als auch systematische erbprognostische Untersuchungen als auch Familienuntersuchungen – insbesondere diese spielten in den Verfahren vor den Erbgesundheitsgerichten eine große Rolle – reichten für den Nachweis für die „große Wahrscheinlichkeit" der Vererbung aus.

Das Gesetz unterschied somit zwischen den Anlageträgern (bei denen ein bestimmtes Erbmerkmal latent vorhanden sein konnte) und den Erbkranken (bei denen die Erbanlage zum Durchbruch kam). Während die Anlageträger – wie dargestellt – nicht vom Erbgesundheitsgericht zu verurteilen waren[429], genügte bei den Erbkranken bereits der Verdacht auf Erkrankung. Hierbei machte es für die Gerichte keinen Unterschied, ob etwa ein Anfall oder ein Schub einer Erkrankung in schwerer oder in milder Form aufgetreten war. Für eine Verurteilung (und damit für die Sterilisierung) genügte der ärztliche Nachweis eines Krankheitszeichens. Den Nachweis konnte jeder in Deutschland approbierte Arzt erbringen.

Bemerkenswert ist schließlich, daß die Nationalsozialisten die Träger „leichter Erberkrankungen" als wesentlich gefährlicher für das Volkswohl ansahen als die schwer erkrankten Menschen. Dies deshalb, weil es die Gesetzgeber als ein soziales Phänomen unterstellten, daß leichter Erkrankte wesentlich leichter einen Partner zur Fortpflanzung finden könnten als schwer Erkrankte. Und während etwa die schwere oder schwerste Erkrankung und die daraus folgende geringe Wahrscheinlichkeit einer Fortpflanzung aus den Lebensumständen keine Ausschließungsgründe für eine Sterilisierung waren, wurde (der „Spieß umgedreht" und) die leichte Erberkrankung nun nicht zum Ausschließungsgrund, die graduell geringe Belastung galt vielmehr erst recht als ein Argument für die Sterilisierung. Während also

---

[429] Was aber nicht bedeutete, daß der sog. Anlageträger vor der Verfolgung durch den Staat sicher war. Wenn auch das Erbgesundheitsgericht nicht zuständig war, waren die Gesundheitsbehörden doch angewiesen, den Anlageträger zu einer freiwilligen Sterilisierung (ohne Verfahren vor dem Erbgesundheitsgericht) zu überreden. Insbesondere in der „öffentlichen Eheberatung" wurde auf solche Menschen massiver Druck ausgeübt. Besonders die Ankündigung, daß Anlageträger „derzeit" nur deshalb nicht sterilisiert würden, weil die medizinische Wissenschaft noch nicht so weit fortgeschritten sei, daß aber damit zu rechnen sei, daß in einer zukünftigen gesetzlichen Fassung auch die Anlageträger erfaßt und daß jedenfalls die Kinder der Anlageträger zukünftig wahrscheinlich sterilisiert werden würden, übte gewaltigen Druck auf die Heiratswilligen aus, sich freiwillig sterilisieren zu lassen.

individuelle Umstände bei der Ausschließung der Sterilisierung keine Rolle spielen durften, waren bei der Begründung für die Sterilisierung individuelle und subjektive Argumente durchaus zulässig.

Mit der Bestimmung „... kann sterilisiert werden ..." täuscht der Gesetzgeber eine Liberalisierung vor, denn die Kann-Bestimmung hat eine mehrfache Dimension im Rahmen des Gesetzes und verkümmert damit zur Pseudoliberalisierung. So wird das bis dahin bestehende Sterilisierungsverbot – zumindest für die im Gesetz angeführten Erbkrankheiten – aufgehoben. Zusätzlich würde dieses „kann" in einem Rechtsstaat bedeuten, daß trotz Vorliegen der objektiven Tatbestandsmerkmale (Erbkrankheit im Phänotypus) auch die subjektiven Voraussetzungen des einzelnen Erbkranken zu prüfen und zu berücksichtigen sind. Erst wenn diese subjektiven Voraussetzungen gegeben sind, kann der Richter nach Abwägung sonstiger Tatsachen im Rahmen der freien Beweiswürdigung eine Sterilisierung veranlassen oder ablehnen.

Eine solche teilliberale Rechtsauslegung war in der Praxis allerdings nicht gewünscht, sondern vielmehr sogar verpönt. Schon aus der Formulierung des Gesetzes geht hervor, daß subjektive Kriterien keine Rolle zu spielen haben. Es wurden keine subjektiven Kriterien in den Gesetzestext aufgenommen, sondern lediglich objektive Tatbestandsmerkmale formuliert. Dagegen würde auch die rechtsphilosophische Auffassung der Nationalsozialisten sprechen, die im Zusammenhang mit völkischen Ideen und Erbgesundheit ausschließlich kollektive Interessen verfolgten und daher individuelle Merkmale außer acht ließen.

Aufschiebungsgründe oder Ausschließungsgründe wurden nur dann beachtet, wenn durch die Sterilisierung eine vorhersehbare Gefahr für Leib und Leben des Erbkranken bestand oder wenn eine Schwangerschaft nach dem sechsten Schwangerschaftsmonat vorlag.

Die Kann-Bestimmung im Gesetz wies auf einen weiten Ermessensspielraum des Erbgesundheitsgerichtes hin. Es wurde suggeriert, daß im Rahmen der richterlichen Beweiswürdigung eine breite, objektive und subjektive Kriterien beachtende Abwägung und darauf folgende Rechtsprechung stattfand.

In der Praxis konnte in den überwiegenden Fällen von Ermessen keine Rede sein. Die Grenze des Ermessens begann schon in der nationalsozialistischen Rechtsauffassung und damit in der Abwägung der Wertigkeit der Rechtsgüter. Daß das sogenannte Volkswohl immer vor dem Individualwohl rangierte, wurde bereits ausführlich dargestellt. Zudem wirkte die Entindividualisierung des Normunterworfenen als Ermessensgrenze, weil das Erbgesundheitsgesetz ja ein eugenisches Präventivgesetz war, sich also auf zukünftige Generationen fixierte und dabei den heute lebenden Erbkranken lediglich als Träger von Erbanlagen verstand, nicht aber als Individuum, das in irgendeiner Form schuldhaft oder auch nur zurechenbar gehandelt hatte.[430] Durch die Betrachtung einer „Generationenkette" erschien es legitim, beim jeweiligen Erbkranken diese Kette präventiv zu unterbrechen. So wurde selbst ein Individuum neben der allgegenwärtigen Volksgemeinschaft nochmals im rechtlichen Sinn mit seinen Vorfahren und seinen potentiellen Nachfahren kollektiviert und entindividualisiert. Daß eine derartige Betrachtung eine individuelle Behandlung eines Falles nicht wirklich zuließ, ist augenscheinlich. Spätestens an diesem Punkt verkehrt sich das Postulat der Machthaber (der einzelne Erbkranke wird nicht wegen seines persönlichen Unwertes sterilisiert, und mit dem Sterilisierungsurteil ist kein persönliches Unwerturteil ausgesprochen) ins Gegenteil und wird zum Nachteil für den einzelnen Betroffenen.

Wenn nämlich die Verurteilung zur Sterilisation mit keinem Unwerturteil verbunden ist, kann die prozessuale Einrede, daß eine bestimmte Person zwar erbkrank im Sinn des Gesetzes sei, aber aufgrund seiner persönlichen Fähigkeiten – etwa in der Kunst oder in der Wissenschaft – wesentliche Leistungen für das deutsche Volk erbracht habe, nicht greifen. Denn wenn die Erbkrankheit keinen Unwert besitzt, kann der nicht vorhandene Unwert nicht durch vorhandene Talente kompensiert werden. Dies bedeutete, daß selbst bei höchster Begabung auf irgendeinem Gebiet die geringste, im Gesetz aufgeführte Erberkrankung ausreichte, um den Betroffenen zu sterilisieren.

Das Argument, weshalb Erberkrankung und Begabung gegenseitig nicht aufgerechnet werden dürfen, begründet sich allerdings aus-

---

[430] Dieses Faktum war immer wieder Gegenstand von Vorschlägen und Diskussionen. Ruttke verstieg sich sogar in den Vorschlag, einen „Ehrenschutz für Unfruchtbargemachte" einzuführen. Das Amtsgericht Gießen sprach sogar eine einmonatige Gefängnisstrafe wegen Beleidigung eines Sterilisierten aus. Vgl. RUTTKE Falk, Ehrenschutz für Unfruchtbargemachte, Der öffentliche Gesundheitsdienst, Jahrgang 1935/36, S. 613 ff., in: Erbgesundheit – Volksgesundheit, Standespolitische Reihe, Heft 8, Berlin/Wien 1939, S. 79 ff.

nahmsweise aus einem individualistischen Ansatz. Während nämlich für die Verurteilung zur Sterilisierung ausschließlich kollektive und völkische Kriterien zu gelten hatten, wurde die Hochbegabung eines bestimmten Menschen als individuelle Ausprägung gesehen, von der nicht gesichert ist, daß sie sich weitervererben würde. Da eine Sterilisierung einer Tötung aber nicht gleicht, das Individuum mithin auch nach erfolgter Sterilisierung „der Volksgemeinschaft mit seiner Begabung erhalten bleibt", ist eine Gegenüberstellung von Erbkrankheit und Hochbegabung nicht notwendig. Denn im Fall einer Sterilisierung gewinnt das Volk zweimal. Erstens durch die Ausmerzung der kranken Erbanlagen und zweitens durch die Nutzung des weiterhin in der Volksgemeinschaft verbleibenden Hochbegabten.

Auch die besonderen Lebensumstände eines als erbkrank verdächtigten Menschen durften im Rahmen des Ermessens und der richterlichen Beweiswürdigung keine Rolle spielen. So verhandelte das Erbgesundheitsgericht immer wieder Fälle, in denen eine Erbkrankheit zwar attestiert werden konnte, die Wahrscheinlichkeit zur Fortpflanzung aufgrund der persönlichen Lebensumstände aber entweder sehr unwahrscheinlich oder sogar völlig ausgeschlossen war.

Es wurden Fälle verhandelt, bei denen die Angeklagten entweder mit einem Ehepartner verheiratetet waren, der bereits sterilisiert worden war, oder aber die Angeklagten waren ledig und im medizinischen Sinn fortpflanzungsfähig, aufgrund der Lebensumstände oder der geistigen Begleitumstände aber keineswegs fortpflanzungswillig. Auch in diesen Fällen lag es nicht im Ermessensbereich des Richters, eine Sterilisierung wegen der besonderen Umstände des individuellen Falles nicht anzuordnen, sofern der Erbkranke im medizinischen Sinn fortpflanzungsfähig war.

Entscheidend war lediglich die Fähigkeit zur Reproduktion, nicht aber der Wille bzw. die Möglichkeit dazu.

Aus der pseudojuristischen Frage der „Gefahr für die Volksgesundheit" im Fall des Vorliegens von kranken Erbanlagen wurde vor dem Erbgesundheitsgericht somit eine rein medizinische Frage gemacht. Der Richter hatte demnach nicht zu prüfen oder zu ermessen, ob eine Bedrohung des Erbgutes aus nationalsozialistischer Sicht tatsächlich vorlag und eine Fortpflanzung tatsächlich in Betracht gezogen werden konnte, sondern er mußte – wenn ein Arzt die Fortpflanzungsfähigkeit festgestellt oder zumindest mit großer Wahrscheinlichkeit vermutet hatte – von einer Gefahr für die Volksgesundheit ausgehen.

Es war in diesem Zusammenhang den Gesetzgebern des Dritten Reiches durchaus bewußt, daß es zu verschiedenen extremen Härten und nicht nachvollziehbaren Urteilen kommen könnte. Dennoch mußte als Begründung wiederum die Leerformel herhalten, daß sich die Sterilisierungsmaßnahme nicht gegen den einzelnen erbkranken Menschen richte, sondern ausschließlich gegen dessen Erbgut. Die abenteuerliche Konstruktion, daß ein Individuum funktionell und organisatorisch getrennt von seinem Erbgut rechtlich erörtert und behandelt werden könnte, mußte immer dann herhalten, wenn rationale Erwägungen – und seien es auch nur Argumente der oberflächlichsten Art – nicht mehr gefunden werden konnten.[431]

Die Nationalsozialisten versuchten, die im Gesetz vorgesehene Sterilisierung oder Unfruchtbarmachung als einen harmlosen Eingriff darzustellen. Insbesondere wurde immer wieder darauf hingewiesen, daß durch den Eingriff weder die Fähigkeit zum Geschlechtsverkehr noch der Geschlechtstrieb, noch beim Mann die Potenz in irgendeiner Form geschädigt würden. Die Kastration, also die Entfernung der Geschlechtsdrüsen beim Mann bzw. die Wegnahme der Eierstöcke bei der Frau, wurde lediglich für Sittlichkeitsverbrecher vorgesehen, um eine hormonelle Veränderung beim Täter herbeizuführen. Die Kastration wurde jedoch nicht vom Erbgesundheitsgericht, sondern vom Strafgericht angeordnet. Den Nationalsozialisten war besonders wichtig, die Sterilisierung einerseits zu verharmlosen und andererseits eine deutliche Abgrenzung zur Kastration vorzunehmen, weil der Unterschied zwischen den beiden Eingriffen weiten Teilen der Bevölkerung nicht klar war und generell – auch im Rahmen der Sterilisierung – von einer Kastration gesprochen wurde.

Nicht selten wurde vor den Erbgesundheitsgerichten gegen Personen verhandelt, die sich bereits fortgepflanzt hatten und deren Kinder oder Enkelkinder in keiner Weise von der Erbkrankheit phänotypisch betroffen waren. Auch in diesen Fällen konnte das Erbgesundheitsgericht nicht von einer Sterilisierung absehen, weil das Gesetz – wie dargestellt – zum Schutz kommender Generationen (also fiktiver Menschen) geschaffen worden war. Daß dabei die Tatsache der Existenz gesunder Nachkommen keine Rolle spielte, war in der nationalsozialistischen Logik daher leicht nachvollziehbar.

---

[431] Vgl. GÜTT Arthur/RÜDIN Ernst/RUTTKE Falk, Gesetz zur …, a. a. O., S. 113.

Es wird nämlich unterstellt, daß die Anlagen zur Erbkrankheit in jedem Fall weitervererbt würden, allerdings nur in verdeckter Form, was dazu führe, daß die Erbkrankheit bei der nächsten oder übernächsten Generation wieder zum Ausbruch komme. Aus dieser Sicht erstreckt sich das biologische Unwerturteil der nationalsozialistischen Machthaber auch auf die „gesunden" Nachkommen eines erbkranken Menschen, weil auch diese Nachkommen eine potentielle Gefahr für die Volksgesundheit darstellten. Interessant ist in diesem Zusammenhang, daß der Gesetzgeber davon ausgeht, daß die Träger von Erbkrankheiten „leiden".

Im Rahmen einer juristischen Auslegung und Anwendung des Gesetzes müßte das Erbgesundheitsgericht daher prüfen, ob ein erbkranker Mensch seine Erkrankung tatsächlich als „Leiden" empfindet. In diesem Sinn würde tatsächlich ein subjektives Tatbestandsmerkmal vorliegen.

Aber selbst diese Form des Leidens wurde kollektiviert und objektiviert. Gemeint ist hier nicht das subjektive Leiden eines Menschen, der Leidensbegriff wurde vielmehr „erbkundlich" interpretiert und als Leiden des Volkes verstanden. Dieses Leiden ist also nicht im Zusammenhang mit individuellem Schmerz oder mit dem Leiden unter einer erheblichen Behinderung zu subsumieren, es wird auf den Volkskörper als Ganzes abgestellt und suggeriert, daß schon beim Vorhandensein unerwünschter Erbanlagen im „Volkskörper" dieser leide.

Diese Interpretation war deshalb wichtig, weil verschiedene Krankheitszustände – etwa im Bereich der Mißbildungen – auch in der damaligen Zeit durchaus behoben werden konnten, sodaß von einem individuellen und subjektiven Leiden keinesfalls gesprochen werden konnte. Selbst eine nicht behandelte Erberkrankung konnte vom individuell Betroffenen durchaus nicht als Leiden empfunden werden. Im Bereich des Schwachsinns konnte man zum Beispiel keinesfalls davon ausgehen, daß schon das Vorhandensein der Erkrankung oder der Minderbegabung beim betroffenen Individuum einen Leidensdruck auslöst.

Aber auch bei jenen Erkrankungen oder Krankheitsverläufen, die dem einzelnen die Einsicht in die Krankheit verwehren, kann von einem subjektiven Leiden nicht gesprochen werden. Um sicherzustellen, daß dieses Tatbestandsmerkmal im Rahmen der juristischen Auslegung nicht zur Ablehnung von Sterilisierungen führte, mußte der Gesetzgeber den Leidensbegriff daher auf eine andere, auf eine völkische Ebene heben und entindividualisieren. Dennoch wurde ein individueller „Leidensbereich" für die Erbkranken übriggelassen. Es wurde nämlich postuliert, daß schon das Vorhandensein einer der aufgezählten Erberkrankungen ein individuelles Leiden bedeuten würde, gleichgültig, ob der Betroffene dies als Leiden verspürte oder nicht.

4.8.4. Sterilisierung wegen Schwachsinns

Die Sterilisierung aus dem Grund der Schwachsinnigkeit war der bedeutendste Anwendungsbereich in der Praxis der Erbgesundheitsgerichte.[432] Allerdings eröffnete dieser Tatbestand auch die weitesten Auslegungs- und Interpretationsmöglichkeiten zum Nachteil der Angeklagten, es handelte sich um jenen Bereich, der sowohl medizinisch als auch juristisch am undeutlichsten zu definieren war und daher der Willkür der Erbgesundheitsgerichte – insbesondere aber den Anzeigern und Denunzianten – Tür und Tor öffnete.[433]

„Unter angeborenem Schwachsinn im Sinne dieses Gesetzes ist jeder in medizinischem Sinne als deutlich abnorm diagnostizierbare Grad von Geistesschwäche zu verstehen, das heißt von Idiotie[434] über die große Variationsbreite der Imbezillität bis hinauf zur Debilität",

---

[432] „In den Erbgesundheitsverfahren vor den 205 Erbgesundheits- und den 331 Erbgesundheitsobergerichten spielen die Schwachsinnigen, wie fast alle Berichte ergeben, weitaus die größte Rolle. In der Freiburger chirurgischen Klinik betrafen sie 57,5 % der sterilisierten Männer […], Frankfurt am Main 47 % […], für Eisleben sogar 74,5 %."; KRANZ H., Drei Jahre Erbforschung über den angeborenen Schwachsinn (1935-1937), in: Fortschritte der Erbpathologie, Rassenhygiene und ihrer Grenzgebiete, 1. Jg., Leipzig 1937/38, S. 281 ff.

[433] Dies, obwohl Schwachsinn und Cretinismus schon sehr früh Gegenstand von wissenschaftlichen Untersuchungen waren, wobei die Studien hauptsächlich in sogenannten Cretingegenden durchgeführt wurden. So bezeichnet etwa Weygandt das Murtal in der Obersteiermark als „Cretinland par excellence" und teilt sein Beobachtungsklientel unter Berufung auf Rosegger in Dorf- und Waldcretins bzw. in Ganznarren und Halbnarren ein. Vgl. WEYGANDT W., Weitere Beiträge zur Lehre vom Cretinismus, Würzburg 1904, S. 42 f.

[434] Vgl. dazu auch SJØGREN Torsten, Klinische und vererbungsmedizinische Untersuchungen über Oligophrenie in einer nordschwedischen Bauernpopulation, Kopenhagen 1917.

so lautete der Versuch von Gütt, den Schwachsinn für die juristische Praxis faßbar zu machen.[435]

Die Frage war daher, welche beobachtbaren oder diagnostizierbaren Tatsachen der Gesetzgeber unter Geistesschwäche verstand, weil die Formel, die Gütt vorlegte, einen sehr weiten Anwendungsspielraum für den Tatbestand des angeborenen Schwachsinns andeutete. In der Tat fand diese Norm durch exzessivste Auslegung eine große Bandbreite der Anwendung. Es wurde nicht nur auf die sogenannten intellektuellen Fehlleistungen abgestellt (darunter verstand man etwa Minderleistungen im schulischen Bereich oder Fehlleistungen im Beruf), es wurden zudem auch die Persönlichkeitsentwicklung im weitesten Sinn in die Untersuchungen, ob angeborener Schwachsinn vorliegt, mit einbezogen.

Das theoretische Problem der Erbgesundheitsgerichte war, daß zum Thema des angeborenen Schwachsinns eine Vielfalt von medizinischen Lehrmeinungen vorlag, die sich im wesentlichen auf zwei Ansätze reduzieren ließen. In beiden Theoriebereichen wurden unter angeborenem Schwachsinn Entwicklungsstörungen vorausgesetzt. Im einen Fall konzentrierten sich das Interesse der Forscher und die daraus abgeleiteten Theorien auf die sogenannten Minderleistungen, die durch Abfragen relativ leicht diagnostizierbar waren, im anderen Fall wurde stärker auf die Persönlichkeitsentwicklung, auf die „ethische" Entwicklung und auf die soziale Anpassungsfähigkeit Bedacht genommen.

Für beide Ansätze gilt, daß nicht die gesamte Persönlichkeitsstruktur vom angeborenen Schwachsinn betroffen sein mußte. Es genügte vielmehr, wenn nur in Teilgebieten Minderleistungen oder Entwicklungsstörungen diagnostizierbar waren. Vornehmlich im Bereich der kognitiven Fehlleistungen war es daher wesentlich, daß Hochbegabungen in gewissen kognitiven Bereichen die einmal diagnostizierte Minderbegabung in einem anderen Bereich nicht ausgleichen konnten. In der Praxis der Erbgesundheitsgerichte spielte dieser unterschiedliche medizinisch-theoretische Ansatz in der Begründung des angeborenen Schwachsinns allerdings keine Rolle. Die Erbgesundheitsgerichte akzeptierten praktisch jede medizinische Begründung, um eine Sterilisierung wegen dieses Tatbestandes anzuordnen.

---

[435] GÜTT Arthur/RÜDIN Ernst/RUTTKE Falk, Gesetz zur Verhütung …, a. a. O., S. 119.

Wichtig war jedoch, daß tatsächlich ein angeborener Schwachsinn vorlag.[436] Allerdings kam es beim Nachweis der Angeborenheit regelmäßig zu einer Art Beweislastumkehr. Dies bedeutete, daß das Gericht nicht im Einzelfall prüfte, ob ein diagnostizierter Schwachsinn tatsächlich angeboren war, vielmehr ging es solang von einem angeborenen Schwachsinn aus, als nicht von seiten des Angeklagten der Nachweis erbracht werden konnte, daß es sich um eine nach der Geburt erworbene und nicht erblich bedingte Krankheit handelte.

Dies bedeutete, daß jeder Schwachsinn im Sinn des Gesetzes, der früh erkennbar war, jedenfalls als angeboren galt, sofern nicht zwingende Gründe gegen diese Annahme sprachen – wobei auch die „Früherkennung" sehr weit ausgelegt wurde. Unter „früh erkannt" verstanden die Gerichte keinesfalls „unmittelbar nach der Geburt" oder „in den ersten Lebensmonaten", weil nach Ansicht der Erbgesundheitsrichter die kindliche Entwicklung manchen Erbschaden eben nicht erkennen lasse. Aus diesem Grund wurde auch dann von einem angeborenen und früh erkannten Schwachsinn gesprochen, wenn dieser erst in der Pubertät oder noch später erkannt wurde.

Der Nachweis, daß ein Schwachsinn nicht angeboren war, war von den Angeklagten äußerst schwierig zu erbringen. So mußte schon in der Kindheit eine zerebrale Kinderlähmung oder eine Meningitis purulenta vorliegen, um das Gericht zu überzeugen, daß kein angeborener Schwachsinn vorlag. Allerdings blieb selbst in solchen Fällen für den Angeklagten ein relativ großes Restrisiko, doch wegen angeborenen Schwachsinns verurteilt und sterilisiert zu werden. Dies deshalb, weil selbst in derartigen Fällen das Gericht nicht selten von der Annahme ausging, daß zwar sogenannte exogene Ursachen für einen Schwachsinn vorlägen, daß daneben aber auch ein angeborener Schwachsinn vorliege und daher in jedem Fall zu sterilisieren sei.

Daneben bestand für die Erbgesundheitsgerichte immer noch die Möglichkeit, einen Schwachsinn – auch wenn er nicht angeboren war –, mit anderen Erbkrankheiten zu vermengen und in weiterer Folge wegen dieses anderen Tatbestandes eine Sterilisierung anzuordnen. So wurden nicht selten neben Schwachsinnszuständen (angeboren oder nicht) auch andere, vom Gesetz genannte Krankheiten wie etwa

---

[436] Vgl. dazu die Ausführungen von GOTTSCHALDT K., Über die Erbvererbung von Intelligenz und Charakter, in: Fortschritte der Erbpathologie, Rassenhygiene und ihrer Grenzgebiete, 1. Jg., Leipzig 1937/38, S. 1 ff.

Schizophrenie[437] attestiert. Besonders weit in der Auslegung und Anwendung des Gesetzes ging das Gericht dann, wenn es zwar keinen angeborenen Schwachsinn annahm, einen erworbenen diagnostizierten Schwachsinn jedoch mit einer anderen Krankheit, die nicht vom Gesetz umfaßt war, verband (so beispielsweise das sog. impulsive Irresein oder die tuberöse Sklerose) und dann die Sterilisierung anordnete. Nur wenn das Gericht völlig sicher war, daß der Schwachsinn nicht angeboren war, wurde von einer Sterilisierung abgesehen.

Auch der Grad der angeblichen Schwachsinnigkeit war für die Entscheidung, ob sterilisiert wird, von praktisch keiner Bedeutung. Gemäß den allgemeinen Anwendungsregeln des Gesetzes waren insbesondere die leichten Fälle von Schwachsinn bevorzugt zu sterilisieren, weil diese Menschen – laut Meinung der Nationalsozialisten – wesentlich leichter Partner für die Fortpflanzung finden konnten, als dies für Menschen mit schwerem Schwachsinn der Fall war.

Insbesondere spielte in diesem Zusammenhang auch eine subjektive Komponente eine Rolle. Wenn etwa jemand zwangsweise in einer Nervenheilanstalt festgehalten wurde und man von einer Dauerüberwachung ausgehen konnte, durfte für diese Zeit von der Sterilisierung abgesehen werden, weil die subjektive Möglichkeit und die Gelegenheit zur Fortpflanzung fehlten. Selbst ohne Anstaltsverwahrung hatte das Sterilisierungsverfahren dann wenig Priorität, wenn die Ausfallserscheinungen bei einem bestimmten Menschen so hochgradig waren, daß eine Fortpflanzung nicht angenommen werden konnte.

Allerdings wurden Frauen und Männer in dieser Frage unterschiedlich behandelt. Während Männer, die unter hochgradigem Schwachsinn litten, einer Sterilisierung entgehen konnten, mußten Frauen eher mit einer Zwangssterilisierung rechnen, weil auch im Fall eines hochgradigen Schwachsinns außerhalb einer Anstalt die Gefahr des sexuellen Mißbrauchs und der damit verbundenen Schwangerschaft nicht ausgeschlossen werden konnte.

Es ist also festzustellen, daß die Sterilisierung wegen angeborenen Schwachsinns üblicherweise ohne weitestgehende juristische Prüfung

---

[437] v. Verschuer nahm an, daß etwa 70 % der Insassen von Heil- und Pflegeanstalten schizophren seien. Dies würde bedeuten, daß aus diesem Titel etwa 190.000 Menschen zu sterilisieren gewesen wären. Andere Berechnungen kamen bis auf 280.000 Menschen. Vgl. VERSCHUER Otmar Frhr. v., Erbpathologie, a. a. O., S. 179.

der gesetzlichen Tatbestandsmerkmale „Schwachsinn" und „angeboren" erfolgte. Schwachsinn war für die Erbgesundheitsgerichte jede diagnostizierbare Erscheinung im kognitiven oder im charakterlichen Bereich, die von einem ärztlichen Gutachter als Schwachsinn angesehen und bezeichnet wurde.

In der Frage der Angeborenheit ging das Gericht davon aus, daß jeder einmal diagnostizierte Schwachsinn dann angeboren sei, wenn er im Lauf eines Lebens erkennbar werde. Eine gesonderte juristische Prüfung des Tatbestandsmerkmales „angeboren" sei nur dann angezeigt, wenn der Angeklagte glaubhaft behaupte, daß eine exogene Ursache für den Schwachsinn vorliegen könnte.

Selbst in diesem Fall ordneten die Erbgesundheitsgerichte die Sterilisierung an, wenn für den Schwachsinn trotz der exogenen auch endogene erbliche Ursachen vermutet wurden oder wenn sich die Schwachsinnszustände mit einer anderen Erbkrankheit im Rahmen des Gesetzes oder überhaupt mit anderen Krankheitsbildern verbinden ließen.

Da der medizinischen Feststellung des angeborenen Schwachsinns im Rahmen des Erbgesundheitsverfahrens somit sehr breiter und gewichtiger Raum eingeräumt war und die medizinische Feststellung in der Praxis zumeist die juristische Auslegung ersetzte, ist zu prüfen, nach welchen Verfahren der angeborene Schwachsinn diagnostiziert wurde.

Das primäre Verfahren war die sogenannte Intelligenzprüfung, die mittels eines vorgefertigten Fragebogens durchgeführt wurde.[438] Das Ergebnis der Befragung hatte in jedem Fall Bindungswirkung für die Entscheidung der Gerichte, was bedeutete, daß bei „Nichtbestehen" der Untersuchung mittels Fragebogens oder bei der Feststellung wesentlicher geistiger oder intellektueller Ausfälle nachfolgende und weitere Untersuchungen von vornherein aussichtslos waren, weil die einmal festgestellte Diagnose auf angeborenen Schwachsinn durch andere Testmethoden nicht mehr revidiert werden konnte.

---

[438] Die Frage der Intelligenzprüfung stellte sich nicht nur bei der Sterilisierung wegen Schwachsinns, sondern sollte ein generelles Prüfkriterium werden. So stellte Binet-Simon Kriterien für Kinder von drei bis zwölf Jahren auf, die aufgrund von Fähigkeiten im Rahmen einer Intelligenzprüfung den geistigen Entwicklungsstand abfragen und damit ein „Intelligenzalter" bestimmen sollten. Vgl. VENZMER Gerhard, Erbmasse und Krankheit, 2. Auflage, Stuttgart 1940, S. 55 f.

Der Fragebogen, der den Ärzten zur Verfügung gestellt wurde, war zwar methodisch verbindlich, innerhalb der einzelnen Fragestellungen konnte von der Vorlage jedoch abgegangen werden. Diese Vorgangsweise war sogar erwünscht, weil die Möglichkeit verhindert werden sollte, daß ein zu Untersuchender auf Basis des Fragebogens – der im Gesetz verlautbart war – trainiert wurde und dann bei der Untersuchung bessere Ergebnisse erzielte, als dies seiner tatsächlichen Leistungsfähigkeit entsprach.

Von wesentlicher Bedeutung für das Verfahren war, daß die Untersuchung mittels Fragebogens tatsächlich vom Arzt durchgeführt und entsprechend genau dokumentiert wurde, weil die Erbgesundheitsgerichte besonderen Wert auf die Wissenschaftlichkeit und die Legalität des Verfahrens auch im ärztlichen Bereich legten.

Insbesondere war dies für die Richter des Erbgesundheitsgerichtes in jenen Fällen wesentlich, in denen der Laie im ergangenen Urteil keinen Schwachsinn, welcher Art auch immer, bei einem zu Sterilisierenden entdecken konnte. In diesen Fällen war es die höchstpersönliche Aufgabe des Arztes, das Vorhandensein eines Schwachsinns zu entdecken, zu begründen und dem Erbgesundheitsgericht die Argumentation für eine Verurteilung zu liefern.

Da in der Praxis die Amtsärzte die Anträge stellten, waren insbesondere diese aufgerufen, ihren Antrag medizinisch so zu begründen, daß auch ein offensichtlich Gesunder wegen eines verdeckten Schwachsinns verurteilt werden konnte.

Insbesondere Erläuterungen und Interpretationen der Ergebnisse waren erwünscht, speziell dann, wenn der Befragte die Fragestellungen allgemein richtig beantwortet hatte und im Rahmen der Intelligenzprüfung doch für schwachsinnig erklärt worden war. In diesen Fällen wurde nicht auf die inhaltliche Richtigkeit der Antwort abgestellt, sondern auf die sogenannte Gesamtpersönlichkeit und das Verhalten. Dies bedeutete, daß ein Mensch aufgrund der Intelligenzprüfung als schwachsinnig überführt wurde, wenn er zwar die richtigen Antworten zu geben in der Lage war, wenn er dies aber in einer dem Arzt nicht genehmen Form tat. Es interessierte das Erbgesundheitsgericht dabei in keiner Weise, daß die zwangsweise Befragung durch einen zumeist beamteten Arzt eine Druck- und Streßsituation für den „Delinquenten" darstellte. Es war auch nicht von Interesse, ob im Rahmen des schriftlichen Fragebogens Fangfragen gestellt wurden, ob Suggestivfragen eingebaut waren, ob die vom Amtsarzt gestellten Fragen von irgendeinem Menschen des entsprechenden Ausbildungsniveaus überhaupt beantwortet werden konnten.

Wer im Rahmen der Zwangsuntersuchung trotzig reagierte, wer eine „gehemmte Willenssphäre" aufwies oder gar der ganzen Angelegenheit nicht den nötigen Ernst beimaß, mußte damit rechnen, daß der untersuchende Arzt „Schwachsinn" diagnostizierte, was vor dem Erbgesundheitsgericht gemeinhin zur Verurteilung zur Sterilisierung wegen angeborenen Schwachsinns führte.

Auch auf unmittelbar vorgebrachte Einwendungen, die vom Prüfling selbst, von dessen Ehegatten oder Verwandten vorgebracht wurden oder vorgebracht hätten werden können, sollte der untersuchende Arzt nach Tunlichkeit kritisch eingehen oder – mit anderen Worten – die Argumente, die im Prozeß gegen das Vorhandensein eines erblichen Schwachsinns eingebracht werden könnten, schon im Rahmen der Intelligenzprüfung aus der Welt schaffen.

Derartige Argumente bezogen sich in der Praxis hauptsächlich auf die Frage der Angeborenheit eines Schwachsinns, und es kann tatsächlich als ein prozessuales Unding bezeichnet werden, wenn der Arzt, der die Intelligenz eines Menschen und das objektive Vorhandensein eines Defektes nachweisen soll, mit der gleichen Methode im Rahmen einer Untersuchung die Angeborenheit attestieren soll, genauer noch, dem Gericht jedenfalls die Beurteilung ersparen soll, ob ein Defekt angeboren ist oder nicht. Der angeborene Schwachsinn wurde so in einer unglaublichen Bandbreite subsumierbar gemacht. Für die Annahme, daß es sich um einen angeborenen Schwachsinn handle, reichte bereits die Tatsache aus, daß jemand eine Verlangsamung der Gedankenabläufe hatte. Auch die schlechte Anpassungsfähigkeit an Neues und Ungewohntes konnte als Indiz für Schwachsinn gewertet werden, desgleichen war rasche geistige Ermüdung verdächtig im Sinn der Erbgesundheitsgesetze und Grund genug, eine Sterilisierung anzuordnen. Besonders fatal war in diesem Zusammenhang, daß selbst leichte Fälle von angeborenem Schwachsinn zur Sterilisierung führen konnten, was im Sinn der obigen Ausführungen bedeutet, daß sogar geringe Anpassungsfähigkeit an Neues oder geringe Befangenheit im Rahmen des Intelligenzprüfungsverfahrens die Basis für eine Verurteilung zur Sterilisierung sein konnte und in vielen Fällen auch war.

Trotz dieses engmaschigen und subjektiven Intelligenzprüfungsverfahrens, das dem Arzt jede Möglichkeit einräumte, einen Menschen für schwachsinnig zu erklären, konnte man mit den inhaltlich richtigen Antworten auf die Fragen und einem geschickten angepaßten Verhalten während der Untersuchung oder vor dem Erbgesundheitsgericht durch die Maschen des Tatbestandes schlüpfen.

Für derartige Fälle konnte jedoch die nächste Stufe des „Prüfungsverfahrens auf angeborenen Schwachsinn" der Stolperstein sein. Erbrachte die Intelligenzprüfung nämlich nicht das gewünschte Ergebnis, wurde die allgemeine „Lebensbewährung" überprüft. Die Begründung für diese Vorgangsweise war, daß der Unterschied zwischen Dummheit und Schwachsinn darin bestehe, daß die Dummheit auf das Gebiet des Intellektes beschränkt bleibe,[439] der Schwachsinn jedoch eine Störung der Gesamtpersönlichkeit darstelle und damit in der Lebensführung des Menschen zum Ausdruck kommen müsse, auch wenn ihm Dummheit im oben genannten Sinn nicht nachgewiesen werden könne.

Das erste Prüfkriterium im Rahmen der Lebensbewährung bildete das Berufsleben, weil Leistungen in diesem Bereich am ehesten objektiviert oder aber zumindest von Vorgesetzten und Arbeitskollegen Auskünfte über das Verhalten des „Delinquenten" eingeholt werden können. Wenn jemand einen Beruf ausfüllen konnte, der einen erheblichen Grad an Selbständigkeit und ein hohes Urteilsvermögen verlangte, konnte das Vorhandensein von Schwachsinn aus der beruflichen Lebensbewährung jedoch noch nicht abgeleitet werden.

Wenn allerdings ein Beruf ausgeübt wurde, der gleichmäßig wiederkehrende Verrichtungen und Arbeitsgänge ohne wesentliche Selbständigkeit zum Inhalt hatte, kam man der Diagnose Schwachsinn sehr nah, sofern der potentiell Erbkranke den Intelligenztest zwar bestanden, jedoch nicht mit Bravour absolviert hatte.

Das Erbgesundheitsgericht nahm Schwachsinn jedenfalls dort an, wo jemand – aus welchen Gründen immer – nicht in der Lage war, in einem geordneten Berufsleben seinen Unterhalt selbst zu verdienen, sofern der Betreffende in irgendeiner Form zusätzlich sozial auffällig (unangepaßt im Sinn des Nationalsozialismus) war. Hauptaugenmerk dieser Betrachtungsweise war die soziale Angepaßtheit. Es galt der Umkehrschluß, daß ein Mensch, der sozial nicht angepaßt sei und seinen Lebensunterhalt nicht selbst verdiene, auch schwachsinnig sein

---

[439] Und damit kann man Dummheit mittels des Intelligenzprüfungsverfahrens feststellen.

müsse, weil er sonst im Sinn seiner Sozialisierung einem geordneten Beruf nachgehen würde.

Dieser Umkehrschluß kommt in seiner Substanz aus dem nationalsozialistischen Gemeinschaftsverständnis und von der Annahme, daß sich Menschen gleichen Blutes auch gleich verhalten müßten. Tut dies ein artgleicher Mensch doch nicht, ist er dazu nicht in der Lage, weil ein Defekt vorliegt. Dieser Defekt müsse im gegenständlichen Fall der angeborene erbliche Schwachsinn sein.

In Fällen dieser Art wird angenommen, daß durch die Intelligenzprüfung eine mangelnde Intelligenz zwar nicht nachgewiesen werden konnte, daß der Verdächtige durch List Intelligenz vorgetäuscht habe (!), daß aber die Verstandesschärfe nicht in jenem Ausmaß gegeben sei, sich in die Gesellschaft einzufügen. Aus dieser „Unfähigkeit" könne auf erblichen Schwachsinn geschlossen werden.

Neben der reinen Berufsbewährung und der damit verbundenen Eingliederung in die Gemeinschaft wurden auch der Charakter und das sogenannte ethische Verhalten eines Verdächtigen überprüft. Denn es konnte durchaus sein, daß ein potentiell erbkranker Schwachsinniger die Intelligenzfragen richtig beantworten konnte, daß er während der Untersuchung ein angepaßtes Verhalten zeigte und daß er einen Beruf erfolgreich ausübte, der Intelligenz, Selbständigkeit und Angepaßtheit voraussetzte.

Dann konnten aber immer noch die Prüfmerkmale des Charakters und der ethischen Wertvorstellung den Schwachsinn begründen, sofern sich jemand von den ethischen Wertvorstellungen der Nationalsozialisten zu weit entfernte. Es wurden darunter psychopathische Verhaltensweisen im weitesten Sinn verstanden,[440] auch jede Form des „amoralischen Verhaltens" konnte unter den Begriff „Schwachsinn" fallen.[441]

Natürlich war es den Gesetzgebern bewußt, daß eine derartig weite Auslegungsmöglichkeit des Begriffs „angeborener Schwachsinn" auf juristische Auslegungsgrenzen stoßen muß, denn selbst dann, wenn sich geistige Minderleistungen durch Fragebögen und Intelli-

---

[440] Was zur Folge hatte, daß man unter dem Tatbestandsmerkmal des angeborenen Schwachsinns auch angebliche Psychopathie subsumierte.
[441] Interessanterweise wird Hitler selbst von Zeithistorikern als Psychopath beschrieben, vgl. MASER Werner, Adolf Hitler – Biographie, 7. Auflage, München 1978, S. 409 ff.; ebenso NEUMAYR Anton, Diktatoren im Spiegel der Medizin, Napoleon–Hitler–Stalin, Wien 1995, S. 146 ff.

genztests zumindest marginal objektivieren ließen, ist die Beweisbarkeit in der Frage der Lebensführung oder der „Lebensbewährung" nur anhand fester Lebensregeln möglich, nicht aber anhand von Tests oder Gutachten.

Aber auch in dieser Frage war das Problem im nationalsozialistischen Sinn sehr rasch gelöst, und zwar durch eine Art „juristische Problemumkehr". Man nahm nämlich an, daß durch die Beobachtung und Bewertung der tatsächlichen (!) Lebensführung die Beweisführung durch das Erbgesundheitsgericht viel schlagender sein müßte als durch die gutachterliche Beurteilung durch den Arzt in einer „Laborsituation" (wie dies bei der Intelligenzprobe der Fall ist).

Richtlinien dazu brauchte man nicht, denn das „Leben läßt sich nicht in Normen pressen. Wer bei der Beurteilung des Schwachsinns ohne Schema und gesetzgeberische Begriffszerkleinerung nicht auskommt, würde nur noch um so unsicherer werden, je mehr Richtlinien erlassen werden würden. Die einzige Richtlinie, die allgemein brauchbar ist, ist eine klare Vorstellung vom geistig seelisch gesunden Menschen, ohne überspitzte Forderung an ihn, aber auch ohne allzu weitgehende Zugeständnisse an seine Leistung"[442].

Zusammengefaßt bedeutet dies, daß die Feststellung des Gerichtes, ob angeborener Schwachsinn vorliegt oder nicht, der reinen Willkür der Richter unterliegt. Wenn der nebulose Begriff eines gesunden Menschen nämlich Anhalt für die Auslegung dieser „biologischen Norm" ist, gleichzeitig aber eingeräumt werden muß, daß die Gesundheit bzw. die Leistungsfähigkeit und der Begriff der Lebensbewährung im nationalsozialistischen Sinn nicht in Worte gefaßt werden können, dann kann jede verhaltensmäßige Abweichung von einer idealisierten Verhaltensvorstellung des Gerichtes ausreichend sein, um einen angeborenen Schwachsinn zu attestieren und damit eine Sterilisierung des Betroffenen anzuordnen. In diesem Sinn waren alle Staatsbürger verdächtig, angeboren schwachsinnig zu sein, wenn sie sich nicht an die „ungesatzten" Lebensformen der Nationalsozialisten hielten.

Aber selbst, wenn sowohl die Hürde der Intelligenzprobe als auch die gerichtliche Prüfung der „allgemeinen Lebensbewährung" absolviert wurde, ohne daß das Gericht einen angeborenen Schwachsinn

---

[442] Vgl. GÜTT Arthur/RÜDIN Ernst/RUTTKE Falk, Gesetz zur ..., a. a. O., S. 126.

attestieren konnte, war die Prüfung, ob sterilisiert werden „mußte" oder nicht, noch nicht abgeschlossen. Denn jeder Staatsbürger ist auch Teil einer Familie bzw. „Sippe" im nationalsozialistischen Sinn. Daher hatte das Gericht jedenfalls auf eine Familienanamnese einzugehen, bevor es einen „Delinquenten" vom Verdacht freisprach, an angeborenem Schwachsinn zu leiden.

Natürlich ist die Familienanamnese nicht das primäre Mittel, um den Sterilisierungstatbestand zu verwirklichen, denn dies würde dazu führen, daß die Tatsache, daß es im Umfeld des Angeklagten keinen diagnostizierten Fall von Schwachsinn gibt, auch den Angeklagten selbst reinwaschen würde. Die Familienanamnese ist im Verfahren wegen angeborenen Schwachsinns stets die „ultima ratio" und hat bei der Beurteilung des Falles erst dann rechtliches Gewicht, wenn sowohl die Intelligenzprüfung als auch die Beobachtung der Lebensbewährung kein gewünschtes Ergebnis bringen. Daß die Familienanamnese gleichzeitig mit der Intelligenzprüfung durchgeführt wird, widerspricht den Ausführungen nicht, denn: Wird eine Belastung der Familie neben einem negativen Intelligenztest festgestellt, dann ist dies wohl ein zusätzliches Argument für die Sterilisierung, und zur Verurteilung reicht der negative Intelligenztest allein durchaus aus. Juristisch relevant wird die Familienanamnese erst, wenn die ersten beiden „Fangnetze" – Intelligenztest und Beobachtung der Lebensbewährung – nicht greifen. Dann erst erlangt die Familienanamnese eine entscheidende juristische Bedeutung im Verfahren.

Wurden geringe Ausfälle im Intelligenztest diagnostiziert oder erbrachte der „Delinquent" nur einfachere berufliche Leistungen, genügte ein kleiner Verdachtsmoment im Familienkreis, um die Sterilisierung anzuordnen.

Insbesondere in jenen Fällen, in denen infolge unangepaßten Verhaltens eine Sterilisierung wegen angeborenem Schwachsinn angeordnet werden sollte, spielte die Familienanamnese eine Rolle. Es war dabei in der Praxis unerheblich, ob in der Verwandtschaft tatsächlich ein Erbleiden vorkam oder angeborener Schwachsinn bereits diagnostiziert worden war. Wert wurde vielmehr auf allgemein verpönte soziale Tatsachen gelegt – etwa, ob in der Verwandtschaft ein Trinker war, ob jemand eine Geschlechtskrankheit hatte, ob jemand in irgendeiner Form als asozial einzustufen war. Selbst der frühe oder ungeklärte Tod eines Familienmitgliedes konnte ausschlaggebender Anlaß für eine Sterilisierung sein.

Rettungslos verloren waren in der Praxis jedenfalls jene Angeklagten, deren Familienanamnese eine halbwegs deutliche Belastung der „Sippe" ergab. Waren nämlich tatsächlich Familienmitglieder zur Behandlung in einer Nervenheilanstalt oder gab es tatsächlich einen Hinweis auf eine erbliche Belastung, war die Familienanamnese in jedem Fall für die Verurteilung zur Sterilisierung ausschlaggebend.

4.8.5. Die Behandlung Jugendlicher

Für das Gericht stellte sich häufig die Frage, ob auch bei Jugendlichen durch die dargestellten Verfahren eine gesicherte Diagnose gestellt werden könne, zumal das Problem zumindest denkmöglich war, daß es durch eine pubertäre Nachreifung zur Kompensation etwaiger Minderbegabungen komme.

Auch hierin waren die Erbgesundheitsgerichte nicht besonders zimperlich, weder im Umgang mit der Materie noch mit den Menschen. Hauptaugenmerk in dieser Frage war ebenfalls der Intelligenztest, weil die Frage der Lebensbewährung in einem nur sehr geringen Ausmaß – speziell im Zusammenhang mit der beruflichen Bewährung – von Bedeutung sein konnte.

Im Rahmen des Intelligenztests lag es am diagnostizierenden Arzt festzustellen, ob Minderleistungen beim Test auf einen angeborenen Schwachsinn oder auf die langsamere Reifung eines Jugendlichen zurückzuführen seien. Die Faustregel für die Lösung dieses Problems war relativ einfach. War dem Jugendlichen die Minderleistung bewußt, empfand er diese Minderleistung sogar als peinlich (in der Erkenntnis der Grenzen seines Auffassungsvermögens), konnte der Arzt angeborenen Schwachsinn nicht unbedingt annehmen.

War dem Minderleister die Tatsache seiner Minderleistung jedoch nicht bewußt, konnte er diese nicht feststellen, sondern konzentrierte er sich vielmehr auf das Nächstliegende, konnte der Arzt durchaus von einem angeborenen Schwachsinn ausgehen.

Daß in der Praxis die Fälle, in denen sich ein Jugendlicher seiner eigenen Grenzen und der daraus resultierenden Testmankos intellektuell bewußt war, keine Rolle spielten, versteht sich von selbst.

Im Zusammenhang mit dem Intelligenztest spielte bei den Jugendlichen auch eine Form der Lebensbewährung eine Rolle, nämlich die schulischen Leistungen bzw. (in den meisten Fällen) die Tatsache, daß der „Delinquent" eine Hilfsschule besucht hatte.

Die deutsche Wissenschaft forderte vielfach, daß die bloße Tatsache, daß jemand die Hilfsschule besucht habe, ausreichen müsse, um sterilisiert zu werden. Dieser Forderung schlossen sich die Erbgesundheitsgerichte zumindest formal nicht an, sondern gingen vielmehr von der Voraussetzung aus, daß die Hilfsschulbedürftigkeit zwar ein deutliches Indiz für das Vorliegen eines angeborenen Schwachsinns sei, dies aber nicht den letzten Beweis liefere, weil es durchaus auch andere Gründe für einen Jugendlichen gebe, dem Unterricht in der Regelschule nicht folgen zu können und damit in die Hilfsschule versetzt zu werden. Diese Gründe waren allerdings nur sehr eingeschränkt annehmbar und bezogen sich normalerweise nicht auf die Umgebung oder das soziale Gefüge des Angeklagten. Die Tatsachen, ein Hilfsschüler habe aufgrund der beengten familiären Wohnverhältnisse keinen „Platz zum Lernen", die Eltern seien in der Erziehung des Kindes überfordert oder das Kind sei (besonders in ländlichen Gegenden) als volle Arbeitskraft bereits in den Erwerbsprozeß eingebunden, fanden im Zusammenhang mit der Hilfsschulbedürftigkeit vor den Erbgesundheitsgerichten im Regelfall keine Beachtung.

Anders war dies bei Erkrankungen, die nicht erblich bedingt waren und das Kind vom Regelschulbesuch abhielten. So wurde besonders auf nicht erblich bedingte Erkrankungen der Sinnesorgane abgestellt, etwa auf die Tatsache, daß das Kind durch Hör- oder Sehfehler in der Regelschule nicht in der Lage war, dem Unterricht zu folgen, und daraufhin in die Hilfsschule versetzt wurde.

Die Frage der ethischen Vorstellung, der Moral und der Urteilskraft spielten im Zusammenhang mit der Feststellung von angeborenem Schwachsinn naturgemäß in den ersten Lebensjahren praktisch keine Rolle. Anders war dies bei Jugendlichen während oder nach der Pubertät. Hier war die Frage der ethisch-moralischen Einstellung besonders gewichtig und Gegensatz vieler Sterilisierungsprozesse.

4.8.6. Die Erbgesundheitsgerichte

Betrachtet man die Organisation und die Kompetenzverteilung im Rahmen der Sterilisierung von „Erbkranken", so fällt auf, daß in diesem Bereich entgegen den sonstigen Usancen der Nationalsozialisten (Verwaltungseinheiten stärken, die Kompetenz von Gerichten zurückdrängen) genau der umgekehrte Weg eingeschlagen wurde.

Dies verwundert umso mehr, als es sich bei den rassenhygienischen Maßnahmen im eigentlichen Sinn um keine Gerichtskompetenzen handelt, weil weder eine streitige Angelegenheit vorliegt, noch Sachverhalte verwirklicht wurden, die ein Verfahren vor einem ordentlichen Gericht nötig machen. Bei den Erbgesundheitsangelegenheiten handelt es sich in der Natur der Sache um eugenische und ärztliche Angelegenheiten, die auch von Richtern in der Sache selbst kaum beurteilt werden können. Dennoch war für die Entscheidung, ob ein „Antragsteller" unfruchtbar gemacht wird oder nicht, das Erbgesundheitsgericht zuständig.[443]

Das Gericht selbst wurde im Rahmen der Gerichtsorganisation als ordentliches Gericht eingeführt, das Verfahren vor dem Erbgesundheitsgericht war ein ordentliches Gerichtsverfahren.

Diese Vorgangsweise der Nationalsozialisten hatte eine besondere Bewandtnis. Vorerst einmal sollte mit der Einrichtung und Kompetenzzuweisung an ein ordentliches Gericht der Eindruck erweckt werden, daß Entscheidungen in Erbgesundheitssachen keinen politischen Hintergrund haben oder politisch beeinflußbar sind, sondern daß es sich hierbei um eine Gerichtsangelegenheit handelt, die von unabhängigen Richtern streng nach den Buchstaben des Gesetzes entschieden wird.[444]

Entgegen der sonstigen Praxis der Nationalsozialisten wurde in diesem Verfahren Wert darauf gelegt, daß es sich um ein rechtsstaatliches, unabhängiges Verfahren handle. Zuständig war das jeweilige Erbgesundheitsgericht des Wohnortes des „Antragstellers". An jedem Amtsgericht wurden Erbgesundheitsgerichte eingeführt.

Vorsitzender des Erbgesundheitsgerichtes[445] war ein Jurist, in der Regel ein Amtsrichter, der über „besondere Kenntnisse in familienrechtlichen Fragen" verfügte. Wesentlich war, daß dieser mit den ras-

---

[443] Vgl. § 5 Gesetz zur Verhütung erbkranken Nachwuchses.
[444] Vgl. GÜTT Arthur/RÜDIN Ernst/RUTTKE Ralf, Gesetz zur ..., a. a. O., S. 219: „Diese Regelung erschien angebracht, um von vornherein sicherzustellen, daß die nur bevölkerungspolitischen Zwecken dienende Maßnahme der Unfruchtbarmachung auch nur unter Berücksichtigung bevölkerungspolitischer Erwägungen vorgenommen wird."
[445] Vgl. § 6 Gesetz zur Verhütung erbkranken Nachwuchses.

senhygienischen Konzepten der Nationalsozialisten besonders vertraut war. Aus diesem Grund wurden die Richter durch den Reichsausschuß für den Volksgesundheitsdienst ständig geschult.

Interessant ist die Tatsache, daß die Zielgruppe dieser Rassenschulungen nicht nur die Richter des Erbgesundheitsgerichtes waren, sondern auch sonstige Richter in rassenhygienischen Fragen geschult wurden. Man erhoffte sich dadurch eine verstärkte rassenbetonte Rechtsprechung – nicht zuletzt deshalb, weil man postulierte, daß „die Aufgabe des Rechts eine lebensgesetzliche Funktion"[446] sei. Man erhoffte sich durch die Verfahren vor den Erbgesundheitsgerichten eine positive Befruchtung des gesamten Rechtswesens.

Während durch die Einrichtung der Erbgesundheitsgerichte ein rechtsstaatliches Instrumentarium vorgetäuscht werden sollte, war die Stellung des juristischen Vorsitzenden im Rahmen des Verfahrens stark eingeschränkt und eher organisatorischer Natur.

Mit der Begründung, daß im Rahmen des Verfahrens hauptsächlich ärztliche Fragen zu klären waren und der juristische Richter deshalb überfordert sei, wurde dessen Position auf die formale Seite des Verfahrens, auf die Einberufungen und Verhandlungsführung sowie auf die Dokumentation festgelegt. Schon in der Vorbereitung des Verfahrens, in der Einholung von Gutachten und Meinungen hatte sich der Vorsitzende aller Tätigkeiten zu enthalten, die auch nur in irgendeiner Form in die ärztliche Kompetenz fallen könnten.

Die Verhandlungsführung selbst fiel formal in die Kompetenz des Vorsitzenden, die Vernehmungen der „Antragsteller" und die eigentliche Sachverhaltsdarstellung sollten wiederum von den ärztlichen Beisitzern vorgenommen werden.[447] Der Vorsitzende war keinesfalls eine Art „Vorgesetzter" der ärztlichen Beisitzer, vielmehr waren Ärzte und Juristen im Verfahren gleichgestellt. Der juristische Vorsitzende hatte die formelle Seite des Verfahrens zu verantworten, die ärztlichen Beisitzer die materielle Seite.

Gerade im Vorverfahren war diese Position oft nicht unproblematisch, standen einander doch zwei Zielrichtungen gegenüber. Die Auf-

---

[446] GÜTT Arthur/RÜDIN Ernst/RUTTKE Falk, Gesetz zur …, a. a. O., S. 221.
[447] Vgl. BOEHM Hermann, Aus der Praxis für die Praxis. Zum Gesetz zur Verhütung erbkranken Nachwuchses, in: Erbgesundheit – Volksgesundheit, Standespolitische Reihe, Heft 8, Berlin/Wien 1939, S. 102 ff.: „Der Arzt im Erbgesundheitsgericht oder -obergericht fällt mit jedem Beschluß ein Urteil über Leben und Tod."

bereitung der Daten und Informationen im Vorverfahren war in den meisten Fällen ausschlaggebend für den Beschluß des Erbgesundheitsgerichtes. Aus diesem Grund waren die Vorsitzenden angehalten, Entscheidungen, die schon im Ermittlungsverfahren ärztliche Fragen berührten, der Kammer, also dem Vorsitzenden mit seinen ärztlichen Beisitzern, zur Entscheidung zu übermitteln.

Diese Vorgehensweise kostete üblicherweise Zeit, sodaß das Ziel, das Erbgesundheitsverfahen so rasch wie möglich durchzuziehen, oftmals verfehlt wurde. Das Verfahren hatte aber nur dann Sinn, wenn es rasch durchgezogen wurde, weil ansonsten die Gefahr einer „unerwünschten Fortpflanzung" zu groß gewesen wäre.

Aus diesem Grund waren die Vorsitzenden angehalten, ärztliche Fragen im Ermittlungsverfahren selbständig und vorab zu entscheiden, wenn sie dies für nötig erachteten.[448] Maßnahmen und Entscheidungen dieser Art hatten immer nur vorläufigen Charakter. Die Kammer hatte diese Entscheidungen nachträglich zu bestätigen. Die Ärzte wiederum entschieden als Beisitzer und Mitglieder des Erbgesundheitsgerichtes als unabhängige Richter, die – auch wenn sie im Hauptberuf beamtete Ärzte der Gesundheitsbehörden waren – an keine Weisungen der Gesundheitsbehörden gebunden waren.[449] Ausgeschlossen wurde ein Arzt von der Funktion des Beisitzers nur dann, wenn er bereits im Vorverfahren als Gutachter aufgetreten war.

Das Erbgesundheitsgericht als ordentliches Gericht war somit ein Gericht mit „gemischter Kammer", wobei Juristen und Ärzte im Verfahren zusammenzuarbeiten hatten.

Die Ärzte erhielten keine juristische Grundausbildung, hatten aber die materiellrechtliche Beurteilung des Falles im Hauptverfahren vorzunehmen. Ihnen oblag die Entscheidung, ob ein bestimmter, von ihnen selbst ermittelter Sachverhalt unter einen Tatbestand des Geset-

---

[448] Daß in diesen Fällen davon ausgegangen wurde, daß der Vorsitzende in Richtung Sterilisierungsbeschluß ermittelte, versteht sich von selbst.

[449] Dies war auch nicht nötig, weil zu Beisitzern der Erbgesundheitsgerichte ohnehin nur Ärzte bestellt wurden, die auf dem Boden der nationalsozialistischen Rassenanschauung standen. Zudem war es schwer möglich, eine abweichende Meinung im Verfahren zu vertreten, wenn beispielsweise der ärztliche Leiter einer Gesundheitsbehörde im Vorverfahren ein Gutachten abgab, daß ein bestimmter Antragsteller schwachsinnig sei, und der Mitarbeiter dieses ärztlichen Leiters als Beisitzer des Erbgesundheitsgerichtes im Verfahren festzustellen hatte, ob sein ziviler Vorgesetzter in der Sache richtig begutachtet hat oder nicht.

zes zur Verhütung erbkranken Nachwuchses zu subsumieren war, oder ob dies nicht der Fall war.

Die Ärzte waren im Verfahren selbst an keine bestimmten Regeln gebunden. Wie sie den Sachverhalt ermittelten, nach welchen wissenschaftlichen Erkenntnissen sie die Erbkrankheiten feststellten, blieb ihnen überlassen, sofern sie sich an die Mindeststandards hielten, die in den medizinischen Erläuterungen zum Gesetz festgehalten waren.

Während der hauptamtliche juristische Vorsitzende kraft seiner Person und Funktion (und kraft der Tatsache, daß es sich beim Erbgesundheitsgericht um eine „rechtsstaatliche" Einrichtung handelte, bei der die staatliche Gewaltenteilung voll wirke und die in der Bevölkerung den Eindruck erwecken sollte, es handle sich bei den vor diesem Gericht durchgeführten Verfahren um objektive und rechtsstaatliche) die ausschließlich formelle und organisatorische Ebene abzudecken hatte, waren die Ärzte, die die eigentlichen Entscheider in der Angelegenheit waren, an derartige „Feigenblattfunktionen" nur im medizinischen, nicht aber im juristischen Bereich gebunden. Im medizinischen Bereich deshalb, weil sie ihre Entscheidungen allgemein medizinisch begründen mußten, ohne dabei auf dem Boden der exakten Naturwissenschaften stehen zu müssen.[450]

Aus diesem Grund war das Verfahren vor dem Erbgesundheitsgericht eine Art „berufsständisches Inquisitionsverfahren". Es wurde in der Regel von einem Arzt eingeleitet, der als eine Art Vorgutachter an das Erbgesundheitsgericht berichtete. Schloß sich ein Amtsarzt dem Verfahren an – dies war praktisch immer der Fall –, konnte der „Antragsteller" seinen Antrag nicht mehr zurücknehmen. Im Verfahren selbst fanden sich die Ärzte plötzlich in der Rolle des Richters. Der Arzt trat nicht – wie sonst im Rahmen einer ordentlichen Gerichtsbarkeit üblich – als Gutachter oder Berater auf (selbst eine Funktion als beratender medizinischer Beisitzer und Laienrichter wäre durchaus vertretbar gewesen), die gesamte Entscheidungskompetenz in der Frage der Sterilisierung lag vielmehr bei den ärztlichen Beisitzern. Tatsächlich kann man davon ausgehen, daß das Verfahren vor dem Erbgesundheitsgericht kein ordentliches Verfahren war. Das Erbgesundheitsgericht war ein „Medizinergericht", das im Sinn der Rassenhygiene Sterilisierungen anordnete.

---

[450] Es genügten allgemeine rassenhygienische Hypothesen zur Begründung.

Diese Tatsache machte es auch so schwierig, das Erbgesundheitsverfahren in die ordentliche Gerichtsbarkeit systematisch einzuordnen. Grundsätzlich wurde festgelegt, daß das Verfahren vor dem Erbgesundheitsgericht eines der freiwilligen Gerichtsbarkeit sei, zumindest sollten die Verfahrensregeln der freiwilligen Gerichtsbarkeit angewandt werden.

Dies bedeutete jedoch nicht, daß die Freiwilligkeit des Verfahrens soweit ging, daß der Antragsteller auch der Herr über den Fortgang des Verfahrens war. Das Erbgesundheitsverfahren diente nach Ansicht der Nationalsozialisten primär und ausschließlich dem „Wohle der Volksgemeinschaft".[451]

Die Parallelen zum Verfahren der freiwilligen Gerichtsbarkeit bestanden inhaltlich darin, daß es sich um kein streitiges Verfahren zwischen zwei Individuen handelte, wobei die individuellen Rechte einer Person festgestellt werden sollten. Vielmehr ging es darum, eine Forderung des Volkes unstreitig durchzusetzen. Ein weiterer Unterschied nach den Ansichten der Nationalsozialisten bestand in der besonderen Art der anzuwendenden Normen.

Während nämlich bei sonstigen Gerichtsverfahren staatlich gesatzte Normen anzuwenden waren, handelte es sich bei den vor dem Erbgesundheitsgericht anzuwendenden Gesetze um Normen, die der Natur[452], dem Blut und der Rasse entsprangen. Die erbbiologischen Gesetze galten als Normen und Forderungen des Volkes, weshalb eine Verfahrensgleichstellung mit anderen Verfahren nicht zielführend war.

Dennoch hatte die Entscheidung, die Kompetenzen in Fragen der Sterilisierung einem Gericht zu übergeben, nicht nur Vorteile. Durch die Befassung des Gerichtes konnte der Eindruck entstehen, daß das Sterilisierungsverfahren eine Form der Strafgerichtsbarkeit sei, daß also ein einzelner Volksgenosse für seinen genetischen Befund zur Rechenschaft gezogen werden sollte. Um diesen Eindruck nicht zu erwecken[453], waren die Erbgesundheitsgerichte angewiesen, so aufzutreten, daß „der Erbkranke und sein Vertreter [...] sofort erkennen,

---

[451] Vgl. GÜTT Arthur/RÜDIN Ernst/RUTTKE Falk, Gesetz zu ..., a. a. O., S. 227.
[452] Der Naturbegriff hatte in diesem Zusammenhang eine ganz besondere Bedeutung: „Dem Germanen ist die heilige Ordnung der Natur selbstverständlich." Vgl. ROSSNER Ferdinand, Rasse und Religion, a. a. O., S. 24.
[453] Dieser Eindruck wäre auch im Verfahren selbst sehr unangenehm gewesen, weil damit zu rechnen gewesen wäre, daß sich die „Antragsteller" im Hauptverfahren als unkooperativ erweisen würden.

daß es sich um ein ärztliches Gericht handelt, daß ihnen geholfen werden soll, und daß hier niemand verurteilt wird".[454]

Anders war das Vorgehen des Erbgesundheitsgerichtes, wenn auch nur der kleinste Verdacht aufkam, daß sich der Betroffene dem Verfahren entziehen wollte. Dieser Verdacht wurde insbesondere bei Dirnen und Landstreichern oder bei sonstigen Personen, die nicht sozial integriert waren, geäußert. In diesem Fall war es vorerst die Aufgabe des Amtsarztes, eine polizeiliche Sicherstellung und Verwahrung zu veranlassen, auch auf die Gefahr hin, daß der „Antragsteller" den Eindruck gewinnen könnte, daß hier kein ärztliches Gericht Recht sprach, sondern vielmehr ein biologisches Strafgericht tätig werde.[455]

Das Verfahren vor dem Erbgesundheitsgericht wurde in einer nicht öffentlichen Verhandlung durchgeführt.[456] Man erachtete es im Interesse der Betroffenen als „völlig unerträglich", würde man die Öffentlichkeit zur Verhandlung zulassen. Alle am Verfahren Beteiligten waren einer strengsten Schweigepflicht unterworfen. Tatsächlich wurde kommentiert, daß eine andere Regelung die Betroffenen der Gefahr aussetzen würde, „daß sie in ihrem bürgerlichen Leben vermeidbare Nachteile erleiden würden. In weiterer Folge würde dadurch die Durchführung der Verfahren erschwert werden."[457]

Die individuelle Rücksicht auf die öffentliche und soziale Ächtung der Betroffenen dürfte in Wahrheit eher zweitrangig gewesen sein, weil die Nationalsozialisten im Verfahren – wie ausgeführt – einen Anspruch des Volkes und keine individuelle Fragestellung sahen. Als Motiv für den Ausschluß der Öffentlichkeit dürfte der Gedanke des zweiten Satzes des angeführten Zitates entscheidender gewesen sein. Tatsächlich konnte es keinen guten Eindruck auf die Öffentlichkeit machen, wenn Menschen vor akademisch gebildeten Richtern stehen

---

[454] GÜTT Arthur / RÜDIN Ernst / RUTTKE Falk, Gesetz zur ..., a. a. O., S. 229. „In diesem Sinne scheint die Praxis des Erbgesundheitsgerichtes Hamburg, nicht im Talar und an kleinem Tische im Sitzen zu verhandeln, angebracht. Auch die Einrichtung eines Wartezimmers, in dem wie beim Arzt Zeitschriften – aber keine medizinischen und rassenhygienischen! – ausliegen, ist in diesem Sinne zu begrüßen."

[455] Diese „Sicherungsverwahrung" war nur für sechs Wochen möglich, innerhalb dieser Frist hatte das Erbgesundheitsgericht das Verfahren abzuschließen und einen Beschluß zu fällen. Legte der Verurteilte eine Beschwerde an das Erbgesundheitsobergericht ein, begann die sechswöchige Frist neuerlich von vorn.

[456] § 7 Gesetz zur Verhütung erbkranken Nachwuchses.

[457] GÜTT Arthur / RÜDIN Ernst / RUTTKE Falk, Gesetz zur ..., a. a. O., S. 233.

und, zum Beispiel im Fall von Schwachsinn, keine geistigen und verbalen Möglichkeiten erhalten, sich darzustellen oder für ihre Sache einzutreten. Jeden halbwegs objektiven Beobachter müßte die Kümmerlichkeit eines solchen gerichtlichen Schauspiels abstoßen.

Aus diesem Grund wurde auch das Rechtshilfeverfahren wesentlich eingeschränkt. Um Kosten zu sparen, konnten Zeugen und Sachverständige durchaus vor anderen als vor dem eigentlich zuständigen Erbgesundheitsgericht befragt werden, eine Befassung der Angelegenheit im Rahmen der Rechtshilfe des Amtsgerichtes oder des Landesgerichtes war hingegen unstatthaft.

Das Erbgesundheitsgericht hatte seine Entscheidung mittels Beschlusses zu treffen, wobei dieser zumindest ein Mehrheitsbeschluß sein mußte.[458] Die Anordnung, daß die Mehrheit der Richter zu entscheiden hätten, war nur von theoretischer Bedeutung. Die Stimmabgabe erfolgte in der Weise, daß die beiden ärztlichen Beisitzer ihre Meinung und Stimme abgaben, dann erst der Vorsitzende. Im Normalfall war mit der Stimmabgabe der beiden Ärzte die Angelegenheit entschieden, und der juristische Vorsitzende konnte sich nur mehr der Meinung der Ärzte anschließen oder aber – erfolglos – dagegenstimmen.

Anders war der Fall, wenn die beiden ärztlichen Beisitzenden zu keiner einstimmigen Meinung gelangten. Da dann eine ärztliche Frage vorlag, griff der Grundsatz, daß sich „biologische Fragen" durch Mehrheitsbeschluß nicht regeln ließen.[459] Es war üblich, daß in solchen Fällen ein weiteres ärztliches Gutachten eingeholt wurde. Theoretisch hätte der Vorsitzende zwar entscheiden können, es war vor dem „ärztlichen Gericht" jedoch nicht opportun, daß ein Nichtarzt an der Entscheidung teilnahm – auch wenn für einen Laien klar erkennbar war, daß keine Gründe für eine Sterilisierung vorlagen.

Im Fall einer unterschiedlichen Meinung der Ärzte war es vielmehr Aufgabe des juristischen Vorsitzenden, mit den Augen des „geschulten Rechtswahrers" die Grundgedanken des Gesetzes zur Verhütung erbkranken Nachwuchses aufzuzeigen und auf diese Art jenen beisitzenden Arzt, der sich gegen eine Sterilisierung ausgesprochen hatte, zu überzeugen, seine Meinung zu ändern.

---

[458] Vgl. § 8 Gesetz zur Verhütung erbkranken Nachwuchses.
[459] Vgl. GÜTT Arthur/RÜDIN Ernst/RUTTKE Falk, Gesetz zur ..., a. a. O., S. 243.

Während also im Fall eines einstimmigen ärztlichen Beschlusses für die Sterilisierung eines bestimmten Betroffenen die Rechtsfragen des Gesetzes zur Verhütung erbkranken Nachwuchses keine besondere Bedeutung hatten, wurden der Geist und Zweck des Gesetzes im Fall eines ärztlichen Dissenses durchaus durch den juristischen Vorsitzenden eingebracht – letztlich, um das Verfahren doch noch im Sinn eines einstimmigen Beschlusses für die Sterilisierung beenden zu können. Wurde ein einstimmiger Beschluß gefaßt, war dieser schriftlich zu begründen. Die Begründung war im Sinn der nationalsozialistischen Rechtsanwendung in der kürzestmöglichen Form abzufassen, weil man der Meinung war, daß die Rechtsprechung im Dritten Reich keine volksfremde Jurisprudenz sein sollte.[460] In der Praxis wurden Beschlüsse der Erbgesundheitsgerichte allerdings überhaupt nicht individuell begründet. Vielmehr wurden Phrasen verwendet, die sich in allen Beschlüssen in der gleichen Form wiederfanden.

Nur in jenen Fällen, die „aus der Norm" waren, insbesondere dann, wenn – aus welchen Gründen immer – von der herrschenden oder bisherigen Spruchpraxis abgegangen wurde, erfolgte die Aufnahme individueller Begründungen in den Beschluß.

In den Erbgesundheitsangelegenheiten war ein Instanzenzug vorgesehen. Der Antragsteller, der mit der Entscheidung des Erbgesundheitsgerichtes nicht einverstanden war, konnte innerhalb einer Frist von 14 Tagen Beschwerde an das Erbgesundheitsobergericht erheben, das die Letztentscheidung zu treffen oder an das Erstgericht zurückzuverweisen hatte. Dieser Instanzenzug mutet nach der ersten Betrachtung wie ein rechtsstaatliches Instrumentarium an, hatte jedoch nicht unbedingt den Zweck, individuelle Rechte zu schützen.

Zwar waren die Betroffenen in den meisten Fällen die Erstantragsteller, die aber – wie bereits dargestellt – auf Pression von Amtsärzten oder anderer tätig wurden. Schloß sich der Amtsarzt dem Antrag an, was praktisch immer der Fall war, konnte der Betroffene seinen eigenen Antrag nicht mehr rechtsgültig zurückziehen, und das Erbgesundheitsgericht blieb jedenfalls mit der Sache befaßt. Gelangte das Erbgesundheitsgericht zu der Auffassung, daß keine sachlichen bzw. medizinischen Gründe für eine Sterilisierung vorlagen, lehnte es den Antrag auf Sterilisierung mittels Beschlusses ab.

---

[460] Vgl. GÜTT Arthur/RÜDIN Ernst/RUTTKE Falk, Gesetz zur ..., a. a. O., S. 245.

Nun hatte – infolge des Instanzenzugs – der Amtsarzt, der die Angelegenheit eingeleitet hatte, aber die Möglichkeit, Beschwerde beim Erbgesundheitsobergericht zu führen. Erst wenn auch dieses der Meinung war, daß der Amtsarzt irrte und keinerlei Gründe für die Sterilisierung vorlagen, wurde der Antrag auf Sterilisierung rechtskräftig abgelehnt.

Das Recht, Beschwerde beim Erbgesundheitsobergericht zu führen, stand auch dem Betroffenen selbst zu. Tatsächlich lassen sich Fälle nachweisen, in denen die Beschwerdeführung erfolgreich verlief und der zur Sterilisierung Verurteilte von der Oberinstanz „begnadigt" wurde. Allerdings fällt auf, daß es derartige Fälle hauptsächlich im Bereich jener Erkrankungen gab, in denen der Betroffene in der Lage war, sich selbst darzustellen, sich vor dem Gericht zu verteidigen und seine Argumente und Einwendungen vorzubringen. In jenen Fällen, in denen der Betroffene dazu nicht in der Lage war, hatten Beschwerden an das Erbgesundheitsobergericht kaum Erfolg.

Zusammenfassend kann festgestellt werden, daß die Erbgesundheitsgerichte als „ärztliche Gerichte" über einen breiten Entscheidungsspielraum verfügten und sich so – mit rechtsstaatlichen Kriterien gemessen – nicht unter der Bezeichnung „ordentliches Gericht" subsumieren lassen.

Das Erbgesundheitsgericht war so organisiert und aufgebaut, daß der einzelne de facto kaum einen Rechtsschutz hatte, vielmehr ging es den Gerichten darum, den einzelnen Volksgenossen, der verdächtig war, „erbkrank" zu sein, im Zweifelsfall durch Sterilisierung von der Fortpflanzung auszuschließen und damit die Rasse zu schützen.

Auf den ersten Blick erweckt das Gericht – wenn man von den anzuwendenden Normen und deren Hintergrund absieht – den Eindruck eines interdisziplinären, unabhängigen Gerichtes, das nach rechtsstaatlichen Regeln tätig war. Praktisch bewirkten die Gerichtseigenschaft, die Bindung an zweifelhafte Normen sowie die völlige Zurückdrängung des unabhängigen Richters im Verfahren genau das Gegenteil.

Das Erbgesundheitsgericht war ein „ärztliches Gericht", es sollte nicht Recht sprechen oder Rechte und Verfehlungen einzelner beurteilen, vielmehr war es die Aufgabe dieser Einrichtung, unabhängig von Schuld und sogar in vielen Fällen unabhängig von beweisbaren Tatsachen Entscheidungen zu treffen, die ausschließlich biologisch und völkisch, an der Rasse orientiert waren und die dem jeweiligen Wissen des Mediziners bzw. dem Stand der biologischen und medizinischen

Forschung entsprachen. Es kam nicht darauf an, was objektiv wahr oder was beweisbar war, Ziel dieser ärztlichen Rechtsprechung war einzig und ausschließlich die Umsetzung des Rassengedankens, der Eugenik und der nationalsozialistischen Politik.

4.8.7. Die internationale Diskussion über die Sterilisierung[461]

Eugenik und Rassenhygiene wären ohne den Versuch, einen wissenschaftlichen Unterbau zu formulieren, undenkbar. Dennoch darf nicht übersehen werden, daß auch die deutschen Wissenschaftler wie alle anderen Menschen im politischen Gefüge und im sozialen Netzwerk ihrer Zeit standen.[462] Das wissenschaftliche Netzwerk ist zumeist ein internationales. Aus diesem Grund erscheint es notwendig, den Stand der internationalen Diskussion und Gesetzgebung rund um die Sterilisierung zu beleuchten, zumindest so, wie sich aus der Sicht der Nationalsozialisten diese Diskussion darstellte.[463]

Das Gesetz zur Verhütung erbkranken Nachwuchses wurde nur ein halbes Jahr nach der Machtübernahme durch die Nationalsozialisten erlassen. Da die Machthaber zu diesem Zeitpunkt noch mit massiver Kritik aus Wissenschaft und Kirche rechnen mußten, verwundert es nicht, daß sich im Kommentar zu diesem Gesetz ein eigener Abschnitt mit der „Entwicklung im Ausland" beschäftigte. Man war bemüht, die deutsche Gesetzgebung einerseits als Pioniertat hinzustellen, andererseits wollte man darauf verweisen, daß die Sterilisierung von Kranken und Behinderten aus rassenhygienischen Gründen auch in anderen Staaten üblich sei.[464]

Als Beispiel wurde die Schweiz angeführt, wo im Kanton Waadt schon seit 1928 ein Gesetz zur Unfruchtbarmachung aus erbpflegeri-

---

[461] Vgl. dazu auch die Darstellung in SEIDLER Horst/RETT Andreas, Rassenhygiene, Ein Weg in den Nationalsozialismus, a. a. O., S. 93 ff.

[462] Vgl. ARENDT Hannah, Elemente und Ursprünge totaler Herrschaft, a. a. O., S. 271.

[463] Eine ausführliche zeitgenössische Übersicht erstellte STEINWALLNER B., Rassenhygienische Gesetzgebung und Maßnahmen im Ausland, in: Fortschritte der Erbpathologie, Rassenhygiene und ihrer Grenzgebiete, 1. Jg., Leipzig 1937/38, S. 193.

[464] GÜTT Arthur/RÜDIN Ernst/RUTTKE Falk, Gesetz zur ..., a. a. O., S. 65 ff.

schen Gründen existierte. Im Kanton Bern bestand zwar kein Gesetz, die Sterilisierung konnte aber – mit Zustimmung der betroffenen Person – auf dem Verwaltungsweg angeordnet werden. Des weiteren konnten in allen anderen Schweizer Kantonen Sterilisationen durchgeführt werden, auch wenn dies kein Gesetz explizit vorsah bzw. kein besonderes Verfahren vorgeschrieben war.

Auch in Dänemark bestand schon vor dem deutschen Gesetz zur Verhütung erbkranken Nachwuchses eine gesetzliche Regelung. Die Dänen hatten im Jahr 1929 ein Gesetz über Unfruchtbarmachung erlassen, das allerdings zeitlich befristet war und 1935 abgeändert und erweitert wurde.

Interessant ist in diesem Zusammenhang eine Entschließung, die von den Teilnehmern des Zürcher Kongresses der „International Federation of Eugenical Organizations" (18. bis 21. Juli 1934) auf Veranlassung des norwegischen Professors und Ploetz-Schülers Mjoen verfaßt und veröffentlicht wurde. In ihr wurde festgestellt, daß die Kongreßteilnehmer „bei aller Verschiedenheit ihres politischen oder weltanschaulichen Standpunktes doch die tiefe Überzeugung geeint hat, daß rassenhygienische Forschung und Praxis für alle Kulturländer höchst lebenswichtig und unausweichlich sind".

Die Autoren des deutschen Gesetzeskommentars waren als Referenten geladen, alle Funktionäre, die mit der Formulierung und Umsetzung des deutschen Gesetzes wesentlich zu tun hatten[465], waren anwesend, und insgesamt erscheint der Zürcher Kongreß bei erster Betrachtung weniger als wissenschaftliche Veranstaltung, sondern vielmehr als Werbeveranstaltung für die nationalsozialistischen rassenhygienischen Aktivitäten.

Trotzdem war die Zürcher Konferenz für die nationalsozialistischen Rassenhygieniker ein international schöner Erfolg[466], wenngleich of-

---

[465] So etwa Prof. Dr. Ernst Rüdin, Ordinarius für Psychiatrie in München und Direktor des Kaiser-Wilhelm-Instituts für Genealogie und Demographie der Deutschen Forschungsanstalt in München. Rüdin war auch Koautor des bekanntesten Kommentars zum Gesetz zur Verhütung erbkranken Nachwuchses. Dr. jur. Falk Ruttke, Geschäftsführender Direktor des Reichsausschusses für Volksgesundheit beim Reichsministerium des Inneren. Prof. Dr. Astel, Präsident des Rassenamtes in Thüringen. Prof. Dr. Kürten als Vertreter der Bayerischen Regierung usw.

[466] Vgl. Bericht über die Konferenz, abgehalten gelegentlich der 11. Versammlung der Internationalen Föderation Eugenischer Organisationen im Waldhaus Dolder, Zürich, Schweiz, 18.-21. Juli 1934; Archiv der Julius-Klaus-Stif-

fenkundig war, daß ausschließlich Eugeniker und Rassenhygieniker an dieser Veranstaltung teilnahmen.

Es verwundert daher nicht, daß in den Vorträgen und in den protokollierten Beiträgen keinerlei Kritik an der deutschen Rassengesetzgebung oder an der internationalen eugenischen Gesetzgebung bzw. Bewegung formuliert wurde. Gerade auf dieses „gemeinsame Band", nämlich auf das Ziel, daß alle Teilnehmer ein gesundes und vollwertiges Menschengeschlecht durch die Mittel der Rassenhygiene anstreben, wurde insbesondere von den deutschen Vertretern hingewiesen.

Eine andere Situation im internationalen Echo fanden die Nationalsozialisten anläßlich des 11. Internationalen Strafrechts- und Gefängniskongresses vom 19. bis 24. August 1935 in Berlin vor. Zwar verabschiedete auch dieser Kongreß eine Erklärung, die sich grundlegend positiv mit eugenischen Maßnahmen befaßte.

In dieser Entschließung wurden als „Grundlinien", nach denen sich ein Gesetz über Unfruchtbarmachung von Erbkranken auszurichten habe, folgende Punkte formuliert:

- Im Gesetz ist genau zu unterscheiden, ob mittels Sterilisation oder Kastration vorgegangen wird.
- Die „günstigen präventiv-therapeutischen" Ergebnisse der Kastration im Zusammenhang mit Kriminalität sollten die Staaten veranlassen, ihre Gesetze in diesem Sinn zu verändern.
- Das gleiche gilt für die Sterilisation aus gesundheitlichen oder eugenischen Gründen.
- Zwangsweise Kastration kann den anderen sichernden Maßnahmen gleichgestellt werden. Zwangsweise Sterilisation aus eugenischen Gründen ist eine empfehlenswerte Präventivmaßnahme.
- Für die Sterilisation der Verbrecher sind abweichende Prinzipien aus eugenischen Gründen nicht zu rechtfertigen.
- Sterilisation und Kastration sind im Einzelfall durch eine Kommission von Juristen und Medizinern zu überprüfen.[467]

Da bei der Berliner Strafrechts- und Gefängniskonferenz nicht nur Rassenhygieniker zugegen waren, feierten die Nationalsozialisten in

---

(466) tung für Vererbungsforschung, Sozialanthropologie und Rassenhygiene, Zürich, Band X, Zürich 1935, S. 3 ff.
467 Vgl. GÜTT Arthur / RÜDIN Ernst / RUTTKE Falk, Gesetz zur ..., a. a. O., S. 66 f.

ihren einschlägigen Publikationen den Erfolg, den sie erreichen konnten, besonders. Anders stellt sich diese Konferenz (und das Medienecho) allerdings in einem Bericht dar, den Dienststellen des Auswärtigen Amtes für das Justizministerium zusammenstellten.[468]

So meldete der deutsche Gesandte in Luxemburg, daß die in Deutschland verbotene führende Luxemburger Zeitung „Luxemburger Wort"[469] gegen „die den Gepflogenheiten internationaler Kongresse widersprechende Prozedur bei der Abstimmung über die Frage der Sterilisation polemisierte"[470].

Auch der Gesandte in Rumänien mußte melden, daß die Presse in Bukarest gegen den Strafrechtskongreß insgesamt und die Resolution über eugenische Maßnahmen eingestellt war;[471] insbesondere die Reden wurden als „nationalsozialistische Propaganda" dargestellt.

Selbst die italienischen Berichterstatter, die aufgrund der engen Beziehungen zwischen dem faschistischen Italien und dem nationalsozialistischen Deutschland ihren offiziellen Bericht sehr deutschlandfreundlich hielten, konnten nicht umhin, einige Mängel im Zusammenhang mit dem Abstimmungsverfahren und mit dem Kongreßverlauf in den Bericht aufzunehmen.[472] Insbesondere die Notwendigkeit, das Abstimmungssystem zu verändern, „damit das Übergewicht der einheimischen Teilnehmer vermieden wird, die aus naheliegenden

---

[468] Bundesarchiv Koblenz, Akten des Justizministeriums, R 22/1300, fol. 1 bis 270.

[469] Vgl. Luxemburger Wort, Nr. 239 vom 2. August 1935: „In der Frage der Sterilisation, über die es besonders lebhafte Debatten gab, wäre es zur Annahme einer Entschließung nicht gekommen, wenn der Vorsitzende eine vorgeschlagene Abstimmung nach Ländern nicht verhindert hätte. Durch die unverhältnismäßig große Zahl deutscher Delegierter gelang es schließlich, die Vertreter der anderen Staaten zu majorisieren, jedoch kann selbst die Resolution [...] nicht als Sanktionierung einer soweit gehenden Sterilisierung aufgefaßt werden, wie sie im Dritten Reich praktiziert wird. [...] Besonderen Widerstand erregte der Passus: Zwangsweise Sterilisation aus eugenischen Gründen ist eine empfehlenswerte Präventivmaßnahme [...]. Der Holländer Professor Rutgers erklärte, die Resolution sei ein Angriff auf das Recht der Natur. [...] Graf Almeider, der Direktor des brasilianischen Gefängniswesens, legte im Namen seines Landes feierlichen Protest gegen die Resolution ein. [...] Der Madrider Professor Caldana erklärte, daß man über die Frage der Kastration überhaupt nicht mehr in unserem Jahrhundert sprechen sollte."

[470] Bericht des Gesandten vom 19. Oktober 1935.

[471] Bericht des deutschen Gesandten in Bukarest vom 7. Januar 1936.

[472] Vgl. Novelli in: Rivista di diritto penitenziario, anno VI, Nr. 5, September/Oktober 1935, S. 1140-1142.

Gründen immer die große Mehrheit gehabt haben und haben werden", wurde betont. „Hier genügt die Bemerkung, daß das, was sich in Berlin ereignet hat, nichts Neues ist. Beim Londoner Kongreß von 1925 waren unter einer Zahl von 598 Teilnehmern aus aller Welt 350 Engländer, und zahlreich waren auch die Vertreter von zehn weiteren Staaten, die dem britischen Reich" angehörten.[473] Ein ungünstiges Urteil über den Kongreß wurde auch im niederländischen Juristenblatt[474] abgegeben. Massiv kritisiert wurde die Vorgehensweise am Berliner Kongreß auch in England, sodaß zusammenfassend festgestellt werden kann, daß die proeugenische Erklärung, die durch allerhand Winkelzüge unter Überrumpelung der Teilnehmer zustande gekommen war, für die Nationalsozialisten zwar innenpolitisch von großem Nutzen war, außenpolitisch aber ganz klar bewies, daß die Mehrheit der zivilisierten Welt gegen eine eugenische Gesetzgebung eingestellt war.

Dennoch kann nicht übersehen werden, daß Eugenik und Rassendiskussion weltweit geführt wurden und daß in vielen Staaten tatsächlich Gesetze in Geltung waren, die die Sterilisierung unter bestimmten Voraussetzungen gestatteten.

Von besonderem Interesse sind in diesem Zusammenhang die Vereinigten Staaten von Amerika, weil in einigen Bundesstaaten der USA schon vor dem Ersten Weltkrieg Sterilisierungsgesetze bestanden. Gütt/Rüdin/Ruttke drucken in ihrem Kommentar eine Übersicht ab, die je Bundesstaat das Geltungsjahr des Gesetzes, die Zwangsdurchsetzung oder Freiwilligkeit, die Indikation (eugenisch, kriminalpolitisch, Strafe) sowie die Zahl der bis zum 1. Januar 1935 Sterilisierten angibt. Als Quelle diente der Vortrag eines amerikanischen Kongreßteilnehmers am Kongreß für Bevölkerungswissenschaft im Jahr 1935 in Berlin. Demnach wurden in den Vereinigten Staaten im Zeitraum von 1909 bis 1936 insgesamt etwas über 23.000 Menschen sterilisiert. Vor diesem Hintergrund erscheint es eher unglaubwürdig, daß die Sterilisierungen in den USA bevölkerungspolitische Bedeutung und eugenische Grundlagen hatten. Die Gesamtzahl der Sterilisierten ist im angegebenen Zeitraum so gering, daß es sich bei den Sterilisierungen in den USA nur um Einzelmaßnahmen und Bestrafungen han-

---

[473] Es darf allerdings nicht übersehen werden, daß beim Strafrechtskongreß in London die englischen Veranstalter diese Mehrheit nicht genutzt haben, um im Rahmen eines internationalen Kongresses eine international verpönte Maßnahme „demokratisch" absegnen zu lassen.

[474] Nederlandsch Juristenblad, 10. Jg., Nr. 42 vom 7. Dezember 1935, S. 671-674.

deln konnte, die keinesfalls auf eine rassische und bevölkerungspolitische Grundlage aufbauten. Diese Maßnahmen stehen – so bedauerlich jeder einzelne Fall sein mag – in keinem Vergleich zum Sterilisierungsprogramm der Nationalsozialisten. Innerhalb weniger Jahre wurden im Deutschen Reich an die 300.000 Menschen[475] sterilisiert.

Aber auch diese Zahl erscheint bei einer Bevölkerung von etwa 60 Millionen relativ gering. Insgesamt waren demnach „nur" 0,5 Prozent der Bevölkerung von Sterilisierungsmaßnahmen betroffen. Man darf dabei aber nicht übersehen, daß Zielgruppe der Sterilisierungsmaßnahmen jene Teile der Bevölkerung waren, die zur Fortpflanzung heranstanden, man muß also davon ausgehen, daß von der Gesamtzahl von 60 Millionen Einwohnern etwa 15 bis 20 Millionen die Zielgruppe des Sterilisierungsgesetzes waren. Bei einer Gesamtziffer von 300.000 Menschen, die sterilisiert wurden, bedeutet dies, daß nicht weniger als zwei Prozent der fortpflanzungsfähigen Bevölkerung sterilisiert wurden.

Vergleicht man die Tatsache, daß zwei von 100 Menschen der Zielgruppe sterilisiert wurden, mit den Sterilisierungszahlen in den USA, die sich im Promillebereich bewegen, wird deutlich, daß im Gegensatz zu den USA die deutsche Sterilisierungspraxis und -gesetzgebung um ein Vielfaches totaler und umfassender war. Unbestritten dürfte vor diesem Hintergrund sein, daß die amerikanische Sterilisierungspraxis keine eugenische Wirkung hatte.

Die Berufung auf die internationale Diskussion, die Abhaltung internationaler Kongresse und der Hinweis auf die internationale Praxis waren Propagandamaßnahmen der Nationalsozialisten,[476] wenn-

---

[475] Vgl. ZENTNER Christian/Friedmann BEDÜRFTIG, Das große Lexikon des Dritten Reiches, a. a. O., S. 660; die tatsächliche Zahl der Opfer läßt sich nicht mehr feststellen, in der Literatur werden Zahlen zwischen 250.000 und 1,5 Millionen genannt.

[476] In einer Kongreßrede auf dem „Parteitag der Ehre", 1936, teilte der Reichsärzteführer Dr. Wagner die internationalen Gegner der Rassen- und Bevölkerungspolitik der Nationalsozialisten in verschiedene Gruppen ein (Emigranten, Ignoranten, Objektive), wobei er die Gruppe der Objektiven – darunter verstand er die Gelehrten und Wissenschaftler – als schrumpfend ansah, obwohl es nach seiner Meinung nicht die Wissenschaftler waren, die den Rassengedanken weiterführten, „sondern einzig und allein unser Führer Adolf Hitler, der den Erb- und Rassengedanken zum Mittelpunkt unserer nationalsozialistischen Weltanschauung und zum Grundstein unseres völkisch-staatlichen Wiederaufbaues gemacht hat", in: Erbgesundheit – Volksgesundheit, Das Gesetz zur Verhütung erbkranken Nachwuchses, S. 38 ff.

gleich feststeht, daß die Themen Euthanasie von geistig Behinderten und Zwangssterilisation auch international diskutiert wurden, vor allem deshalb, weil Verhütungsmittel in medikamentöser Form in den zwanziger und dreißiger Jahren nicht zur Verfügung standen.

Daneben ist ein weiterer Umstand von Bedeutung. Durch die rasante Entwicklung der Chirurgie nach der Jahrhundertwende wurde es realistischer, eine größere Anzahl von Menschen durch eine verhältnismäßig sichere Operation zu sterilisieren.[477]

Diese Möglichkeit wurde von den Nationalsozialisten in einer Weise genutzt, wie dies in keinem anderen Land der Welt auch nur annähernd nachgewiesen werden kann.

4.8.8. Die medizinischen Abgrenzungsprobleme

Bei erster Sichtung und Vorprüfung des Gesetzes gegen Verhütung erbkranken Nachwuchses könnte man die formaljuridische Ansicht vertreten, daß die einzelnen Tatbestandsmerkmale, insbesondere § 1 Abs. 2 leg. cit., eine genaue Abgrenzung und Prüfung im Einzelfall zulassen und daß die nationalsozialistischen Gesetzgeber ihre sonst beliebte Praxis, die Gesetze derart generalklauselartig zu formulieren, daß sich im Grund jeder Sachverhalt unter das betreffende Gesetz subsumieren läßt, in diesem Fall nicht verwirklichten.

Tatsächlich verhält es sich bei diesem Gesetz genau umgekehrt. Sieht man von § 1 Abs. 2 lit. 8 leg. cit. ab (dort wird die auslegungsbedürftige Formulierung der „schweren erblichen körperlichen Mißbildung" verwendet), sind die Erbkrankheiten für den Juristen formell exakt formuliert. Allerdings war für die Mediziner, die durch ihre Dia-

---

[477] Dazu muß man allerdings feststellen, daß diese Meinung nur aus Sicht der „Täter" zulässig ist. Wenn man eine realistische Komplikationsrate von vier bis fünf Prozent annimmt, dann würde dies bei einer fiktiven Gesamtoperationszahl Komplikationen für 12.000 Menschen bedeuten. Es kann davon ausgegangen werden, daß eine nicht unerhebliche Anzahl dieser Komplikationen letal endeten. Genaue Zahlen liegen darüber nicht vor. Vereinzelt gibt es aber Berichte über brutale Vorgehensweisen in den Kliniken; vgl. dazu etwa KLEE Ernst, Vom Krankenmord zum Judenmord, in: Zeitgeschichte, 21. Jg., Mai/Juni 1994, Heft 5/6, Wien, S. 157 f.

gnose den Sachverhalt (!) zu präzisieren hatten, die Feststellung von Erbkrankheiten keineswegs mit letzter Sicherheit möglich.

Darüber hinaus stellt sich im Zusammenhang mit lit. 8 die Frage, ob die Mißbildungen lediglich im Phänotypus nachzuweisen waren oder ob auch genotypische und damit fiktive Mißbildungen gemeint waren.[478] Die Problematik der medizinischen Abgrenzung wird deutlich, wenn man die medizinische, juristische und anthropologische Diskussion in Deutschland in den Jahren 1933 bis 1935 verfolgt. Vor und nach Verlautbarung des Gesetzes wurden zur Frage der Diagnostik und der Auswirkung von Erbkrankheiten eine Vielzahl medizinischer und sonstiger naturwissenschaftlicher Publikationen verfaßt.

Auch die Publikationssammlung jener deutscher Medinzinprofessoren, die im Rahmen einer Vortragsreihe zum Thema „Wer ist erbgesund und wer ist erbkrank? (Praktische Ratschläge für die Durchführung des Gesetzes ‚zur Verhütung erbkranken Nachwuchses' und zur Verleihung der Ehrenpatenschaft)" Stellung nahmen (und deren Darstellungen von Prof. Dr. Klein im Auftrag der Berliner Akademie für ärztliche Fortbildung publiziert wurden[479]), beschäftigt sich sehr früh mit dem Thema der medizinischen Abgrenzungen.[480]

Insbesondere war von Interesse, welche Menschengruppen bisher noch nicht von dem Gesetz zur Verhütung erbkranken Nachwuchses erfaßt waren, weil damit das Potential des Gesetzes vorab beschrieben werden sollte. Einig war man sich in weiten Bereichen der Wissenschaft, daß die derzeitige Form des Gesetzes erst einen Anfang darstellte und daß dieses Gesetz weiter fortzuschreiben sei – und zwar im Sinn der Erweiterung des Kreises der zu Sterilisierenden.

Vorerst war der Begriff der Erbkrankheit exakt zu definieren, weil der gegenteilige Begriff der Erbgesundheit für eine Reihe von anderen Gesetzen von Bedeutung war, die sich mit den sogenannten euge-

---

[478] Aus der Sicht des Gesetzeskommentars (GÜTT) waren vom Gesetz ausschließlich die phänotypischen Defekte umfaßt. In der Wissenschaft wurde allerdings meistens die genotypische Anwendung (bzw. zukünftige Anwendungen) diskutiert.

[479] Vgl. KLEIN W., Wer ist erbgesund und wer ist erbkrank?, Jena 1935.

[480] Die Frage der medizinischen Abgrenzungen wurde natürlich laufend behandelt, sehr umfassend etwa von ECKHARDT H./OSTERTAG B., Körperliche Erbkrankheiten. Ihre Pathologie und Differenzialdiagnose, Leipzig 1940; ebenso VERSCHUER Otmar Frhr. v., Erbpathologie, a. a. O.

nischen Maßnahmen befaßten und somit besonders auserwählte und „genetisch hochwertige" Menschen unterstützen und fördern sollte.

Der bedeutende deutsche Rassenhygieniker von Verschuer[481] versuchte, die Fragestellung nach drei Gesichtspunkten abzugrenzen:

1. Erbkrank im Sinn des Gesetzes zur Verhütung erbkranken Nachwuchses.
2. Erbkrank gleich krank infolge krankhafter Erbveranlagung.
3. Erbkrank im Sinn von „im Erbe krank".

Erbkrank im Sinn des Gesetzes zur Verhütung erbkranken Nachwuchses war der bestimmte, vom Gesetz im weitesten Sinn erfaßte Personenkreis. Wesentlich war, daß damit – so von Verschuer – nur die schwersten Fälle herausgegriffen wurden und noch zahlreiche Krankheiten fehlten, von denen angeblich schon bekannt war, daß sie durch krankhafte Erbanlagen entstanden. Feststand, daß mit dieser Definition die erbkranken Menschen insgesamt noch nicht erfaßt waren.

Erbkranke im Sinn von krank infolge krankhafter Erbveranlagungen hatten nach der Definition von v. Verschuer ebenfalls äußerliche krankhafte Veränderungen in irgendeiner Form aufzuweisen. Allerdings war es nicht notwendig, daß diese Veränderungen bzw. diese Erbanlagen im Phänotypus bereits wirksam waren oder überhaupt jemals wirksam werden würden. Die äußerliche krankhafte Veränderung konnte sich für v. Verschuer auch nur im genetischen Bereich manifestieren.

Erbkrank im Sinn von im Erbe krank war ein großer und auch für die Rassenhygieniker nicht überschaubarer und einzugrenzender Bereich von Menschen. Je nach dem Erbgang einer Krankheit[482] konnte man davon ausgehen, daß die krankhafte Anlage in der Bevölkerung um ein Vielfaches häufiger vorkommt als die Krankheit selbst. Nach dem damaligen Stand der Medizin konnte man nur in den seltensten Fällen mit Sicherheit aussagen, „daß jemand Träger einer krankhaften rezessiven Erbanlage ist". Das Problem bei der Feststellung, ob je-

---

[481] Vgl. VERSCHUER Otmar Frhr. v., Grundzüge der Vererbungswissenschaft, in: Wer ist erbgesund und wer ist erbkrank?, hg. von W. KLEIN, Jena 1935, S. 10 ff.

[482] Es wurde zwischen rezessivem und polymerem Erbgang unterschieden.

mand im Erbe krank war oder nicht, lag in den mangelnden Diagnosemöglichkeiten. Dieses Problem sollte die Mediziner bis ans Ende des Dritten Reiches beschäftigen.

Gerade weil es kaum möglich war festzustellen, ob jemand „im Erbe krank" war, war es auch so schwierig, im Rahmen der sogenannten positiven eugenischen Maßnahmen eine Stellungnahme abzugeben, daß jemand „im Erbe gesund" sei. Aus diesem Grund wurde vorgeschlagen, daß die Mediziner nur jene Menschen für erbgesund erklären sollten, bei denen man nach dem damaligen Stand der Medizin mit absoluter Sicherheit davon ausgehen konnte, daß sie nicht Träger krankhafter Erbanlagen waren.

Diese Feststellung der Erbgesundheit war ein relativ aufwendiges Verfahren. Methodisch wurde der Versuch einer negativ gegenständlichen Abgrenzung gemacht, was bedeutete, daß bei der Untersuchung des betreffenden Individuums vorerst alle Diagnoseverfahren angewandt wurden, die zum Nachweis einer Erbkrankheit bzw. zum Nachweis einer rezessiven Erbanlage möglich waren. Durch diese Methoden wurde vorerst festgestellt, daß jemand möglicherweise nicht erbkrank, nicht aber, daß er erbgesund war. Die Erbgesundheitserklärung konnte der Arzt erst dann abgeben, wenn die gesamte Familie des betreffenden Menschen untersucht und rassenbiologisch durchleuchtet worden war.

Bei der Familienuntersuchung wurde insbesondere nachgeforscht, ob innerhalb der Familie ein bestimmtes Leiden in einer bestimmten Gesetzmäßigkeit nachzuweisen war. Wurde dies festgestellt, galt eine Erberkrankung zunächst als erwiesen. Allerdings konnte es auch vorkommen, daß im Rahmen einer Familienuntersuchung dasselbe Leiden in verschiedener Form auftrat. Auch in solchen Fällen wurde üblicherweise eine Erbgesundheitsklärung nicht abgegeben.

In jenen Fällen, in denen die Familienuntersuchung zu keinem Ergebnis führte, wurde die sogenannte „Sippe" rassenhygienisch untersucht. Unter Sippe verstand man im Dritten Reich den erweiterten Verwandtenkreis einer Familie. Das Problem bei der Feststellung der Erbgesundheit war die Tatsache, daß bei einem rezessiven Erbgang das Leiden nur durch das Zusammentreffen zweier gleicher Erbanlagen auftrat. Wenn es sich dabei um ein seltenes Erbleiden handelte, war es auch der Sippenforschung fast nicht möglich, eine Erberkrankung zu diagnostizieren. In Fällen dieser Art wurde ein Mensch dann für erbkrank erklärt, wenn innerhalb seiner Sippe ein einziger Fall einer bestimmten Krankheit vorkam, die nach dem damaligen medizinischen Wissen sehr selten oder überhaupt nicht als exogen bedingt vorkam.

Wenn der Rassenforscher auch im Rahmen der Betrachtung der Sippe einen derartigen geringen Anhaltspunkt nicht fand, konnte ein Mensch für erbgesund erklärt werden und damit in den Genuß der sogenannten positiven eugenischen Maßnahmen kommen, weil erbgesunde Menschen die genetische Basis für die „Aufzucht" der arischen Rasse bilden sollten.

Schon dieser Abgrenzungsversuch von v. Verschuer zeigt, daß die deutschen Wissenschaftler den Kreis der Erbkranken sehr weit zogen und daß zumindest theoretisch die praktischen Ausweitungsmöglichkeiten des Gesetzes zur Verhütung erbkranken Nachwuchses aus medizinischer Sicht durchaus gegeben waren.

So stellte etwa Curtius fest, daß auf dem Gebiet der Stoffwechselkrankheiten die außerordentliche Wichtigkeit von Erbanlagen seit längerer Zeit bekannt sei. Zu der Reihe der Erbkrankheiten zählte er Diabetes, denn „exogene Faktoren haben [...] meist nur die Rolle des Aktivators der latenten Fehlanlage des Pankreas".

Gerade die verschiedenen Formen des Diabetes waren für die Eheberatung und für die eugenischen Maßnahmen von besonderem Interesse.[483] Dies, obwohl der Nachweis über die Erblichkeit bei Diabetes nur bei etwa 25 Prozent der Fälle gesichert war. Die rassenhygienische Bedeutung des Diabetes bei Jugendlichen wurde im Zusammenhang mit der Arbeitsfähigkeit betrachtet. Weil diese als gemindert angesehen wurde, sollten Diabeteskranke in der Fortpflanzung keinesfalls gefördert werden. Auch Menschen mit Fettsucht wurden rassenhygienisch als wertlos bezeichnet, insbesondere, weil wegen der oft starken sekundären Herzinsuffizienz Arbeitsunfähigkeit vorlag und sie insgesamt konstitutionell als ausgesprochen minderwertig galten. Ähnlich wurden Astheniker eingestuft, für Curtius stellten diese Menschen, „allgemein biologisch betrachtet, eine Minusvariante" dar. Auch einige Erkrankungen im Magen-Darm-Bereich stellten für den Mediziner einen Grund zur Sterilisierung dar.[484]

---

[483] Vgl. CURTIUS Friedrich, Stoffwechsel, Magen-, Darm-, Lebererkrankungen sowie Krebsleiden unter dem Gesichtspunkt der Vererblichkeit; in: Wer ist ..., hg. von W. KLEIN, a. a. O., S. 45 ff.

[484] Hier insbesondere die angeborene Erweiterung des Kolons.

Als rassenhygienisch interessant wurden auch die Leberzirrhose eingestuft sowie Gallensteinleiden und sonstige Anzeichen von „Organminderwertigkeit".

Von einem besonderen Interesse für die Eugeniker waren sämtliche Formen der Krebsleiden, zumal davon ausgegangen wurde, daß verschiedene Krebsarten jedenfalls als Erbkrankheiten einzustufen seien. Das Problem bei der Feststellung, ob Krebs insgesamt vererbbar ist oder nicht, bestand darin, daß diese Krankheitsgruppe häufig auftrat und aus einem vermehrten Auftreten allein nicht auf Vererblichkeit geschlossen werden konnte. Dies betraf vor allen Dingen jene Krebserkrankungen, die, wie etwa das Magenkarzinom, häufig vorkamen. Erblichkeit wurde jedenfalls dort angenommen, wo innerhalb einer Familie ansonsten selten vorkommende Tumoren mehrfach nachzuweisen waren.

Es wurde angenommen, daß die Krebsanfälligkeit durch bestimmte erbliche Organminderwertigkeiten übertragen wurde. Insbesondere für das Magen-, Mastdarm-, Lippen-, Zungen- und Mammakarzinom wurde neben anderen Krebsarten Erblichkeit angenommen.

So stellte Curtius insgesamt fest, daß Diabetes, Stoffwechselleiden, Magen- und Darmkrankheiten sowie Leberkrankheiten, Gallensteine und Krebs erblich bedingt sein könnten und unter Umständen eine Unfruchtbarmachung solcherart erkrankter Personen gerechtfertigt erscheinen lassen. Keinesfalls sollte man aber die Fortpflanzung von Zuckerkranken fördern, für die Sterilisierung aller Kinder von Krebskranken sei es „noch zu früh", man wisse zuwenig über die Vererblichkeit.

Ein wesentliches Problem war auch die Tuberkulose, weil diese Erkrankung in den dreißiger Jahren noch weit verbreitet war. Dazu meinte Diehl[485], daß insgesamt noch wenige Faktoren bei der erblichen Erkrankung der Atmungsorgane bekannt seien. Anders lag der Fall bei Tuberkulose, und er stellte fest, die Erblichkeit der Tuberkulose sei keine „Erkenntnis unserer Tage", Tuberkulosekranke müsse man zwar noch nicht sterilisieren, doch sollten auch keine „Maßnahmen zur Förderung der Aufzucht" ergriffen werden.

---

[485] DIEHL K., Erkrankungen der Atmungsorgane und die Tuberkulose unter dem Gesichtspunkt der Vererblichkeit, in: Wer ist ..., hg. von W. KLEIN, a. a. O., S. 56 ff.

Ebenfalls nicht zum Kreis jener, die in den „Genuß" der positiven eugenischen Maßnahmen kommen sollten, zählten Menschen, die unter einem idiopathischen Spontanpneumothorax sowie solche, die unter ausgeprägten Formen von bronchiektasen Krankheiten litten. Diehl führte aus, daß sich der Wert eines Menschen nicht aus einer einzelnen Erbanlage, sondern aus der Summe seiner Anlagen bestimme. Insbesondere stellte er fest, daß „große Männer des deutschen Volkes" – etwa der Dichter Friedrich von Schiller – der Tuberkulose zum Opfer gefallen seien. Dennoch sollte im Rahmen dieser Erkrankung eugenisches bzw. rassenhygienisches Handeln für den Arzt verpflichtend sein. Wenn die Sterilisierung auch nicht immer angebracht sei, so stehe doch fest, daß tuberkulosekranke Eltern nicht jene „biologische Hochwertigkeit" aufweisen, daß an einer weiteren Fortpflanzung „öffentliches Interesse" bestünde.

Bremer[486], ein Professor für Psychiatrie, erklärte, daß die Abgrenzung der Frage, wer erbgesund und wer erbkrank sei, in seinem Fach besondere Schwierigkeiten mache.[487] Man definierte eine psychologische Breite der morphologischen Erscheinungen; Eigenschaften wurden eingeteilt in solche, die innerhalb einer bestimmten Variationsbreite liegen und in solche, die außerhalb stehen, ohne aber zu wissen, ob andere Eigenschaften die Minusvariante wettmachen können oder nicht.

Dennoch ließ sich Bremer durch das Fehlen von medizinischem Wissen und wissenschaftlich exakten Erkenntnissen in seiner erbbiologischen Tätigkeit nicht erschüttern: „Die Schwierigkeiten übersehen, wissen, daß nur unser erbbiologisches Wissen und oft sogar nur gesunder Menschenverstand uns helfen kann, verzichten auf alle begrifflichen Auseinandersetzungen über Konstitution, Normbegriff usw. – heißt: Mutig eine Aufgabe anpacken, der wir uns nicht entziehen dürfen."

Die eigentliche Zielgruppe für den Psychiater war daher nicht der psychisch kranke Mensch, bei dem die Störung oder Dysfunktionalität klar erkennbar war. Diese Menschen waren für Bremer „Berggipfel, die aus dem Nebel ragen". Wichtig waren vielmehr jene, die bei er-

---

[486] BREMER W., Nervöse Erkrankungen unter dem Gesichtspunkt der Vererblichkeit, in: Wer ist …, hg. von W. KLEIN, a. a. O., S. 87 ff.
[487] Zur Stellung und Problematik der Psychiatrie vgl. SEIDEL Ralf/WERNER Wolfgang, Psychiatrie im Abgrund, Spurensuche und Standortbestimmung nach den NS-Psychiatrie-Verbrechen, Köln 1991.

ster Betrachtung als „Normvariante" gelten konnten. Bremer nannte sie „Quellgebiete, die es zu verstopfen" galt.

Daß „die nervösen Erkrankungen [...] den Akzent der Entartung" in sich tragen, stand für Bremer fest.[488] Menschen mit Erkrankungen dieser Art stünden nicht mehr unter den Gesetzen der natürlichen Auslese, denn in der Natur wären diese Menschen längst ausgestorben. Dabei wurde kritisiert, daß derartige Menschen immer noch „mitgeschleppt" würden.[489] Erbhygienische Maßnahmen seien daher selbstverständlich und insbesondere für diese Personengruppe nicht Gegenstand weiterer Überlegungen.

Viel wichtiger sei es, die „große Gruppe" der nervös Belasteten zu identifizieren, denn in Berufung auf Lenz wurde postuliert, daß sich die größte Gefahr für die Rasse in der Zunahme von leichten Schwächezuständen und Anomalien manifestiere. Das Problem sei aber, daß ein Normtypus eines nervösen, aber gesunden Menschen nicht existiere. Die Rasse und das Volk hätten vielfältige Erscheinungsformen. „Dichten und Denken" seien ebenso Teil dieser Rasse wie die „Naturburschen", die in geringerem Maß zu nervösen Reaktionen neigen, als dies bei den Denkern der Fall sei. Im Rahmen der rassenhygienischen Betrachtung sei daher jeder Fall einzeln zu betrachten und zu lösen, eine Schablone könne nicht angelegt werden. Früher habe die „Auslese" diesen Prozeß besorgt, und es sei undenkbar, daß ein nervös Entarteter unter primitiven Bedingungen bestehen hätte können. Durch das Erreichen einer höheren Kulturstufe trete jedoch eine Gegenauslese ein. Weil die Natur nicht mehr wirken könne, komme es in gehobenen Kulturen zum gehäuften Auftreten von nervösen Erkrankungen: „Es ist kein Wunder, daß gerade die jüdische Rasse mit ihrer seit jeher einseitig betriebenen Auslese ein Reservoir der seltensten Nervenkrankheiten ist".

Jedenfalls schaffe diese negative soziale Auslese der „Minderwertigen einen Bodensatz der Bevölkerung [...], der wirklich einem Sumpf gleicht, aus dem alle möglichen Erbkrankheiten wie Pilze wachsen."

---

[488] Die „nervösen Entartungen" wurden schon lang vor dem Erbgesundheitsgesetz im Zusammenhang mit rassenhygienischen Fragen wissenschaftlich diskutiert, vgl. etwa BUMKE Oswald, Kultur und Entartung, 2. Auflage, Berlin 1922, S. 32 ff.

[489] Die Diktion des angesehenen Berliner Psychiatrieprofessors Bremer kann bereits als „ideologischer Vorbote" für die kommenden Euthanasieprogramme herangezogen werden.

Der Breslauer Psychiatrieprofessor Lange[490] nimmt die Grenzen des sterilisierungsbedürftigen Schwachsinns dort an, wo er hilfsschulbedürftig macht.[491] Allerdings könnten auch „nicht Hilfsschulbedürftige" sterilisiert werden; nach Lange sollte die Grenze dann weiter „zur Norm hin verschoben werden", wenn „eine sorgfältige Familienuntersuchung ergibt, daß im erblichen Umkreis zahlreiche abnorme psychopathische und minderbegabte Typen verbreitet sind."[492]

Relativ „gering" war die Anzahl der Blinden, die nach den rassenhygienischen Regeln zu sterilisieren waren, für Adam[493]. Er meinte, daß von den 36.000 Blinden, die im Jahr 1925 bei einer „Gebrechlichenzählung" in Deutschland erfaßt wurden, etwa 10.000 sterilisiert werden sollten. Die Sterilisierung dieser Menschen sei dringend angeraten, weil diese etwa 50.000 Nachkommen hätten, die – wenn auch nicht alle blind – durch eine starke Fehlsichtigkeit in ihrem Erwerbsleben stark eingeschränkt seien. Für Adam „wäre an sich nichts einzuwenden, wenn die Eheleute unfruchtbar gemacht werden, so daß die unglückliche Nachkommenschaft vermieden wird".

Zu sterilisieren seien auch Menschen, die an einer Ptosis[494] leiden, sofern diese mit einer Lähmung sämtlicher äußerer Augenmuskeln verknüpft sei, weil in diesem Fall Gehirnstörungen vorlägen, die an sich schon eine Sterilisierung rechtfertigten. Sterilisierungswürdig seien auch Kranke, die unter „familiärer Hornhautentartung" litten sowie unter einem höheren Grad von Keratonkus. Adam vertrat die Position, daß bei Vorliegen einer angeborenen Linsentrübung in Verbindung mit anderen Mißbildungen eine Sterilisierung jedenfalls angeraten sei.

---

[490] LANGE J., Psychische Erkrankungen unter dem Gesichtspunkt der Vererblichkeit, in: Wer ist ..., hg. von W. KLEIN, a. a. O., S. 102 ff.

[491] Allein für diese Gruppe berechnete v. Verschuer ein Sterilisierungspotential von einer Million Menschen in Deutschland; vgl. VERSCHUER Otmar Frhr. v., Erbpathologie, a. a. O., S. 179.

[492] Die Psychopathen wurden in verschiedene Gruppen eingeteilt, die im wesentlichen nach Verhaltensauffälligkeiten bestimmt waren. Vgl. STUMPFL Friedrich, Erbanlage und Verbrechen, Charakterologische und psychiatrische Sippenuntersuchung, in: Monographien aus dem Gesamtgebiete der Neurologie und Psychiatrie, hg. von O. FOERSTER/E. RÜDIN, Heft 61, Berlin 1935, S. 154 ff. Vgl. auch die Ausführungen zur psychopathischen Verbrechensauffassung in: MEZGER Edmund, Kriminalpolitik, Stuttgart 1934.

[493] ADAM C., Augenerkrankungen unter dem Gesichtspunkt der Vererblichkeit, in: Wer ist ..., hg. von W. KLEIN, a. a. O., S. 123 ff.

[494] Die Unfähigkeit, das obere Augenlid zu heben.

Claus[495] plädierte dafür, alle Träger der rezessiven Taubstummheit zu sterilisieren. Die Zahl der erblich Belasteten im Deutschen Reich gab er mit etwa 1,4 Millionen an. Keinesfalls sei die Position vertretbar, daß man die Taubstummheit „durch Rückkreuzung mit Gesunden zum Verschwinden bringen [könne]. Die Zahl der Belasteten würde dadurch nur weiterhin vermehrt und die Erbkrankheit in andere Familien hineingetragen werden."

Bessau[496], der in der Frage der Sterilisierung eine eher gemäßigte Position vertrat und sehr offen die sogenannten natürlichen Auslesemechanismen im Rahmen der Kindersterblichkeit kritisierte, wies darauf hin, daß der Gesetzgeber im Fall der Unfruchtbarmachung wegen Schwachsinns keine Erblichkeit, sondern vielmehr bloß das Bestehen von Schwachsinn von Geburt an fordere.

Und dies war in der Praxis der häufigste Anwendungsfall. Wenn vor den Erbgesundheitsgerichten auch immer wieder darauf hingewiesen wurde, es handle sich um erbbedingten Schwachsinn, so bildete der angeborene Schwachsinn doch das Hauptanwendungsgebiet des Gesetzes. Dies deshalb, weil im Dritten Reich weder die medizinische Wissenschaft in der Lage war, die an sie gestellten Anforderungen zu erfüllen und klare Kriterien im Rahmen der Rassenhygiene im Zusammenhang mit Erbkrankheiten zu definieren, noch die anderen Wissenschaften Rassenmerkmale, Rassengesetzgebung oder völkische Grundlagen entwickeln konnten.

Die gesamte medizinische und biologische Diskussion rund um das Gesetz zur Verhütung erbkranken Nachwuchses macht deutlich, daß sich die Medizin des Dritten Reiches in ein Gebiet vorgewagt hatte, das sie methodisch und wissenschaftlich in keiner Weise abzudecken vermochte: Weder waren die nötigen Diagnoseverfahren vorhanden, noch konnte man sich auf exakte wissenschaftliche Untersuchungen stützen, um im jeweiligen Fachgebiet die Vererblichkeit von Krankheiten nachzuweisen.

Auch das Wissen um die Gene, die Erbinformation und die gentechnischen Möglichkeiten waren nicht in jenem Maß vorhanden, als daß seitens der Medizin tatsächlich klare und verläßliche Auskünfte gegeben hätten werden können.

495		CLAUS Hans, Ohrenerkrankungen unter dem Gesichtspunkt der Erblichkeit, in: Wer ist …, hg. von W. KLEIN, a. a. O., S. 134 ff.
496		BESSAU G., Kinderkrankheiten unter dem Gesichtspunkt der Vererblichkeit, in: Wer ist …, hg. von W. KLEIN, a. a. O., S. 143 ff.

Ein nicht unbedeutender Teil der wissenschaftlich tätigen Mediziner und Biologen müssen sich den Vorwurf gefallen lassen, daß aufgrund fragwürdiger Ergebnisse und auf der Basis nicht ausreichend fundierter medizinischer Aussagen rassenhygienische Gesetze erlassen wurden, die – sieht man von der grundsätzlichen Bedenklichkeit aus ethischer und moralischer Sicht ab – nach dem damaligen Stand der Medizin in keiner Weise hätten exekutiert werden können.

Sämtliche Verfahren vor den Erbgesundheitsgerichten standen daher auf wissenschaftlich wackeligen Beinen. Dieser Vorwurf wirkt um so nachhaltiger, als es wiederum Ärzte waren, die im materiellen Bereich des Verfahrens die Verfahrensherrschaft innehatten und dem Prozeß vor dem Erbgesundheitsgericht je nach Belieben die entsprechende Richtung geben konnten.

Es erstaunt die Offenheit, mit der in der wissenschaftlichen Diskussion die eigentlichen Wissensmängel und Forschungslücken angesprochen wurden. In praktisch allen Fachgebieten kam man zum Schluß, daß große Teile der Vererbung von Krankheiten „noch nicht erforscht" seien und daher erst zukünftig endgültig beantwortet werden könnten.

Es trifft auch nicht zu, wenn gelegentlich von medizinischen Rassenhygienikern angeführt wurde, daß das Gesetz gegen Verhütung erbkranken Nachwuchses aus diesem Grund erst einen ersten Schritt darstelle. Man versuchte, die Fiktion zu erwecken, daß jene Tatbestände, die im zitierten Gesetz genannt wurden, bereits über eine sichere wissenschaftliche Basis verfügen würden. Das Gegenteil war jedoch der Fall. Wie im Bereich des Hauptanwendungsgebietes, des erblichen Schwachsinns, gab es in der Praxis der Anwendung dieses Gesetzes die gleichen Abgrenzungsprobleme wie in der wissenschaftlichen Diskussion.

Im Rahmen dieser Diskussion versuchte man daher immer wieder, neue Kriterien zu definieren, unter denen aus der Sicht des Mediziners die Sterilisierung oder sonstige andere Rechtsfolgen angezeigt sein könnten. Dies führte letztlich dazu, daß im Rahmen einer medizinischen Sippenhaftung Millionen Menschen verdächtigt wurden, erbkrank zu sein. In einem biologischen Staat bedeutet ein derartiger Verdacht aber nicht nur, daß der Staat sich Überlegungen über den erbbiologischen Wert des entsprechenden Staatsbürgers macht.

Jene Menschen, die nicht dem genetischen Ideal der Machthaber entsprachen, erfuhren eine Vielzahl von Nachteilen. Verschiedene Förderungen erhielt man nur,[497] wenn man für erbgesund erklärt wurde, was – wie dargestellt – äußerst schwierig war, weil die Mediziner mit dem Urteil „erbkrank" zum Teil sehr leichtfertig umgingen, mit der Bestätigung der Erbgesundheit jedoch sehr zurückhaltend verfuhren, um sich später – etwa nach dem Aufkommen neuer wissenschaftlicher Erkenntnisse – nicht dem Vorwurf auszusetzen, einen Träger erbkranker Anlagen für gesund erklärt zu haben.

Auch wenn noch nicht jeder Verdächtige sterilisiert werden konnte, im täglichen Leben resultierten aus einem einmal ausgesprochenen medizinischen Verdacht auf Vorhandensein einer Erbkrankheit ständige Benachteiligungen – etwa im Eheverfahren, das für einen Verdächtigen zu einem Spießrutenlauf werden konnte.

Allen diesen Bevorzugungen und Benachteiligungen lagen fragwürdige medizinische Erkenntnisse zugrunde.

4.8.9. Die Einführung des Gesetzes in Österreich

Als das Gesetz über die Verhütung erbkranken Nachwuchses kurz nach der Machtergreifung der Nationalsozialisten im Deutschen Reich eingeführt wurde, war bereits ein deutlich erkennbarer und weitgehend ausformulierter medizinischer, ideologischer und politischer Unterbau vorhanden, sodaß die eigentliche Umsetzung des Gesetzes in die tägliche Gerichtspraxis keine großen Schwierigkeiten bereitete.

Anders präsentierte sich die Situation in den besetzten Gebieten, weil in diesen die entsprechenden Vorarbeiten nicht in jenem Ausmaß durchgeführt worden waren wie im Deutschen Reich. Durch die katholische Tradition Österreichs und durch die tatsächlichen Machtverhältnisse während der Zeit des „Austrofaschismus" hatte die Eugenische Bewegung in Österreich keine breite Basis. So konnte der Vertreter der Eugenischen Bewegung in Österreich, Prof. Reichel, im Rahmen seines Vortrags anläßlich der Konferenz der internationalen Föderation Eugenischer Organisationen zum Stand der Eugenischen Bewegung in Österreich keine Jubelmeldungen abgeben.[498]

---

[497] Etwa die Ehrenpatenschaft der Stadt Berlin.
[498] Vgl. Bericht über die Konferenz, abgehalten gelegentlich der 11. Versammlung der internationalen Föderation Eugenischer Organisationen im Wald-

Geschäftsstellen der Eugenischen Bewegungen bestanden nur in Linz, Graz und Wien, die Mittel der Gesellschaft waren äußerst knapp bemessen. Reichel führte aus, daß der Gesellschaft „immerhin" das allgemein wachsende internationale Interesse an der Eugenik zugute komme und daß es zumindest gelungen sei, die Tätigkeit aufrechtzuerhalten, in kleineren Bereichen sogar zu erweitern.[499] Für die Information der Wiener Ärzte über Fragen der Eugenik war die Gesellschaft für „Volksaufartung und Erbkunde" zuständig.[500]

Reichel kritisierte die Tatsache, daß ohne gesetzliche Grundlage in Österreich verschiedentlich Sterilisationen – in Einzelfällen sogar von Laien – durchgeführt worden seien. Reichel forderte hierfür strenge strafgesetzliche Bestimmungen. Insgesamt stellte sich die Lage für die österreichischen Rassenhygieniker vor dem Anschluß nicht besonders erfreulich dar.

Als die Deutsche Wehrmacht im März 1938 Österreich besetzte, bedeutete dies nicht zwangsläufig, daß auch die deutschen Gesetze auf dem ehemaligen österreichischen Staatsgebiet Geltung erlangten. Vielmehr wurde bis zum Kriegsende eine Rechtsvereinheitlichung nicht erreicht, die österreichischen Gesetze wurden durch die deutschen und österreichischen Anschlußgesetze neu erlassen und blieben inhaltlich in Geltung. Das Gesetz zur Verhütung erbkranken Nachwuchses mußte in Österreich demnach neu veröffentlicht werden. Entgegen der Praxis bei der Machtübernahme in Deutschland hatten es die Nationalsozialisten fünf Jahre später bei der Einverleibung Österreichs in das Deutsche Reich nicht so eilig, die Sterilisierungsgesetze in Kraft zu setzen. Dies fand – mit Wirkung 1. Januar 1940[501] – erst am

---

(498) haus Dolder, Zürich, Schweiz, 18.-21. Juli 1934; Archiv der Julius Klaus-Stiftung für Vererbungsforschung, Sozialanthropologie und Rassenhygiene, Zürich; Band X, 1935, S. 77 f.

499 Die Anthropologische Gesellschaft in Wien verfügte über ein Mitteilungsblatt, das so bedeutende Arbeiten veröffentlichte wie: BREZINA Ernst / LEBZELTER Viktor, Über Körperbeschaffenheit von Lokomotivführern, Ein Beitrag zur Frage des Zusammenhanges zwischen Rasse und Beruf, in: Mitteilungen der Anthropologischen Gesellschaft in Wien, LXV. Band, Wien 1935, S. 51 ff.; die Autoren ermitteln etwa das überraschende Ergebnis, daß Brustumfang und Oberarmumfang bei Lokomotivführern erheblich größer seien als bei Schriftsetzern, der Oberarmumfang aber in etwa gleich sei wie der von Schmieden.

500 Der Name dieser Gesellschaft wurde 1934 in „Erbkunde und Endokrinologie" geändert.

501 GBlÖ 1939; Nr. 1438.

1. Dezember 1939 statt und wurde durch ein juristisches Kuriosum begleitet. Durch den Kriegsbeginn im September 1939 und durch die gleichzeitig eingeleiteten Euthanasiemaßnahmen[502], wahrscheinlich aber auch durch die vorläufig abgeschlossenen Sterilisierungsprogramme im „Altreich" sowie aus Kostengründen hatten die nationalsozialistischen Machthaber ihr Interesse am Gesetz zur Verhütung erbkranken Nachwuchses weitgehend verloren. Mit der Verordnung zur Durchführung des Gesetzes zur Verhütung erbkranken Nachwuchses vom 31. August 1939 (einen Tag vor dem offiziellen Beginn des Euthanasieprogramms und ebenso einen Tag vor Kriegsbeginn) wurde verfügt, daß Anträge an das Erbgesundheitsgericht auf Unfruchtbarmachung nur dann gestellt werden dürfen, wenn die Unfruchtbarmachung wegen besonders großer Fortpflanzungsgefahr nicht aufgeschoben werden dürfe.[503]

So verwundert nicht, daß etwa der Grazer Oberlandesgerichtspräsident in seinem Junibericht 1940, mithin sechs Monate nach der Einführung des Gesetzes in Österreich, lediglich fünf Fälle an den Reichsjustizminister melden konnte, in denen das Erbgesundheitsgericht Graz in Anspruch genommen worden war.[504] Beim Erbgesundheitsobergericht war bis zu diesem Zeitpunkt überhaupt kein Fall anhängig gemacht worden.[505] Mehr als ein Jahr später, am 1. September 1941, meldete der Präsident bereits ein starkes Ansteigen der Fälle, das etwa ab Beginn des Jahres 1941 zu beobachten sei.[506]

---

[502] Interessant ist im Zusammenhang mit der Euthanasieaktion die Funktionalität des Gesundheitswesens, vgl. dazu NOWAK Kurt, Euthanasie und Sterilisierung im Dritten Reich, 2. Auflage, Weimar 1980; Verwaltetes Morden im Nationalsozialismus, hg. von Ulrich JOCKUSCH/Lothar SCHOLZ, Regensburg 1992; Krankenpflege im Nationalsozialismus, hg. von Hilde STEPPE, Frankfurt/Main 1989; STROMBERGER Helge, Die Ärzte, die Schwestern, die SS und der Tod, Klagenfurt 1988; BASTIAN Till, Von der Eugenik zur Euthanasie, Bad Wörishofen 1981; NEUHAUSER Johannes/PFAFFENWIMMER Michaela, Hartheim. Briefe und Dokumente, Freistadt 1993.

[503] RGBl. 1939 I, S. 1560.

[504] Und dies, obwohl die Behörden in Österreich bereits Anfang 1940 mit einer umfassenden Ermittlung der erbkranken Personen begannen. Vgl. LANGTHALER Ernst, Die Normalität des Terrors, in: Zeitgeschichte, 21. Jahrgang, Mai/Juni 1994, Heft 5/6, Wien, S. 190 ff.

[505] Vgl. Bericht des Präsidenten des Oberlandesgerichtes Graz vom 8. Juni 1940, Bundesarchiv Koblenz, R 22/3365, Fol. 1-62.

[506] Vgl. Bericht des Präsidenten des Oberlandesgerichtes Graz vom 1. September 1941, a. a. O.

Demnach waren im Kalenderjahr 1940 in Graz 37, in Leoben 11, in Klagenfurt 52 Fälle zu verhandeln. Von diesen 100 Fällen entfielen 60 auf angeborenen Schwachsinn, 14 Fälle auf Schizophrenie. Der Präsident meldete, daß sich das Verfahren nun „einzuleben" beginne, die anfänglichen Schwierigkeiten seien behoben worden.

Um die Erfahrungen auszutauschen, wurde im Oktober 1941 eine Besprechung der Erbgesundheitsrichter der Ostmark in Salzburg anberaumt.

Dennoch mußte der Grazer Oberlandesgerichtspräsident im Juli 1942 melden, daß bereits in der zweiten Hälfte des Jahres 1941 wieder ein Rückgang an Verfahren festgestellt werden mußte.[507] Der Präsident vermutete, daß die Gesundheitsämter nur mehr die „wirklich dringenden Fälle" beantragten. Er berichtete, daß in der Hauptzahl der Fälle die Entscheidungen der Erbgesundheitsgerichte nicht angefochten wurden, der Großteil der Fälle beträfen weiterhin angeborenen Schwachsinn und Schizophrenie.

Obwohl der Oberlandesgerichtspräsident keine Kritik am Gesetz übte, berichtete er von wesentlichen Schwierigkeiten im Umgang mit der Materie: „Schwierigkeiten bereiten hauptsächlich die Fälle des angeborenen Schwachsinns, da dieser Krankheitsbegriff mangels einer genauen gesetzlichen Umschreibung einer sehr verschiedenen Auslegung zugänglich ist und die Gefahr besteht, daß auch Fälle landläufiger geistiger Zurückgebliebenheit in die Gruppe der Schwachsinnsfälle einbezogen werden."

In den beschriebenen Fällen war es üblich, ein Sachverständigengutachten einzuholen. In der Praxis gestaltete sich dies allerdings oft überaus mühsam, weil einerseits durch die Kriegssituation Personalmangel herrschte, andererseits kam es immer wieder zu widersprechenden Gutachten, weil aufgrund des mangelnden theoretischen Unterbaus klare medizinische und juristische Kriterien fehlten. Die geschilderte Situation kann für Gesamtösterreich angenommen werden. Aus diesem Grund schlug der Grazer Oberlandesgerichtspräsident dem Justizminister die Einrichtung einer Entscheidungssammlung für Erbgesundheitssachen vor.

Wie im Altreich boykottierten in Österreich die kirchlichen Kreise das Gesetz und dessen Durchführung. Die Unfruchtbarmachung wur-

---

[507] Vgl. Bericht des Präsidenten des Oberlandesgerichtes Graz vom 7. Juli 1942, a. a. O.

de offenbar als Kastration dargestellt, es herrschte unter der österreichischen Bevölkerung vielfach die Meinung, daß die Betroffenen in ihrer Würde verletzt und an der Berufsausübung verhindert seien.[508]

4.8.10. Die Arten der Operation

Das Ziel der Sterilisation war, daß der oder die Betroffene mit Sicherheit keine Nachkommen mehr zeugen konnte. Es waren daher Operationsmethoden nach jenen Kriterien auszuwählen, die dieser Zielsetzung am ehesten entsprachen und dabei kostenmäßig vertretbar erschienen. In der Priorität zweitrangig wurde die Schonung des Patienten angesehen.[509]

Bei der Unfruchtbarmachung des Mannes wurde daher die Vasotomie, die dauernde Unterbrechung des Samenleiters durch Durchtrennung desselben, als nicht zuverlässig genug angesehen.[510] Vielmehr wurde zur dauernden Unfruchtbarmachung eine sogenannte Vasektomie empfohlen (Entfernung einer mindestens fünf Zentimeter langen Strecke des Samenleiters). Es wurde nämlich befürchtet, daß bei einer einfachen Durchtrennung die Möglichkeit bestehe, daß die beiden Enden des Samenleiters wieder zusammenwachsen könnten.

Zum Beweis dafür, daß die Unfruchtbarmachung auch „sicher" durchgeführt wurde, mußte während der Operation ein zweiter Arzt anwesend sein. Außerdem waren bestimmte Funktionsuntersuchungen nach der Operation zwingend vorgeschrieben.

---

[508] Vgl. Bericht des Präsidenten des Oberlandesgerichtes Graz vom 26. November 1942, a. a. O.

[509] Um die zu „behandelnden" erbkranken Patienten absondern zu können, schlug v. Verschuer vor, eigene Erbkliniken einzurichten, die von Sterilisierungs- bis „Aufartungsfragen" in einem poliklinischen Betrieb für Erbfragen zuständig zu machen seien. Vgl. VERSCHUER Otmar Frhr. v., Erbpathologie, a. a. O., S. 186 f. Tatsächlich wurde eine eigene Poliklinik für Erb- und Rassenpflege in Berlin-Charlottenburg unter der Leitung von Dr. Schütt eingerichtet. Vgl. DUBITSCHER Fred, Die Poliklinik für Erb- und Rassenpflege in Berlin-Charlottenburg, in: Der Erbarzt, Sonderausgabe der gleichnamigen Beilage zum „Deutschen Ärzteblatt", Frankfurt 1938/9, S. 116 f.

[510] Vgl. LEXER Erich, Die Eingriffe zur Unfruchtbarmachung des Mannes und zur Entmannung, in: Gesetz zur …, hg. von Arthur GÜTT/Ernst RÜDIN/Falk RUTKE, a. a. O., S. 319 ff.

Während die Unfruchtbarmachung des Mannes sogar ambulant durchgeführt wurde, war die operative Sterilisierung der Frau ein wesentlich größerer und risikoreicherer Eingriff.[511] Er konnte nicht ambulant durchgeführt werden und bedeutete für das Opfer einen wesentlichen Eingriff in die körperliche Integrität, zumal mit der Operation jedenfalls eine mehr oder weniger weitgehende Öffnung der Bauchfellhöhle verbunden war.

Trotz des Beschlusses des Erbgesundheitsgerichtes kam es immer wieder zu Fällen, in denen die Sterilisierung von vornherein sinnlos war, weil das Opfer ohnehin nicht fortpflanzungsfähig war. Es wurde daher den durchführenden Chirurgen nahegelegt, diese Frage in Zusammenarbeit mit dem Frauenarzt vor Beginn der Operation zu klären.[512]

Von den in Frage kommenden Methoden der Unfruchtbarmachung war die Wegnahme der Eierstöcke verboten, weil dies als Kastration eingestuft wurde und man den Anschein eines „geringen Eingriffes" wahren wollte. Aus diesem Grund kamen im Regelfall nur Eingriffe an den Eileitern in Betracht. Stellte der Arzt allerdings von sich aus die medizinische Notwendigkeit der Entfernung der Eierstöcke oder der Gebärmutter fest, konnte er ohne weiteres Verfahren diese auch entfernen. Keinesfalls durfte ein Verfahren gewählt werden, das die spätere Wiederherstellung der Fruchtbarkeit möglich machte.

Immer wieder waren – entsprechend dem Gesetz zur Verhütung erbkranken Nachwuchses – mit der Sterilisierung auch Schwangerschaftsunterbrechungen verbunden. Zulässig war die Abtreibung aus eugenischen Gründen bis zum Ende des sechsten Schwangerschaftsmonats.

In der ursprünglichen Fassung des Gesetzes war die Unfruchtbarmachung der Frau ausschließlich mit operativen Methoden erlaubt. Nicht zulässig waren Verfahren durch Strahlen bzw. durch radiologische Verfahren.

Durch die Fünfte Verordnung zur Ausführung des Gesetzes zur Verhütung erbkranken Nachwuchses[513] wurde ab 1936 die Unfruchtbarmachung durch Röntgenbestrahlung und Radiumbestrahlung vor-

---

[511] EHMER H., Die Unfruchtbarmachung der Frau, in: in: Gesetz zur …, hg. von Arthur GÜTT / Ernst RÜDIN / Falk RUTKE, a. a. O., S. 327 ff.
[512] Auch diese Empfehlung spricht nicht für die medizinische Seriosität und Gutachtertätigkeit der Erbgesundheitsgerichte.
[513] RGBl. 1936 I, S. 122.

genommen, sofern das Opfer (oder der gesetzliche Vertreter) einwilligte und die Frau älter als 38 Jahre war. Für den Staat war diese Form der Unfruchtbarmachung wesentlich kostengünstiger als der operative Eingriff. Diese Form des Eingriffs bedeutete im engeren Sinn eine Kastration, weil im Gegensatz zum operativen Eingriff bewußt eine vollkommene Ausschaltung und Vernichtung der Eierstöcke in Kauf genommen, ja, sogar angestrebt wurde. Zudem wird durch diese Methode die Gebärmutterschleimhaut funktionsunfähig gemacht.

Das Verfahren selbst galt als ungefährlich und medizinisch vertretbar. Wie dieses Verfahren tatsächlich wirkte und welche Gefahren es für das Opfer bedeutete, mittels Strahlung kastriert zu werden, wird aus Berichten deutlich, die später aufgrund von Reihenuntersuchungen an jüdischen Häftlingen verfaßt wurden.[514]

Um einen von den etwa zehn Millionen europäischen Juden für die Verwendung als Zwangsarbeiter am Leben zu erhalten, wurde erwogen, zwei bis drei Millionen zu separieren und unfruchtbar zu machen. Eine operative Sterilisation kam aus Zeit- und Kostengründen nicht in Frage, die Röntgenkastration schien der mögliche Ausweg. Es wurde daher eine entsprechende Serienuntersuchung an Menschen durchgeführt.

Dabei wurde dokumentiert, daß für die Opfer wesentliche Schädigungen durch die Kastration[515] zu erwarten waren. „Sollten irgendwelche Personen für dauernd unfruchtbar gemacht werden, so gelingt dies nur unter Anwendung so hoher Röntgendosen, daß mit ihnen eine Kastration mit allen Folgen eintritt. [...] Die in Frage kommenden Folgen sind z. B. das Ausbleiben der Periode, klimakterische Erscheinungen, Veränderungen der Behaarung, Änderungen des Stoffwechsels usw. Auf diese Nachteile muß auf jeden Fall hingewiesen werden."[516]

Die Kastration sollte übrigens ohne Wissen der betroffenen jüdischen Menschen durchgeführt werden. Zu diesem Zweck wollte man die Personen vor einem Schalter stehen lassen und solang beschäftigen, bis heimlich eine Strahlendosis in den Genitalbereich abgegeben

---

[514] POLIAKOV Léon/WULF Joseph, Das Dritte Reich und die Juden, Dokumente und Berichte, a. a. O., S. 391 ff.; zitiert wird das Dokument Nr. 205, ein Brief des Oberdienstleiters in Hitlers Kanzlei, Viktor Brack, an Himmler.
[515] Im Brack-Bericht wurde richtigerweise von einer Kastration gesprochen.
[516] Der Meinung, daß auf diese Gefahren hingewiesen werden müsse, war man im Bereich des Gesetzes zur Verhütung erbkranken Nachwuchses nicht.

werden konnte, die groß genug war, um die Kastration mit Sicherheit annehmen zu dürfen. Die Nebenfolgen der Zerstörung des umliegenden Gewebes nahm man in Kauf.[517]

Tatsache ist, daß man bei der Sterilisierung im Rahmen des Erbgesundheitsgesetzes weitgehende Schädigungen der Opfer in Kauf nahm, um das Ziel, die völlige Unfruchtbarmachung der Menschen, möglichst kostengünstig zu erreichen.

4.8.11. Zwei Verfahrensbeispiele

Die Zwangssterilisierung bedeutet einen schweren körperlichen Eingriff und eine Verletzung der Integrität durch den Staat. Sie bedeutete aber auch einen Bruch der Menschenrechte und eine Herabwürdigung des Individuums. Aus diesem Grund darf bei einer überblicksmäßigen Bearbeitung des Themas ein Fallbeispiel nicht fehlen, das einerseits den Verlauf des Verfahrens zeigt, andererseits zur „Individualisierung" der Opfer beiträgt und zumindest eine Betroffene aus der Anonymität der Statistik heraushebt.

4.8.11.1. Sterilisierung und Abtreibung wegen angeborenen Schwachsinns

Jeder Fall hat seine eigenen Gesetzmäßigkeiten, seine eigene Tragödie und seine Besonderheit. Aus diesem Grund kann man nicht von einem typischen Verlauf eines Falles im Sinn eines Verfahrensstandards sprechen. So war es beim Fall der 19jährigen Hilde S. aus Wien ungewöhnlich, daß den Antrag auf Unfruchtbarmachung die eigene Mutter stellte. Diese war nicht antragsbefugt im Sinn des Gesetzes, weil ihre Tochter nicht entmündigt war. Zwar schloß sich die Tochter

---

[517] Himmler wurde von Brack diese Vorgehensweise vorgeschlagen und zur endgültigen Entscheidung vorgelegt: „Sollten Sie, Reichsführer, sich im Interesse der Erhaltung von Arbeitsmaterial dazu entschließen, diesen Weg zu wählen, so ist Reichsleiter Bouhler bereit, die für die Durchführung dieser Arbeit notwendigen Ärzte und sonstiges Personal Ihnen zur Verfügung zu stellen."

unterschriftlich dem Antrag an, allerdings nicht zur Gänze. Hilde S. war nämlich schwanger, sie war von einem unbekannten deutschen Soldaten geschwängert worden. Die formale Zustimmung gab Hilde S. nur zur Schwangerschaftsunterbrechung, nicht aber zur Unfruchtbarmachung.

Dennoch stellte die Mutter am 8. Jänner 1945 am Bezirksgesundheitsamt in Wien, Hütteldorferstraße 188, den Antrag auf Unfruchtbarmachung ihrer Tochter bei gleichzeitiger Schwangerschaftsunterbrechung. Der Amtsarzt schloß sich – wie in solchen Fällen üblich – dem Antrag an. Der Antragstellerin wurde nachweislich das Merkblatt „über das Wesen und die Folgen der Unfruchtbarmachung" ausgehändigt, der Antrag selbst an das Erbgesundheitsgericht Wien, Mittersteig 25, weitergeleitet. Dort waren der Akt anzulegen und das Verfahren einzuleiten.[518] Gleichzeitig mit dem Antrag füllte die Amtsärztin einen Sippenfragebogen, eine Sippentafel, ein ärztliches Gutachten und einen Intelligenzprüfungsbogen aus und übersandte die Unterlagen an das Gericht. Beim Sippenfragebogen und bei der Sippentafel handelte es sich um eine Darstellung der Verwandtschaftsverhältnisse. Insbesondere Krankheiten, Todesursachen oder Auffälligkeiten waren von Belang, weil man der Meinung war, damit die „Erblichkeit" von Krankheiten, im gegenständlichen Fall von Schwachsinn, nachweisen zu können.

Im Fall der Hilde S. wurde die Amtsärztin trotz sehr breit angelegter Sippentafel nicht fündig, lediglich die Mutter bezeichnete sich selbst als „schwachsinnig mittleren Grades". Ebenso bezeichnete sie den Vater der Hilde S. als gefährdet, sodaß die erbbiologische Aufnahme durch die Amtsärztin keine „Auffälligkeiten in der Sippe" erkennen läßt. Schlechter für Hilde S. fiel die Intelligenzprüfung aus. Im Test nannte sie zwar die Hauptstadt von Frankreich richtig, die Hauptstadt des Deutschen Reiches fiel ihr hingegen nicht ein. Sie rechnete schlecht, beantwortete aber die „Hausverstandsfragen" durchaus richtig. Sie wurde von der Amtsärztin als zugänglich und freundlich geschildert, allerdings attestierte ihr diese eine gehemmte Willenssphäre, außerdem sei die Aussprache undeutlich. Hilde S. wurde als verläßlich und pünktlich beschrieben, sie ging einer geregelten Arbeit nach und hatte ein gutes Verhältnis zu ihren Arbeitskollegen. Allerdings war sie verschwenderisch, kannte nicht den Geldeswert und gehorchte der

---

[518] Vgl. Erbgesundheitsgericht Wien, XIII 132/45.

Mutter nicht immer. Das amtsärztliche Gutachten lautete auf angeborenen Schwachsinn, der Reichsstatthalter in Wien bestätigte, daß das Verfahren vor dem Erbgesundheitsgericht trotz des totalen Krieges erforderlich sei.

Die Mutter wurde zur Verfahrenspflegerin bestellt, obwohl diese den Antrag gestellt hatte. Am 14. Februar 1945 fand vor dem Erbgesundheitsgericht die nichtöffentliche Verhandlung statt. Wiederum wurden der Hilde S. Intelligenzfragen gestellt. Fast alle beantwortete sie richtig. Trotzdem wurde dem Antrag der Mutter stattgegeben, die Tochter für „angeboren schwachsinnig" erklärt, und sowohl die Unfruchtbarmachung als auch die Schwangerschaftsunterbrechung angeordnet.

Hilde S. befand sich bereits im sechsten Schwangerschaftsmonat. Das Gesetz erlaubte Schwangerschaftsunterbrechungen auch in Erbgesundheitsangelegenheiten jedoch nur bis zum Ablauf des sechsten Monats. Aus diesem Grund wurde die zweiwöchige Berufungsfrist nicht eingehalten. Hilde S. wurde am 20. Februar 1945 an der II. Universitäts-Frauenklinik in Wien unfruchtbar gemacht, gleichzeitig wurde die Schwangerschaft unterbrochen.

Das Verfahren selbst strotzte von Formfehlern. Das Ermittlungsverfahren wurde nicht ordnungsgemäß durchgeführt, und Hilde S. hatte in diesem Verfahren keinerlei Chance, ihre Rechte zu verteidigen.

In den gesamten Akten findet sich kein Hinweis darauf, daß Hilde S. tatsächlich schwachsinnig war – sieht man von einer Minderbegabung ab. Selbst wenn man ihr Schwachsinn attestieren möchte, ist ziemlich offensichtlich, daß es sich um keinen erblich angeborenen Schwachsinn handelte, sondern vielmehr um eine Entwicklungsstörung, zumal aus der Aktenlage klar hervorgeht, daß die ersten Entwicklungsjahre von Hilde S. durchaus unauffällig verliefen. Von einer eugenischen Maßnahme im Sinn des Gesetzes konnte keinesfalls die Rede sein.

Umso mehr zeigt der beschriebene Fall das Dilemma, in dem das Erbgesundheitsgericht, die Ärzte und die Juristen standen. Wie dargestellt, war der „angeborene Schwachsinn" der Hauptanwendungstatbestand des Gesetzes. Trotzdem waren auch beim Hauptanwendungsfall die Erbgesundheitsgerichte, wie der Grazer Oberlandesgerichtspräsident darstellte, überfordert. Dies führte dazu, daß die Erbgesundheitsgerichte reine Willkürgerichte waren, die – auf zweifelhaften wissenschaftlichen Erkenntnissen und unmenschlichen Gesetzen aufbauend – ihre „Pflicht" im nationalsozialistischen Sinn taten.

4.8.11.2. Ein Verfahren auf Unfruchtbarmachung wegen Schizophrenie[519]

Ein Fall, der besonders deutlich zeigt, welchen verzweifelten Kampf die Betroffenen in Erbgesundheitsangelegenheiten manchmal auszufechten hatten, ist der Fall des Johann Z. aus Wien, der am 31. Dezember 1941 einen Antrag auf Unfruchtbarmachung wegen Schizophrenie stellte. Den Antrag stellte Z. zu einem Zeitpunkt, als er stationärer Patient der Wagner-von-Jauregg Heil- und Pflegeanstalt der Stadt Wien auf der Baumgartner Höhe war. Der Direktor der Anstalt schloß sich gemäß dem Antragsverfahren des Gesetzes zur Verhütung erbkranken Nachwuchses dem Antrag von Z. an.[520]

Dem Antrag beigefügt wurde das Formular eines ärztlichen Gutachtens[521], in dem empfohlen wurde, Pflegschaft über den Patienten anzuordnen. Johann Z., 1914 geboren und zum Zeitpunkt des Antrags 27 Jahre alt, war von Beruf Techniker und stammte aus bürgerlichen Verhältnissen.[522] Nach der Volksschule und vier Klassen Unterrealschule besuchte er mit Erfolg eine höhere technische Schule. Er war sportlich und technisch begabt und seit 1935 „illegaler Vorkämpfer" der NSDAP. Nach eigenen Angaben hatte er wenig Erfahrung mit Frauen, er trank selten Alkohol und lebte auch sonst zurückgezogen.

---

[519] Erbgesundheitsgericht Wien, Mittersteig 25, 2 XIII 19/42, Johann Z.
[520] Wie dargestellt, hatte dieser Akt des Direktors der Anstalt den Sinn, daß der Antragsteller den eigenen Antrag rechtsgültig nicht mehr zurückziehen konnte. Im gegenständlichen Fall versuchte Z. tatsächlich, den Antrag wieder zurückzuziehen. Aus den Akten ist nicht ersichtlich, ob die Direktion der Baumgartner Höhe auf den Patienten Druck zur Antragstellung ausgeübt hatte. Die Wahrscheinlichkeit, daß dies der Fall war, ist nach der Aktenlage sehr groß, umso mehr, als der Patient ohne Antragstellung kaum mehr aus der Anstalt entlassen worden wäre. Dagegen spricht, daß der ärztliche Direktor einer psychiatrischen Anstalt auch selbständig die Möglichkeit gehabt hätte, ohne Zustimmung des Patienten einen Antrag zu stellen.
[521] Gemäß § 4 Satz 2 des Gesetzes zur Verhütung erbkranken Nachwuchses.
[522] Sein Vater war mittlerer Beamter beim Telegraphenamt, beide Elternteile waren zum Zeitpunkt der Antragstellung bereits verstorben.

Nachdem er die Fachschule absolviert hatte, fand er in Österreich wenig Arbeitsmöglichkeiten vor. Erst nach dem Anschluß Österreichs ging er nach Deutschland und fand Arbeit. Allerdings wurde er bereits 1939 eingezogen und machte den Frankreichfeldzug mit. Der körperliche Zustand war im wesentlichen gut, er hatte keine besonderen Erkrankungen, auffällig war das geringe Gewicht von 64 Kilo bei einer Körpergröße von 184 Zentimeter. Bei der Einvernahme durch den Amtsarzt zeigte sich der Patient zurückhaltend, gehemmt und leicht mißtrauisch. Der Arzt kam zum Schluß, daß es sich bei dem Patienten um einen „derzeit gut remittierten" Schizophrenen handelt, „dessen erster Schub in das Jahr 38 zurückfällt, der nun wieder mit dem Gefühle, daß seine Gedanken abgehört würden und daß er zu kommunistischen Umtrieben mißbraucht werde, eingewiesen wurde".[523]

Schon vor der Antragstellung durch Z. erstellte eine Ärztin der Anstalt eine Sippentafel für die Familie Z., um den gesundheitlichen und sonstigen Werdegang der Verwandtschaft des Patienten aufzuzeigen und „wissenschaftlich" in Beziehung zu setzen. Das Problem bei diesen Sippentafeln war neben der fragwürdigen Wissenschaftlichkeit auch die geringe Datenlage, die zur Verfügung stand, weil in den meisten Fällen ausschließlich die Aktenlage bzw. die Angaben des Patienten zur Erstellung der Sippentafel ausreichen mußten. Aus diesem Grund enthielten diese Darstellungen überwiegend Krankheitsverläufe und Informationen, die mit der eigentlichen vermuteten Erberkrankung in keiner Weise in Beziehung zu setzen waren. Vielfach waren auch Gerüchte Inhalt der Sippentafel. In der Darstellung der Familie Z. finden sich Formulierungen wie „keine Kinder, ist angeblich gesund", „angeblich ein Unfall und kein Selbstmord", „Schwachsinn, nicht entmündigt" und dergleichen. Diese Sippentafeln waren, obwohl von einem zweifelhaften Wert, im Verfahren selbst von sehr hoher Bedeutung.

Die Direktion der Heil- und Pflegeanstalt gab den ganzen Akt an das Erbgesundheitsgericht Wien mit der Bitte um „baldige Erledigung" weiter. Der Vorsitzende des Erbgesundheitsgerichtes führte in Abstimmung mit seinen ärztlichen Beisitzern die weiteren Ermittlungen und Einvernahmen. Insbesondere waren die Verwandten des Antragstellers einzuvernehmen, die sowohl zur Sippentafel als auch über

---

[523] Ärztliches Gutachten, Dr. Dombrowsky, 31. Dezember 1941.

das Leben und die Entwicklung des Patienten beziehungsweise der sonstigen Verwandten zu befragen waren. Derartige Einvernahmen verliefen zumeist fruchtlos und brachten üblicherweise keine besonderen Neuigkeiten zutage. Dies war auch im gegenständlichen Verfahren der Fall.

Nach der Antragstellung wurde der Patient aus der Heil- und Pflegeanstalt entlassen und unverzüglich vom Erbgesundheitsgericht vorgeladen. Der Vorladung konnte Z. allerdings nicht Folge leisten, weil er erneut zum Militär eingezogen und Anfang März 1942 an die Ostfront verschickt wurde. Innerhalb der Deutschen Wehrmacht konnte der Patient vom Gericht nicht erfolgreich verfolgt werden, was den ganzen Fall vorläufig ins Stocken brachte.

Wegen des Militärdienstes von Z. konnte das Erbgesundheitsgericht monatelang nicht tätig werden. Erst als Z. im Dezember 1942 verwundet und mit einer Oberschenkelschußverletzung in ein Lazarett in Wien eingeliefert wurde, kam wieder „Bewegung" in den Fall. Vorerst teilte der Arzt des Militärlazaretts dem Erbgesundheitsgericht mit: „Anhaltspunkte für das Vorliegen einer Geisteskrankheit ergab die h. o. Beobachtung nicht"[524]. Trotz dieses positiven Befundes setzte das Erbgesundheitsgericht eine Tagsatzung an, zu der Z. mit seiner Schwester, die zu dessen Verfahrenspflegerin bestellt worden war, erschien. Während der Verhandlung schilderte der Patient seinen Lebenslauf und gab an, daß seine Depressionszustände und seine früheren Selbstmordgedanken nach seiner Meinung auf Entwicklungsstörungen zurückzuführen gewesen seien. Er sei zwar krank gewesen, habe aber keine Stimmen gehört – und im übrigen sei er jetzt wieder gesund. Das zweite Mal sei er wegen Überarbeitung in die Anstalt gekommen.

Aufgrund dieser Verhandlung ordnete das Erbgesundheitsgericht die Unfruchtbarmachung von Z. an. Begründung: Nach den Erfahrungen der ärztlichen Wissenschaft sei anzunehmen, daß die Nachkommen des Johann Z. an schweren körperlichen und geistigen Erbschäden leiden würden. Insbesondere wurde auf die Krankengeschichte der beiden Krankenhausaufenthalte hingewiesen, eine spezielle Untersuchung oder ein Gutachten wurde nicht durchgeführt bzw. erstellt.[525] Insbesondere fand sich kein erblicher Zusammenhang; eine

---

[524] Reservelazarett XXb, Az. 23a, Wien, 27. März 1943.
[525] In der Krankengeschichte wird an keiner Stelle dezidiert behauptet, daß Z. unter Schizophrenie leidet. Tatsächlich wird nur ein diesbezüglicher Verdacht angesprochen, ein endgültiger Befund ergibt sich jedoch nicht.

Schwester des Vaters von Z. war zwar angeblich schwachsinnig, schizophrene Verwandte fanden sich in der Sippentafel des Johann Z. jedoch nicht.

Auf den Beschluß des Erbgesundheitsgerichtes reagierte Johann Z. sehr ungewöhnlich, er beauftragte einen Rechtsanwalt mit der Vertretung seiner Angelegenheit. Dieser stellte einen Antrag auf die Zurücknahme des ursprünglichen Antrags auf Unfruchtbarmachung, was allerdings vom Erbgesundheitsgericht sofort abgelehnt wurde. Erst dann erhob der Anwalt Beschwerde gegen den Beschluß des Erbgesundheitsgerichtes. Darin führte er insbesondere aus, daß es sich bei der Erkrankung seines Mandanten „nicht um einen echten Fall von Schizophrenie oder einer anderen geistigen Erbkrankheit, sondern um eine exogen bedingte Psychose handle, die durch äußere Veranlassungen hervorgerufen wurde, insbesondere durch die kurz aufeinanderfolgenden Todesfälle beider Eltern und deren tragische Begleitumstände"[526]. Insbesondere führte der Anwalt auch aus, daß Z. durch seine illegale Tätigkeit in der NSDAP starke Nachteile zu erleiden hatte und daß diese Tatsache letztlich zu den Depressionen geführt habe, die 1938 behandelt worden seien. Interessant sind auch die politischen Zusammenhänge, die der Anwalt versucht ins Spiel zu bringen: „Kurz vor dem Umbruch im Jahr 1938 stellten sich bei dem Beantragten neuerlich nervöse Störungen ein, die ihre Ursache in einer völligen beruflichen Überarbeitung und gleichzeitig starker Inanspruchnahme durch die politische Tätigkeit hatten, wobei auch die Familienerlebnisse immer noch nachwirkten. Der damalige behandelnde Arzt, Dr. Redtenbacher, schickte den Beantragten in die Klinik Pötzl, wo er bis 31.3.1938 verblieb, worauf er von den dort behandelnden Ärzten, die alle Juden waren, an die damalige Heil- und Pflegeanstalt ‚Am Steinhof' verwiesen wurde." Nunmehr sei Z. ein kriegsversehrter Soldat, der im härtesten Kampfeinsatz „seine Gesundheit dem Vaterland zum Opfer brachte".

Zum dritten Mal wurde Z. zum Militärdienst eingezogen. Nicht uninteressant ist die Tatsache, daß der zu sterilisierende Patient nicht nur zum Obergefreiten befördert, sondern zu einem Unteroffizierslehrgang abkommandiert wurde, sodaß er die erste Tagsatzung des Erbgesundheitsobergerichtes erneut nicht besuchen konnte.

---

[526] Beschwerde Dr. Konrad Groß, 9. Juli 1943.

In der Zwischenzeit brachte Rechtsanwalt Dr. Groß weitere ergänzende Beweisanträge ein, die den Verdacht des Vorliegens einer erblichen paranoiden Schizophrenie entkräften sollten. Andererseits versuchte das Erbgesundheitsgericht in der Zwischenzeit, die Krankengeschichte jener Tante aufzutreiben, die angeblich in einer Nervenheilanstalt verstorben war.[527] Aber auch sonst stellte das Erbgesundheitsgericht weitere Nachforschungen in der Verwandtschaft des Johann Z. an.

Im März 1944 beraumte das Erbgesundheitsobergericht eine Sitzung an, wobei es dem Johann Z. wiederum nicht möglich war, persönlich zu erscheinen, weil er eine weitere Frontverletzung erlitten hatte und in einem Lazarett in Polen versorgt wurde.

Durch die Kriegsereignisse trat in der Zwischenzeit eine Veränderung der Gesetzeslage ein. Durch die siebte Ausführungsverordnung des Gesetzes zur Verhütung erbkranken Nachwuchses vom 14. November 1944[528] endet ein beim Erbgesundheitsobergericht anhängiges Verfahren mit Inkrafttreten dieser Verordnung am 1. Dezember 1944. Aus diesem Grund wurde der gesamte Akt vom Erbgesundheitsobergericht an das Erbgesundheitsgericht zurückverwiesen, das nun innerhalb kürzester Zeit eine Wiederaufnahme des gesamten Verfahrens anberaumte.

Es wurde der Beschluß gefaßt, daß die zwischenzeitlich eingetretene Rechtskraft „der mit Beschwerde angefochten gewesenen erstgerichtlichen Entscheidung vom 17. Juni 1943, womit die Unfruchtbarmachung des obigen wegen Schizophrenie angeordnet war, aufgehoben wird, die Erbkrankerklärung vorläufig rückgängig gemacht und die Unfruchtbarmachung vorläufig untersagt" wird.[529]

Das Verfahren wurde amtswegig deshalb wiederaufgenommen, weil ein mittlerweile neu besetztes Gericht zur Meinung kam, daß ei-

---

[527] Tatsächlich mißlang dieser Versuch. Die Tante des Patienten, Rosa Z., wurde nach Auskunft der Heil- und Pflegeanstalt Ybbs/Donau aufgrund einer Anordnung des Kommissärs für Reichsverteidigung vom 16. Dezember 1940 über die Gau-Heil- und Pflegeanstalt Niedernhart bei Linz in Oberdonau in eine nicht genannte Anstalt übersetzt (Nachricht der Verwaltung der Heil- und Pflegeanstalt Ybbs/Donau vom 27. Dezember 1943); in der Praxis bedeutete diese Nachricht, daß die Tante des Johann Z. dem Euthanasieprogramm zum Opfer gefallen war.

[528] RGBl. I 1944, S. 330.

[529] Beschluß des Erbgesundheitsgerichtes Wien vom 24. Jänner 1945.

ne Reihe von „nicht unstichhältigen Beschwerdegründen" im Beschwerdeverfahren keine Erledigung mehr finden hatten können. Die Rechtslage nach dem 1. Dezember 1944 war nämlich so, daß der Instanzenzug in Erbgesundheitsangelegenheiten faktisch aufgehoben war, was bedeutete, daß die Entscheidungen der ersten Instanz sofort ex lege rechtskräftig wurden. Im Fall von Johann Z. bedeutete dies, daß der Beschluß des Erbgesundheitsgerichtes Wien, seine Sterilisierung anzuordnen, unmittelbar zur Ausführung gelangt wäre. Erst die neuerliche Prüfung durch das mittlerweile neu besetzte Erbgesundheitsgericht ergab, daß die Eindeutigkeit, mit der in der ersten Tagsatzung erbliche Schizophrenie angenommen worden war, keineswegs vorlag. Die Wiederaufnahme des Verfahrens bedeutete de facto eine Einstellung des Verfahrens, da zu diesem Zeitpunkt Erbgesundheitsangelegenheiten nur dann vor Gericht verhandelt wurden, wenn die entsprechenden Dringlichkeitsbestätigungen durch die Machthaber der NSDAP gegeben waren.

Im Fall des Johann Z. liegt kein Hinweis vor, daß sich das Erbgesundheitsgericht um eine Dringlichkeitsbestätigung bemüht hätte. Auch die Formulierung im angeführten Beschluß, daß „voraussichtlich eine neuerliche Verhandlung zur abermaligen Anhörung" anberaumt werde, weist darauf hin, daß das Erbgesundheitsgericht Wien keine besonderen Anstrengungen mehr unternehmen wollte, die Sterilisierung des Johann Z. voranzutreiben.

Der gegenständliche Fall wurde aus Sicht des Antragstellers erfolgreich abgeschlossen. Dennoch ist nicht zu übersehen, daß Johann Z. im gesamten Verfahren der Willkür der ärztlichen Richter ausgesetzt war. Ohne umfassende Untersuchungen, ohne Gutachten und lediglich auf der Basis alter Krankengeschichten und lückenhaft erstellter Sippentafeln von wissenschaftlich zweifelhaftem Wert wurde er zur Sterilisierung verurteilt.

Während der mehr als drei Jahre, die das Verfahren dauerte, war Johann Z. in militärischer Verwendung, er war ein mehrfach verwundeter Frontsoldat, der auch befördert wurde und Auszeichnungen erhielt. Dies alles schützte ihn vor der „biologischen Verfolgung" der rassenhygienisch geschulten Ärzte nicht.

4.9. Resümee der biologischen Wertschöpfung

Das Gesetz zur Verhütung erbkranken Nachwuchses war nur eine von vielen eugenischen Maßnahmen in einem System, das die pseudowissenschaftlichen biologischen Erkenntnisse über den Menschen stellte. Jede Individualität verleugnend, fühlten sich die Machthaber des Dritten Reiches legitimiert, in die körperliche, geistige und soziale Integrität jedes Menschen einzugreifen, um dem großen erbbiologischen Zuchtziel, der Schaffung der reinen nordischen Rasse, näherzukommen. Jeder, der auch nur objektiv verdächtig war, dieses Ziel auch nur im geringsten zu verhindern, wurde im Sinn der neuen Weltanschauung behandelt. Obwohl die sonstigen negativen eugenischen Maßnahmen – wie die Vernichtung von Juden und Zigeunern –, die differenzierte Behandlung der Menschen in den Gesundheitseinrichtungen (was im Sinn der neuen Lehre ebenfalls ein Ausleseverfahren darstellte) eine wesentlich nachhaltigere und fürchterliche Wirkung auf die Opfer hatten, ist das Gesetz zur Verhütung erbkranken Nachwuchses ein Teil eines Terrorsystems, das in dieser Form nur in einem totalitären Staat existieren kann.

Interessant ist die Fragestellung, ob das Gesetz in irgendeiner Form eine Wirkung im Sinn der Machthaber ausübte oder ob es wirkungslos blieb.

Hiezu muß festgestellt werden, daß es – zumindest bis 1945 – in bekannten Fachzeitschriften keine Veröffentlichungen über die rassenhygienischen Auswirkungen des Gesetzes gibt; auch Publikationen anderer Art (Vorträge, Projektberichte oder Bücher) liegen nicht vor.

Es gibt keinen Hinweis darauf, daß die Machthaber oder die Wissenschaftler des Dritten Reiches ihre eigenen rassenhygienischen Maßnahmen einer Evaluation unterzogen oder das eigene Tun auch sonst in irgendeiner nachvollziehbaren und objektiven Form untersucht hätten.

Natürlich kann eingewendet werden, daß das Dritte Reich zu kurz Bestand hatte, um eine Evaluation der Wirkung des Gesetzes zur Verhütung erbkranken Nachwuchses durchführen zu können oder auch nur, um Zwischenergebnisse zu ermitteln.

Dieses Argument geht allerdings ins Leere, weil der Hauptanteil der Sterilisierungen mit dem Jahr 1936 praktisch abgeschlossen war. Die Tatbestände und Krankheiten wurden entgegen dem Wunsch der

Wissenschaft nicht erweitert, die Verordnungen und Veränderungen des Gesetzes betrafen entweder formale Angelegenheiten oder Verschärfungen der Operationsmethoden.

Als dieses Gesetz im Jahr 1933 aus der Taufe gehoben wurde, sollte es nach dem Wunsch der Rassentheoretiker nur ein erster Schritt sein. Es sollte den wissenschaftlichen Erkenntnissen laufend angepaßt und die Sterilisierungstatbestände auf diese Weise deutlich vermehrt werden, sodaß insgesamt eine breite Basis negativer eugenischer Maßnahmen im Zusammenhang mit der Erbpflege entstehen würde.

Tatsache ist jedoch, daß mit der zunehmenden Radikalisierung des Dritten Reiches die Machthaber das Interesse verloren, im Rahmen gesetzgeberischer Maßnahmen Rassenpflege zu betreiben. Nach den Nürnberger Gesetzen hielten sie es nicht mehr für notwendig und auch nicht für politisch opportun, die rassistisch motivierten Terrormaßnahmen mit dem Deckmantel eines Gesetzes zu umkleiden und so eine Rechtsstaatlichkeit vorzutäuschen.

Aber auch die Wissenschaft selbst ist mit ihrem Anspruch gescheitert. Während der zwölf Jahre, in denen dieses Gesetz Bestand hatte, wurde es auch deshalb nicht verändert, weil keinerlei wissenschaftliche Erkenntnisse vorgelegt wurden, die als gesichert gelten konnten. Nicht, daß dies für die Machthaber große Bedeutung gehabt hätte, Faktum aber war, daß selbst das bestehende Gesetz auf theoretisch schwachen Beinen stand und relativ aufwendige Verfahren verursachte, was auf Dauer nicht im Interesse der Machthaber liegen konnte.

Ein wesentlicher Grund, weshalb die Wirkung des Gesetzes wissenschaftlich nicht evaluiert wurde, liegt sicherlich auch in der Tatsache begründet, daß die Ausgangsposition – vor Beschluß des Gesetzes –, biologisch betrachtet, unklar war.

Der Literatur jener Jahre ist zu entnehmen, daß die Rassentheoretiker, was die genetische Zusammensetzung der Menschen im Deutschen Reich anlangte, ausschließlich Vermutungen trafen. Wohl bedienten sie sich in den meisten Arbeiten statistischer empirischer Methoden, flächendeckende Aussagen und gesicherte Werte lagen allerdings schon bei der Einführung des Gesetzes nicht vor, sodaß die Rassentheoretiker als Basis für eine Evaluation lediglich die eigenen Spekulationen heranziehen hätten können.

5. Kapitel

Das System eines biologischen Staates

5.1. Der Totalisierungsprozeß im biologischen Staat

Jeder Staat als Organisationseinheit hat gewisse Mindestvoraussetzungen in organisationstheoretischer Hinsicht zu erbringen, um als Staat – funktional betrachtet – längerfristig wirken und bestehen zu können.

Vorausgeschickt sei die Tatsache, daß die Machthaber des Dritten Reiches ihren Staatsbegriff ohnehin nicht im herkömmlichen Sinn formulierten, vielmehr wollten sie den Staat – wie dargestellt – zurückdrängen und durch eine biologische Volksgemeinschaft ersetzen. Diese bräuchte keine gesatzten Normen, womit die Judikative denknotwendig wegfallen müßte. Dieser Staat bräuchte kein Staatsgebiet, weil dieser feststehende Begriff durch den allgemeinen Begriff des Lebensraumes ersetzt würde. Die Staatsgewalt ist als Volksgewalt definiert, die sich auch dem völkischen, germanischen Selbstverständnis ergibt und sich in der Gefolgschaftstreue mit dem Gegenstück Führerprinzip[530] manifestiert; und letztlich ist auch der Begriff des Staatsvolkes als überholt angesehen worden, weil der Volksbegriff nach einem biologischen Verständnis zu definieren war und nicht nach einem staatlichen.[531]

Diese nationalsozialistische Idealvorstellung wurde de facto nie verwirklicht. Dennoch ist der Prozeß der Umgestaltung der Weimarer Republik in einen totalen biologischen Staat im Zusammenhang mit den theoretischen Vorstellungen der Nationalsozialisten von In-

---

[530] Vgl. HAUSHOFER Karl, Der nationalsozialistische Gedanke in der Welt, München 1933, S. 47: „Daher die viel strengere Betonung des Führergedankens und Grundsatzes in allen nationalsozialistisch geleiteten Lebensformen und Kulturkreisen, soweit diese von einem Raum- und Rassengedanken aus beherrscht sind."

[531] Das Führerprinzip hatte im Zusammenhang mit dem Volksbegriff angeblich bereits im Altertum wesentliche Bedeutung. „In den Männerbünden ordnet sich der Einzelne der Gesamtheit unter. Streng ist das Führerprinzip durchgeführt. Einer steht für alle, und alle für den Einen, [...] Die heilige, gottgewollte Ordnung des Männerstaates liegt ihnen im Blut." In diesem Zusammenhang wurde der Schluß gewagt, daß durch die Abkehr vom Führerprinzip in der Neuzeit ein Geburtenrückgang zu begründen sei. Vgl. VALENTINER Theodor, Die seelischen Ursachen des Geburtenrückganges, Politische Biologie, Schriften f. naturgesetzliche Politik und Wissenschaft, München 1937, S. 16 f.

teresse, weil nur die Kombination zwischen dem beobachtbaren Prozeß in den zwölf Jahren von 1933 bis 1945 und den idealtypischen Staats- bzw. Volksgemeinschaftsvorstellungen Auskunft über die theoretische Funktionalität des nationalsozialistischen Staates geben können.

Auch eine staatsähnliche Gemeinschaft nach den Vorstellungen der Nationalsozialisten hat jene Mindestanforderungen zu erfüllen, die eine organisierte und kollektive menschliche Organisation per se zu erfüllen hat. Als Mindestanforderung gilt zuallererst das Vorhandensein von Menschen, die dem Staatsbürgerbegriff entsprechen. Ein Staat, der seine Staatsgewalt frei nach allen denkbaren Kriterien organisiert, ist vorstellbar, sofern er die Staatsgewalt tatsächlich besitzt. Ebenso ist es für einen Staat nicht zwingend notwendig, über ein Staatsgebiet zu verfügen, sofern er über einen Lebensraum verfügt. Wenngleich diese Position nicht der modernen Staatslehre entspricht, ist diese Vorstellung systemtheoretisch denkbar.

Undenkbar ist aber ein Staat ohne Staatsbürger, denn diese sind der eigentliche Inhalt und Zweck jedes Staates, oder – anders ausgedrückt: Ohne Staatsbürger gibt kein Staat einen Sinn.[532] Im Fall des nationalsozialistischen Staates hat der Staatsbürgerbegriff eine besondere Brisanz, weil die Zugehörigkeit zum nationalsozialistischen Staat bzw. zur nationalsozialistischen Volksgemeinschaft, die hier synonym für den Staatsbegriff steht, von genetischen Kriterien abhängig gemacht wurde. Es stellt sich daher die Frage, ob dieser Ansatz ein methodisch und funktional tauglicher Ansatz für die Staatsbürgerdefinition ist, und weiters, ob diese Staatsbürgerdefinition inhaltlich den Mindestanforderungen entspricht, die im oben angeführten Sinn an eine menschliche, organisierte Gemeinschaft gestellt werden müssen.

---

[532] Interessant ist in diesem Zusammenhang, daß für die Nationalsozialisten nicht nur die Existenz der eigenen Staatsbürger von Bedeutung war, sondern tatsächlich auch die Existenz fremder Rassen. Vgl. HITLER Adolf, Mein Kampf, a. a. O., S. 117 f.: „So war für die Bildung höherer Kulturen das Vorhandensein niederer Menschen eine der wesentlichsten Voraussetzungen, in dem nur sie den Mangel technischer Hilfsmittel, ohne die eine höhere Entwicklung gar nicht denkbar ist, zu ersetzen vermochten. Erst nach der Versklavung unterworfener Rassen begann das gleiche Schicksal auch die Tiere zu treffen und nicht umgekehrt, wie manche wohl glauben möchten. Denn zuerst ging der Besiegte vor dem Pfluge – und erst nach ihm das Pferd."

Der zweite Aspekt im Zusammenhang mit der Minimalanforderung an einen Staat ist letztlich der Ordnungsbegriff, weil Zweck jedes Staates sein muß, das Zusammenleben der Menschen im Staat so zu ordnen, daß ein gedeihliches Leben für die einzelnen Staatsbürger möglich ist. Dies setzt voraus, daß die Staatsgewalten und die Funktionen des Staates voneinander weitgehend widerspruchsfrei organisiert sind, oder aber – was im Sinn der Funktionalität des Staates effizienter erscheint –, daß die Teilelemente der Staatsgewalten systemisch kompatibel gestaltet sind. Auch dieser Frage ist im Zusammenhang mit der Funktionalität des nationalsozialistischen Staates nachzugehen.

Zur Bearbeitung dieser beiden Problembereiche erscheint es zweckmäßig, die einzelnen Stufen der Umsetzung des totalen biologischen Staates aufzulisten, zumindest soweit, wie erkennbare Maßnahmen auf der Ebene der Verhaltenssteuerung bzw. auf der Ebene der eugenischen Steuerung eindeutig nachvollziehbar sind.

Wenngleich die einzelnen Stufen überlappend und teilweise parallel umgesetzt wurden, war in etwa der nachfolgende Aktions- bzw. Ablaufplan gegeben:

- Machtübernahme durch Wahlen[533],
- Bildung von parlamentarischen Koalitionen[534],
- Verstärkung des Aktionismus auf der Straße gegen den politischen Gegner[535],
- völlige Radikalisierung der Tagespolitik[536],

---

[533] Schon am 30. Jänner 1933 feierten die Nationalsozialisten ihren Wahlsieg so, als ob sie bereits eine Machtübernahme im autoritären Sinn geschafft hätten. Dies war tatsächlich nicht der Fall, vielmehr war es eine Machtübernahme im Sinn des ungeliebten liberalen Verfassungsstaates „Weimarer Republik", mithin also nicht mehr als die relative Wählermehrheit bei Parlamentswahlen.

[534] Da die Nationalsozialisten nicht die absolute Mehrheit erlangten, blieb ihnen nichts anderes übrig als Koalitionen, wobei mittlerweile eindeutig nachgewiesen sein dürfte, daß diese Parteien das Wesen und das Selbstverständnis der Nationalsozialisten nicht verstanden und es dort, wo es für jedermann transparent war, einfach unterschätzt hatten.

[535] Durch die Exekutivgewalt und die Einbringung der SA in eine politische Exekutive war den Nationalsozialisten sehr rasch die Möglichkeit gegeben, ungehinderten Aktionismus gegen den politischen Gegner durchzuführen.

[536] Diese Radikalisierung war notwendig, weil in der herrschenden politischen Konstellation die Gefahr bestand, die nationalsozialistische Regierung könnte eine von vielen Kurzzeitregierungen in der Weimarer Republik werden.

- teilweise Auflösung der Gewaltenteilung durch das Ermächtigungsgesetz und durch Notverordnungen,
- Einschränkung der Grund- und Freiheitsrechte durch das Ermächtigungsgesetz,
- Ausschaltung von „Fremdrassigen" aus den Staatsgewalten, aus dem Bildungswesen und aus der Verwaltung[537],
- Bildung von Sondergerichten für die Verfolgung politischer Gegner,
- Sondergesetze zur Verfolgung politischer Gegner,
- Auflösung strafrechtlicher Grundsätze,
- Aufwertung der politischen Polizei durch Generalklauseln[538],
- Verfolgung der politischen Gegner durch die Verwaltungsbehörden (GESTAPO, Konzentrationslager)[539],
- Auflösung und völlige Vernichtung anderer politischer Gruppierungen,
- Stärkung des biologischen Kollektivismus durch eugenische Gesetze (Sterilisierungsgesetze)[540],

---

[537] Sofort mit der Machtübernahme und in den nachfolgenden Monaten setzte eine großangelegte, legistisch unterstützte „Säuberungsaktion" in allen staatlichen Bereichen ein. Diese Aktion war sowohl auf der Verhaltensebene als auch auf der Rassenebene wirksam, d. h., einerseits wurde versucht, sämtliche politischen Gegner aus wichtigen Staatsfunktionen bzw. aus dem exekutiven Verwaltungsbereich zu verbannen, andererseits setzte sofort die rassische Verfolgung gegen die Juden ein. Insbesondere im beamteten Bereich wurde unter dem Titel „Wiederherstellung des deutschen Berufsbeamtentums" die Judenverfolgung begonnen.

[538] Während in liberalen Verfassungsstaaten das Legalitätsprinzip Gültigkeit hat und die Exekutivgewalt nur aufgrund klarer Normen und unter Bindung an diese Normen ausgeübt werden kann und darf, widersprach dieses Prinzip völlig den Vorstellungen der Nationalsozialisten. Obwohl ein eigener Polizeikodex niemals in Kraft gesetzt wurde, wurden doch mehrere Generalklauseln erlassen, die es insbesondere der politischen Polizei ermöglichten, innerhalb eines sehr weiten Spielraumes praktisch willkürlich tätig zu werden.

[539] Sofort nach der Machtübernahme richteten die Nationalsozialisten Konzentrationslager ein, die einerseits den Zweck hatten, politische Gegner „mundtot" zu machen, andererseits sollten diese Menschen der ordentlichen Gerichtsbarkeit vorenthalten werden, weil im Fall einer Anklage in den meisten Fällen mit einem Freispruch vor einem ordentlichen Gericht zu rechnen gewesen wäre.

[540] Hiezu zählen einerseits alle Unterstützungsmaßnahmen und Hilfestellungen, die rassisch motiviert waren, andererseits gehören hier auch die Sterilisierungsgesetze als negative eugenische Maßnahmen dazu.

- Sondergerichte für die eugenischen Gesetze (Erbgesundheitsgerichte),
- Aufwertung der Gesundheitsverwaltung im Rahmen der Rassenhygiene[541],
- Veränderung des Umverteilungsprozesses nach rassenhygienischen Gesichtspunkten,
- Absicherung der politischen Maßnahmen durch völkerrechtliche Verträge,
- Schaffung politischer Tatsachen durch die Schaffung völkerrechtlicher Tatsachen[542],
- Sonder- und Ausnahmegesetzgebung für „Rassenfremde",
- Radikalisierung der Judenverfolgung durch die Nürnberger Gesetze[543],
- weitere Verschärfung der politischen Sondergesetzgebung,
- weitere Verschärfung der eugenischen Gesetzgebung (Ehe, Gesundheit, Erbrecht, Erbhofrecht, Familienrecht usw.)[544],
- Vergrößerung des Reichsgebietes durch Okkupation[545],
- Kriegssonderrecht[546],

---

[541] Die Gesundheitsverwaltung hatte die Primäraufgabe im Gen-Screening der Staatsbürger. Im Dritten Reich war die Gesundheitsverwaltung eher als eine Art Gesundheitspolizei zu sehen. Aufgaben der Gesundheitsverwaltung waren die Dokumentation der Gesundheitsdaten der Staatsbürger und die Veranlassung und Durchführung rassenhygienischer Maßnahmen. Damit auch alle Staatsbürger von der Gesundheitsverwaltung erfaßt werden konnten, gab es eine Vielzahl von gesetzlich vorgeschriebenen Berührungspunkten, wobei das Verfahren im Zusammenhang mit der Heiratserlaubnis am bedeutendsten war.

[542] Hierunter fällt etwa die Besetzung des Rheinlandes.

[543] Dieses „Gesetzeswerk" schloß Juden und Fremdrassige von der Teilnahme am sozialen und politischen Gemeinwesen im Deutschen Reich aus.

[544] Im Sinn des totalen Staates waren alle Gesetze, die mit der „Reproduktion" des Staatsvolkes, mit der Beherrschung der Produktionsmittel, mit der Ausübung der Staatsgewalt und letztlich mit der Umverteilung der volkswirtschaftlichen Wertschöpfung zusammenhingen, nach völkischen und rassistischen Kriterien zu formulieren. Spätestens nach den Nürnberger Gesetzen erlegten sich die Nationalsozialisten im Rahmen dieser Gesetzgebung keine Schranken mehr auf.

[545] Hierunter fallen die Besetzung Österreichs und die „stückweise" Besetzung der Tschechoslowakei.

[546] Schon ein Jahr vor Kriegsbeginn wurde das gesamte Kriegssonderrecht formuliert, in Kraft gesetzt wurde es erst 1939. Nach dem Willen der Nationalsozialisten sollte dieses Kriegssonderrecht die Basis für das Strafrecht nach dem Zweiten Weltkrieg bilden.

- Beginn eines Angriffskrieges,
- Auflösung der formalen Verfahrenssicherheit durch Vereinfachung der Verfahrensnormen bei ordentlichen Gerichten,
- Euthanasieprogramm durch die Gesundheitsverwaltung[547],
- Ausschluß von Fremdrassigen von der ordentlichen Gerichtsbarkeit[548],
- Totalisierung des Krieges und völlige Militarisierung des Volkes,
- Vernichtung von „Rassenfeinden" durch Verwaltungseinheiten[549],
- exzessive Tötung von nicht angepaßten „Volksgenossen"[550],
- exzessive Theorien über Gen-Screening für „angepaßte Volksgenossen"[551].

Dieser Prozeß beschreibt somit in Stufen die Umwandlung der Weimarer Republik in einen nationalsozialistischen, biologischen, totalen Staat. Will man den oben angeführten Fragestellungen nachgehen, bietet sich an, diesen Prozeß grafisch darzustellen und auf ein Portfolio aufzubringen.

Die x-Achse betrifft den rassenbiologischen, eugenischen Ansatz, wobei allerdings festgehalten werden muß, daß die einzelnen Kategorisierungen im Lauf der Zeit verschieden benannt und interpretiert wurden, sodaß eine wissenschaftlich exakte Abgrenzung der Kategorien nicht möglich ist. Der hier vorgenommene Versuch einer

---

[547] Außer einem Beauftragungsschreiben von Hitler gab es keine offizielle Beauftragung für das Euthanasieprogramm, es gab kein Gesetz und keine Verordnung, die dieses Programm formaljuristisch legitimierten. Dennoch ist erstaunlich, wie organisatorisch einwandfrei und widerspruchslos dieses Programm auf einer sehr breiten Basis funktionierte.

[548] Polen und Juden hatten keinen Anspruch mehr auf ein Verfahren vor einem ordentlichen Gericht und waren durch die Polizeibehörden abzuurteilen.

[549] Hierunter fallen der Holocaust an der jüdischen Bevölkerung, die Ermordung von Sinti und Roma, die Massenvernichtung der Zivilbevölkerung in Rußland, die Massenhinrichtungen von östlichen Kriegsgefangenen und die Vernichtung von Menschen durch Arbeit und Erschöpfung sowohl in Konzentrationslagern als auch in freien Wirtschaftsbetrieben.

[550] Speziell in der zweiten Phase des Zweiten Weltkrieges wurden sogenannte „nicht angepaßte Volksgenossen" entweder zu Tausenden von den Volks- und Sondergerichten zum Tod verurteilt oder in Konzentrationslagern ohne Prozeß oder Anklage getötet.

[551] Der „Fortschritt" der Medizin brachte es mit sich, daß in den vierziger Jahren theoretisch jeder Volksgenosse verdächtig war, einen Erbschaden und damit einen Schaden für die Entwicklung des Volkes in sich zu tragen.

Kategorisierung entspricht einerseits dem allgemeinen Verständnis über die Rassenkategorien im Deutschen Reich und korrespondiert andererseits mit den Grundzügen der Rassengesetzgebung vor dem Zweiten Weltkrieg, weil zu dieser Zeit die völlige Totalisierung des Dritten Reiches noch nicht umgesetzt war und die Gesetzgeber tatsächlich den Versuch unternahmen, die aktuellen biologischen Erkenntnisse der Zeit in rassenhygienische Normen umzumünzen.

Die y-Achse stellt die Verhaltens- und Gesinnungsachse sowie die Achse der biologischen „Wertigkeit" dar. Gleichzeitig wird damit die genetische Wertigkeit innerhalb der jeweils eigenen Rasse beschrieben. Auch hier gilt, daß eine exakte Abgrenzung nicht möglich und nur eine theoretische Trenddefinition der einzelnen Segmente darstellbar ist.

Die Abbildung dieses Prozesses stellt die Entwicklung der völkisch-biologischen Totalisierung des Dritten Reiches etwa um die Zeit um 1941 dar. Es fällt auf, daß bereits relativ viele Segmente der biologischen Vernichtung preisgegeben wurden.

Auffällig ist auch die Tatsache, daß nur sehr wenige Segmente von Verfolgung völlig frei waren, wenngleich selbstverständlich ist, daß jeder Staatsbürger jederzeit mit Verfolgungshandlungen rechnen mußte, weil auch angepaßtes Verhalten ohne jede „Vorwarnung" und sogar im nachhinein – wie ausgeführt – zum nicht angepaßten Verhalten erklärt und sanktioniert werden konnte.

Aus dieser prozessualen Darstellung ist klar ersichtlich, daß es im Bereich der y-Achse für den deutschen Volksgenossen möglich war, sich Verfolgungen zu entziehen, sofern er in der Lage war, „aus seinem Blutsverhalten heraus" auch sein tatsächliches Verhalten auszurichten, denn die bloße Einhaltung von Gesetzen oder angepaßtes Verhalten allein waren nicht ausreichend, um keinen staatlichen Verfolgungshandlungen ausgesetzt zu sein.

Wesentlicher auf der y-Achse ist allerdings der „biologisch-genetische Reproduktionswert" des einzelnen Staatsbürgers, denn in dieser Frage wurde jeder Mensch im Dritten Reich ständig verdächtigt, Träger „kranker Erbanlagen" zu sein. Und tatsächlich schlug die medizinische Diskussion in dieser Frage wahre Kapriolen[552], sodaß letzt-

---

552 Diese Diskussion wird im Rahmen der Betrachtungen des Erbgesundheitsgesetzes dargestellt.

	Zone 1: Rassenziel		Zone 2: Integrationszone	
	Nordischer Deutscher	Deutschblütiger mit nordischem Blutsanteil	Eindeutschungsfähiger	Mischling minderen Grades
erbgesund und angepaßtes bzw. Führerverhalten	M: positive Rassenhygiene, Förderung, Integration in die Eliten Z: Zuchtziel, Keimzelle des Volkes, Führerheranbildung U: Erbhofgesetz, finanzielle Förderung, Gattenwahl I: Gesundheitsämter, SS, Parteieliten	M: positive Rassenhygiene in geringerem Umfang, Förderung Z: Nutzung der individuellen Fähigkeiten U: Integration in die Partei, sonstige Förderungen I: Gesundheitsämter, Partei	M: vorerst neutrale Position des Staates, ständige Kontrolle Z: spätere genetische Einordnung, Unterstützungsfunktion für Eliten U: Integration in das Volk, keine besondere Förderung oder Verfolgung I: Gesundheitsämter, Staatsverwaltung, Polizei	M: eingeschränkte Integration in den Staat, ständige Kontrolle Z: Ausschluß von der Fortpflanzung mit Deutschblütigen U: Ehegesetze, Verwaltungsvorschriften, ständige Kontrollen I: Staatsverwaltung, Gesundheitsämter, Partei, Polizei
keine besonderen Erbmerkmale und angepaßtes Verhalten	M: neutrale Position des Staates, ständige Überprüfung Z: spätere genetische Einordnung, Unterstützungsfunktion für Eliten U: Integration in das Volk, keine besondere Förderung oder Verfolgung I: Staatsverwaltung, Polizei, Gerichte	M: neutrale Position des Staates, ständige Überprüfung Z: spätere genetische Einordnung, Unterstützungsfunktion für Eliten U: Integration in das Volk, keine besondere Förderung oder Verfolgung I: Staatsverwaltung, Polizei, Gerichte	M: neutrale Position des Staates, ständige Überprüfung Z: spätere genetische Einordnung, Unterstützungsfunktion für Eliten U: Integration in das Volk, keine besondere Förderung oder Verfolgung I: Staatsverwaltung, Polizei, Gerichte	M: eingeschränkte Integration in den Staat, ständige Kontrolle Z: Ausschluß von der Fortpflanzung mit Deutschblütigen U: Ehegesetze, Verwaltungsvorschriften, ständige Kontrollen I: Staatsverwaltung, Gesundheitsämter, Partei, Polizei
geringe negative Erbmerkmale und gering unangepaßtes Verhalten	M: negative Rassenhygiene, Verwaltungsverfahren, gerichtliche Verfolgung Z: Ausschluß von der Fortpflanzung, Einschüchterung U: Sterilisierung, Sondergerichtsverfahren, Verfolgung durch GESTAPO I: Erbgesundheitsgerichte, Sondergerichte, GESTAPO, Arbeitserziehungslager	M: negative Rassenhygiene, Verwaltungsverfahren, gerichtliche Verfolgung Z: Ausschluß von der Fortpflanzung, Einschüchterung U: Sterilisierung, Sondergerichtsverfahren, Verfolgung durch GESTAPO I: Erbgesundheitsgerichte, Sondergerichte, GESTAPO, Arbeitserziehungslager	M: negative Rassenhygiene, Verwaltungsverfahren, gerichtliche Verfolgung Z: Ausschluß von der Fortpflanzung, Einschüchterung U: Sterilisierung, Sondergerichtsverfahren, Verfolgung durch GESTAPO I: Erbgesundheitsgerichte, Sondergerichte, GESTAPO, Arbeitserziehungslager	M: Verwaltungsverfahren, gerichtliche Verfolgung Z: Ausschluß von der Fortpflanzung, Einschüchterung U: Sterilisierung, Sondergerichtsverfahren, Verfolgung durch GESTAPO I: Erbgesundheitsgerichte, Sondergerichte, GESTAPO, Arbeitserziehungslager, KZ
oppositionelles Verhalten oder deutliche Erberkrankung oder geistige Behinderung	M: negative Rassenhygiene, Beugung des Individuums bis zur Vernichtung Z: Anpassung oder Ausmerzung U: Sterilisierung, Euthanasie, schwere Bestrafung bis zur Tötung, Willkürmaßnahmen I: Gesundheitssystem, Volksgerichtshof, KZ, GESTAPO	M: negative Rassenhygiene, Beugung des Individuums bis zur Vernichtung Z: Anpassung oder Ausmerzung U: Sterilisierung, Euthanasie, schwere Bestrafung bis zur Tötung, Willkürmaßnahmen I: Gesundheitssystem, Volksgerichtshof, KZ, GESTAPO	M: negative Rassenhygiene, Beugung des Individuums bis zur Vernichtung Z: Anpassung oder Ausmerzung U: Sterilisierung, Euthanasie, schwere Bestrafung bis zur Tötung, Willkürmaßnahmen I: Gesundheitssystem, Volksgerichtshof, KZ, GESTAPO	M: Beugung des Individuums bis zur Vernichtung Z: Anpassung oder Ausmerzung U: Sterilisierung, Euthanasie, schwere Bestrafung bis zur Tötung, Willkürmaßnahmen I: Gesundheitssystem, Volksgerichtshof, GESTAPO

Der Prozeß der Totalisierung

Legende: M – Maßnahme, Z – Ziel der Maßnahme

Der Prozeß der Totalisierung

	Zone 3: Übergangszone		Zone 4: Vernichtungszone		
	Fremdrassiger hochwertige Rasse	**Mischling** höheren Grades	**Fremdrassiger** minderwertige Rasse	**Fremdrassiger** minderwertige Zusammensetzung	
erbgesund und angepaßtes bzw. Führerverhalten	M: eingeschränkte Integration in den Staat, ständige Kontrolle Z: Ausschluß von der Fortpflanzung mit Deutschblütigen, Einbindung in den volkswirtschaftlichen Wertschöpfungsprozeß U: Ehegesetze, Verwaltungsvorschriften, ständige Kontrollen I: Staatsverwaltung, Gesundheitsämter, Partei, Polizei	M: Desintegration, Entindividualisierung Z: Ausschluß des Individuums aus dem deutschen Volk, eventuelle Einbindung in den volkswirtschaftlichen Wertschöpfungsprozeß U: Nürnberger Gesetze, Polizeiverordnungen I: Staatsverwaltung, Partei, GESTAPO	M: Desintegration, Entindividualisierung Z: eventuelle Einbindung in den volkswirtschaftlichen Wertschöpfungsprozeß U: Nürnberger Gesetze, Polizeiverordnungen I: Staatsverwaltung, Partei, GESTAPO	M: Entindividualisierung und Tötung Z: Ausmerzung der Rasse U: Interne Weisungen I: GESTAPO, SS, Vernichtungslager	
keine besonderen Erbmerkmale und angepaßtes Verhalten	M: eingeschränkte Integration in den Staat, ständige Kontrolle Z: Ausschluß von der Fortpflanzung mit Deutschblütigen U: Ehegesetze, Verwaltungsvorschriften, ständige Kontrollen I: Staatsverwaltung, Gesundheitsämter, Partei, Polizei	M: Desintegration, Entindividualisierung Z: Ausschluß des Individuums aus dem deutschen Volk, eventuelle Einbindung in den volkswirtschaftlichen Wertschöpfungsprozeß U: Nürnberger Gesetze, Polizeiverordnungen I: Staatsverwaltung, Partei, GESTAPO	M: Desintegration, Entindividualisierung Z: eventuelle Einbindung in den volkswirtschaftlichen Wertschöpfungsprozeß U: Nürnberger Gesetze, Polizeiverordnungen I: Staatsverwaltung, Partei, GESTAPO	M: Entindividualisierung und Tötung Z: Ausmerzung der Rasse U: Interne Weisungen I: GESTAPO, SS, Vernichtungslager	
geringe negative Erbmerkmale und gering unangepaßtes Verhalten	M: Verwaltungsverfahren, gerichtliche Verfolgung Z: Ausschluß von der Fortpflanzung, Einschüchterung U: Sterilisierung, Sondergerichtsverfahren, Verfolgung durch GESTAPO I: Erbgesundheitsgerichte, Sondergerichte, GESTAPO, Arbeitserziehungslager, KZ	M: gerichtliche oder polizeiliche Verfolgung Z: Eliminierung des Individuums U: Weisungen, Sondergesetze, Polizeiverordnungen I: GESTAPO, Zuchthaus, Sondergerichte, Arbeitserziehungslager, KZ	M: gerichtliche oder polizeiliche Verfolgung Z: Eliminierung des Individuums U: Weisungen, Sondergesetze, Polizeiverordnungen I: GESTAPO, Zuchthaus, Sondergerichte, Arbeitserziehungslager, KZ	M: Entindividualisierung und Tötung Z: Ausmerzung der Rasse U: Interne Weisungen I: GESTAPO, SS, Vernichtungslager	
oppositionelles Verhalten oder deutliche Erberkrankung oder geistige Behinderung	M: Beugung des Individuums bis zur Vernichtung Z: Anpassung oder Ausmerzung U: Sterilisierung, Euthanasie, schwere Bestrafung bis zur Tötung, Willkürmaßnahmen I: Gesundheitssystem, Arbeitserziehungslager, KZ, GESTAPO	M: Verfolgung durch Polizei oder Verwaltungsbehörden bzw. SS Z: Eliminierung des Individuums U: Weisungen, Sondergesetze, Polizeiverordnungen I: KZ oder Vernichtungslager	M: Verfolgung durch Polizei oder Verwaltungsbehörden bzw. SS Z: Eliminierung des Individuums U: Weisungen, Sondergesetze, Polizeiverordnungen I: KZ oder Vernichtungslager	M: Entindividualisierung und Tötung Z: Ausmerzung der Rasse U: Interne Weisungen I: GESTAPO, SS, Vernichtungslager	

Legende: U – Umsetzung, I – Institution zur Umsetzung

endlich nicht nur jeder Staatsbürger biologisch verdächtig war, sondern eigentlich eine Art „Gegenauslese" eintrat. Das bedeutete, daß im Rahmen der biologischen Diskussion am Ende des Dritten Reiches praktisch kein Mensch mehr mit absoluter Sicherheit den genetisch-biologischen Anforderungen, die an einen Volksgenossen im Dritten Reich gestellt wurden, gerecht werden konnte. Mit anderen Worten bedeutet dies, daß mit fortschreitender medizinischer und biologischer Diskussion und mit Verfeinerung der Screeningverfahren dem Dritten Reich die Staatsbürger „abhanden" gekommen wären.

Spätestens seit der wissenschaftlich und biologisch stärkeren Durchdringung der Genetik war auch die Frage zu untersuchen, ob ein Rassenbegriff genetisch begründet werden kann.[553] Heute kann man davon ausgehen, daß der biologische Nachweis erbracht wurde, daß Menschen nicht in Rassen eingeteilt werden können.

Daß diese Annahme durchaus gesichert ist, beweist nicht zuletzt eine Erklärung von internationalen führenden Biologen zur Rassenfrage im Rahmen der UNESCO-Konferenz „Gegen Rassismus, Gewalt und Diskriminierung" am 8. und 9. Juni 1995 in Stadtschlaining, Österreich.[554]

Auch wenn Rudimente der Rassenlehre trotzdem immer noch im Biologieunterricht an Schulen und in der Ausbildung an Hochschulen gelehrt werden, ist diese Tatsache nicht als Beweis für das Bestehen genetischer Menschenrassen heranziehbar, sondern vielmehr für die Hartnäckigkeit einer Irrlehre, die nur langsam aus den Köpfen und aus den Unterrichtsräumen verbannt werden kann.

Schon aus diesem Grund ist die Praktikabilität und systemtheoretische Funktionsfähigkeit eines biologischen Staates zu verneinen, weil der Ansatz, Rassenkriterien aufzustellen und aus diesen Kriterien das Staatsvolk zu definieren, mangels Vorhandenseins von Rassen denknotwendig ins Leere greift.

Selbst die erbbiologische Wertigkeit kann von keiner staatsrechtlichen und organisatorischen Relevanz sein, weil die genetischen Baumuster der Menschen in einem derart großen Umfang mit potentiel-

---

[553] Vgl. SEIDLER Horst, Ist der Rassenbegriff beim Menschen genetisch be-gründbar?, Eine Anregung für die interdisziplinäre Forschung, in: Vernetztes Denken – Gemeinsames Handeln, Interdisziplinarität in Theorie und Praxis, hg. von Helmut REINALTER, Thaur 1993, S. 49 ff.

[554] Vgl. die Abschrift des Originals im Anhang.

len genetischen Fehlern behaftet sind, daß staatsbürgerliche Wertigkeiten aus dieser Tatsache nicht abgeleitet werden können.

Zusammenfassend darf daher festgestellt werden, daß im Zusammenhang mit der Fragestellung, ob der Ansatz der Nationalsozialisten, den Staatsbürgerbegriff von rassischen und genetischen Kriterien abhängig zu machen und auf diesen Kriterien eine Staatslehre aufzubauen, sinnvoll ist, kein tauglicher Ansatz ist. Diese Staatslehre entfällt durch den Fortgang der biologischen Erkenntnisse daher denknotwendig von selbst. Letztlich wurde auch die Frage gestellt, ob die Teilelemente der Staatsgewalten in einer Form systemisch kompatibel gestaltet waren, daß ein dauerhaftes Funktionieren des nationalsozialistischen Staates sichergestellt gewesen wäre.

Es wird in der herrschenden Lehre mehrfach nachgewiesen, daß die Funktionalität der Staatsgewalten chaotisch organisiert war. Einerseits herrschten Dualitäten von Partei und Staat, andererseits wirkten Verwaltungen, Polizei und Gerichte wechselseitig kontraproduktiv. Die deutsche Staatslehre hatte keinen wirklich nachvollziehbaren und untersuchbaren Organisationsansatz für das Dritte Reich definiert. Alle organisatorischen Gegebenheiten wurden aus dem Selbstverständnis der Rasse oder des Blutes begründet. Während sich der Großteil der staatsrechtlichen Publikationen nicht mit der Frage der theoretischen Konstruktion der Ausübung der Staatsgewalt im Dritten Reich beschäftigten, sondern hauptsächlich Ziel und Aufgabe darin fanden, liberale Rechtsstaaten, Verfassungsstaaten und humanistische Ideen mit völkischen und biologischen, vor allem aber mit nicht wissenschaftlich nachweisbaren Argumenten zu kritisieren, erfolgte die politische und tatsächliche Umsetzung des totalen biologischen Staates nach dem Zufallsprinzip – weil die Führung des Dritten Reiches im Sinn des Aktionismus jede Chance nutzte, wieder einen Schritt näher zum Idealtypus „völkischer, biologischer Staat" zu kommen.[555]

---

[555] Für diesen Aktionismus bot Josef Goebbels die Begründung, daß die Nationalsozialisten eben Revolutionäre seien. Vgl. GOEBBELS Josef, „Der Angriff", Aufsätze aus der Kampfzeit, München 1940 S. 46 f.: „Am schwersten aber ist es, als reißender Wolf den Schafspelz umzulegen, die Maske des Biedermannes aufzusetzen, Bürger unter Bürgern zu sein, wenn innen ein Vulkan brennt, wenn einen Tag und Tag und Stunde um Stunde der Teufel verfolgt und man manchmal in einem sinnlosen Wutgeheul aufbrüllen möchte vor Haß und Rachedurst. Aber auch das soll gelernt sein. Ein Revolutionär muß alles können. Beweis für revolutionäre Gesinnung ist nicht allein das Schlagen, sondern das Schlagen zur rechten Zeit. Bereit sein ist alles."

Was sowohl die Politiker als auch die Staatslehrer sowie die Biologen in diesem Prozeß offenbar übersehen haben, ist die Tatsache, daß diese Konstruktion des Dritten Reiches von der Substanz der Weimarer Republik am Leben gehalten wurde. Dies deshalb, weil der gesamte Aktionismus und die gesamten Staatsideen nicht neu oder auf dem grünen Tisch erschaffen wurden, sondern die Nationalsozialisten vielmehr ein zumindest in groben Zügen funktionierendes Staats- und Gemeinwesen übernahmen. Die Verwaltung des Staates war weitgehend effizient, und auch die Judikative erfüllte jene Aufgaben, die im Sinn der Teilung der Staatsgewalten zu erfüllen waren.

Erst auf dieser Basis konnte die „legale Revolution" stattfinden. Dies war auch die Basis im gesamten Umgestaltungsprozeß.

Wie dargestellt, wäre durch die Tatsache, daß es keine Menschenrassen gibt, der organisatorischen und inhaltlichen Basis des Staates völlig der Boden entzogen worden, durch die fehlenden Strukturen der Anwendung der Staatsgewalt wäre es durch den Verlust jener Substanzen, die noch aus der Weimarer Republik stammten, zur völligen Lähmung des Staates gekommen.

5.2. Schlußbemerkungen

Adolf Hitler liebte das deutsche Volk nicht. Vielmehr zeigte er schon sehr früh seine Verachtung. Bereits im Jahr 1923 teilte Hitler das deutsche Volk in Drittel ein, „ein Drittel seien Feiglinge, ein Drittel geborene Verräter und ein Drittel Helden"[556].

Aber auch die anderen Mitglieder der nationalsozialistischen Führungselite hatten keine bessere Meinung vom deutschen Volk. Kurz nach der Machtergreifung meinte Goebbels, daß sich die Deutschen, die nicht in der Partei seien, glücklich schätzen sollten, daß sie überhaupt noch am Leben seien.

Aber auch in rein rassischem Sinn fanden die nationalsozialistischen Führer kein Volk vor, das ihren rassischen Vorstellungen entsprach. Es war zusammengesetzt aus verschiedenen Rassen mit ei-

---

[556] Vgl. ARENDT Hannah, Elemente ..., a. a. O., S. 570 f.

nem mehr oder minder großen „nordischen" Blutsanteil; verschiedentlich war die Zusammensetzung derart mangelhaft, daß die „Aufnordung" ein Gebot der Stunde war.[557]

Der nationalsozialistische Staat war als „Staat" unvergleichlich. Er implizierte nicht das Element des Staatsgebietes, und auch die Staatsgewalt war völkisch definiert als etwas, das aus dem Führertum und dem Volk kam. Das Staatsvolk war ein Rassenkonsortium, das zu verbessern und zu vermehren war.

Alles, was Staat war, hatte sich diesem Gedanken unterzuordnen. Jede organisatorische Maßnahme war vor dem Ziel zu betrachten, daß der Anteil der nordischen Rasse im Volk zu vermehren ist. Dabei durften keine liberalen humanistischen Rücksichten eine Rolle spielen, und auch individualistische Betrachtungen waren fehl am Platz. In diesem Sinn war der nationalsozialistische Staat ein biologischer Staat; alles Handeln hatte sich dem biologischen Ziel unterzuordnen.

Der nationalsozialistische Staat war aber auch ein totaler Staat. Er gewährte seinen Bürgern keinen Freiraum, alles Leben war staatlich. Allerdings gab der Staat keine wirklich faßbaren Normen vor. Die Verhaltensanleitungen ergaben sich aus dem Blut, aus dem rassischen Selbstverständnis und aus dem biologischen Gleichklang.

Die geistige Basis dieses Staates wurde von Wissenschaftlern, von Biologen, Medizinern und Juristen vorbereitet und salonfähig gemacht. In völliger Enthemmung und ohne die wissenschaftlichen Prinzipien und Arbeitsweisen zu berücksichtigen, wurde die Konstruktion des biologischen totalen Staates vorbereitet und ausgeführt. Und selbst nach der Machtübernahme wurde die herrschende Lehre den politischen Erfordernissen angepaßt.

Der biologische totale Staat „lebte" nach der Machtübernahme von der infrastrukturellen und politischen Substanz der Weimarer Republik. Sofort nach der Machtübernahme setzte ein Sturm äußerster Destruktivität ein, der Staatsgewalt und Parteigewalt vermischte, verdoppelte oder auch vernichtete.

Nach der wissenschaftlichen und politischen Doktrin des totalen biologischen Staates konnte niemand unverdächtig sein, entweder Trä-

---

[557] So konnte die „Wissenschaft" von der „ostischen Rasse", die in den Alpengegenden lebte, nicht mit Sicherheit ausschließen, daß wesentliche mongolische Blutsanteile in dieser „Rasse" vorhanden waren.

ger kranker Erbanlagen oder ein unangepaßter Volksgenosse zu sein. In beiden Fällen hatte der Staat einzugreifen.

In der genetischen Frage griffen die Theorien und Maßnahmen der Eugenik sowie in weiterer Folge die Menschenvernichtungsaktionen. Auf der Ebene der Verhaltensanpassung wirkten die Maßnahmen der GESTAPO, das Konzentrationslager sowie die gerichtlichen und polizeilichen Massentötungen.

Alle Menschen, die im deutschen Zugriffsbereich waren und nicht einer deutschen Rasse angehörten, waren entweder zu bewirtschaften oder zu töten.

Dieser Prozeß von der Machtübernahme bis zur Totalisierung nach Beginn des Zweiten Weltkrieges fand 1945 mit dem Verlust des Krieges sein natürliches Ende. Die Frage, wie es weitergegangen wäre, ist wissenschaftlich nicht zu erarbeiten. Dennoch kann man davon ausgehen, daß der Trend der Menschenverfolgung sowohl auf der genetischen als auch auf der Verhaltensebene nicht gestoppt, sondern fortge-setzt worden wäre.[558]

Zweifellos ist der Prozeß auf beiden Ebenen in den zwölf Jahren des Bestehens des Dritten Reiches immer mehr in die Kernbereiche der deutschen Bevölkerung eingedrungen. Nach den medizinischen Spekulationen konnte kaum ein Mensch mehr als unverdächtig angesehen werden, Träger erbkranker Anlagen zu sein oder sonst auf irgendeine Weise dem biologischen Anspruch des Reiches nicht zu genügen und daher vom Staatsvolk ausgeschlossen zu werden.

Auch auf der Verhaltensebene war angepaßtes Verhalten immer schwieriger, weil die Kriterien der Anpassung immer unklarer wurden und selbst Nichtigkeiten mit dem Tod bestraft werden konnten. Daß diese Menschenverfolgung immer mehr in die Kernbereiche des deutschen Volkes hineindrängte, verwundert nicht.

Die gedankliche und ideologische Basis des Dritten Reiches war die Lehre vom totalen Staat, aufgebaut auf der Rassenlehre und der Eugenik. Diese Staatsideologie und politische Funktion griffen schon deshalb ins Leere, weil die Rassenlehre auf die Menschen nicht anwendbar ist. Diese Tatsache, die heute auch genetisch nachgewiesen werden kann, hatte zur Folge, daß im Dritten Reich kein greifbares objektivierbares Ordnungskriterium herangezogen werden konnte,

---

[558] Alle Stellungnahmen der „Führer" weisen darauf hin. Viele Fragen sollten erst nach dem Krieg behandelt oder endgültig beantwortet werden.

um das Zusammenleben der Bürger im Staat zu regeln. Selbst die Behandlung der Fremdvölkischen, ihre Vertreibung und Vernichtung beruhen auf einer biologischen Fehlmeinung. Insgesamt kann man daher sagen, daß das Dritte Reich als biologischer totaler Staat schlicht und einfach ein Irrtum war. Die Dysfunktionalität, die falschen Grundlagen und die irrtümliche Verbindung falscher biologischer Erkenntnisse mit totalen und antidemokratischen Staatslehren haben Millionen von Menschen das Leben gekostet.

Gerade in der neueren Diskussion über den Rechtsradikalismus und die Wiederentdeckung der rassischen Grundlagen kann nicht deutlich genug betont werden, daß dieses Staatsmodell – sowohl von der Wertebasis als auch von der Funktionalität aus betrachtet – kein Modell ist, nach dem ein Staat organisiert werden kann.

Selbst wenn eine Restfunktionalität dieses Staatsmodells gegeben wäre, kann man doch davon ausgehen, daß revolutionäre Staatsmodelle, die sich gegen die Menschheit selbst richten, keine brauchbare Konzeption darstellen.

Der Grund dafür liegt darin, daß die Evolution von Staat und Gesellschaft ihre eigentliche tragende Kraft in der Fähigkeit des Menschen hat, sich zu sozialisieren und sich sowohl individuell als auch kollektiv optimal veränderten Rahmenbedingungen anzupassen. Die Evolution von Staat und Gesellschaft geht nicht von einer qualitativen Verbesserung der Menschheit per se aus, vielmehr ist dieser Prozeß eine ständige Anpassung und Optimierung von Organisation und Verhaltensweise an eine sich verändernde Umwelt und an sich ständig verändernde Rahmenbedingungen. Diese Prozesse sind interaktiv, was bedeutet, daß sich durch die gesellschaftliche Anpassung an Bedingungen diese selbst wiederum ändern, sodaß die evolutionäre Kraft des Staates und der Gesellschaft ständig gefordert wird.

Aus diesem Grund kann eine Staatslehre, die nicht auf diese evolutionären Stärken zurückgreifen kann, auf Dauer nicht Bestand haben. Es wurde behauptet, daß die Fähigkeit, sich zu sozialisieren, der Kern dieser staatlichen und gesellschaftlichen Evolution sei. Genauer gesagt ist es die besondere Art der Sozialisierungsfähigkeit des Menschen, denn im Gegensatz zu anderen Lebewesen sind die Menschen umfassend in der Lage, Obsorge für andere Menschen wahrzunehmen. Die Prinzipien von Auslese und Gegenauslese in der Menschheit sind deshalb sinnlos, weil innerhalb der menschlichen Gesellschaft nicht der Stärkere den positivsten Beitrag für die kollektive Entwicklung bringt, sondern vielmehr situativ unterschiedlich der Klügere, der Gewitztere, der Informiertere und so weiter.

Die Bedeutung der physischen Beschaffenheit ist im Rahmen der Menschheit daher viel geringer, als dies im Tierreich der Fall ist. Auslese und Gegenauslese im Rahmen menschlicher Gesellschaften und Staaten würden wertvolle Eigenschaften und Möglichkeiten im Rahmen der evolutionären Anpassung vernichten und den Staat insgesamt schwächen. Diese Fähigkeit und diese besondere Sozialisierung können auch nicht situativ, sondern müssen generell sein, zumal sich Situationen und Bedingungen – wie dargestellt – ständig verändern, sodaß Menschen, die heute für den kollektiven Entwicklungsprozeß nicht bedeutend sind, morgen von besonderer Bedeutung sein können. Schon aus diesem praktikablen Grund kann die umfassende Obsorge eines Kollektivs für schwächere Individuen im Rahmen der menschlichen Entwicklung nicht eingeschränkt werden.

Daß daneben die Gebote der Ethik und Moral, der Religion und des Humanismus unüberwindbare Schranken für staatliches und gesellschaftliches Tun aufgerichtet haben, versteht sich von selbst und bedarf keiner näheren Erläuterung.

Die Nationalsozialisten haben nicht nur diese Schranken niedergerissen und dabei die Menschheit entmenschlicht, sie haben auch die Grundprinzipien der sozialen und funktionalen Kollektivierung mißachtet und damit ein Staats- und Gemeinschaftsgefüge entworfen und aufgebaut, das in keiner Weise für eine menschliche Gesellschaft anwendbar, funktional oder akzeptabel ist.

Gerade im Zusammenhang mit der Diskussion um das Wiedererstarken nationalsozialistischer Ideen kann nicht eindringlich genug auf diese Zusammenhänge und auf die Dysfunktionalität der Staats- und Rassenlehre des Dritten Reiches hingewiesen werden. Dies trifft umso mehr zu, als die Fortschritte der Medizin und der Biologie heute viel weiter gediehen sind als vor fünfzig oder siebzig Jahren.

Mit den heutigen Methoden der Genetik und der Gentechnologie, verbunden mit der Rassenideologie des Dritten Reiches, könnte niemand mehr die rassistischen Anforderungen dieses Staates erfüllen. In diesem Sinn greifen auch alle neuen nationalsozialistischen Ideen und Konzepte ins Leere.

6. Kapitel

Anhang

6.1. Erklärung der UNESCO-Konferenz „gegen Rassismus, Gewalt und Diskriminierung" zur Rassenfrage (8. und 9. Juni 1995 in Stadtschlaining, Österreich)

The revolution in our thinking about population genetics and molecular biology has led to an explosion of knowledge about living organisms. Among the ideas that have been profoundly altered are concepts of human variation. The concept of „*race*" carried over from the past into the 20th century has become entirely obsolete. In spite of this, the concept has been used to justify violations of human rights. An important step towards preventing such abuse of genetic arguments is to replace the outdated concept of „*race*" with ideas and conclusions based upon current understanding of genetic variation as it applies to human populations.

„Races" are traditionally believed to be genetically homogeneous and different one from the other. This definition was developed to describe human diversity associated, for example, with various geographical locations. However, recent advances in modern biology based on techniques of molecular genetics and on mathematical models of population genetics have shown this definition to be totally inadequate. Current scientific findings do not support the earlier view that human populations can be classified into discrete „races" like „Africans", „Eurasians" (including „Native Americans"), or any greater number of subdivisions.

Specifically, between human populations, including smaller groupings, genetic differences may be detected. These differences tend to increase with geographic distance, but the basic genetic variation between populations is much less prominent. This means that human genetic diversity is only gradual and presents no major discontinuity between populations. Findings supporting these conclusions defy traditional classification of „races" and make any typological approach inappropriate. Furthermore, molecular analysis of genes occurring in different versions (alleles), have shown that within any group the inherited variation among individuals ist large, while, in comparison, variation between groups is comparatively small.

It is easy to recognize differences in external appearance (skin color, morphology of body and face, pigmentation etc.) among people of various parts of the world. Though it seems paradoxical to acknowledge the existence of conspicuous genetically-determined morphological differences, genetic variation in underlying physiological features and functions are very minor when population means are considered. In other words, perception of morphological differences may erroneously lead us to infer substantial underlying genetic differences.

Evidence indicates that during the course of evolution of modern humans there has been relatively little change in the fundamental genetic constitution of populations. Molecular analysis of genes also strongly suggests that modern humans have only recently expanded into habitable world regions, adapting, in the process, to very different and sometimes extreme environmental conditions (e.g. harsh climates) in a relatively short time span. The necessity to adapt to extreme environmental differences has generated changes in only a small subset of genes affecting sensitivity towards environmental factors. It is worth mentioning that these adaptations in response to environmental conditions are largely historical and are not consequential for life in modern civilization. Nevertheless they are construed by some as reflecting substantial differences between groups of people thereby contributing to the concept of „races".

According to scientific understanding, therefore, categorization of humans by distribution of genetically determined factors is artificial and encourages the production of unending lists of arbitrary and misleading social perceptions and images. Furthermore, there is no convincing evidence for „racial" divergence in intellectual, emotional, motivational or other psychological and behavioural characteristics that are independent of cultural factors. It is well known that certain genetic traits which are beneficial for one life situation may be disadvantageous for another one. Racism is the belief that human populations differ in heritable traits of social value making certain groups superior or inferior to others. There is no convincing scientific evidence that this belief is warranted. This document asserts that there is no scientifically reliable way to characterize human diversity using the rigid terms of „racial" categories or the traditional „race" concept. There is no scientific reason to continue using the term „race".

Diese Erklärung wurde von allen anwesenden internationalen Forschern unterschrieben.

6.2. Verwendete und weiterführende Literatur

ADAM C., Augenerkrankungen unter dem Gesichtspunkt der Vererblichkeit, in: Wer ist erbgesund und wer ist erbkrank?

ADAMI Wilhelm, Rassisches Denken im Neuen Strafrecht, in: Rasse und Recht 1 (1937/38), 296-304

Akten der Reichskanzlei, Regierung Hitler 1933, Teil I, Boppard 1983

ALBER Jens, Nationalsozialismus und Modernisierung, in: Kölner Zeitschrift für Soziologie und Sozialpsychologie 41 (1989), 346-365

ALBRECHT Karl, Der verratene Sozialismus, 8. Aufl., Berlin-Leipzig 1939

ALBRECHT Wilhelm, Neues Staatsrecht, 6. Aufl., Leipzig 1935

ALY Götz/ROTH Karl-Heinz, Die restlose Erfassung. Volkszählen, Identifizieren, Aussondern im Nationalsozialismus, Berlin 1984

ANDERBRÜGGE Klaus, Völkisches Rechtsdenken. Zur Rechtslehre in der Zeit des Nationalsozialismus, Berlin 1976

ANGERMUND Ralph, Deutsche Richterschaft 1933-1945, Frankfurt/M. 1990

ANGERMUND Ralph, Die geprellten Richterkönige. Zum Niedergang der Justiz im NS-Staat, in: Herrschaftsalltag im Nationalsozialismus, hg. von Hans Mommsen, Düsseldorf 1988, 304-373

ANTONOV Iwan, Die Kriminalbiologie im Dienste der Verbrechensbekämpfung und Verhütung in Deutschland, Sofia 1938

Arbeitskreis für kirchliche Zeitgeschichte: Katholiken zwischen Tradition und Moderne. Das Katholische Milieu als Forschungsaufgabe, in: Westfälische Forschungen 43 (1993), 588-654

AREND Werner, Beitrag zur Frage der Durchführung des Gesetzes zur Verhütung erbkranken Nachwuchses, Diss. med. Münster 1938

ARENDT Hannah, Elemente und Ursprünge totaler Herrschaft, 3. Aufl., München 1986

Armee, Politik und Gesellschaft in Deutschland 1933-1945. Studien zum Verhältnis von Armee und NS-System, hg. von Klaus-Jürgen MÜLLER, 3. Aufl., Paderborn 1981

ASCHAFFENBURG Gustav, Kriminalanthropologie und Kriminalbiologie, in: Handwörterbuch der Kriminologie und der anderen strafrechtlichen Hilfswissenschaften, hg. von Alexander Elster/Heinrich Lingemann, Bd. 1, Berlin-Leipzig 1933, 825-840

ASTEL, Die Praxis der Rassenhygiene in Deutschland, in: Reichsgesundheitsblatt 1938, 65-70

Aufstand des Gewissens, Militärischer Widerstand gegen Hitler und das NS-Regime 1933-1945, Katalog der Wanderausstellung des militärgeschichtlichen Forschungsamtes, 4. Aufl., Berlin 1994

AYASS Wolfgang, Asozial im Dritten Reich, Stuttgart 1995

BAADER Gerhard, Sozialhygiene im Nationalsozialismus – ihre Tradition und ihre Herausforderung, in: Anfälligkeit und Resistenz, hg. von Hendrik van den Bussche, Berlin/Hamburg 1990, 1-22

BARNES Harry, Soziologie und Staatstheorie, Eine Betrachtung über die soziologischen Grundlagen der Politik, Innsbruck 1927

BARTHEL Karl-Heinrich, Kriminalbiologie für den Amtsarzt als Gerichtsarzt, in: Der öffentliche Gesundheitsdienst A, 1942, 127-133
BASTIAN Till, Von der Eugenik zur Euthanasie, Bad Wörishofen 1981
BAUER Otto, Die österreichische Revolution, Wien 1923
BAURMANN Michael, Kriminalpolitik ohne Maß – zum Marburger Programm Franz v. Liszt, in: Kriminalsoziologische Bibliographie 11 (1984), 54-79
BAUR Erwin/FISCHER Eugen/LENZ Fritz, Menschliche Erblehre und Rassenhygiene (Eugenik), 4. neubearb. Aufl., München 1936
BAUR Erwin/FISCHER Eugen/LENZ Fritz, Menschliche Erblichkeitslehre und Rassenhygiene, 2. Aufl., München 1923
BAVINK Berhard, Eugenik als Forschung und Forderung der Gegenwart, Leipzig 1934
BECHERT Rudolf, Grundzüge der nationalsozialistischen Rechtslehre, 2. Aufl., Leipzig 1941
Beiträge zur nationalsozialistischen Gesundheits- und Sozialpolitik, Berlin 1985 ff.
BENZ Wolfgang, Die Juden in Deutschland 1933-1945; Leben unter nationalsozialistischer Herrschaft, 3. Aufl., München 1993
BERGER Thomas, Die konstante Repression. Zur Geschichte des Strafvollzugs in Preußen, Frankfurt/Main 1974
BERGMANN Ernst, Deutschland, das Bildungsland der neuen Menschheit – eine nationalsozialistische Kulturphilosophie, Breslau 1933
Bericht über die Konferenz, abgehalten gelegentlich der 11. Versammlung der Internationalen Föderation Eugenischer Organisationen im Waldhaus Dolder, Zürich, Schweiz, 18.-21. Juli 1934; Archiv der Julius-Klaus-Stiftung für Vererbungsforschung, Sozialanthropologie und Rassenhygiene, Zürich, Bd. X, Zürich 1935
BERNDT Alfred Ingemar, Der Marsch ins Großdeutsche Reich, 6. Aufl., München 1942
BESSAU G., Kinderkrankheiten unter dem Gesichtspunkt der Vererblichkeit, in: Wer ist erbgesund und wer ist erbkrank?
BINDING Karl/HOCHE Alfred, Die Freigabe der Vernichtung lebensunwerten Lebens; ihr Maß und ihre Form; 2. Aufl., Leipzig 1922
BIRNBAUM Max, Kriminalpsychopathologie und psychobiologische Verbrecherkunde, 2. Aufl. Berlin 1931
BIRNBAUM Max, Die psychopathischen Verbrecher. Die Grenzzustände zwischen geistiger Gesundheit und Krankheit in ihren Beziehungen zu Verbrechen und Strafwesen, Leipzig 1926
BLACK Peter, Ernst Kaltenbrunner, Vasall Himmlers: Eine SS-Karriere, Paderborn 1991
BLASIUS Dirk, Kriminalität als Gegenstand historischer Forschung, in: Kriminalsoziologische Bibliographie 6 (1979), 1-15
BLASIUS Dirk, Psychiatrischer Alltag im Nationalsozialismus, in: Die Reihen fest geschlossen. Beiträge zur Geschichte des Alltags unterm Nationalsozialismus, hg. von Detlev PEUKERT/Jürgen REULEKE, Wuppertal 1981, 367-380
BLASIUS Dirk, Kriminologie und Geschichtswissenschaft, in: Geschichte und Gesellschaft 14 (1988), 136-149
BLASIUS Dirk, „Einfache Seelenstörung. Geschichte der deutschen Psychiatrie 1800-1945, Frankfurt/Main 1 994
BLUME G., Rasse oder Menschheit, Dresden 1948

BOBERACH Heinz, Meldungen aus dem Reich. Die geheimen Lageberichte des Sicherheitsdienstes der SS, Boppard 1965
BOBERACH Heinz, Richterbriefe, Dokumente zur Beeinflussung der deutschen Rechtsprechung 1942-1944, Boppard 1975
BOCK Gisela, Zwangssterilisation im Nationalsozialismus. Studien zur Rassenpolitik und Frauenpolitik, Opladen 1986
BOCK Gisela, Gleichheit und Differenz in der nationalsozialistischen Rassenpolitik, in: Geschichte und Gesellschaft 19 (1993), 277-310.
BOCK Gisela, Krankenmord, Judenmord und nationalsozialistische Rassenpolitik. Überlegungen zu einigen neueren Forschungshypothesen, in: Zivilisation und Barberei. Die widersprüchlichen Potentiale der Moderne, hg. von Frank BAJOHR u. a., Hamburg 1991, 285-306
BOCK Gisela, Frauen und ihre Arbeit im Nationalsozialismus, in: Frauen in der Geschichte, hg. von Annette KUHN/Gerhard SCHNEIDER, Düsseldorf 1979, 113-152
BOCK Gisela, Rassenpolitik, Medizin und Massenmord im Nationalsozialismus, in: AfS (1990), 424-463
BOCKELMANN Paul, Studien zum Täterstrafrecht, 2 Teile, Berlin 1940
BOEHM Hermann, Aus der Praxis für die Praxis. Zum Gesetz zur Verhütung erbkranken Nachwuchses, in: Erbgesundheit – Volksgesundheit, Standespolitische Reihe, Heft 8, Berlin-Wien 1939
BÖHMER K., Über den Stand der Kriminalbiologie, in: Deutsche Zeitschrift für die gesamte gerichtliche Medizin 20 (1929), 530-535
BOHNE G., Kriminalpolitik und Eugenik, in: Deutsche Juristen-Zeitung 39 (1934), 17-27
BOLAND Karl, Zwangssterilisation oder die Medizinierung des Sozialen, in: BOLAND Karl/KOWOLLIK Dagmar: Heillose Zeiten. Zur lokalen Sozial- und Gesundheitspolitik in Mönchengladbach und Rheydt, Mönchengladbach 1991, 50-66
BRACHER Dietrich-Karl, Die deutsche Diktatur, Entstehung, Struktur, Folgen des Nationalsozialismus, 7. Aufl., Köln 1993
BRACKMANN Karl-Heinz/BIRKENHAUER Renate, NS-Deutsch, „Selbstverständliche" Begriffe und Schlagwörter aus der Zeit des Nationalsozialismus, Straelen/Niederrhein 1988
BRAUN Otto, Von Weimar zu Hitler, 2. Aufl., New York 1940
BRÄUTIGAM Dieter, Ärztliche Gutachten in Sterilisationsverfahren nach dem Gesetz zur Verhütung erbkranken Nachwuchses in Bremen, Diss. med. Hamburg 1988
BREMER W., Nervöse Erkrankungen unter dem Gesichtspunkt der Vererblichkeit, in: Wer ist erbgesund und wer ist erbkrank?
BREZINA Ernst/LEBZELTER Viktor, Über Körperbeschaffenheit von Lokomotivführern, Ein Beitrag zur Frage des Zusammenhanges zwischen Rasse und Beruf, in: Mitteilungen der Anthropologischen Gesellschaft in Wien, LXV. Band, Wien 1935, S. 51 ff.
BROCKER Manfred, Die Grundlegung des liberalen Verfassungsstaates. Von den Levellern zu John Locke, München 1995
BROSZAT Martin, Der Staat Hitlers, 9. Aufl., München 1981

BROSZAT Martin, Nach Hitler. Der schwierige Umgang mit unserer Geschichte, München 1988
BROSZAT Martin, Nationalsozialistische Polenpolitik, Stuttgart 1961
BROSZAT Martin, Politische Denunziationen in der NS-Zeit. Aus Forschungserfahrungen im Staatsarchiv München, in: Archivalische Zeitschrift 73 (1977), 212-225
BUCHHEIM Hans, Totalitäre Herrschaft, Wesen und Merkmale, München 1962
BUMKE Oswald, Kultur und Entartung, 2. Aufl., Berlin 1922
Bundesarchiv Koblenz, NS 19
Bundesarchiv Koblenz, R 22
BURGDÖRFER Friedrich, Bevölkerungsstatistik, Bevölkerungspolitik und Rassenhygiene, in: RÜDIN Ernst, Rassenhygiene im völkischen Staat. Tatsachen und Richtlinien
BURLEIGH Michael/WIPPERMANN Wolfgang, The Racial State. Germany 1933-1945, Cambridge 1991
CASTELL-RÜDENHAUSEN Adelheid Gräfin zu, Kommunale Gesundheitspolitik in der Zwischenkriegszeit. Sozialhygiene und Rassenhygiene am Beispiel Gelsenkirchens, in: Medizin und Gesundheitspolitik in der NS-Zeit, hg. von Norbert Frei, München 1991, 67-80
CASTELL-RÜDENHAUSEN Adelheid Gräfin zu/REULECK Jürgen, Aspekte der nationalsozialistischen Gesellschaftspolitik am Beispiel der Jugend- und Rassenpolitik, in: Rheinland-Westfalen im Industriezeitalter, hg. von Kurt Düwell/Wolfgang Köllmann, Bd. 3, Wuppertal 1984, 159-178
CHAMBERLAIN Houston, Die Grundlagen des 19. Jahrhunderts, 25. Aufl., München 1940
CHOROVER S., Die Zurichtung des Menschen. Von der Verhaltenssteuerung durch die Wissenschaften, Frankfurt/Main 1999
CLAUS Hans, Ohrenerkrankungen unter dem Gesichtspunkt der Erblichkeit, in: Wer ist erbgesund und wer ist erbkrank?
CLAUSS Ludwig, Rasse und Seele, eine Einführung in den Sinn der leiblichen Gestalt, 15. Aufl., München 1939
CREW David F., German Socialism, the State and Family Policy 1918-1933, in: Continuity and Change I (1986), 235-263
CURTIUS Friedrich, Über Degenerationszeichen, in: Eugenik – Erblehre – Erbpflege, Band 3, Heft 2, Berlin 1933, S. 25 ff.
CURTIUS Friedrich, Stoffwechsel-, Magen-, Darm-, Lebererkrankungen sowie Krebsleiden unter dem Gesichtspunkt der Vererblichkeit; in: Wer ist erbgesund und wer ist erbkrank?
CZARNOWSKI Gabriele, Das kontrollierte Paar. Ehe- und Sexualpolitik im Nationalsozialismus, Weinheim 1991
DAHM Georg, Der Tätertyp im Strafrecht, Leipzig 1940
DARRÉ Walther, Achtzig Merksätze und Leitsprüche über Zucht und Sitte aus Schriften und Reden von Walther Darré, in: POLIAKOV Léon/WULF Joseph, Das Dritte Reich und seine Denker, Wiesbaden 1989
DARWIN Charles, Die Entstehung der Arten durch natürliche Zuchtwahl, Nachdruck, Leipzig 1949
DARWIN Charles, Ein Naturforscher reist um die Welt, Nachdruck, Leipzig 1959
DAUM Monika/DEPPE Hans-Ulrich: Zwangssterilisation in Frankfurt am Main 1933-1945, Frankfurt/New York 1991

DEISZ Robert, Das Recht der Rasse. Kommentar zur Rassengesetzgebung, München 1938
DEMANDT Alexander, Macht und Recht. Große Prozesse in der Geschichte, München 1990
DIEHL K., Erkrankungen der Atmungsorgane und die Tuberkulose unter dem Gesichtspunkt der Vererblichkeit, in: Wer ist erbgesund und wer ist erbkrank?
DIEL Louise, Mussolini. Duce des Faschismus, 48.-57. Aufl., Leipzig 1937
DIETZE Gottfried, Der Hitlerkomplex, Wien 1990
DITTRICH Eckard J., Das Weltbild des Rassismus, Frankfurt/M. 1991
DOBERS Ernst, Rassenkunde – Forderung und Dienst, 3. Aufl., Leipzig 1942
Dokumentationsarchiv des österreichischen Widerstandes, Widerstand und Verfolgung in Tirol 1934-1945, Band 1, Wien 1984
DÖLLING Dieter, Kriminologie im Dritten Reich, in: Recht und Justiz im Dritten Reich, hg. von Ralf DREIER/Wolfgang SELLERT, 194-225
DÖRNER Christine, Erziehung durch Strafe. Die Geschichte des Jugendstrafvollzugs von 1871 bis 1954, Weinheim-München 1991
DÖRNER Klaus, Nationalsozialismus und Lebensvernichtung, in: VfZG 15 (I967), 120-151
DÖRNER Klaus, Bürger und Irre. Zur Sozialgeschichte und Wissenschaftssoziologie der Psychiatrie, Frankfurt/M. 1969
DREXEL Albert, Die Rassen der Menschheit. Bd. 2: Die Rassen von Europa, Innsbruck 1936
DUBITSCHER Fred, Asoziale Sippen. Erb- und sozialbiologische Untersuchungen, Leipzig 1942
DUBITSCHER Fred, Das Asozialenproblem, in: Reichsgesundheitsblatt 1938, 80-83
DUBITSCHER Fred, Asozialität und Unfruchtbarmachung, in: Mitteilungen der Kriminalbiologischen Gesellschaft, Band V, Graz 1938, 99-110
DUBITSCHER Fred, Der Schwachsinn, Leipzig 1937
DUBITSCHER Fred, Die Poliklinik für Erb- und Rassenpflege in Berlin-Charlottenburg, in: Der Erbarzt, Sonderausgabe der gleichnamigen Beilage zum „Deutschen Ärzteblatt", Frankfurt 1938/9, S. 116 f.
DÜLFFER Jost, Deutsche Geschichte 1933-1945. Führerglaube und Vernichtungskrieg, Stuttgart, 1992
„Durchbruch der sozialen Ehre – Reden und Gedanken für das schaffende Deutschland", hg. von Hans DAUER, Berlin 1936
DÜRKOPP Marlies, Zur Funktion der Kriminologie im Nationalsozialismus, in: Strafjustiz und Polizei im Dritten Reich, hg. von Udo REIFNER/Bernd-Rüdeger SONNEN, Frankfurt/M.-New York 1984, 97-120
ECKHARDT H./OSTERTAG B., Köperliche Erbkrankheiten. Ihre Pathologie und Differenzialdiagnose, Leipzig 1940
EHMER H., Die Unfruchtbarmachung der Frau, in: GÜTT Arthur/RÜDIN Ernst/RUTTKE Falk, Gesetz zur Verhütung erbkranken Nachwuchses, 2. Aufl., München 1936
EIBACH Joachim, Kriminalitätsgeschichte zwischen Sozialgeschichte und Historischer Kulturforschung, in: Historische Zeitschrift 263 (1996), 681-715
EICHLER Hans, Die Kriminalbiologie im Dienste der Rechtsphilosophie, in: Mitteilungen der Kriminalbiologischen Gesellschaft 11, Graz 1929, 175-185

ELIASBERG W., Die neue Theorie des Täters und die Aufgaben psychiatrischer Begutachtung, in: Allgemeine Zeitschrift für Psychiatrie und psychisch-gerichtliche Medizin 106 (1933), 62-74

ELSTER Alexander, Biologisches Erbgut als Grundlage der rechtlichen Lebensordnung, in: Rasse und Recht I (1937/38), 212-218

ENGERT Karl, Stellung und Aufgaben des Volksgerichtshofes, Deutsches Recht, vereinigt mit Juristischer Wochenschrift 1939, S. 485, in: Recht, Verwaltung und Justiz im Nationalsozialismus, hg. von Martin HIRSCH/Diemut MAJER/Jürgen MEINCK, Köln 1984

ENGSTROM Eric J., Kulturelle Dimensionen von Psychiatrie und Sozialpsychologie. Emil Kraeplin und Willy Hellpach, in: Kultur und Kulturwissenschaften um 1900, hg. von Gangolf Hübinger u. a., Bd. II: Idealismus und Positivismus, Stuttgart 1997, 164-189

ERKENS Josefine, Kriminalbiologie und Kriminalpolizei, in: Monatsschrift für Kriminalpsychologie und Strafrechtsreform 22 (1931), 491-498

ERMACORA Felix, Allgemeine Staatslehre, 1. und 2. Teilbd., Berlin 1970

ESCHWEILER Karl, in: Deutsches Volkstum, Berlin Jahrgang 1936, S. 181

Eugenik – Sterilisation – „Euthanasie". Politische Biologie in Deutschland 1895-1945, hg. von Jochen Christoph KAISER/Kurt NOWAK/Michael SCHWARTZ, Berlin 1992

EXNER Franz, Kriminalbiologie in ihren Grundzügen, Hamburg 1944

EXNER Franz, Aufgaben der Kriminologie im neuen Reich, in: Monatsschrift für Kriminalpsychologie und Strafrechtsreform 27 (1936), 3-16

EYRICH Max, Kriminal-biologische und -psychologische Untersuchungen an Mördern und Totschlägern, in: Blätter für Gefängniskunde 61 (1930), 247-261

FABRY Philipp, Die Sowjetunion und das Dritte Reich. Eine dokumentierte Geschichte der deutsch-sowjetischen Beziehungen von 1933 bis 1941, Stuttgart 1971

Faschismus und Rassismus. Kontroversen um Ideologie und Opfer, hg. von Werner RÖHR in Zusammenarb. mit Dietrich Eichholtz, Gerhart Hass und Wolfgang Wippermann, Berlin 1992

FEINE Hans, Deutsche Verfassungsgeschichte der Neuzeit, 3. ergänzte Aufl., Tübingen 1943

FENNER Elisabeth, Zwangssterilisation im Nationalsozialismus. Zur Rolle der Hamburger Sozialverwaltung, Hamburg 1990

Festschrift für Carl Schmitt zum 70. Geburtstag, dargebracht von Freunden und Schülern, hg. von Ernst FORSTHOFF/Hans BARION/Werner WEBER, Berlin 1959

FETSCHER Rainer, Zur Erblichkeit krimineller Anlagen, in: Reichsgesundheitsblatt 1926, 227-229

FETSCHER Rainer, Die Organisation der erbbiologischen Erforschung der Strafgefangenen in Sachsen, in: Blätter für Gefängniskunde 57 (1926), 69-75

FETSCHER Rainer, Kriminalität und Vererbung, in: Zeitschrift für Volksaufartung und Erbkunde 2 (1927), 66-67

FETSCHER Rainer, Aufgaben und Organisation einer Kartei der Minderwertigen, in: Mitteilungen der kriminal-biologischen Gesellschaft, Bd. 1, Graz 1928, 55-62

FETSCHER Rainer, Aus der Praxis der Kartei, in: Mitteilungen der Kriminalbiologischen Gesellschaft, Bd. II, Graz 1929, 161-174

FETSCHER Rainer, Kriminalbiologische Erfahrungen an Sexualverbrechern, in: Mitteilungen der Kriminalbiologischen Gesellschaft, Bd. III, Graz 1930, 172-180

FETSCHER Rainer, Die wissenschaftliche Erfassung der Kriminellen in Sachsen, in: Monatsschrift für Kriminalpsychologie und Strafrechtsreform 23 (1932), 321-335

FETSCHER Rainer, Zur Fortpflanzung von Kriminellen, in: Archiv für soziale Hygiene und Demographie N. F. 8 (1933/34), 308-310

FETSCHER Rainer, Die rassenhygienische Sterilisierung, in: Archiv für soziale Hygiene und Demographie N. F. 8 (1933/34), 174-183

FICKERT Hans, Rassenhygienische Verbrechensbekämpfung, Leipzig 1938 [= Kriminalistische Abhandlungen; Bd. XXXVII]

FINKE, Biologische Aufgaben der Kriminalpolitik, in: Eugenik 1 (1931/32), 55-58

FISCHER Eugen, Bekenntnis der Professoren an den deutschen Universitäten und Hochschulen zu Adolf Hitler und dem nationalsozialistischen Staat, Dresden 1934

FOREL August, Die sexuelle Frage. Eine naturwissenschaftliche, psychologische und hygienische Studie nebst Lösungsversuchen wichtiger sozialer Aufgaben der Zukunft, München 1920

FORSTHOFF Ernst, Der totale Staat, 2. Aufl., Hamburg 1933

FORSTHOFF Ernst, Deutsche Verfassungsgeschichte der Neuzeit, Stuttgart 1961

FRANK Hans, Deutsche Verwaltung, München 1937

FRANK Hans, Das Gesetz zur Verhütung erbkranken Nachwuchses, in: Nationalsozialistisches Handbuch für Recht und Gesetzgebung, 805-822

FRANK Hans, Nationalsozialistische Leitsätze für ein deutsches Strafrecht, 1. Teil, 3. Aufl., 1935

FRANK Hans, Nationalsozialistisches Recht, Berlin 1938

FRANK Hans, Rasse als Grundlage und Gegenstand des Rechts, in: Rasse und Recht 1 (1937/38), 4-10

FREI Norbert, Der Führerstaat. Nationalsozialistische Herrschaft 1933 bis 1945, München 1987

FREI Norbert, Wie modern war der Nationalsozialismus, in: Geschichte und Gesellschaft 19 (1993), 367-387

FREISLER Roland, Der Wandel der politischen Grundanschauungen in Deutschland und sein Einfluß auf die Erneuerung von Strafrecht, Strafprozeß und Strafvollzug, in: Deutsche Justiz 97 (1935), 1247-1254

FREISLER Roland, Einige Gedanken über Willensstrafrecht und Mehrheit von Straftaten, in: Deutsches Strafrecht 2 (1935), 162-186

FREISLER Roland, Kriminologie – unentbehrliche und gleichwertige Grundlage erfolgreicher Strafrechtspflege, in: Deutsches Strafrecht 9 (1942), 98-107

FRESE Matthias u. a., Gesellschaft in Westfalen. Kontinuitäten und Wandel 1930 bis 1960. Ein Forschungsprojekt des Westfälischen Instituts für Regionalgeschichte, in: Westfälische Forschungen 41 (1991), 445-467

FREY Alfred, Die Unterschiede der Fortpflanzung in den verschiedenen Berufen und Konfessionen während der Jahre 1926-1929; in: Archiv für Rassen- und Gesellschaftsbiologie einschließlich Rassen- und Gesellschaftshygiene, 28. Bd., München 1934

FREYER Hans, Der Staat, Leipzig 1925

FRICK Wilhelm, Die Rassengesetzgebung des Dritten Reiches, München 1934

FRICK Wilhelm, Sinn und Ziel der Rassengesetzgebung, in: Rasse und Recht 1 (1937/38), 93-99

FRIESE Gerhard/LEMME Hansjoachim, Die Deutsche Erbpflege. Ein Grundriß, Leipzig 1937

FRISCH Wolfgang, Das Marburger Programm und die Maßregeln der Sicherung und Besserung, in: Zeitschrift für die gesamte Strafrechtswissenschaft 94 (1982), 565-589

FROMMEL Monika, Präventionsmodelle in der deutschen Strafzweckdiskussion. Beziehungen zwischen Rechtsphilosophie, Dogmatik, Rechtspolitik und Erfahrungswissenschaften, Berlin 1987 [= Schriften zum Strafrecht; 71]

FROMMEL Monika, Die Bedeutung der Tätertypenlehre bei der Entstehung des § 211 StGB im Jahre 1941, in: Juristenzeitung 1980, 559-565

FROMMEL Monika, Verbrechensbekämpfung im Nationalsozialismus, in: Die Bedeutung der Wörter, hg. von Michael Stolleis, München 1991, 47-64

FUCHS Gerhard, Zwangssterilisation im Nationalsozialismus in Bremen, Diss. Hamburg 1988

FUNKE G., Über die Auswertung des Materials kriminalstatistischer erbbiologischer Karteien, in: Deutsches statistisches Zentralblatt 1936, 144-152

GANSSMÜLLER Christian, Die Erbgesundheitspolitik des Dritten Reiches. Planung, Durchführung und Durchsetzung, Köln-Wien 1987

GAUPP Robert, Die Quellen der Entartung von Mensch und Volk und die Wege der Umkehr, Stuttgart 1934

GELLATATELY Robert, Die Gestapo und die deutsche Gesellschaft. Die Durchsetzung der Rassenpolitik, Paderborn 1993

The German Underworld. Deviants and Outcasts in German History, ed. by Richard J. Evans, London-New York 1988

Das Gesetz zur Verhütung erbkranken Nachwuchses, bearbeitet vom Amt für Berufserziehung und Betriebsführung der Deutschen Arbeitsfront, o. O., o. J.

Das Gesetz zur Verhütung erbkranken Nachwuchses (Nur zum Dienstgebrauch), Berlin 1939

GLEISPACH Wenzislaus v., Nationalsozialistisches Recht, Berlin 1938

GOBINEAU J. de, Versuch über die Ungleichheit der Menschenrassen, Bd. 1, Stuttgart 1898

GOEBBELS Josef, „Der Angriff", Aufsätze aus der Kampfzeit, München 1940

GÖRING Hermann, Die Rechtssicherheit als Grundlage der Volksgemeinschaft, 1935, 6 ff., in: Recht, Verwaltung und Justiz im Nationalsozialismus

GÖRLITZ Axel/VOIGT Rüdiger, Rechtspolitologie. Eine Einführung, Opladen 1985

GOTTSCHALDT K., Über die Erbvererbung von Intelligenz und Charakter, in: Fortschritte der Erbpathologie, Rassenhygiene und ihrer Grenzgebiete, 1. Jahrgang, Leipzig 1937/38

GRAF Jakob, Vererbungslehre, Rassenkunde und Erbgesundheitspflege, Berlin 1930

Der Griff nach der Bevölkerung, hg. von Heidrun KAUPEN-HAAS, Nördlingen 1986, 103-120

GRIMM Dieter, Die „Neue Rechtswissenschaft" – Über Funktion und Formation nationalsozialistischer Jurisprudenz. o. O., o. J.

GRIMM Dieter, Recht und Staat der bürgerlichen Gesellschaft, Frankfurt/M. 1987, 373-395

Das große Lexikon des Dritten Reiches, hg. von Christian ZENTNER/Reinhard BEDÜRFTIG, München 1985

GRUHLE Hans W., Kriminalbiologie und Kriminalpraxis, in: Kriminalistische Monatshefte 2 (1928), 241-242

GRUHLE Hans W., Schwachsinn, Verbrechen und Sterilisation, in: Zeitschrift für die gesamte Strafrechtswissenschaft 52 (1932), 424-432

GRUHLE Hans W., Vererbungsgesetze und Verbrechensbekämpfung, in: Monatsschrift für Kriminalpsychologie und Strafrechtsreform 23 (1932), 559-568

GRUNAU, Der Schwachsinn im Erbgesundheitsgerichtsverfahren, in: Zeitschrift der Akademie für Deutsches Recht 3 (1935), 769-776

GÜNTHER Hans, Kleine Rassenkunde des deutschen Volkes, München 1935

GÜTT Arthur, Ausmerze und Lebensauslese in ihrer Bedeutung für Erbgesundheits- und Rassenpflege, in: Rassenhygiene im völkischen Staat

GÜTT Arthur, Ausmerzung krankhafter Erbanlagen. Eine Übersicht über das Erbkrankheitsgesetz mit den Texten, Langensalza 1934 [= Friedrich Mann's Pädagogisches Magazin; Heft 1395]

GÜTT Arthur, Die Rassenpflege im Dritten Reich, Hamburg 1939

GÜTT Arthur/RÜDIN Ernst/RUTTKE Falk, Gesetz zur Verhütung erbkranken Nachwuchses vom 14. Juli 1933 nebst Ausführungsverordnungen, München 1936

GÜTT Arthur/LINDEN Herbert/MASSFELLER Franz, Blutschutz- und Ehegesundheitsgesetz, Kommentar, 2. Aufl., München 1937

HANSEN Eckhard, Wohlfahrtspolitik im NS-Staat. Motivationen, Konflikte und Machtstrukturen im „Sozialismus der Tat" des Dritten Reiches, Augsburg 1991

HAUER Wilhelm, Deutsche Gottesschau. Grundzüge eines Deutschen Glaubens, Stuttgart 1935

HAUG Wolfgang Fritz, Die Faschisierung des bürgerlichen Subjekts. Die Ideologie der gesunden Normalität und die Ausrottungspolitiken im deutschen Faschismus, Berlin 1986

HAUSHOFER Karl, Der nationalsozialistische Gedanke in der Welt, München 1933

HAVELOCK Ellis/FERRI Enrico u. a., Bibliothek für Socialwissenschaft mit besonderer Rücksicht auf sociale Anthropologie und Pathologie, Leipzig 1895

Heilen und Vernichten im Mustergau Hamburg. Bevölkerungs- und Gesundheitspolitik im Dritten Reich, hg. von Angelika EBBINGHAUS/Heidrun KAUPEN-HAAS/Karl-Heinz ROTH, Hamburg 1984

HEINZE Hans u. a., Zirkuläres Irresein (manisch-depressives). Psychopathische Persönlichkeiten, Leipzig 1942

HELL Katharina, Zur Frage der Zusammenhänge zwischen Schulleistungen, Begabung, Kinderzahl und Umwelt, in: Archiv für Rassen- und Gesellschaftsbiologie. 28. Bd., München 1934

HELLER Hermann, Staatslehre, Leiden 1970

HELLER Ludwig, 1 3/4 Jahre Gesetz zur Verhütung erbkranken Nachwuchses in Gelsenkirchen, Diss. med. Münster 1937

HELLMER Joachim, Der Gewohnheitsverbrecher und die Sicherungsverwahrung 1934-1945, Berlin 1961

HELLSTERN Erwin P., Kriminalbiologische Untersuchungsergebnisse bei Schwerverbrechern, in: Deutsche Zeitschrift für die gesamte gerichtliche Medizin 11 (1929), 301-316

HELLWIG Albert, Kriminalbiologie und Strafzumessung, in: Mitteilungen der Kriminalbiologischen Gesellschaft, Bd. II, Graz 1929, 91-112

HENTIG Hans von, Über Verbrechensursachen, biologische Grundlagen und soziale Auslösung, in: Mitteilungen der Kriminalbiologischen Gesellschaft, Bd. III, Graz 1930, 143-163.

HENTIG Hans von, Eugenik und Kriminalwissenschaft, Berlin 1933.
HERBERT Ulrich, Traditionen des Rassismus, in: NIETHAMMER, Lutz u. a.: Bürgerliche Gesellschaft in Deutschland, Frankfurt/M. 1990, 472-488
HERF Jeffry, Reactionary Modernism. Technology, Culture and Politics in Weimar and the Third Reich, Cambridge 1987
HERING Karl-Heinz, Der Weg der Kriminologie zur selbständigen Wissenschaft, Hamburg 1966
HEY Bernd, Die nationalsozialistische Zeit, in: Westfälische Geschichte, hg. von Wilhelm KOHL, Bd. 2, Düsseldorf 1983, 211-268
HILDEBRANDT Wilhelm, Rassenmischung und Krankheit, Stuttgart-Leipzig 1935
HILSCHER Elke, Das Erbgesundheitsobergericht: Rechtsprechung und Rechtsbewußtsein, in: Ortstermin Hamm. Zur Justiz im Dritten Reich, Hamm 1991, 46-50
HINRICHS Karl, Das Antlitz des Gesetzgebers, in: Rasse und Recht I (1937/38), 105-111
HINTERHUBER Hartmann, Ermordet und vergessen. Nationalsozialistische Verbrechen an psychisch Kranken und Behinderten, Innsbruck 1995
HITLER Adolf, Mein Kampf, 5. Aufl., München 1930
HITLER Adolf, Mein Kampf, 113. Aufl., München 1934
HOFFMANN Geza v., Krieg und Rassenhygiene. Die bevölkerungspolitischen Aufgaben nach dem Kriege, München 1916
HOFFMANN Wilhelm, Der Strafvollzug in Stufen in Deutschland in Geschichte und Gegenwart, Würzburg 1936
HOFFMEISTER Ernst, Die Kriminalbiologie, ihre ideengeschichtliche Entwicklung und ihre grundsätzliche Bedeutung für das kommende deutsche Strafrecht, Diss. jur. Breslau 1939
HOFMANN H. F., Arbeitsmethoden und Bedeutung der kriminalbiologischen Untersuchungsstellen für die Ermittlung des Sachverhaltes, in: Monatsschrift für Kriminalpsychologie und Strafrechtsreform 32 (1932), 385-395
HOGRÄFER Rolf, Ein Beitrag zur Lehre vom Tätertypus im Strafrecht, in: Blätter für Gefängniskunde 72 (1941/42), 227-241
HÖHN Reinhard, Der bürgerliche Rechtsstaat und die neue Front, Berlin 1935
HÖHNE Heinz, Der Orden über dem Totenkopf, Die Geschichte der SS, München 1967
HUBER Ernst, Neue Grundbegriffe des hoheitlichen Rechts, Hamburg 1935
HUBER Ernst, Verfassungsrecht des Großdeutschen Reiches, 2. Aufl., Hamburg 1939
HUBER Ernst, Vom Sinn der Verfassung, Hamburg 1935
HUBER Rudolf, Bedeutungswandel der Grundrechte, in: Archiv für öffentliches Recht, Bd. 23, S. 1-98
HÜBNER Arthur, Sterilisation, in: Handwörterbuch der Kriminologie, hg. von Alexander ELSTER/Heinrich LINGEMANN, Bd. 2, Berlin-Leipzig 1936, 676-683
HUSTER Ernst-Ulrich, Ethik des Staates, Zur Begründung politischer Herrschaft in Deutschland, Frankfurt/M. 1989
Im Namen des Deutschen Volkes. Justiz und Nationalsozialismus. Katalog zur Ausstellung des Bundesministers der Justiz, Köln 1989
Ist der Nationalsozialismus Geschichte? Zu Historisierung und Historikerstreit, hg. von Dan DINER, Frankfurt/M. 1987
JESSE Eckhard, Der Prozeß nach dem Brand des Reichstages 1933, in: DEMANDT Alexander, Macht und Recht

JOACHIMSTHALER Anton, Hitler in München, 1908-1920, Frankfurt/Main, 1992
JOHE Werner, Die gleichgeschaltete Justiz, Hamburg 1976
JUNGNITZ Bernhard/WEITKAMP Rolf, Ein totgeschwiegenes Kapitel. Zu den Zwangssterilisationen in Lünen, in: Lünen 1918-1966. Beiträge zur Stadtgeschichte, hg. von Fredy NIKLOWITZ/Wilfried HESS, Lünen 1991, 359-742
JUST Günther, Die Vererbung, Breslau 1943
Justiz im Dritten Reich. Eine Dokumentation, hg. von Ilse STAFF, Frankfurt/M. 1964 (mehrere Neuauflagen)
Justiz und Nationalsozialismus, hg. vom Justizministerium des Landes NRW, Düsseldorf 1993 [Juristische Zeitgeschichte; Bd. I]
Justiz und NS-Verbrechen, Sammlung deutscher Strafurteile wegen nationalsozialistischer Tötungsverbrechen 1945-1955, Amsterdam 1976
Justizalltag im Dritten Reich, hg. von Bernhard DIESTELKAMP/Michael STOLLEIS, Frankfurt/M. 1988
KAHL Otto, Die Kriminalbiologische Untersuchung der Strafgefangenen in Bayern, in: Mitteilungen der Kriminalbiologischen Gesellschaft, Bd. III, Graz 1930, 17-29
KAISER Jochen-Christoph/NOWAK Kurt/SCHWARTZ Michael, Eugenik – Sterilisation – Euthanasie. Politische Biologie in Deutschland 1895-1945. Eine Dokumentation, Berlin 1992
KALMANN Heinrich, Kriminalbiologie, in: Zeitschrift für Sexualwissenschaft 14 (1928), 143-146
KALMANN Heinrich, Die Kriminalbiologische Untersuchung der Täterpersönlichkeit und ihr Wert für die Polizeilichen Vorermittlungen, in: Monatsschrift für Kriminalpsychologie und Strafrechtsreform 22 (1931), 175-183
KAMINSKY Uwe, Zwangssterilisation und „Euthanasie" im Rheinland. Evangelische Erziehungsanstalten sowie Heil- und Pflegeanstalten 1933-1945, Köln 1995
KAPP Franz, Über Kriminalität, Geisteskrankheit und Verbrechen, in: Blätter für Gefängniskunde 69 (1938), 9-29
KAPP Franz, Zur Unfruchtbarmachung bei angeborenem Schwachsinn und über ihre Bedeutung im Kampf gegen Kriminalität und Asozialität, in: Monatsschrift für Kriminalbiologie und Strafrechtsreform 30 (1939), 17-24
KATER Michael, Medizin und Mediziner im Dritten Reich. Eine Bestandsaufnahme, in: Historische Zeitschrift 244 (1987), 298-352
KATER Michael, Die Gesundheitsführung des Deutschen Volkes, in: Medizinhistorisches Journal 18 (1983), 349-375
KATZ Jacob, Vom Vorurteil bis zur Vernichtung, Der Antisemitismus 1700-1933, Berlin 1990
KAUFMANN Doris, Katholisches Milieu in Münster 1928-1933. Politische Aktionsformen und geschlechterspezifische Verhaltensräume, Düsseldorf 1984 [= Düsseldorfer Schriften zur Neueren Landesgeschichte und zur Geschichte Nordrhein-Westfalens; 14]
KAUPEN-HAAS Heidrun, Die Bevölkerungsplaner im Sachverständigenbeirat für Bevölkerungs- und Rassenpolitik, in: Der Griff nach der Bevölkerung, hg. von Heidrun KAUPEN-HAAS, Nördlingen 1986, 103-120
KEBBEDIES Frank, Außer Kontrolle. Jugendkriminalpolitik in der NS-Zeit und der frühen Nachkriegszeit, Diss. phil. Bielefeld 1997

KEITER Friedrich, Die menschliche Fortpflanzung. Kulturbiologisch-bevölkerungspolitisches Rüstzeug des Arztes und anderer Treuhänder deutscher Rassenkraft, 2. Aufl., Rassenbiologische Vorlesungen für Mediziner, Heft 1, Leipzig 1943
KELSEN Hans, Allgemeine Staatslehre, Berlin 1925
KELSEN Hans, Vom Wesen und Wert der Demokratie, 2. Aufl., Berlin 1929
KERRL Hans, Nationalsozialistisches Strafrecht, Denkschrift des preußischen Justizministers, Berlin 1933
KERSHAW Ian, Der NS-Staat. Geschichtsinterpretationen und Kontroversen im Überblick, Reinbek/Hamburg 1988
KERSHAW Ian, Doctors under Hitler, Chapel Hill 1989
KERSHAW Ian, Hitlers Macht. Das Profil der NS-Herrschaft, München 1992
KIHN Berthold/Hans LUXENBURGER, Die Schizophrenie, Leipzig 1940
KILIMANN Astrid, Rassenhygiene. Vorstellungen – Worte – Orte – Vollzug. Eine regionale Studie, Münster 1990
KIRN Michael, Verfassungsumsturz oder Rechtskontinuität, Berlin 1972
KLARE Hans, Das kriminalbiologische Gutachten im Strafprozeß. Eine Untersuchung aufgrund des Materials der Bayerischen Kriminalbiologischen Sammelstelle Straubing, Breslau 1930
KLEE Ernst/DRESSEN Willi/RIESS Volker, „Schöne Zeiten" – Judenmord aus der Sicht der Täter und Gaffer, Frankfurt/M. 1988
KLEE Ernst, „Euthanasie" im NS-Staat, Die Vernichtung „lebensunwerten Lebens", Frankfurt/M 1983
KLEE Ernst, Dokumentation zur „Euthanasie", Frankfurt/M. 1983
KLEE Ernst, Vom Krankenmord zum Judenmord, in: Zeitgeschichte, 21. Jg., Mai/Juni 1994, Heft 5/6, Wien, 157 f.
KOCH Bernd, Das System des Stufenstrafvollzugs in Deutschland unter besonderer Berücksichtigung seiner Entwicklungsgeschichte, Diss. jur. Freiburg/Br. 1972
KOELLREUTER Otto, Der deutsche Führerstaat, Tübingen 1934
KOELLREUTER Otto, Der Sinn der Reichstagswahlen vom 14. September 1930 und die Aufgaben der deutschen Staatslehre, Tübingen 1930
KOELLREUTER Otto, Grundriß der allgemeinen Staatslehre, Tübingen 1933
KOELLREUTER Otto, Volk und Staat in der Weltanschauung des Nationalsozialismus, Berlin 1935
KOGON Ernst, Der SS-Staat, 3. Aufl., Frankfurt 1948
Das kommende deutsche Strafrecht, Allgemeiner Teil; Bericht über die Arbeit der Amtlichen Strafrechtskommission, hg. von Franz GÜRTNER, Berlin 1934
Das kommende deutsche Strafrecht, Allgemeiner Teil: Bericht über die Arbeiten der amtlichen Strafrechtskommission, hg. von Reichsjustizminister Dr. GÜRTNER, Berlin 1935
KOONZ Claudia, Eugenics, Gender, and Ethics in Nazi Germany: The Debate about Involuntary Sterilization 1933-1936, in: Reevaluating the Third Reich, New York 1993, 66-85
KRÄMER Robert, Rassische Untersuchung an den „Zigeuner"-Kolonien Lause und Altengraben bei Berleburg (Westfalen), in: Archiv für Rassen- und Gesellschaftsbiologie einschließlich Rassen- und Gesellschaftshygiene, 31. Bd., München 1937
KRANIG Andreas, Lockung und Zwang. Zur Arbeitsverfassung im Dritten Reich, Stuttgart 1983
Krankenpflege im Nationalsozialismus, hg. von Hilde STEPPE, Frankfurt/M. 1989

KRANZ H., Drei Jahre Erbforschung über den angeborenen Schwachsinn (1935-1937), in: Fortschritte der Erbpathologie, Rassenhygiene und ihrer Grenzgebiete, 1. Jg., Leipzig 1937/38, 281 ff.
KRAUSS Günther, Die Gewaltengliederung bei Montesquieu, in: Festschrift für Carl Schmitt zum 70. Geburtstag, Berlin 1959
KREBS Albert, Entwicklung der Persönlichkeitsforschung im deutschen Gefängniswesen, in: Zeitschrift für Strafvollzug 4 (1951), 241-252
KRETSCHMER Ernst, Biologische Persönlichkeitsdiagnose in der Strafrechtspflege, in: Deutsche Juristen-Zeitung 31 (1926), 782-787
KREUTZAHLER Birgit, Das Bild des Verbrechers in Romanen der Weimarer Republik. Eine Untersuchung vor dem Hintergrund anderer gesellschaftlicher Verbrecherbilder und gesellschaftlicher Grundzüge der Weimarer Republik, Frankfurt/M., 1987
Der Krieg gegen die psychisch Kranken, hg. von Klaus DÖRNER, Frankfurt/M. 1985
KRIENER Hubert, Die Berücksichtigung kriminalbiologischer Forderungen im geltenden und kommenden Recht, Diss. med. Würzburg 1936
Kriminalbiologie, hg. v. Justizministerium des Landes NRW, Düsseldorf 1998, [= Juristische Zeitgeschichte NRW, Bd. 6]
KROLL Jürgen, Zur Entstehung und Institutionalisierung einer naturwissenschaftlichen und sozialpolitischen Bewegung. Die Entwicklung der Eugenik und Rassenhygiene bis zum Jahr 1933, Diss. Tübingen 1983
KROSS Walter, Zum Begriff der Kriminalbiologie, Diss. med. Hamburg 1944
KRUG Josef, Stand und Aufgabe der kriminalbiologischen Forschung, in: Blätter für Gefängniskunde 70 (1939/40), 231-235
KRÜGER Herbert, Führer und Führung, Breslau 1935
KRYWALSKY Diether, Die Zerstörung des Rechts- und Verfassungsstaates im Dritten Reich, in: Fragenkreise, hg. von Klaus HIMMELSTOSS/Karl GAIGL, 1971
KUDLIEN Fridolf u. a., Ärzte im Nationalsozialismus, Köln 1985
KUHLMANN Carola, Erbkrank oder erziehbar? Jugendhilfe als Vorsorge und Aussonderung in der Fürsorgeerziehung in Westfalen von 1933 bis 1945, Weinheim 1989
LABISCH Alfons, Homo Hygienicus. Gesundheit und Medizin in der Neuzeit, Frankfurt/M.-New York 1992
LABISCH Alfons/TENNSTEDT Florian, Der Weg zum „Gesetz über die Vereinheitlichung des Gesundheitswesens" vom 3. Juli 1934. Entwicklungslinien und -momente des staatlichen und kommunalen Gesundheitswesens in Deutschland, 2 Bde., Düsseldorf 1985
LABISCH Alfons/TENNSTEDT Florian, Gesundheitsamt oder Amt für Volksgesundheit? Zur Entwicklung des öffentlichen Gesundheitsdienstes seit 1933, in: Medizin und Gesundheitspolitik in der NS-Zeit, München 1991, 35-66
LANDAU Peter, Die deutschen Juristen und der nationalsozialistische Deutsche Juristentag in Leipzig 1933, in: ZNR, 16. Jahrgang 1994, Nr. 4, 380
LANGE Heinrich, Vom Gesetzesstaat zum Rechtsstaat, Tübingen 1934
LANGE J., Psychische Erkrankungen unter dem Gesichtspunkt der Vererblichkeit, in: Wer ist erbgesund und wer ist erbkrank?
LANGE Johannes, Verbrechen und Vererbung, in: Eugenik 1 (1930/31), 165-173
LANGE Johannes/EXNER Franz, Die beiden Grundbegriffe der Kriminologie, in: Monatsschrift für Kriminalpsychologie und Strafrechtsreform 1936, 353-374

LANGTHALER Ernst, Die Normalität des Terrors, in: Zeitgeschichte, 21. Jg., Mai/Juni 1994, Heft 5/6, Wien, 190 ff.
LARENZ Karl, Deutsche Rechtserneuerung und Rechtsphilosophie, Tübingen 1934
LARENZ Karl, Über Gegenstand und Methode des völkischen Rechtsdenkens, Berlin 1938
LEIBHOLZ Gerhard, Die Auflösung der liberalen Demokratie in Deutschland und das autoritäre Staatsbild, München-Leipzig 1933
LEMBERGER Friedrich, Die kriminologische Wirklichkeit des Begriffs des gefährlichen Gewohnheitsverbrechers, München 1962
LENARD Philipp, Deutsche Physik, 1. Bd., München 1936
LENZ Fritz, „Die Stellung des Nationalsozialismus zur Rassenhygiene", in: Archiv für Rassen-und Gesellschaftsbiologie einschließlich Rassen- und Gesellschaftshygiene, 25. Bd., München 1931, S. 300 ff.
LENZ Adolf, Probleme der Kriminalbiologie, in: Mitteilungen der Kriminalbiologischen Gesellschaft 1, Graz 1928, 11-18
LENZ Adolf, Grundriß der Kriminalbiologie. Werden und Wesen der Persönlichkeit des Täters nach Untersuchungen an Sträflingen, Wien 1927
LENZ Adolf, Die Bedeutung der Kriminalbiologie, in: Archiv für Kriminologie 88 (1931), 218-230
LENZ Adolf, Die biologische Vertiefung des Schuldproblems, in: Schweizerische Zeitschrift für Strafrecht 41 (1928), 165-192
LENZ Adolf, Die strafprozessualen Auswirkungen der kriminalbiologischen Persönlichkeitserfassung, in: Mitteilungen der Kriminalbiologischen Gesellschaft, Bd. 111, Graz 1930, 69-87
LENZ Adolf, Die Persönlichkeit des Täters und sein Verschulden gegenüber der Volksgemeinschaft, in: Mitteilungen der Kriminalbiologischen Gesellschaft V, Graz 1938, 9-20
LENZ Fritz, Alfred Ploetz zum 70. Geburtstag am 22. August 1939, Archiv für Rassen und Gesellschaftsbiologie einschließlich Rassen- und Gesellschaftshygiene, 24. Bd., München 1930, VII ff.
LENZ Fritz, R. Kraemer, „Kritik der Eugenik vom Standpunkt des Betroffenen", Rezension in: Münchner Medizinische Wochenschrift 80 (1933), S. 1062 f.
LERSCH Emil, Die strafrechtliche Verwertung der Kriminalbiologischen Gutachten, in: Mitteilungen der Kriminalbiologischen Gesellschaft 3, Graz 1931, 41-54
LEXER Erich, Die Eingriffe zur Unfruchtbarmachung des Mannes und zur Entmannung, in: GÜTT Arthur/RÜDIN Ernst/RUTKE Falk, Gesetz zur Verhütung erbkranken Nachwuchses
LEY Robert, in: „Durchbruch der sozialen Ehre – Reden und Gedanken für das schaffende Deutschland", hg. von Hans DAUER, Berlin 1936
LIEBERICH Heinz/MITTEIS Heinrich, Deutsche Rechtsgeschichte, 19. Aufl., München 1992
LIFTON Robert J., Ärzte im Dritten Reich, Stuttgart 1988
LOESCH Karl v./MÜHLMANN Wilhelm E., Die Völker und Rassen Südosteuropas, Berlin 1943
LOOFS Otto, Die Kriminalbiologische Forschung, ihre Durchführung und die praktische Verwendung ihrer Ergebnisse, in: Die innere Mission 31 (1936), 290-306
LOTZ Ludwig, Der gefährliche Gewohnheitsverbrecher, Leipzig 1939 [Kriminalistische Abhandlungen; 41]

LOTZE Reinhold, Zwillinge. Einführung in die Zwillingsforschung, Oehringen 1937
LÜKEN Erhard-Josef, Der Nationalsozialismus und das materielle Strafrecht, Diss. jur. Göttingen 1988
LUNDBORG Herman, Die Rassenmischung beim Menschen, reprinted from Bibliographia Genetiaca VIII, 1931, The Hague, Martinus Nijhoff, Uppsala, Schweden 1931
LUXENBURGER Hans, Zur Frage der Zwangssterilisierung unter Berücksichtigung der psychiatrisch-eugenischen Indikation, in: „Eugenik – Erblehre – Erbpflege", Bd. 3, Heft 4, Berlin 1933, 76 ff.
MACHIAVELLI Niccolo, Il Principe, Nachdruck, Stuttgart 1993
MAIER Hans: Kriminalbiologie und Wohlfahrtspflege, in: Mitteilungen der Kriminalbiologischen Gesellschaft 3, Graz 1931, 181-190
MAJER Diemut, „Fremdvölkische" im Dritten Reich, Boppard 1981
MAJER Diemut, Grundlagen des nationalsozialistischen Rechtssystems: Führerprinzip, Sonderrecht, Einheitspartei, Berlin-Köln-Mainz 1987
MAJER Diemut, Zum Verhältnis von Staatsanwaltschaft und Polizei im Nationalsozialismus, in: Strafjustiz und Polizei im Dritten Reich
MANN Gunter, Rassenhygiene – Sozialdarwinismus, in: Biologismus im 19. Jahrhundert, hg. von Gunter MANN, Stuttgart 1973, 73-93
MARBOLEK Inge/OTT Rene, Bremen im Dritten Reich. Anpassung, Widerstand, Verfolgung, Bremen 1986
MARTENS Stefan, Hermann Göring, „Erster Paladin des Führers" und „zweiter Mann im Reich", Paderborn 1985
MARXEN Klaus, Der Kampf gegen das liberale Strafrecht, Berlin 1976 [Schriften zum Strafrecht 22]
MASER Werner, Adolf Hitler – Biographie, 7. Aufl., München 1978
MATZERATH Horst/VOLKMANN Heinrich, Modernisierungstheorie und Nationalsozialismus, in: Theorien in der Praxis des Historikers, hg. von Jürgen Kocka, 86-102 [= Geschichte und Gesellschaft, Sonderheft 3]
MAUNZ Theodor, Gestalt und Recht der Polizei, Hamburg 1943
MAUNZ Theodor, Neue Grundlagen des Verwaltungsrechts, Hamburg 1934
MAYR Ernst, ... und Darwin hat doch recht. Charles Darwin, seine Lehre und die moderne Evolutionstheorie, München 1994
Medizin im Dritten Reich, hg. von Johanna BLEKER/Norbert JACHERTZ, Köln 1989
Medizin im Faschismus. Medizin in der Zeit des Faschismus in Deutschland 1933-1945, hg. von Achim THOM/Horst SPAAR, Berlin (Ost) 1985
Medizin im Nationalsozialismus. Kolloquium des Instituts für Zeitgeschichte, München 1988
Medizin ohne Menschlichkeit. Dokumente des Nürnberger Ärzteprozesses, hg. von Alexander MITSCHERLICH/Fred MIELKE, Frankfurt/M. 8.Aufl. 1985 (Erstausgabe unter dem Titel „Wissenschaft ohne Menschlichkeit", Heidelberg 1949)
Medizin und Gesundheitspolitik in der NS-Zeit, hg. von Norbert Frei, München 1991
Medizin und Nationalsozialismus. Tabuisierte Vergangenheit – Ungebrochene Tradition?, hg. von Gerhard BAADER/Ulrich SCHULTZ, Berlin 1980
Medizin unterm Hakenkreuz, hg. von Achim THOM/Genadij CAREGORODCEV, Berlin (Ost) 1989
MEZGER Edmund, Anlage und Umwelt als Verbrechensursache, in: Monatsschrift für Kriminalpsychologie und Strafrechtsreform 19 (1928), 141-147

MEZGER Edmund, Die Arbeitsmethoden und die Bedeutung der kriminalbiologischen Untersuchungsstellen, in: Der Gerichtssaal 103 (1933), 125-190

MEZGER Edmund, Der Asoziale im nationalsozialistischen Staat, in: Der Erbkranke und der Asoziale im nationalsozialistischen Staat, Halle 1934, 39-51

MEZGER Edmund, Die Bedeutung der biologischen Persönlichkeitstypen für die Strafrechtspflege, in: Mitteilungen der Kriminalbiologischen Gesellschaft 11, Graz 1929, 22-35

MEZGER Edmund, Inwieweit werden durch Sterilisierungsmaßnahmen Asoziale erfaßt?, in: Mitteilungen der Kriminalbiologischen Gesellschaft, Bd. V, Graz 1938, 81-98

MEZGER Edmund, Konstitutionelle und dynamische Verbrechensauffassung, in: Monatsschrift für Kriminalpsychologie und Strafrechtsreform 19 (1928), 385-400

MEZGER Edmund, Kriminalpolitik und ihre kriminologischen Grundlagen, 3. Aufl., Stuttgart 1944

MEZGER Edmund, Die Straftat als Ganzes, in: Zeitschrift für die gesamte Strafrechtswissenschaft 57 (1938), 675-683

MITTERMEIER Wolfgang, Zur Kriminalbiologie, in: Schweizerische Zeitschrift für Strafrecht 54 (1940), 142-164

MÖHLER Rainer, Strafvollzug im Dritten Reich: Nationale Politik und regionale Ausprägung am Beispiel des Saarlandes, in: Strafvollzug im Dritten Reich, hg. von Heinz Müller DIETZ, Baden-Baden 1996, 9-302

MOLL Albert, Sterilisierung und Verbrechen, in: Kriminalistische Monatshefte 3 (1929), 121-126

MÖLLER Heinz, Die Entwicklung und Lebensverhältnisse von 135 Gewohnheitsverbrechern, Leipzig 1939 [= Kriminalistische Abhandlungen; 38]

MOMMSEN Hans, Beamtentum im Dritten Reich, Stuttgart 1966

MOMMSEN Hans, Der Nationalsozialismus und die deutsche Gesellschaft. Ausgewählte Aufsätze, Reinbeck 1991

MOSSE George L., Rassismus. Ein Krankheitssymptom der europäischen Geschichte des 19. und 20. Jahrhunderts, Königstein/T. 1978

MUCKERMANN Hermann, Eugenik und Strafrecht, in: Eugenik 2 (1931/32), 104-109

MÜHLFELD Claus, Rezeption der nationalsozialistischen Familienpolitik. Eine Analyse über die Auseinandersetzung in ausgewählten Wissenschaften, Stuttgart 1992

MÜHLFELD Claus/SCHÖNWEISS Friedrich, Nationalsozialistische Familienpolitik, Stuttgart 1989

MÜHLMANN W., Privilegien als Instrument der Ausmerze. Siebung und Auslese im alten Tahiti; in: Archiv für Rassen- und Gesellschaftsbiologie, 26. Bd., München 1932

MÜLLER Ingo, Das Strafprozeßrecht des Dritten Reiches, in: Strafjustiz und Polizei im Dritten Reich

MÜLLER Ingo, Furchtbare Juristen. Die unbewältigte Vergangenheit unserer Justiz, München 1987

MÜLLER Joachim, Sterilisation und Gesetzgebung bis 1933, Husum 1985

MÜLLER Karl von, Ansprache, in: Forschungen zur Judenfrage, Bd. 1, Hamburg 1937, 11 ff.

MÜLLER-DIETZ Heinz, Der Strafvollzug in der Weimarer Republik und im Dritten Reich, in: Strafvollzug und Schuldproblematik, hg. von Max BUSCH / Erwin KRÄMER, Pfaffenweiler 1988, 15-38

MÜLLER-HILL Benno, Tödliche Wissenschaft. Die Aussonderung von Juden, Zigeunern und Geisteskranken 1933-45, Reinbek / Hamburg 1984

Nach Hadamar. Zum Verhältnis von Psychiatrie und Gesellschaft in der Moderne, hg. von Karl TEPPE / Franz-Werner KERSTING / Bernd WALTER, Paderborn 1993

NAGLER Johannes, Anlage, Umwelt und Persönlichkeit des Verbrechers, in: Der Gerichtssaal 103 (1933), 409-485

Nationalsozialismus in der Region, hg. von Horst MÖLLER / Andreas WIRSCHING / Walter ZIEGLER, München 1996

Nationalsozialismus und Moderne, hg. von Harald WELZER, Tübingen 1983 [= Tübinger Beiträge zur Philosophie und Gesellschaftskritik 5]

Nationalsozialismus und Modernisierung, hg. von Michael PRINZ / Rainer ZITELMANN, Darmstadt 1991

Die nationalsozialistische Machtergreifung, hg. von Wolfgang MICHALKA, Paderborn 1984

Nationalsozialistisches Handbuch für Recht und Gesetzgebung, hg. von Hans FRANK, 2. Aufl. München 1935

NAUKE Wolfgang, Die Kriminalpolitik des Marburger Programms 1888, in: Zeitschrift für die gesamte Strafrechtswissenschaft 94 (1982), 525-564

NAUKE Wolfgang, NS-Strafrecht. Perversion oder Anwendungsfall moderner Kriminalpolitik, in: Rechtshistorisches Journal II (1992), 279-292

NEESSE Gottfried, Partei und Staat, Hamburg 1936

NEUHAUSER Johannes / PFAFFENWIMMER Michaela, Hartheim. Briefe und Dokumente, Freistadt 1993

NEUKAMP Franz, Aufgaben und Grenzen von Gesetzgebung, Rechtsprechung und Heilkunde, erörtert an den Beziehungen zwischen Eheanfechtung, Erbkrankheits- und Ehegesundheitsgesetz, in: Allgemeine Zeitschrift für Psychiatrie und ihre Grenzgebiete 108 (1938), 3-41

NEUMANN Franz, Behemoth. Struktur und Praxis des Nationalsozialismus 1933-1944, Frankfurt / M. 1984 (amerikanische Erstausgabe 1942/44)

NEUMANN Franz, Die Strukturprinzipien der nationalsozialistischen Wirtschaft, in: Wirtschaft, Recht und Staat im Nationalsozialismus, Analysen des Instituts für Sozialforschung 1939-1942; Frankfurt / M. 1984

NEUMAYR Anton, Diktatoren im Spiegel der Medizin, Napoleon – Hitler – Stalin, Wien 1995

NEUREITER Ferdinand von, Die Organisation des Kriminalbiologischen Dienstes in Deutschland, in: Reichsgesundheitsblatt 1938, 515-516

NEUREITER Ferdinand von, Der Kriminalbiologische Dienst in Deutschland. Text und AV des Reichsministers der Justiz vom 30. November 1938, in: Monatsschrift für Kriminalbiologie und Strafrechtsreform 1938, 65-81

NEUREITER Ferdinand von, Kriminalbiologie, Breslau 1940 [= Handbücherei für den öffentlichen Gesundheitsdienst 14]

NICOLAI Helmut, Grundlagen der kommenden Verfassung, Berlin 1933

NICOLAI Helmut, Der Neuaufbau des Reiches nach dem Reichsreformgesetz vom 30.01.1934, Berlin 1934

NICOLAI Helmut, Der Staat im nationalsozialistischen Weltbild, Leipzig 1933

NICOLAI Helmut, Rasse und Recht, Berlin 1933
NICOLAI Helmut, Rassengesetzliche Rechtslehre, Berlin 1932
NITSCHKE Asmus, Gesundheit im Dienst der Rasse. Zur Geschichte des öffentlichen Gesundheitsdienstes Bremens im Dritten Reich am Beispiel des Bezirksgesundheitsamtes Bremen-Nord, Bremen 1993
NOAKES Jeremy, Nazism and Eugenics: The Background of the Nazi Sterilisation Law of 14 July 1933, in: R. J. Bullen u. a. (ed.): Ideas into Politics: Aspects of European History 1880 to 1950, London 1984, 75-94
NOWAK Kurt, „Euthanasie" und Sterilisierung im „Dritten Reich", 2. Aufl., Weimar 1980
NOWAK Kurt, „Euthanasie" und „Sterilisierung" im Dritten Reich. Die Konfrontation der evangelischen und katholischen Kirche mit dem „Gesetz zur Verhütung erbkranken Nachwuchses" und der „Euthanasie"-Aktion, Göttingen 1987
NOWAK Kurt, Sterilisation und „Euthanasie" im Dritten Reich. Tatsachen und Deutungen, in: GWU 39 (1988), 327-341
Opfer und Täterinnen. Frauenbiographien im Nationalsozialismus, hg. von Angelika EBBINGHAUS, Nördlingen 1987
ORTNER Helmut, Der Hinrichter. Roland Freisler – Mörder im Dienste Hitlers, Wien 1993
OVERESCH Manfred/SAAL Wilhelm, Die Weimarer Republik. Eine Tageschronik der Politik,Wirtschaft, Kultur, Augsburg 1992
PAHL Walther, Weltkampf um Rohstoffe, Leipzig 1939
PASTERNACI Kurt, Das viertausendjährige Reich der Deutschen, 4. Aufl., Berlin 1940
Pazifismus in der Weimarer Republik, hg. von Karl HOLL/Wolfram WETTE, Paderborn 1981
PERNTHALER Peter, Allgemeine Staatslehre und Verfassungslehre, Wien 1986
PERNTHALER Peter, Die Zukunft der österreichischen Demokratie, Kärntner Juristische Gesellschaft (Sitzung vom 19. November 1985), ÖJZ 1986, 143 ff.
Perspektiven und Projekte, hg. vom Justizministerium des Landes NRW, Düsseldorf 1994 [Juristische Zeitgeschichte, Bd. 2]
PETER Rolf, Erb- und Rassenpflege im neuen deutschen Strafrecht, in: Volk und Rasse 9 (1937) 343-347
PETRZILKA Heinrich, Persönlichkeit und Differenzierung im Strafvollzug, Hamburg 1930
PEUKERT Detlev, Volksgenossen und Gemeinschaftsfremde. Anpassung, Aufbegehren und Aussonderung unter dem Nationalsozialismus, Köln 1982
PEUKERT Detlev, Grenzen der Sozialdisziplinierung. Aufstieg und Krise der deutschen Jugendfürsorge 1878 bis 1932, Köln 1986
PEUKERT Detlev, Max Webers Diagnose der Moderne, Göttingen 1989
PEUKERT Detlev, Rassismus und Endlösungs-Utopie. Thesen zur Entwicklung und Struktur der nationalsozialistischen Vernichtungspolitik, in: Nicht nur Hitlers Krieg. Der Zweite Weltkrieg und die Deutschen, hg. von Christoph KLESSMANN, Düsseldorf 1989, 71-83
PEUKERT Detlev, Arbeitslager und Jugend-KZ: Die Behandlung Gemeinschaftsfremder im Dritten Reich, in: Die Reihen fast geschlossen. Beiträge zur Geschichte des Alltags unterm Nationalsozialismus, hg. von Jürgen REULEKE, Wuppertal 1981, 413-434

Politische Formierung und soziale Erziehung im Nationalsozialismus, hg. von Hans-Uwe OTTO/Heinz SÜNKER, Frankfurt/M. 1991
PROCTOR Robert J., Racial Hygiene. Medicine under the Nazis, Cambridge 1988
Recht und Justiz im Dritten Reich, hg. von Ralf DREIER/Wolfgang SELLERT, Frankfurt/M. 1989
Recht, Verwaltung und Justiz im Nationalsozialismus, hg. von Martin HIRSCH/Diemut MAJER/Jürgen MEINCK, Köln 1984
Reevaluating the Third Reich, ed. by Thomas CHILDERS/Jane CAPLAN, New York 1993
REHBEIN Klaus, Zur Funktion von Strafrecht und Kriminologie im nationalsozialistischen Rechtssystem, in: Monatsschrift für Kriminologie und Strafrechtsreform 70 (1987), 193-210
REISING Hans, Das Deutsche Gewohnheitsverbrechergesetz von 1933 und die Kriminalpolitischen Forderungen von Lombroso, Fermi und v. Liszt, Diss. jur. München 1933
REITER Hans, Grundsätzliche Bemerkungen zum gegenwärtigen Stande der Kriminalbiologie, in Monatsschrift für Kriminalpsychologie und Strafrechtsreform 22 (1931), 78-84
Religion im Kaiserreich. Milieus – Mentalitäten – Krisen, hg. von Olaf BLASCHKE/Frank-Michael KUHLEMANN, Gütersloh 1996
REUTER Fritz, Aufartung durch Ausmerzung. Sterilisation und Kastration im Kampf gegen Erbkrankheiten und Verbrechen, Berlin 1936
REYER Jürgen, Alte Eugenik und Wohlfahrtspflege. Entwertung und Funktionalisierung der Fürsorge vom Ende des 19. Jahrhunderts bis zur Gegenwart, Freiburg 1991
REYER Jürgen, „Rassenhygiene" und „Eugenik" im Kaiserreich und in der Weimarer Republik: Pflege der „Volksgesundheit" oder Sozialrassismus?, in: Pädagogik und Nationalsozialismus, hg. von Ulrich HERRMANN/Jürgen OELKERS, Weinheim/Basel, 111-145 [ZfP Bd. 22]
RICHTER Paul, Über das Gesetz zur Verhütung erbkranken Nachwuchses. Was jeder von der Aufartung im völkischen Staat wissen muß, Bonn o. J.
RIEDL Manfred, Kriminalbiologie, in: Volk und Rasse 3 (1932), 145-149
RIEDL Manfred, Über Beziehungen von geistig-körperlicher Konstitution zur Kriminalität und anderen Defekten, in: Monatsschrift für Kriminalpsychologie und Strafrechtsreform 32 (1932), 473-484
RIFFEL Paul, Die Kriminalbiologische Untersuchung von Strafgefangenen und Fürsorgezöglingen in Baden, in: Blätter für Gefängniskunde 61 (1930), 262-267
RISTOW Erich, Erbpflege und Strafrechtserneuerung, in: Rasse und Recht 1 (1937/38), 31-36
RISTOW Erich, Erbgesundheitsrecht, Berlin 1935
RISTOW Erich, Die Rechtsprechung der Erbgesundheitsgerichte, in: Rasse und Recht 2 (1938), 55-88
ROESNER Ernst, Die Ursachen der Kriminalität und ihre statistische Erforschung, in: Allgemeines statistisches Archiv 1933, 19-35
ROHDEN Friedrich von, Kriminalbiologische Untersuchungen an gesunden und geisteskranken Verbrechern, in: Deutsche Zeitschrift für die gesamte gerichtliche Medizin 10 (1927), 620-633

ROHDEN Friedrich von, Lombrosos Bedeutung für die moderne Kriminalbiologie, in: Archiv für Psychiatrie und Nervenkrankheiten 92 (1930), 140-154

ROHDEN Friedrich von, Probleme, Aufgaben und Ziele der Kriminalbiologie, in: Monatsschrift für Psychiatrie und Neurologie 80 (1931), 15-33

ROHDEN Friedrich von, Einführung in die Kriminalbiologische Methodenlehre, Berlin-Wien 1933

ROHDEN Friedrich von, Gibt es unverbesserliche Verbrecher?, in: Monatsschrift für Kriminalpsychologie und Strafrechtsreform 24 (1933), 75-92

ROSENFELD Ernst Heinrich, Die strafrechtliche Verwertung der Kriminalbiologischen Gutachten, in: Mitteilungen der Kriminalbiologischen Gesellschaft 3, Graz 1931, 55-65

ROTH Karl-Heinz, „Erbbiologische Bestandsaufnahme" – ein Aspekt „ausmerzender" Erfassung vor der Entfesselung des Zweiten Weltkrieges, in: Erfassung zur Vernichtung. Von der Sozialhygiene zum „Gesetz Über Sterbehilfe", hg. von Karl-Heinz ROTH, Berlin 1984

ROTHMALER Christiane, Sterilisation nach dem Gesetz zur Verhütung erbkranken Nachwuchses vom 14. Juli 1933. Eine Untersuchung zur Tätigkeit der Erbgesundheitsgerichte und zur Durchführung des Gesetzes in Hamburg in der Zeit zwischen 1934 und 1945, Husum 1991

ROTHMALER Christiane, „Prognose Zweifelhaft". Die kriminalbiologische Untersuchungs- und Sammelstelle der Hamburgischen Gefangenenanstalten 1926-1945, in: Kriminalbiologie, hg. vom Justizministerium des Landes NRW, Düsseldorf 1998, 107-150 [= Juristische Zeitgeschichte NRW, Bd. 6]

RÜDIN Ernst, Wege und Ziele der biologischen Erforschung der Rechtsbrecher unter besonderer Berücksichtigung der Erbbiologie, in: Monatsschrift für Kriminalpsychologie und Strafrechtsreform 22 (1931), 129-135

RÜPING Heinrich, Grundriß der Strafrechtsgeschichte, München 1981

RÜTHERS Bernd, Entartetes Recht. Rechtslehren und Kronjuristen im Dritten Reich, München 1989

RUTTKE Falk, Die Verteidigung des Rasse durch das Recht, Berlin 1939

RUTTKE Falk, Das Gesetz zur Verhütung erbkranken Nachwuchses, in: Nationalsozialistisches Handbuch für Recht und Gesetzgebung, hg. von Hans FRANK, München 1935, 805-822

RUTTKE Falk, Rasse und Recht, in: Rasse und Recht 2 (1938), 114-116

SACHSSE Christoph, Mütterlichkeit als Beruf. Sozialarbeit, Sozialreform und Frauenbewegung, Frankfurt/M. 1986

SACHSSE Christoph/TENNSTEDT Florian, Geschichte der Armenfürsorge in Deutschland: Bd. 2: Fürsorge und Wohlfahrtspflege 1871 bis 1929, Stuttgart 1988, Bd. 3: Der Wohlfahrtsstaat im Nationalsozialismus, Stuttgart 1992

SALLER K., Die Fortpflanzungsstärke der Kriminellen, in: Eugenik 3 (1932/33), 60-63

SAUER Wilhelm, Strafbemessung und Persönlichkeit. Zur kriminalbiologischen Revision strafrechtlicher Grundbegriffe, Kriminalbiologie, in: Zeitschrift für die gesamte Strafrechtswissenschaft 50 (1930), 679-707

SAUER Wilhelm, Der kriminalistische Dienst vor neuen Aufgaben, in: Goltdammer's Archiv für Strafrecht 78 (1934), 20-25

SAUER Wilhelm, Anlage und Umwelt als Verbrechensursachen, in: Zeitschrift der Akademie für Deutsches Recht 3 (1935), 520-533

SAUER Wilhelm, Das Verhältnis von Kriminologie und Strafrecht, in: Deutsches Strafrecht 6 (1939), 276-283

SCHALLMAYER Wilhelm, Vererbung und Auslese als Faktoren zu Tüchtigkeit und Entartung der Völker, Brackwede/Westf. 1907

SCHALLMAYER Wilhelm, Vererbung und Auslese in ihrer soziologischen und politischen Bedeutung, Jena 1910

SCHATTKE Herbert, Die Geschichte der Progression im Strafvollzug und der damit zusammenhängenden Vollzugsziele in Deutschland, Frankfurt/M. 1979

SCHERER Jürgen, „Asozial" im Dritten Reich. Die vergessenen Verfolgten, Münster 1990

SCHMACKE Norbert/GÜSE Hans Georg, Zwangssterilisiert, verleugnet, vergessen. Zur Geschichte der nationalsozialistischen Rassenhygiene am Beispiel Bremens, Bremen 1984

SCHMID Albert, Anlage und Umwelt bei 500 Erstverbrechern, Leipzig 1936 [= Kriminalistische Abhandlungen 24]

SCHMID Albert, Zur Geschichte der Kriminologie seit den Anregungen der Lehre Lomborosos vom geborenen Verbrecher, Diss. jur. München 1950

SCHMIDT Eberhard, Einführung in die Geschichte der deutschen Strafrechtspflege, Göttingen 3. Aufl. 1983

SCHMIDT Edgar, Der Kriminalbiologische Dienst im Deutschen Strafvollzug, in: Blätter für Gefängniskunde 69 (1938), 164-177

SCHMIECHEN-ACKERMANN Detlev, Anpassung – Verweigerung – Widerstand. Soziale Mileus, politische Kultur und der Widerstand gegen den Nationalsozialismus in Deutschland im regionalen Vergleich, Berlin 1987

SCHMITT Carl, Wesen und Werden des faschistischen Staates (1929), in: SCHMITT Carl, Positionen und Begriffe, Hamburg 1940

SCHMITT Karl, Deutsches Bildungswesen, Jahrgang 1935

SCHMUHL Hans Walter, Rassenhygiene, Nationalsozialismus, Euthanasie. Von der Verhütung zur Vernichtung „lebensunwerten Lebens" 1890-1945, Göttingen 1987 (2. Aufl. 1992)

SCHMUHL Hans Walter, Die Selbstverständlichkeit des Tötens. Psychiater im Nationalsozialismus, in: Geschichte und Gesellschaft 16 (1990), 411-439

SCHNABEL Alfred, § 1 des Gesetzes zur Verhütung erbkranken Nachwuchses in Schrifttum und Rechtsprechung, Diss. jur. Breslau 1938

SCHNEIDER Kurt, Über Psychopathen und ihre kriminalbiologische Bedeutung, in: Monatsschrift für Kriminalbiologie und Strafrechtsreform 29 (1938), 353-367

SCHNELL Karl, Anlage und Umwelt bei 500 Rückfallsverbrechern. Ein Beitrag zum Problem des Gewohnheitsverbrechertums, erarbeitet an einem Material der Bayerischen Kriminalbiologischen Sammelstelle, Leipzig 1935 [= Kriminalistische Abhandlungen 22]

SCHÖCH Heinz, Die gesellschaftliche Organisation der deutschen Kriminologie, in: Gedächtnisschrift für Hilde Kaufmann, hg. von Hans-Joachim HIRSCH u. a., Berlin-New York 1980, 355-373

SCHOETENSACK/CHRISTIANS/EICHLER, Grundzüge eines Deutschen Strafvollstreckungsrechts. Denkschrift des Ausschusses für Strafvollstreckungsrecht der Strafrechtsabteilung der Akademie für Deutsches Recht, Berlin 1935

SCHOLZ Wolfgang, Der Begriff des gefährlichen Gewohnheitsverbrechers nach dem Gesetz vom 24.11.1933 (RGBl. I, S. 995), Diss. jur. Leipzig 1935

SCHORN Hubert, Die Gesetzgebung des Nationalsozialismus als Mittel der Machtpolitik, Frankfurt/M. 1963
SCHOSSLEITNER Claudia, Der Beitrag Österreichs zur Kriminalbiologie, Diss. jur. Linz 1991
SCHREIBER Hans Ludwig, Die Strafgesetzgebung im Dritten Reich, in: Recht und Justiz im Dritten Reich, hg. von Ralf DREIER/Wolfgang SELLERT, Frankfurt/M. 1989
SCHROEDER Paul, Die kriminalbiologische Untersuchung des Gemütslebens, in: Monatsschrift für Kriminalbiologie und Strafrechtsreform 29 (1938), 367-381
SCHULTZE Walter, Die Bedeutung der Rassenhygiene für Staat und Volk in Gegenwart und Zukunft, in: Rassenhygiene im völkischen Staat, Tatsachen und Richtlinien, 151-179
SCHULZE-AUSSEL Bruno, Zur Frage der Bewertung der Psychopathie als angeborener Schwachsinn im Erbgesundheitsgerichtsverfahren, Diss. med. Münster 1942
SCHÜTZ Reinhard, Kriminologie im Dritten Reich. Erscheinungsformen des Faschismus in der Wissenschaft vom Verbrechen, Diss. jur. Mainz 1971
SCHWAAB Fritz, Die soziale Prognose bei rückfälligen Vermögensverbrechern, Leipzig 1939 [= Kriminalistische Abhandlungen 43]
SCHWAB Julius, Rassenpflege im Sprichwort, Leipzig 1937
SCHWARTZ Michael, Sozialismus und Eugenik. Zur fälligen Revision eines Geschichtsbildes, in: Internationale wissenschaftliche Korrespondenz zur Geschichte der Arbeiterbewegung 25 (1989), 465-498
SCHWARTZ Michael, Sozialistische Eugenik. Eugenische Sozialtechnologien in Politik und Diskurs der Deutschen Sozialdemokratie 1890-1933, Bonn 1995
SCHWARZ M./ECKHARDT Hellmut, Die erbliche Taubheit und ihre Diagnostik, Körperliche Mißbildungen, Leipzig 1940
SEELIG Ernst, Das Typenproblem in der Kriminalbiologie, in: Journal für Psychologie und Neurologie 42 (1931), 515-526
SEELIG Ernst, Das Kriminologische Institut, in: Festschrift zur 350-Jahrfeier der Universität Graz, Graz 1936, 121-145
SEELIG Ernst, Die Bedeutung der Kriminalbiologie für die Verbrechensbekämpfung, in: Wissenschaftliches Jahrbuch der Universität Graz 1940, 35-50
SEELIG Ernst/WEINDLER Karl, Die Typen der Kriminellen, Berlin-München 1949
SEGAL Lilli, Die Hohenpriester der Vernichtung, Anthropologen, Mediziner und Psychiater als Wegbereiter von Selektion und Mord im Dritten Reich, Berlin 1991
SEIDEL Ralf/WERNER Wolfgang Franz, Psychiatrie im Abgrund. Spurensuche und Standortbestimmung nach den NS-Psychiatrie-Verbrechen, Köln 1991
SEIDL Ralf, Der Streit um den Strafzweck in der Weimarer Republik, Frankfurt/M. 1976
SEIDLER Horst/RETT Andreas, Rassenhygiene. Ein Weg in den Nationalsozialismus, Wien-München 1988
SEIDLER Horst, Ist der Rassenbegriff beim Menschen genetisch begründbar? Eine Anregung für die interdisziplinäre Forschung, in: Vernetztes Denken – Gemeinsames Handeln. Interdisziplinarität in Theorie und Praxis, hg. von Helmut REINALTER, Thaur 1993, 49 ff.
SIEMEN Hans-Ludwig, Menschen blieben auf der Strecke ... Psychiatrie zwischen Reform und Massenmord, Gütersloh 1987

SIEMENS Hermann Werner, Grundzüge der Vererbungslehre, Rassenhygiene und Bevölkerungspolitik, 10. Aufl., München-Berlin 1941

SIEVERTS Rudolf, Gedanken über Methoden, Ergebnisse und kriminalpolitische Folgen der kriminalbiologischen Untersuchungen im bayerischen Strafvollzug, in: Monatsschrift für Kriminalpsychologie und Strafrechtsreform 23 (1932), 588-601

SIEVERTS Rudolf, Gedanken über den Kriminalbiologischen Dienst im Bayerischen Strafvollzug, Ein Nachwort, in: Monatsschrift für Kriminalpsychologie und Strafrechtsreform 24 (1933), 107-116

SIMON Jürgen, Die Erbgesundheitsgerichtsbarkeit im OLG-Bezirk Hamm. Rechtsprechung zwischen juristischen Vorgaben und ideologischen Anforderungen, in: Justiz und Nationalsozialismus, hg. vom Justizministerium des Landes NRW, Düsseldorf 1993, 131-168 [= Juristische Zeitgeschichte, Bd. 1.]

SIMON Jürgen, Kriminalbiologie im Dritten Reich, in: Kriminalbiologie, hg. vom Justizministerium des Landes NRW, Düsseldorf 1998, 69-105 [= Juristische Zeitgeschichte NRW, Bd. 6]

SIMON Jürgen, Das „Gesetz zur Verhütung erbkranken Nachwuchses" und seine Rezeption in den 50er Jahren im Bereich der Britischen Besatzungszone. Eine Dokumentation, in: Schwerpunktthema Recht und Nationalsozialismus, hg. von Franz-Josef DÜWELL/Thomas VORMBAUM, Baden-Baden 1998, 170-207 [Juristische Zeitgeschichte, Abt. 2: Forum juristische Zeitgeschichte, Bd. I)

SIMON Jürgen, Kriminalbiologie und Strafrecht 1920-1945, in: Heidrun Kaupen-Haas (Hg.): !"!!!

SIMSON Werner von, Der Staat als Teil und als Ganzes, Baden-Baden 1993

SJÖGREN Torsten, Klinische und vererbungsmedizinische Untersuchungen über Oligophrenie in einer nordschwedischen Bauernpopulation, Kopenhagen 1917

SLAPNICKA Harry, Oberösterreich, als es noch „Oberdonau hieß" (1938-1945), Linz 1978

SOFSKY Wolfgang, Die Ordnung des Terrors. Das Konzentrationslager, Frankfurt/M. 1993

SONNEN Bernd-Rüdeger, Strafgerichtsbarkeit – Unrechtsurteile als Regel oder Ausnahme?, in: Strafjustiz und Polizei im Dritten Reich

Soziale Arbeit und Faschismus. Volkspflege und Pädagogik im Nationalsozialismus, hg. von Hans-Uwe OTTO/Heinz SÜNKER, Bielefeld 1986

Soziale Sicherheit und soziale Disziplinierung. Beiträge zu einer historischen Theorie der Sozialpolitik, hg. von Christoph SACHSSE/Florian TENNSTEDT, Frankfurt/M. 1986

SPEER Albert, Der Sklavenstaat. Meine Auseinandersetzungen mit der SS, Stuttgart 1980

SPOHR Werner, Das Recht der Schutzhaft, Berlin 1937

Staatsrecht und Staatslehre im Dritten Reich, hg. von Ernst BÖCKENFÖRDE, Heidelberg 1985

Stadt und Gesundheit. Zum Wandel von „Volksgesundheit" und kommunaler Gesundheitspolitik im 19. und frühen 20. Jahrhundert, hg. von Jürgen REULECKE/Adelheid Gräfin zu CASTELL-RÜDENHAUSEN, Stuttgart 1991

STAEMMLER Martin, Rassenpflege im völkischen Staat, München 1933

STAPEL Wilhelm, Grundsätze, in: POLIAKOV Léon/WULF Joseph, Das Dritte Reich und seine Denker

STARK Johannes, in: Das Schwarze Korps, 15. Juli 1937, 6

STAUDINGER Roland, Politische Justiz. Die Tiroler Sondergerichtsbarkeit im Dritten Reich am Beispiel des Gesetzes gegen heimtückische Angriffe auf Partei und Staat, Schwaz 1994

STAUDINGER Roland/STÜHLINGER Wolf/THEM Karl-Heinz, Der Arzt als Manager oder der Manager als Arzt?, Mitteilungen der Ärztekammer für Tirol, Innsbruck, 33. Jg., September 1992, 3 ff.

STEINWALLNER B., Rassenhygienische Gesetzgebung und Maßnahmen im Ausland, in: Fortschritte der Erbpathologie, Rassenhygiene und ihrer Grenzgebiete, 1. Jg., Leipzig 1937/38

STEMMLER Wilhelm, Die Bestandsaufnahme der erbkranken Sippen durch die Landesheilanstalten, in: Der Erbarzt, Sonderausgabe der gleichnamigen Beilage zum „Deutschen Ärzteblatt", Frankfurt 1936/3, 40 f.

STEMMLER Ludwig, Der Stand der Frage der Sterilisierung Minderwertiger, in: Archiv für soziale Hygiene und Demographie N. F. 1 (1925/26), 209-218

STIER Günter, Das Recht als Kampfordnung der Rasse, Berlin 1934

STOLLEIS Michael, Gemeinwohl im nationalsozialistischen Recht, Berlin 1974

STOLLEIS Michael, Nationalsozialistisches Recht, in: Handwörterbuch zur deutschen Rechtsgeschichte, Bd. 3, Berlin 1984, Sp. 873-892

Strafjustiz und Polizei im Dritten Reich, hg. von Udo REIFNER/Bernd SONNEN, Frankfurt/M.-New York 1984

STRENG Franz, Der Beitrag der Kriminologie zu Entstehung und Rechtfertigung staatlichen Unrechts im Dritten Reich, in: Monatsschrift für Kriminologie und Strafrechtsreform 76 (1993),141-168

STROMBERGER Helge, Die Ärzte, die Schwestern, die SS und der Tod, Klagenfurt 1988

STUCKART Wilhelm/GLOBKE Hans, Kommentare zur deutschen Rassengesetzgebung, München-Berlin 1936

STUCKART Wilhelm/ROSEN von HOEWEL Harry von/SCHIEDERMAIER Rolf, Der Staatsaufbau des Deutschen Reiches, Leipzig 1943

STUCKART Wilhelm/SCHIEDERMAIER Rolf, Rassen- und Erbpflege in der Gesetzgebung des Reiches, Leipzig 1943

Der Stufenstrafvollzug und die Kriminalbiologische Untersuchung der Gefangenen in Bayern, hg. vom Bayerischen Ministerium der Justiz, 3 Bde., München 1927 ff.

STUMPFL Friedrich, Erbanlage und Verbrechen. Charakterologische und psychiatrische Sippenuntersuchung, in: Monographien aus dem Gesamtgebiete der Neurologie und Psychiatrie, hg. von O. FOERSTER/E. RÜDIN, Heft 61, Berlin 1935, 154 ff.

STUMPFL Friedrich, Grundlagen und Aufgaben der Kriminalbiologie, in: Erblehre und Rassenhygiene im völkischen Staat, hg. von Ernst RÜDIN, München 1934, 317-332

STUMPFL Friedrich, Über kriminalbiologische Erbforschung, in: Allgemeine Zeitschrift für Psychiatrie und ihre Grenzgebiete 107 (1938), 38-63

STUMPFL Friedrich, Über Erbforschung an Rechtsbrechern, in: Mitteilungen der Kriminalbiologischen Gesellschaft, Bd. V, Graz 1938, 111-116

STUMPFL Friedrich, Psychopathie und Kriminalität, in: Fortschritte der Erbpathologie, Rassenhygiene und ihrer Grenzgebiete 5 (1941), 33-116

STÜRZBECHER Manfred, Der Vollzug des Gesetzes zur Verhütung erbkranken Nachwuchses in den Jahren 1935 und 1936, in: Das Öffentliche Gesundheitswesen 36 (1974), 350-359

SUNDERBRINK Bärbel, Das Erbgesundheitsgericht, in: KNOBELSDORF Andreas/ MINNINGER Monika/SUNDERBRINK Bärbel, Das Recht wurzelt im Volk. NS-Justiz im Landgerichtsbezirk Bielefeld, Bielefeld 1992, 86-101 [= Bielefelder Beiträge zur Stadt- und Regionalgeschichte 11]

TERHORST Karl Leo, Polizeiliche planmäßige Überwachung und polizeiliche Vorbeugungshaft im Dritten Reich. Ein Beitrag zur Rechtsgeschichte vorbeugender Verbrechensbekämpfung, Heidelberg 1985

THAMER Hans-Ulrich, Verführung und Gewalt: Deutschland 1933-1945, Berlin 1986

THAMER Hans-Ulrich, Das Dritte Reich. Interpretationen, Kontroversen und Probleme des aktuellen Forschungsstandes, in: Deutschland 1933-1945. Neue Studien zur nationalsozialistischen Herrschaft, hg. von Karl Dietrich BRACHER u. a., Düsseldorf 1992, 507-531

THAMER Hans-Ulrich, Nation und Volksgemeinschaft. Völkische Vorstellungen, Nationalsozialismus und Gemeinschaftsideologie, in: Soziales Denken in Deutschland zwischen Tradition und Innovation, hg. von Jörg-Dieter GAUGER/Klaus WEIGELT, Bonn 1990, 112-128

THAMER Hans-Ulrich, Justiz und Politik im Dritten Reich, in: Ortstermin Hamm, Hamm 1991, 12-16

THEM Karl-Heinz, Die Tätigkeit der GESTAPO in Österreich mit Berücksichtigung der Gestapostelle Innsbruck, jur. Diss. Innsbruck 1994

THIELENHAUS Marion, Zwischen Anpassung und Widerstand, Deutsche Diplomaten 1938-1941, Paderborn 1985

THIESBÜRGER Paul, Die kriminalbiologischen Methoden, ihre Entwicklung und ihre Kritik, Diss. jur. Köln 1939

THOME Helmut, Gesellschaftliche Modernisierung und Kriminalität. Zum Stand der sozialhistorischen Kriminalitätsforschung, in: Zeitschrift für Soziologie 21 (1992), 212-228

TIMCKE Carl Ernst, Rasse, Volk und Kriminalität, Hamburg 1940

TÖBBEN Heinrich, Die Bedeutung des präkriminellen Lebens für die Kriminalbiologie, in: Deutsche Zeitschrift für die gesamte gerichtliche Medizin 20 (1929), 516-529

TÖBBEN Heinrich, Kriminalbiologie und Bewahrungsproblem, in: Deutsche Zeitschrift für die gesamte gerichtliche Medizin 26 (1935), 33-42

TÖBBEN Heinrich, Kriminalbiologie, in: Der Öffentliche Gesundheitsdienst 4 A (1938), 272-283

TÖBBEN Heinrich, Ätiologie und Diagnostik der Jugendkriminalität und der Einfluß der Ergebnisse solcher Forschungen auf die Einrichtungen unseres Rechts, in: Blätter für Gefängniskunde 70 (1939), 179-209

TRIEPEL Heinrich, Die Staatsverfassung und die politischen Parteien, 2. Aufl., Berlin 1930

UEBERSCHÄR Gerd, Die deutsche Militäropposition zwischen Kritik und Würdigung. Zur neueren Geschichtsschreibung über die „Offiziere gegen Hitler" bis zum 50. Jahrestag des 20. Juli 1944; in: Aufstand des Gewissens, Militärischer Widerstand gegen Hitler und das NS-Regime 1933-1945

UHLICH Gerhard, Die Verfahrensgrundsätze des Gesetzes zur Verhütung erbkranken Nachwuchses, Diss. jur. Chemnitz 1939

VALENTINER Theodor, Die seelischen Ursachen des Geburtenrückganges. Politische Biologie, Schriften für naturgesetzliche Politik und Wissenschaft, München 1937

VELLGUTH L., Kritische Gedanken zu dem Entwurf eines deutschen Sterilisierungsgesetzes; in: Eugenik – Erblehre – Erbpflege", Bd. 3, Heft 4, Berlin 1933, 80 ff.

VENZMER Gerhard, Erbmasse und Krankheit, 2. Aufl., Stuttgart 1940

Verachtet – verfolgt – vernichtet. Zu den „vergessenen" Opfern des NS-Regimes, hg. von der Projektgruppe für die vergessenen Opfer des NS-Regimes, Hamburg 1986

Verfügungen – Anordnungen – Bekanntgaben. 2. Bd., hg. von der Parteikanzlei, Zentralverlag der NSDAP, Berlin 1942, V. I. 36/483 vom 19. Mai 1942

Vernetztes Denken – Gemeinsames Handeln. Interdisziplinarität in Theorie und Praxis, hg. von Helmut REINALTER, Thaur 1993

VERSCHUER Otmar Frhr. v., Aufgaben und Ziele des Instituts für Erbbiologie und Rassenhygiene zu Frankfurt/M., Vortrag gehalten bei der Einweihungsfeier am 19. Juni 1935, in: Der Erbarzt, Frankfurt 1935/7, 100 f.

VERSCHUER Otmar Frhr. v., Erbpathologie, Medizinische Praxis Band 18, 2. Aufl., Dresden-Leipzig 1937

VERSCHUER Otmar Frhr. v., Grundzüge der Vererbungswissenschaft; in: Wer ist erbgesund und wer ist erbkrank?

Verwaltetes Morden im Nationalsozialismus, hg. von Ulrich JOCKUSCH/Lothar SCHOLZ, Regensburg 1992

VIERNSTEIN Theodor, Der Kriminalbiologische Dienst in der bayerischen Strafanstalten, in: Monatsschrift für Kriminalpsychologie und Strafrechtsreform 17 (1926), 1-16

VIERNSTEIN Theodor, Kriminalbiologische Grundlagen für die Reform des Strafvollzugs in Bayern, in: Deutsche Juristenzeitung 31 (1926), 1141-1146

VIERNSTEIN Theodor, Entwicklung und Aufbau eines kriminalbiologischen Dienstes im bayerischen Strafvollzug, in: Der Stufenstrafvollzug und die Kriminalbiologische Untersuchung der Gefangenen, hg. im Auftrage des Bayerischen Justizministeriums, Bd. 1, München 1926, 68-85

VIERNSTEIN Theodor, Der Kriminalbiologische Dienst in den bayerischen Strafanstalten, in: Archiv für Rassen- und Gesellschaftsbiologie 19 (1927), 34-53

VIERNSTEIN Theodor, Über Typen der verbesserlichen und unverbesserlichen Verbrechers, in: Mitteilungen der kriminalbiologischen Gesellschaft, Bd. I, Graz 1928, 26-54

VIERNSTEIN Theodor, Kriminalbiologie, in: Der Stufenstrafvollzug und die Kriminalbiologische Untersuchung der Gefangenen in den Bayerischen Strafanstalten, hg. im Auftrage des Bayerischen Staatsministeriums der Justiz, Bd. 3, 7-50

VIERNSTEIN Theodor, Biologische Aufgaben der Kriminalpolitik, in: Eugenik 1 (1930/31), 213-217

VIERNSTEIN Theodor, Die Kriminalbiologische Untersuchung der Strafgefangenen in Bayern, in: Mitteilungen der Kriminalbiologischen Gesellschaft, Bd. 111, Graz 1930, 30-40

VIERNSTEIN Theodor, Über Kriminalbiologie, in: Allgemeine Zeitschrift für Psychiatrie und psychisch-gerichtliche Medizin 98 (1932), 277-299

VIERNSTEIN Theodor, Die Neuordnung des Stufenstrafvollzugs in Bayern, in: Archiv für Kriminologie 93 (1934), 31-39

VIERNSTEIN Theodor, Die Stellung und Aufgaben der Kriminalbiologie im Hinblick auf die nationalsozialistische Gesetzgebung, in: Zeitschrift für die gesamte gerichtliche Medizin 26 (1935), 3-16
VIERNSTEIN Theodor, Schlußansprache, in: Mitteilungen der Kriminalbiologischen Gesellschaft, Bd. V, Graz 1938, 117
VILLINGER Werner, Kriminalbiologie, in: Fortschritte der Neurologie, Psychiatrie und ihrer Grenzgebiete 1 (1929), 493-513
VILLINGER Werner, Kriminalbiologie, in: Fortschritte der Neurologie, Psychiatrie und ihrer Grenzgebiete 2 (1930), 489-505
VILLINGER Werner, Kriminalbiologie, in: Fortschritte der Neurologie; Psychiatrie und ihrer Grenzgebiete 4 (1932), 266-288
VIRCHOW Rudolf, Die Cellularpathologie und ihre Begründung auf physiologische und pathologische Gewebslehre. Zwanzig Vorlesungen, gehalten während der Monate Februar, März und April 1858 im pathologischen Institute zu Berlin; erste Vorlesung: 10. Februar 1858, Berlin 1858
VOGEL Christian, Vom Wesen des ständischen Rechts, Berlin-Leipzig 1937
Volk und Gesundheit. Heilen und Vernichten im Nationalsozialismus, hg. von der Projektgruppe „Volk und Gesundheit", Tübingen 1982
VOLLWEILER Helmut, Der Schutz der rassischen und sittlichen Grundlagen der Volkskraft im Strafgesetzentwurf, in: Rasse und Recht I (1937/38), 304-313
VOSSEN Johannes, Die Gesundheitsämter im Kreis Herford während der NS-Zeit. Teil 1: Die Durchsetzung der „Erb- und Rassenpflege", in: Historisches Jahrbuch für den Kreis Herford 1993, Bielefeld 1992, 89-118
WAGNER Josef/BECK Alfred, Hochschule für Politik der NSDAP. Ein Leitfaden, München 1933
WAGNER Walter, Der Volksgerichtshof im nationalsozialistischen Staat, Stuttgart 1974
WALK Josef, Das Sonderrecht für die Juden im NS-Staat, Heidelberg-Karlsruhe 1981
WALLE Heinrich, Der 20. Juli 1944. Eine Chronik der Ereignisse von Attentat und Umsturzversuch, in: Aufstand des Gewissens, Militärischer Widerstand gegen Hitler und das NS-Regime 1933-1945
WALTER Bernd, Psychiatrie in Westfalen 1918-1945. Soziale Fürsorge – Volksgesundheit – Totaler Krieg, in: Selbstverwaltungsprinzip und Herrschaftsordnung, hg. von Karl TEPPE, Münster 1987, 115-134
WALTER Bernd, Anstaltsleben als Schicksal. Die nationalsozialistische Erb- und Rassenpflege an Psychiatriepatienten, in: Medizin und Gesundheitspolitik in der NS-Zeit, hg. von Norbert FREI, München 1991
WALTER Bernd, Psychiatrie und Gesellschaft in der Moderne, Paderborn 1996
WEBER Karl, Fragen zum verfassungsgerichtlichen Beschwerderecht, AnwBl. 1991, 353 ff.
WEBER Karl, Rechtsfragen der Verlängerung der Aufenthaltsbewilligung nach § 6 Aufenthaltsgesetz, in: ÖJZ 1994, 378 ff.
WEBER Werner, „Die Teilung der Gewalten als Gegenwartsproblem", in: Festschrift für Carl Schmitt, Berlin 1959
WEDDIGE, Die kriminalbiologischen Untersuchungen an preußischen Gefangenenanstalten, in: Kriminalistische Monatshefte 4 (1930), 222-223
WEHEFRITZ Emil; in: POLIAKOV Léon/WULF Joseph, Das Dritte Reich und seine Denker
WEHLER Hans-Ulrich, Modernisierungstheorie und Geschichte, Göttingen 1975

WEICHELT Rainer, Zwangssterilisationen in Gladbeck 1934 bis 1944. Nationalsozialistische Rassenideologie, Gesundheitspolitik und kommunale Gesellschaft, in: Beiträge zur Gladbecker Geschichte H. 4, Essen 1992, 64-87
WEINERT Hans, Biologische Grundlagen für Rassenkunde und Rassenhygiene, 2. Aufl., Stuttgart 1943
WEINGART Peter/KROLL Jürgen/BAYERTZ Kurt, Rasse, Blut und Gene. Geschichte der Eugenik und Rassenhygiene in Deutschland, Frankfurt/M. 1988
WEISS Sheila F., Die rassenhygienische Bewegung in Deutschland, in: Der Wert des Menschen, Berlin 1989, 153-199
WEISSENRIEDER Otto, Typen im Strafvollzug, in: Mitteilungen der Kriminalbiologischen Gesellschaft, Bd. 11, Graz 1929, 36-48
WEINDLING Paul, Health, Race and German Politics between National Unification and Nazism, 1870-1945, Cambridge 1989
Wer ist erbgesund und wer ist erbkrank?, hg. von W. KLEIN, Jena 1935
„Wer seine Geschichte nicht kennt ...". Nationalsozialismus und Münster, hg. von Iris HORSTMANN u. a., Münster 1993
WERLE Gerhard, Justiz-Strafrecht und polizeiliche Verbrechensbekämpfung im Dritten Reich, Berlin-New York 1989
Der Wert des Menschen. Medizin in Deutschland 1918-1945, red. von Christian Pross/ Götz Aly, Berlin 1989
WEYGANDT W., Weitere Beiträge zur Lehre vom Cretinismus, Würzburg 1904
WEYRATHER Irmgard, Muttertag und Mutterkreuz. Der Kult um die deutsche Mutter im Nationalsozialismus, Frankfurt/M. 1993
WHITESIDE Andrew, Georg Ritter von Schönerer. Alldeutschland und sein Prophet, 1981
Wichtige Entscheidungen zur Durchführung des Gesetzes zur Verhütung erbkranken Nachwuchses, Berlin 1938 [= Schriftenreihe des Evangelischen Gesundheitsdienstes, Heft 8)
Widerstand und Verfolgung in Dortmund, hg. von Günter HÖGL, Dortmund 1992
WIESENBERG Klaus, Die Rechtsprechung der Erbgesundheitsgerichte Hanau und Gießen zu dem „Gesetz zur Verhütung erbkranken Nachwuchses", ergänzt durch eine Darstellung der Rechtslage zur Unfruchtbarmachung, Diss. jur. Frankfurt/M. 1986
WIMMER Norbert/MEDERER Wolfgang, Die staatsrechtliche und finanzielle Bedeutung der Autonomie am Beispiel Südtirols, JBl. 1985, 518 ff.
WIMMER Norbert, Allgemeine Strukturprobleme des Rechtsschutzes, in: JBl. 1986, 613 ff.
WIMMER Norbert, Gleichheitsgrundsatz und familieneigene Arbeitskräfte, RdA 1982, 32
Wirtschaft, Recht und Staat im Nationalsozialismus, Analysen des Institutes für Sozialforschung 1939-1942, Frankfurt 1984
WOJAK Andreas, Ik mut opereert worden, heet dat. De hemm nich seggt, worum. NS Zwangssterilisation in einem niedersächsischen Dorf, in: Zeitschrift für Sozialgeschichte des 19. und 20. Jahrhunderts, Heft 2/1991, 59-74
WOLFF Jörg, Jugendliche vor Gericht im Dritten Reich. Nationalsozialistische Jugendstrafrechtspolitik und Justizalltag, München 1992
Wörterbuch Staat und Politik, hg. von Dieter NOHLEN, München 1991

WULF Joseph, Das Dritte Reich und seine Vollstrecker, Die Liquidation der Juden im Warschauer Ghetto, Dokumente und Berichte, Wiesbaden 1989

WUTTKE Walter, Die Aufarbeitung der Medizin im „Dritten Reich" durch die deutsche Medizinhistoriographie, in: Gesundheitspolitik zwischen Steuerung und Autonomie, Hamburg 1989, 156-175

WUTTKE-GRONEBERG Walter, Medizin im Nationalsozialismus. Ein Arbeitsbuch, Tübingen 1980

ZIPPELIUS Reinhold, Allgemeine Staatslehre, Politikwissenschaft, 11. Auflage, München 1991

ZISCHKA Johannes, Die NS-Rassenideologie. Machttaktisches Instrument oder handlungsbestimmendes Ideal?, Frankfurt/M. 1986

Zivilisation und Barbarei. Die widersprüchlichen Potentiale der Moderne, hg. von Werner JOHE /Uwe LOHALM, Hamburg 1991

ZMARZLIK Günter, Der Sozialdarwinismus in Deutschland als geschichtliches Problem, in: Vierteljahreshefte für Zeitgeschichte 11 (1963), 246-273

ZOLLING Peter, Zwischen Integration und Segregation. Sozialpolitik im „Dritten Reich" am Beispiel der „Nationalsozialistischen Volkswohlfahrt" (NSV) in Hamburg, Frankfurt-New York 1986

ZUR MÜHLEN Patrick von, Rassenideologien. Geschichte und Hintergründe, Berlin-Bonn 1977

ZURUKZOGLU Stavros, Zum gegenwärtigen Stand der modernen Kriminalbiologie, in: Archiv für soziale Hygiene und Demographie N. F. 3 (1928), 54-57

6.3. Register

A

Abschreckung 144
Absolutismus 75
Abstammung 174
Abstammungsprüfungen 234
Abstimmung 92
Abtreibung 287
Adam 279
Adoption 194
Agrarproduktion 127
Aktionismus 305, 313
Alkoholismus 198, 233
Alldeutschtum 113
Almeider 268
Amtsarzt 259
Amtsrichter 111
Anarchie der Vollmachten 63
Andersdenkende 54
Angriffskrieg 308
Anklagebehörde 105, 106
Anlageträger 237
Anomalien 278
Anpassungsfähigkeit 244, 249
Anthropologie 188
Antisemiten 198
Antisemitismus 113, 161, 200, 201
Anwalt 82
Arbeit macht frei 131
Arbeitsamt 138, 139
Arbeitsbegriff 131, 133, 152
Arbeitsbeschaffung 137
Arbeitsbuch 134, 138
Arbeitseinsatz 134
Arbeitserziehung 139
Arbeitserziehungslager 134, 139, 140, 141, 143, 144, 147, 151
Arbeitsfähigkeit 275
Arbeitsfragen 133
Arbeitsfrieden 114
Arbeitsfront 139
Arbeitskamerad 134
Arbeitskraft 114, 134, 191, 193
Arbeitslager 48
Arbeitsleistung 131
Arbeitslosigkeit 130
Arbeitsmarkt 137
Arbeitsmoral 140
Arbeitsordnung 131
Arbeitsorganisation 137
Arbeitspflicht 135, 136
Arbeitsplatzsicherheit 114
Arbeitsplatzwechsel 138
Arbeitssabotage 138
Arbeitsscheue 134
Arbeitsschlacht 134
Arbeitsstreitigkeiten 149
Arbeitsteiligkeit 60
Arbeitsunfähigkeit 275
Arbeitsuniformen 152
Arbeitsverweigerung 149
Arier 53, 59, 61, 113, 127, 167
Aristokratie 67
Aristoteles 168
Armenier 214
Arreststrafen 145
Arten 172, 173, 188
Artfremder 172
Asoziale 194, 231
Assimilationsneigungen 195
Astel 209
Aufartungsideologie 185
Auffälligkeiten 290
Aufnordung 191, 223
Aufzucht 276
Auslegungsregeln 235
Auslese 61, 174, 176, 177, 179, 181, 182, 183, 184, 203, 219, 224, 228, 278, 317
Ausleseprinzip 178, 217
Auslesevorgänge 19, 22, 178, 197, 218
Ausmendeln 208
Ausmerzung 240
Ausnahmegesetzgebung 307
Ausprägungen 26
Austrofaschismus 282
Autonomie 30

B

Ballastexistenzen 21, 164
Bankraub 121
Bastard 203, 216
Bastardenehe 207
Bastardisierung 204
Bauernschaft 30, 154, 155
Baur, Erwin 165
Beamtenbegriff 135
Beckerath 91
Bedürfnisse 26
Befehlsgeber 44
Begabung 179, 239
Begeisterungsfähigkeit 197
Behaarung 189
Beharrlichkeit 197
Beisitzer 262
Belohnungsinstrumentarien 134
Bern 266
Berufsbeamtentum 135, 306
Berufsbewährung 251
Berufswahl 210
Beschädigung von Eisenbahnanlagen 117, 118
Beschäftigungspolitik 127
Bessau, G. 182
Bestandsdauer 85
Bestandsgarantie 63, 65
Bestandsschutz 35, 97
Bevölkerungspolitik 221
Bewirtschaftung 194
Bewirtschaftungsfaktor 133
Bildung 56
Bildungsbereich 29
Bildungsfähigkeit 29
Bildungsniveau 192
Bildungssystem 29, 30
Binding, Karl 21, 164, 225
Bindung 116
Bindungskonflikt 86
Bindungswirkung 247
Blinde 279
Blindheit 233
Bluhm, Agnes 162
Blut 48, 59, 64, 69, 71, 87, 98, 155, 197, 218, 315
Blut und Boden 54, 72, 154, 156
Blutanteil 188, 189, 190 203, 204
Bluteinschlag 186
Blutsgemeinschaft 48
Blutsverhalten 309
Blutsvermischung 25
Bodenreform 128
Bormann, Martin 191, 194, 206, 207
Bouhler 226, 289
Brack 289
Brandstiftung 102, 117, 118
Brandt 226
Bremer 278
Briefgeheimnis 96
Buchenwald 150
Bundesgesetzgeber 85
Bunker 147
Burschenschaften 113

C

Caldana 268
Chamberlain 21, 166
Charakterzüge 186
Christentum 171
Chromosomenforschung 209
Chromosomenmechanismus 209
Claus 280
Cretingegenden 243
Cretinismus 243
Curtius 275, 276

D

Dachau 131
Dänemark 266
Darwin, Charles 172, 173, 175, 176
Darwinismus 173
de Vries 174
Debilität 243
Degenerationsprozeß 180
Demokratie 23, 52, 59, 67, 91, 92
Demokratie, liberale 91
Deportation 193, 210
Depressionszustände 294

Despotismus 77
Deutschblütige 206, 207, 212
Deutsche 205
Deutschtum 223
Diabetes 275, 276
Diagnoseverfahren 274
Dienstbefehl 143
Dienstentlassung 125
Dienstvertrag 138
Diktatur 23
Dimitroff 102, 103
Diskontinuität 57
Diskriminierung 95
Dorfcretins 243
Dummheit 250
Durchgangsbefindlichkeit 25
Durchgriffsrechte 101
Dysfunktionalität 317

E

Ehe 307
Eheberatung 237
Ehestandsdarlehen 19, 216
Eheverfahren 282
Ehrenpatenschaft 217
Eigennutz 131
Eigentumsbegriff 30, 128
Eigentumsrechte 94
Eigentumsstrukturen 129
Einbürgerung 46
Eindeutschung 193, 194
Eindeutschungsfähigkeit 195
Eingliederung 205
Eingriffsrechte 59
Einheit des Blutes 69
Einheitsstaatsbürger 40
Einkindehe 231
Einkreuzung 212
Einmütigkeit 92
Einwanderer 46
Einzelbesitz 129
Einzelegoismen 51
Einzelmenschen 185
Elite 23, 207
Eliteformation 207, 210

Emigranten 270
Endziel 54
Engert, Karl 104
Entartete 278
Enthemmung 315
Entindividualisierung 46, 128
Entscheidungskriterien 51
Entwicklungspotential 54
Entwicklungsstörungen 244, 294
Erbanlagen 176, 182, 235, 236, 239, 240, 273, 309, 316
Erbanteil 206, 208
Erberkrankung 229, 237, 239, 243, 274, 293
Erbgang 206, 273
Erbgesundheit 238, 272, 274, 282
Erbgesundheitsangelegenheiten 297
Erbgesundheitserklärung 274
Erbgesundheitsgericht 205, 236, 237, 238, 240, 241, 242, 243, 244, 245, 247, 248, 249, 250, 252, 255, 257, 258, 259, 260, 261, 262, 263, 264, 280, 281, 284, 287, 290, 291, 293, 295, 296, 297, 307
Erbgesundheitsgesetz 235, 239
Erbgesundheitsobergericht 261, 263, 264, 284, 296
Erbhofgesetz 128, 154, 217, 307
Erbinformation 280
Erbkranke 237, 239, 240, 243, 250, 255
Erbkrankerklärung 296
Erbkrankheiten 26, 212, 218, 219, 229, 234, 235, 236, 238, 241, 242, 245, 247, 259, 271, 272, 275, 278, 280, 282
Erblehre 57, 165, 234
Erblichkeit 22, 275, 280, 290
Erbmasse 206, 208
Erbmerkmal 208
Erbpflege 221
Erbrecht 307
Erbschäden 245, 294
Erbveranlagung 273
Erlaubnisnormen 41, 42, 46
Ermächtigungsgesetz 23, 62, 88, 95, 97, 98, 306
Ermächtigungsverordnungen 108
Ermittlungsverfahren 258
Eroberung 30
Erziehungsmittel 132, 151

Eschweiler, Karl 218
Eugenik 57, 165, 176, 177, 179, 215, 265, 316 siehe auch Rassenhygiene
Eugenikmaßnahmen 230
Euthanasie 164, 217, 224, 225, 227, 230, 271, 278, 284
Euthanasieprogramm 21, 49, 163, 222, 296, 308
Evolution 50, 56, 78, 173, 174, 317
Exekutive 75, 83, 84, 85, 88, 96, 99, 108, 305
Exekutivgewalt 87, 305
Exekutivorgane 99

F

Fähigkeiten 188
Fahndung 143
Fahnenflucht 125
Fahrlässigkeit 115
Fallsucht 233
Familie 114, 188
Familienanamnese 253
Familienrecht 307
Familiensinn 198
Fangfragen 248
Faschismus 91
Faulheit 212
Fehlleistungen 133, 244
Feldherrenhalle 89
Fernsprechgeheimnis 96
Festnahme 143
Fettsucht 275
Fischer, Eugen 65, 188
Fleiß 197
Forsthoff, Ernst 20, 62, 67, 1126
Fortpflanzung 26, 203, 210, 217, 224, 237, 246, 264, 277
Fortpflanzungsauslese 181
Fortpflanzungsfähigkeit 240
Fragestellung 313
Frank 116, 193
Frankreich 181
Frauen 137
Freiheit 43, 96
Freiheitsrechte 51, 94, 306

Freischärlerei 125
Freisler, Roland 114, 116, 126
Fremdarbeit 149
Fremdarbeiter 132, 140, 142, 151, 152
Fremdengesetzgebung 113
Fremdrassige 29, 135, 136, 148, 153, 220, 306, 308
Fremdvölkische 150
Frey, Alfred 183
Friedmann 161
Fruchtbarkeit 154
Führer 28, 68, 73, 77
Führerbewährung 66
Führerelite 190
Führererlaß 111
Führerpersönlichkeit 68
Führerprinzip 64, 67, 68, 69, 70, 71, 84, 115, 186, 303
Führerschicht 27, 36
Führertreue 79
Führerwille 70, 71
Führungsgrundsatz 64, 73
Führungslegitimität 94
Führungsschicht 28
Funktionalität 87

G

Gall 160
Gallensteinleiden 276
Ganznarren 243
Gastrecht 46
Gastvolk 211
Gattungen 188
Gattungstrieb 179, 180
Gebote 73
Gebrechlichkeit 180
Geburtenabnahme 183
Geburtenziffer 192
Gefolgschaft 77
Gefolgschaftstreue 79, 303
Gebrechlichenzählung 279
Gegenauslese 61, 178, 180, 182, 183, 184, 228, 278, 312, 317
Gegenrasse 196
Gehirnstörungen 279

355

Gehorsam 69
Geisteskrankheit 164, 225, 226, 231, 243
Gemeinbesitz 188
Gemeinnutz 131
Gemeinschaftsform 39
Gemeinschaftsstaat 87
Gemeinwille 80
Gen-Screening 215, 308
Generalklauseln 306
Generalprävention 85
Generalstaatsanwalt 144
Generationenkette 208
Genetik 318
Genotypus 24, 214
Gentechnologie 318
Gerechtigkeit 81, 82
Gerechtigkeitsempfinden 115
Gericht, ärztliches 264
Gerichtsbarkeit 99, 100, 104, 105, 106, 108
Gerichtskompetenzen 143
Gerichtsorganisation 105
Gerichtsverfassung 105
Germanen 198, 199
Germanisierung 196
Gesamtgesellschaft 160
Gesamtinteresse 51
Gesamtpersönlichkeit 248
Geschlechtskrankheit 253
Geschlechtstrieb 241
Geschworene 119
Gesellschaft 51, 159
Gesellschaftsbildung 160
Gesetzesbindung 96
Gesetzesvorbehalte 94
Gesetzgeber 44, 115
Gesetzgebung 84, 105 siehe auch Legislative
Gesetzgebungsfunktionen 72, 86
Gesetzgebungsstaat 80, 81, 92
Gesinnung 79, 87
Gesinnungsgemeinschaft 56
Gesinnungsgleichklang 43
Gesinnungsnormen 25
Gesinnungsstaat 87
Gestalt 186
Gestaltungsebene 85
GESTAPO 104, 139, 141, 143, 144, 145, 146, 147, 149, 306, 316

Gesundheit 230, 307
Gesundheitsämter 285
Gesundheitsbehörden 237, 258
Gesundheitsfürsorge 192
Gesundheitsgesetzgebung 227
Gesundheitsmaßnahmen 192
Gesundheitssystem 228
Gesundheitsverwaltung 307, 308
Gewaltanspruch 65
Gewaltenteilung 20, 23, 28, 36, 42, 78, 81, 83, 84, 86, 87, 88, 93, 94, 95, 99, 108, 213, 306
Gewaltverbrecher 106
Gewinn 129
Gewinnbeteiligung 128
Giftbeibringung 117, 118
Gleichartigkeit 91
Gleichbehandlung 167
Gleichförmigkeit des Denkens und Tuns 96
Gleichheit 38, 167, 170, 171
Gleichheit des Blutes 71
Gleichheitsgrundsatz 167, 170
Gleichschaltung 96, 98
Gleichwertigkeit 221
Gleispach, Wenzeslaus 226
Glücks, Richard 150
Glumpowicz, Ludwig 159
Gnadentod 226
Gobineau 166, 175
Goebbels, Josef 70, 190, 313, 314
Göring, Hermann 76, 77, 78, 79, 98
Gradualismus 174
Graz 284
Groß 296
Großindustrie 129
Grundrechte 38, 51, 94, 95, 96, 108, 306
Grundsätzlichkeit 41
Gruppenegoismen 51
Gruppeninteressen 51
Günther, Hans 164, 166, 186, 188, 211
Gürtner 226
Gütt, Arthur 181, 233, 244

H

Habitus 188
Halbjuden 204, 207
Halbnarren 243
Handlungsbedarf 177
Handlungsebenen 84
Handlungsinstrument 85
Handlungslegitimation 57
Handlungsspielraum 45
Harmonie 203
Hauptrasse 188
Hauptverhandlung 112
Hausverstandsfragen 290
Heimtücke 122
Heimtückegesetz 119, 120
Heiratserlaubnis 208
Heisenberg 202
Herrenmenschen 191, 192
Herrschaftsanspruch 175
Hierarchie 85, 168
Herzinsuffizienz 275
Hildebrandt, Richard 208
Hilfsbereitschaft 198
Hilfsschule 255
Hilfsschüler 231
Himmler, Heinrich 48, 108, 133, 134, 140, 149, 150, 194, 196, 206, 208, 210, 212, 289
Hindenburg 101
Hinrichtungen 146
Hinterhältigkeit 212
Hitler, Adolf 21, 69, 73, 78, 89, 90, 95, 100, 103, 110, 111, 113, 115, 129, 145, 150, 153, 165, 166, 167, 181, 192, 202, 218, 226, 270, 308, 314
Hitlerputsch 100
Hochbegabung 240, 244
Hoche 21, 164, 225
Hochverrat 103, 104, 117, 119, 123
Hoffmann 160
Holocaust 195, 212, 308
Hörfehler 255
Huber 73
Humanismus 56
Humanproduktivitätsprozeß 130
Humanwertschöpfung 127

Huntingtonsche Chorea 233 siehe auch Veitstanz
Huxley 174

I

Identitäten 45
Ignoranten 270
Imbezillität 243
Impfungen 192
Indianerverfolgungen 214
Individualhandlungen 44
Individualinteressen 54, 87
Individualität 36, 39, 40
Individualpflichten 41
Individualrechte 39, 59, 88
Individualwohl 239
Individuum 26, 43, 44, 50, 55, 56, 59, 74, 75, 79, 98, 133, 171, 219, 232
Inquisitionsverfahren, berufsständisches 259
Instanzenzug 116, 263
Integration 132
Integrationsmittel 151
Intelligenz 183, 198, 199, 251
Intelligenzprüfung 247, 248, 249, 253, 290
Intelligenzprüfungsbogen 290
Intelligenztest 250, 254
Interessen 44
Inzucht 212
Irrenpflege 224
Irrsein 233
Italiener 146

J

Joseph II. 169
Juden 48, 49, 60, 129, 135, 136, 142, 150, 164, 166, 170, 171, 195, 196, 197, 198, 199, 204, 205, 211, 220, 288, 298, 307, 308
Judenermordungen 108
Judenfrage 197, 200, 209, 212
Judengenossen 201

Judengesetzgebung 46
Judentum 178, 201, 202, 209
Judenverfolgung 306, 307
Judenvernichtung 202
Judenzöglinge 201
Judikative 75, 83, 84, 85, 87, 96, 97, 99, 109
Jugendarbeitslosigkeit 137
Jugendkraft 197
Jugoslawen 146
Jünger, Ernst 55
Jurisdiktionsstaat 81
Justiz 87, 88, 95, 98
Justizkrise 110
Justizreform 100

K ─────────────

Kahlscheren 152
Kaiserschnitt 182
Kant, Immanuel 83
Kastration 241, 267, 288
Katzenstein 207
Keratonkus 279
Kerrl, Hans 225
Kindergeld 217
Kinderlähmung 245
Kindersterblichkeit 280
Kinderzahl 179, 192, 194
Kirche 169
Klagenfurt 285
Klassen 98
Klassenstaat 27, 51
Klein 272
Klugheit 197
Knechtschaft 149
Koalitionen 305
Kodifikation 88
Koexistenz 63
Kollektiv 25, 35, 39, 40, 43, 44, 45, 50, 56, 131, 215, 318
Kollektivismus 24, 56, 71, 306
Kollektivrechte 40, 41
Kommunisten 98, 102, 103
Kompetenzdschungel 73
Kompetenzen 81, 100, 106, 118

Kompetenzregelungen 38, 63, 109, 116
Kompetenzverschiebung 109
Konfession 114
Konstanz 52
Konterrevolutionäre 52
Kontinuität 52, 72
Kontraktionsfreiheit 138
Konzentrationslager 23, 48, 50, 133, 134, 141, 146, 147, 150, 306, 308, 316
Koordinationsmechanismus 68
Körperschaft, gesetzgebende 81
Krankheitszeichen 237
Krebsarten 276
Krebsleiden 276
Krieg 180
Kriegsgefangene 149, 151, 308
Kriegsgerichtsbarkeit 120, 124
Kriegssonderrecht 307
Kriegssonderstrafrechtsverordnung 106
Kriegsstrafrecht 107
Kriegsstrafverfahrensordnung 107
Kriegsstrafverfahrensverordnung 106
Kriegswirtschaft 129, 131, 138
Kriegswirtschaftsverordnung 105, 128, 155
Kulturmenschen 183
Kulturstufe 278

L ─────────────

Laienrichter 259
Lamarck, Jean-Baptiste 172, 173, 174, 175
Landesregierung 118
Landesverrat 103, 104, 122, 123
Landfriedensbruch 118
Lange 279
Lause 211
Lebensauslese 181
Lebensbedingungen 192
Lebensbewährung 250, 252, 254
Leberkrankheiten 276
Legalität 90, 92
Legalitätssystem 92
Legislative 83, 84, 87, 88, 93, 95, 96, 99, 108, 112
Legitimationsfunktion 65

Legitimationsprinzip 70
Legitimität 92
Legitimitätsinstanz 93
Leidensbereich 243
Leidensdruck 242
Leistungsfähigkeit 228
Leistungsmensch 186
Leistungsvermögen 29
Leistungswille 29
Leistungszucht 66
Lenard, Philipp 200
Lenz, Fritz 162, 163, 164, 165, 166, 223, 278
Leoben 285
Lex van der Lubbe 110
Ley 70
Liberalisierung 28
Liberalismus 56, 76, 82, 167, 178
Linne 175
Linsentrübung 279
Locke, John 38, 83
Londoner Kongreß 269
Lubbe, Marius van der 102, 103
Luxemburg 268

M

Machiavelli, Niccolo 50
Machtanspruch 65
Machtlegalität 93
Machtübernahme 53, 305
Machtverhältnisse 63
Machtverteilung 38
Magen- und Darmkrankheiten 276
Magenkarzinom 276
Männerstaat 303
Massenentlassungen 135
Massenhinrichtungen 308
Massenmorde 214
Massensterilisierungen 222
Massentötungen 316
Massenvernichtungen 222, 308
Mauthausen 151
Mayr, Ernst 173
Medien 54
Mehrheit 305

Mehrheitsfeststellung 91
Mehrheitsbeschluß 262
Meinungsäußerung, freie 96
Meinungsfreiheit 54
Mendel 175, 208, 237
Meningitis purulenta 245
Menschenrasse 178, 189, 214
Menschenrechte 38, 289
Menschentypen 185, 229
Menschenverfolgung 316
Menschheitskunde 188
Militarisierung 308
Minderbegabung 242, 244, 254
Minderheiten 46, 91
Minderleistung 42, 140, 244, 254
Minderwertigkeit 179, 180, 183, 209, 224
Mindestrechte 38
Minimallegalität 78
Minusvariante 275, 277
Mischlinge 48, 49, 203, 204, 205, 207, 210
Mischrassen 214
Mischungsverhältnis 188
Mischvolk 184
Mißbildungen 233, 242, 272, 279
Mjoen, Alfred 162, 266
Modellbeschreibungen 20
Monarchie 67
Montesquieu, Charles de 83, 92
Moral 255
Morgen 174
Mott, Georg 145
Mussolini, Benito 145
Müller, Karl Alexander von 201
Mutterschaft 114, 137

N

Namensführertum 68
Nationalstaat 51
Naturburschen 278
Negerblut 214
Neubesiedelung 30
Neugamme 150
Nichtanzeige 124
Nichtigkeitsbeschwerde 112
Nichtstaatsbürger 45

Niedernhart 296
Nordenholz 161
Nordische Bewegung 163
Normalmenschen 221
Normengeber 73, 85
Normtypus 278
Normunterworfene 38, 39, 40, 46, 60, 64, 74, 88, 170, 239
Normvariante 277, 278
Notverordnung 95, 101, 306
Notverordnungskompetenzen 93
Notverordnungsrecht 93, 96
Notzucht 121
NSDAP 59, 62, 63, 64, 89, 94, 103, 108, 113, 116, 119, 128, 129, 163, 166, 215, 295, 297
Nullkindehe 231
nulla poena sine lege 109
Nürnberger Gesetze 23, 49, 163, 200, 204, 212, 217, 299, 307
Nürnberger Rassengesetze 217

O ─────────

Oberdonau 130
Oberreichsanwalt 112
Objektive 270
Öffentlichkeit 261
Okkupation 307
Opferbegriff 19
Optimierung 317
Ordnungskriterien 25, 26, 37, 51
Ordnungssysteme 57
Ordnungstheorien 56
Organisation 36
Organisationseinheiten 37
Organisationshierarchie 37
Organisationsrichtlinien 25, 26
Organisationsziele 43, 44
Organminderwertigkeit 276
Österreich 90, 98, 121, 123, 125, 130, 169, 213, 283, 307
Ostgebiete 194
Ostmark 285

P ─────────

Papen 101
Papensche Sondergerichte 101
Parasiten 211
Parasitenvolk 199
Parlament 81
Parlamentarismus 59, 91
Partei 62, 66
Parteigericht 108
Parteienstaat 59
Parteigewalt 315
Parteikanzlei 111
Parteiprogramm 58, 59, 113, 128
Parteitag der Ehre 270
Pazifisten 53
Persönlichkeitsentwicklung 244
Pflicht zur Arbeit 131
Pflichtenkollision 115
Phänotypus 24, 214, 234, 272, 273
Physiognomie 185, 186, 188
Pigmentierung 189
Plate, Ludwig 162
Platon 168, 171
Plebiszit 91
Ploetz Alfred 160, 161, 162, 163, 165
Plünderungen 121
Pohl, Oswald 150
Polen 142, 146, 149, 192, 193, 308
Polizei 99, 107, 125
Polizeibehörden 95
Polizeiformationen 119
Polizeigewahrsam 140
Popoff 102
Potenz 241
Pressefreiheit 95
Preußen 193
Privatbesitz 129
Privateigentum 128, 129
Produktionsmittel 28, 29, 36, 150, 152
Produktionsprozeß 132
Produktivität 43, 131
Propaganda 90
Prügelstrafe 145
Psychopathen 279
Psychose 295
Ptosis 279

360

Q

Qualität, genetische 27

R

Radikalisierung 113, 305, 307
Radiumbestrahlung 287
Rahmenbedingungen 317
Rasse 20, 24, 25, 29, 35, 43, 57, 60, 64, 65, 92, 98, 114, 127, 129, 132, 152, 154, 159, 162, 163, 175, 176, 177, 178, 179, 180, 181, 183, 185, 187, 189, 191, 195, 197, 198, 199, 203, 210, 218, 229, 264, 304, 313, 316
Rasse, minderwertige 194
Rasse, nordische 185
Rassenantisemitismus 113
Rassenausrottung 196
Rassenbastard 204
Rassenbegriff 25, 59, 160, 166, 167, 188, 312
Rassenbeschreibung 22
Rassenbiologie 21, 159, 160, 177
Rassendiskriminierung 214
Rasseneigenschaften 196
Rasseneinschlag 208
Rassenfremde 307
Rassengemisch 195, 211
Rassengenossen 27, 29, 35, 135, 176, 229
Rassengesetzgebung 72, 214, 220, 280
Rassenhygiene 19, 22, 27, 38, 159, 160, 161, 162, 163, 164, 165, 173, 177, 197, 215, 216, 217, 219, 220, 224, 228, 229, 259, 265, 267, 280, 307
Rassenhygieniker 175, 178, 182, 221, 267
Rassenideal 26, 194
Rassenideologie 19, 66, 131, 132, 214, 318
Rassenkampf 66
Rassenkollektiv 128
Rassenkonsortium 315
Rassenkreis 188
Rassenkriterien 312
Rassenlehre 69, 92, 113, 187, 196, 198, 203, 214, 228, 312, 316
Rassenniveau 25
Rassenpflege 22, 221
Rassenposition 210
Rassenreinheit 27, 44, 184, 195
Rassenschranken 36
Rassentheoretiker 183, 188, 189, 191, 199, 299
Rassentheorie 27, 72
Rassenunterschiede 218
Rassenzusammensetzungen 203
Rassenzugehörigkeit 27, 36
Rassismus 161, 171, 173, 196, 200, 201, 202, 214, 215, 216
Raumideologien 66
Recht auf Arbeit 131
Rechtsanwaltschaft 136
Rechtsbehelfe 110
Rechtschöpfung 109, 110
Rechtsempfinden 77, 115
Rechtsentwicklung 78
Rechtserzeugung 71, 72
Rechtserzeugungskompetenz 72
Rechtsfrieden 119
Rechtsgefüge 88
Rechtsgleichheit 169
Rechtsgrundsätze 51, 88, 126
Rechtsinstitutionen 112
Rechtskontinuität 215
Rechtskraft 85, 112, 115, 116
Rechtslehrer 82
Rechtsmittel 118
Rechtsordnung 38, 76
Rechtspflege 105, 110
Rechtspfleger 82
Rechtsprechung 81, 84, 88, 98, 115 siehe auch Judikative
Rechtsprinzipien 42
Rechtsschutz 74, 86
Rechtsschutzsysteme 116
Rechtssicherheit 77, 78, 85, 115
Rechtsstaat 74, 75, 76, 79, 80, 82, 92, 196
Rechtsstaatlichkeit 20, 41, 78, 99
Rechtsstaatsbegriff 74, 75
Rechtsstaatskriterien 76
Rechtsstrukturen 112
Rechtsunsicherheit 79
Rechtsvakuum 42, 43, 44
Rechtswahrer 262
Rechtswirklichkeit 78

361

Rechtszugang 170
Redtenbacher 295
Regelschule 255
Regierungsermächtigung 101
Regierungsgewalt 87
Regierungsmacht 93
Regierungsstaat 81
Reich 47
Reichel 282, 283
Reichenau 145, 146, 147
Reichsarbeitsdienst 137
Reichsbürger 47
Reichsbürgergesetz 49
Reichsbürgerrecht 206
Reichsbürgerschaft 48
Reichserbhofgesetz 154
Reichsführer SS 206, 210
Reichsgericht 102, 119, 120
Reichsjägermeister 73
Reichsjustizamt 100, 112
Reichsjustizminister 105, 284
Reichskanzlei 111
Reichskanzler 97
Reichskriegsgericht 107, 120, 125, 126
Reichskristallnacht 24, 45
Reichsminister für Justiz 106
Reichspräsident 93, 96, 97, 100, 118
Reichsrat 90, 93, 95, 97
Reichsregierung 96, 97, 109, 118
Reichssicherheitshauptamt 153
Reichstag 87, 96, 97, 98, 103, 110, 111
Reichstagsbrand 102, 103
Reichsverfassung 108
Reichsverwaltung 73
Reichswirtschaftsminister 132
Reinau, Abraham 207
Reinhaltungsbestrebungen 195
Remarque, Erich Maria 55, 56
Repressalien 204
Reproduktion 23, 35, 217
Reproduktionsrate 179
Reproduktionswert 309
Ressourcenbindung 205
Retter des Volkes 70
Revolution 50, 52, 62, 72, 87, 89, 90
Revolution, legale 90, 314
Revolutionsordnung 67
Rheinbund 169

Rheinland 216
Richter 81, 82, 104, 107, 109, 119
Röhm-Putsch 78
Roma 211, 212, 308
Röntgenbestrahlung 287
Rosenberg, Alfred 21, 70, 191
Rückkreuzung 280
Rückwirkungsverbot 102, 110
Rüdin, Ernst 162, 266
Rührigkeit 197
Rumänien 268
Rundfunkmaßnahmen 105, 121
Rußland 308
Rutgers 268

S

SA 119, 305
Sabotage 140, 148
Salzburg 285
Schädelformen 172
Schädelmaße 187
Schädelvermessungen 185
Schallmayer 160
Schattenwirtschaft 155
Schieber 114
Schizophrenie 233, 246, 285, 296, 297
Schmach vom Rhein 216
Schmitt, Carl 20, 62, 80, 81, 91, 92, 93, 116
Schnellgerichte 101, 102
Schöffen 119
Scholl 202
Schultz 206, 207, 208, 210
Schutzfunktion 54
Schutzhaft 141
Schutzhäftlinge 134
Schutzverband 47
Schwache 180
Schwächezustände 278
Schwachsinn 212, 233, 242, 244, 245, 246, 247, 248, 249, 250, 251, 252, 253, 254, 255, 279, 280, 281, 285, 290
Schwangerschaft 238, 291
Schwangerschaftsunterbrechung 215, 287, 290, 291
Schwarzmarkt 155

Schwerkranke 164
Schwurgerichte 105
Screeningverfahren 222
Seele des Volkes 115
Seele, deutsche 65
Sehfehler 255
Selbständigkeit 250
Selbstmord 181
Selbstverwaltung 75
Sicherungsverwahrung 261
Sichtungsprüfung 207
Sinti 211, 212, 308
Sippe 75
Sippenforschung 274
Sippenfragebogen 290
Sippenhaftung 281
Sippentafel 290, 293, 297
Sitte 26
Sittlichkeitsverbrecher 241
Sklave 152
Slawen 192, 194
Sonderaktionen 107
Sonderbehandlungen 87
Sondergerichte 100, 101, 102, 104, 105, 106, 109, 110, 112, 117, 118, 119, 120, 121, 123, 142, 306, 307
Sondergerichtsbarkeit 23, 99, 100, 107, 108, 125
Sondergesetze 306, 307
Sondergesetzgebung 24, 49
Sonderstrafrecht 107, 125
Sondertatbestände 125
Sozialstaat 231
Sowjetunion 148
Spionage 125
Sprengung 118
SS 107, 125, 134, 141, 150, 191, 200, 202, 206, 207
SS-Gerichte 125
Staat 37, 62, 77, 92
Staatenbildung 24
Staatengemeinschaft 30
Staatsangehörigenbegriff 47
Staatsanwaltschaft 106, 112, 119
Staatsapparat 48
Staatsbegriff 304
Staatsbürger 35, 40, 43, 45, 48, 54, 58, 60, 74, 92

Staatsbürgerbegriff 40, 48, 59, 304
Staatselemente 37
Staatsentwicklung 51, 57
Staatsfeind 54
Staatsfinanzen 130
Staatsführung 52, 75, 79
Staatsfunktionen 37, 49
Staatsgebiet 30, 36, 40, 65
Staatsgebilde 20, 50
Staatsgemeinschaft 25, 35, 52, 170
Staatsgenossen 27
Staatsgewalt 27, 28, 30, 36, 40, 74, 75, 85, 87, 91, 116, 200, 299, 303, 304, 307, 314, 315
Staatsgrundlagen 35
Staatsgrundprinzip 51
Staatsgrundsätze 51
Staatsidentität 30
Staatsideologie 316
Staatskonstruktion 38,. 54
Staatslehre 20, 40, 57, 62, 313
Staatsmodelle 21, 35, 39, 52, 57
Staatsnormen 63
Staatsoberhaupt 81
Staatsordnung 60
Staatsorganisation 20, 83
Staatsperson 48
Staatspraxis 24
Staatsprinzip 66
Staatsrealität 39
Staatsrechte 50
Staatssystem 63
Staatstheorien 21, 38, 52, 56
Staatsverfassung 51
Staatsverständnis 59
Staatsvolk 23, 24, 30, 39, 57, 65, 307, 315, 316
Staatswirklichkeit 50
Staatsziele 45, 52, 65, 87
Staatszweck 25
Stahl, Friedrich Julius 75, 76, 79
Stände 98
Ständestaat 51
Stark, Johannes 200
Sterbehilfe 225
Sterilisation 239, 267, 283, 286, 288
Sterilisierung 205, 206, 232, 237, 240, 241, 246, 247, 249, 253, 255, 259, 262, 263,

363

264, 265, 268, 269, 277, 279, 280, 281, 297, 298
Sterilisierungsgesetz 163, 165, 231, 269, 306
Sterilisierungspraxis 270
Sterilisierungstatbestände 299
Sterilisierungsverfahren 260
Steuerungsmechanismus 68
Stillunfähigkeit 182
Stoffwechselkrankheiten 275
Stoffwechselleiden 276
Strafandrohungen 119
Strafgerichte 110, 111, 120
Strafgerichtsbarkeit 109, 118
Strafprozeß 115, 143
Strafprozeßvereinfachungen 112
Strafrechtsbereich 112
Strafrechtskompetenzen 125
Strafrechtskonzepte 114, 116
Strafrechtsnormen 116
Strafrechtsordnung 113
Strafrechtspflege 105, 106, 111
Strafrechtsvereinheitlichung 125
Straftatbestände 119
Strafverfahren 110
Strafverfahren, militärische 106
Strafvollzug 110
Straßenraub 121
Streik 140
Suboptimierung 51
Subsidiaritätsprinzip 42
Sütterlin, Julius 207
Sütterlin, Rolf 207

T

Taneff 102, 103
Täubner, Max 108
Taubheit 233
Taubstummheit 280
Tbc 194
Territorialstaat 51
Terror 70
Todesstrafe 117, 119, 121, 143, 144
Todesurteile 124
Torgler, Ernst 102, 103

Totalisierung 49, 107, 220, 308, 309
Totalitarismus 53, 230
Tötung 152, 194
Tötung auf Verlangen 225
Tötungsprogramm 222
Tötungsvorsatz 118
Träger der Vorsehung 70
Treue 71, 77
Treuepflicht 115
Tschechoslowakei 307
Tuberkulose 276, 277
Typisierungen 39
Typologie 170

U

Über-Ich 79
Übereinstimmung 92
Überfremdung 140
Überlebenskampf 175, 176
Übermensch 186
Überschwemmung 117, 118
Überstimmung 91
Ukrainer 144
Umverteilung 29
Umverteilungsmechanismen 29, 36, 127
Umverteilungsprozesse 184, 307
Umwelt 65
Unabhängigkeit 86
Unfruchtbarmachung 205, 215, 241, 256, 276, 286, 287, 290, 291, 294, 296
Ungleichheit 168, 169, 170, 171
Ungleichheitsbegriff 171
Unrechtsfolgen 113
Unterführer 71
Untermenschen 186
Unterrassen 188, 214
Untersuchungshäftlinge 140
Unwert 239
Urteil 107, 112
Urteilskraft 255
Urteilsvermögen 186, 250
USA 270

V

Vasektomie 286
Vasotomie 286
Vaterlandsliebe 129
Veitstanz 233
Veranlagung 212
Verbastardisierung 212
Vereinsfreiheit 95
Vererbung 65, 162, 175, 237
Vererbungslehre 235
Vererbungsregeln 237
Verfahrensdauer 110
Verfahrensnormen 106, 111
Verfahrensvereinfachung 110
Verfassung 52, 91
Verfassung, duale 94
Verfassungsgesetzgeber 85
Verfassungsgrundsatz 67
Verfassungshülse 93
Verfassungsnormen 64
Verfassungsstaaten 42, 83, 313
Verfassungsvertrag 38
Verfolgung 210, 306
Verfolgungshandlungen 48, 49, 204, 309
Verfolgungstaten 102
Vergewaltigung 216
Vergiftung 118
Verhalten 248
Verhalten, angepaßtes 79
Verhaltensauffälligkeiten 279
Verhaltensebene 95, 99, 316
Verhaltenskomponente 47
Verhaltenskonformität 95
Verhaltensmaßregeln 195
Verhaltensnormierung 40, 96, 100
Verhaltenssteuerung 305
Verhaltensweisen 25, 26
Verhütung erbkranken Nachwuchses 230
Verhütungsmittel 271
Verjährung 115
Vermischung 190
Vermischungsbestrebungen 195
Vermischungsgrad 210
Vernichtung 133, 194, 195, 201, 202, 210, 306, 308
Vernichtung lebensunwerten Lebens 164

Vernichtungsaktionen 107
Vernunft 81
Verordnungen 94
Versammlungsfreiheit 95
Verschleppungen 149
Verschuer, Otto Frhr. v. 273, 275
Verschwörung 103
Verschwörungstheorie 102
Versklavung 149, 304
Verstandesschärfe 251
Verteilungsprozeß 232
Vertragsbruch 140
Vertrauen 77
Vervielfachung 174
Verwaltung 87, 115 siehe auch Exekutive
Verwaltungsorganisationen 67
Verwaltungsstaat 81
Vierjahresplan 90, 131, 138
Vierteljuden 204, 206
Volk 20, 24, 35, 47, 48, 60, 77, 92, 98, 188, 189, 315
Völkerrecht 52
Volkselite 27, 36
Volksempfinden 80
Volksgemeinschaft 25, 26, 28, 29, 35, 36, 48, 77, 78, 92, 98, 134, 232, 304
Volksgenosse 24, 27, 49, 59, 71, 78, 79, 105, 115, 126, 131, 134, 137, 152, 153, 219, 264, 308
Volksgerichtshof 103, 104, 106, 107, 114, 120, 123, 124, 125, 126
Volksgesundheit 227, 240, 242
Volksgewalt 303
Volkshelden 114
Volkskörper 79, 98, 114, 132, 199, 229, 242
Volksrecht 80
Volksschädling 105, 121
Volkssouveränität 169
Volksstrafrecht 114
Volkstum 65, 72
Volksverbrecher 114
Volksverbundenheit 65
Volkswille 62, 219, 222
Volkswohl 238
Vorsatz 115
Vorsehung 70
Vorverfahren 257

365

W

Waadt 265
Wagner 270
Wagnerkult 223
Wahlen 87, 92, 305
Wahlrecht 170
Wahlrecht für Frauen 170
Waldcretins 243
Wehrbauern 155
Wehrkraft 105, 114, 125
Wehrkraftzersetzung 125
Wehrmacht 120, 126, 283
Wehrmachtsangehörige 119
Wehrmachtsgerichtsbarkeit 125
Wehrmittelbeschädigung 122, 124
Weimarer Republik 20, 44, 57, 59, 80, 82, 87, 89, 92, 94, 97, 100, 108, 130, 213, 215, 303, 305, 308, 314, 315
Weimarer Verfassung 22, 62, 91, 93, 94, 95, 96, 97, 99
Weiße Rose 202
Weißer Jude 202
Weiterentwicklung 191
Weltanschauung 36, 60
Wertebild 36
Wertgefüge 85
Wertigkeit 309
Wertneutralität 91
Wertorientierung 20
Wertschöpfung 28, 30, 127, 130, 137, 148, 152, 227
Wertschöpfungsfunktion 132, 134
Wertschöpfungsprozeß 26, 28, 29, 35, 36, 126, 132, 135, 136, 137, 155, 196, 227, 229
Wesenseigenschaften 199
Wesensverschiedenheit 198
Wiederaufnordung 223
Wiederaufrüstung 127, 130
Willenhaftigkeit 187
Willensbildung 54, 91
Willenssphäre, gehemmte 249
Willensstärke 198
Willkür 70, 77, 252
Willkürgerichte 291
Wirkungsebene 84, 85
Wirtschaftsform 54

Wirtschaftsstrukturen 129
Wirtschaftswachstum 130
Wirtsvolk 196, 199, 212
Wohlbefinden 230
Wohlfahrtsstaat 29, 36, 184
Wucherer 114

Z

Zellenstaat 60
Zentralinstitutionen 84
Zentralmacht 87, 99, 100
Zigeuner 48, 49, 211, 212, 298
Zigeunerfrage 212
Zigeunerkolonie 211
Zigeunermischlinge 212
Zinsknechtschaft 128
Zionismus 195
Zivilarbeiter 142, 143, 144
Zivilisation 179
Zucht 26, 66
Zuchthaus 112, 117
Zuchtziel 228, 298
Zugangsbeschränkungen 29
Zugehörigkeitsprinzip 24
Zusammengehörigkeitsgefühl 198
Zuständigkeiten 106, 116
Zwangsarbeit 148, 151, 196
Zwangsarbeiter 140, 149, 151, 152, 195, 288
Zwangsbewirtschaftung 194
Zwangsmaßnahmen 43
Zwangssterilisation 271
Zwangssterilisierung 246, 289
Zwangsuntersuchung 249
Zweig, Stefan 56

6.4. Der Autor

Roland Staudinger, geboren 1957 in Steyr, Oberösterreich, verheiratet, Vater von drei Kindern, lebt in der Nähe von Innsbruck.

Nach einer Ausbildung zum Fotokaufmann und nach einigen Jahren journalistischer Tätigkeit für oberösterreichische Zeitungen absolvierte er das Diplomstudium der Rechtswissenschaften an den Universitäten Linz und Salzburg. Neben seiner anschließenden beruflichen Tätigkeit hielt er Lehrveranstaltungen an der Sozial- und Wirtschaftswissenschaftlichen Fakultät der Universität Linz. Seine Forschungsgebiete waren insbesondere die Organisationslehre, die kybernetischen Modelle und die strategischen Führungssysteme. Neben der Lehrtätigkeit legte er einige Publikationen und eine umfassende Bearbeitung der Themen in Buchform vor.

Im Zug seiner Promotion an der Universität Innsbruck erweiterte er seine wissenschaftlichen Themen um Bereiche der Rechtsgeschichte und insbesondere der Allgemeinen Staatslehre, wobei er im Rahmen der Betrachtung des nationalsozialistischen Staatssystems Funktionalitätstheorien aus der Organisationslehre aufgriff und in der vorliegenden Habilitationsschrift eine systemische Verknüpfung vornahm. Staudinger befaßt sich nunmehr seit mehr als zehn Jahren mit den Fragestellungen der Wechselwirkung von Menschen und Systemen.

Beruflich ist er Vorstand einer Krankenhausgesellschaft in Tirol, auch in dieser Tätigkeit entstanden Publikationen, die sich insbesondere mit gesundheitspolitischen Fragestellungen befassen.